북한노동복지제도백서

: 단층에서 다층으로

북한노동복지제도: 단층에서 다층으로

초판 1쇄 인쇄 2023년 5월 09일
초판 1쇄 발행 2023년 5월 10일

지은이 | 이철수
펴낸이 | 윤관백
펴낸곳 | 선인

편　집 | 장유진
영　업 | 김현주

등　록 | 제5-77호(1998.11.4)
주　소 | 서울시 양천구 남부순환로 48길 1(신월동 163-1) 1층
전　화 | 02)718-6252/6257
팩　스 | 02)718-6253
E-mail | sunin72@chol.com

정 가 28,000원
ISBN 979-11-6068-813-9 93300

북한노동복지제도백서

: 단층에서 다층으로

이철수

| 서문 |

이 책은 필자가 지금까지 출간한 책과 발표한 논문 중에서 북한 노동복지의 제도만을 별도로 정리한 것이다. 북한의 노동복지 제도는 사실, 북한의 국영기업, 북한내의 외국기업, 북한경제특구 외국기업, 북한이 외국에 파견한 북한 노동자에 따라 다소 간의 차이가 발생한다. 가령 여기에는 임금, 복지프로그램, 사회보험료, 각종 복지급여가 해당된다. 그러나 이 부문에 대한 체계적인 연구를 집대성한 경우가 매우 희박하다. 하여 지난 원고와 새롭게 발표한 연구를 묶어서 발간하였다.(사실, 출판사의 강요도 약간은 있었고 지난번 출간한 도서가 너무 두껍다는 견해도 한몫했다.)

이 책은 북한의 노동복지 법제에 대해 비교하고 교차 분석한 것으로 유심히 살펴보면 북한의 노동복지에 대한 비교적 솔직한 속내가 보인다. 각설하고, 이 책의 내용을 설명하면, 제1장은 북한의 경제특구 노동복지 체제를 개성과 라선을 중심으로 비교하였는데, 김정은시대 북한의 최근 변화가 가장 많이 나타나는 부문이다. 제2장은 라선경제무역지대 외국투자기업로동규정과 경제개발구 로동규정의 복지법제를 비교 분석하였다. 제3장은 외국인투자기업 로동규정과 외국인투자기업 로동법을 중심으로 북한의 외국인투자기업 노동복지 법제를 비교하였다. 제4장은 경제개발구 로동규정을 중심으로 북한의 경제개발구 노동복지를 분석하였다. 제5장은 북한의 노동복지 법제를 로동법과 외국인 투자기업 로동법을 비교 분석하였다. 제6장은 외국인투자기업 로동규정과 개성공업지구 로동규정을 중심으로 북한경제특구의 노동복지 법제를 비교하였다. 제7장은 과거 개성공업지구와 금강산국제관광특구의 노동복지를 비교 분석하였다. 제8장은 금강산국제관광특구와 라선경제무역지대 노동복지를 비교하였다.

또한 부록1의 경우 남북한 사회복지 용어를 간략히 비교 정리하였다. 이어 부록2에서는 북한의 법령을 소개하였는데, 여기에는 「라선경제무역지대 외국인투자기업 로동규정」, 「라선경제무역지대 외국인투자기업 로동규정시행세칙」, 가장 최신인 「사회보험 및 사회보장법」을 실었다.

통일 대한민국 사회복지를 위하여
2023년 3월 저자 올림

〈북한의 사회복지제도와 급여〉

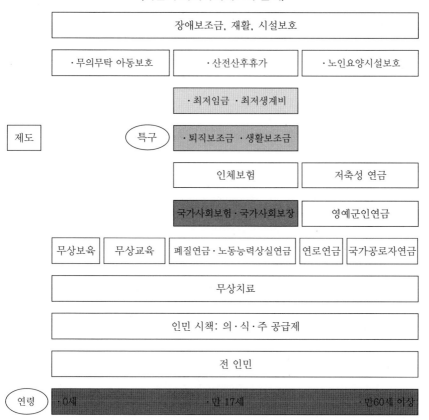

·비고: 각종 보조금 다수 존재.

| 목차 |

제2장 북한의 경제특구 복지법제 비교분석
라선경제무역지대 외국투자기업로동규정과 경제개발구 로동규정을 중심으로

제3장 북한의 외국인투자기업 노동복지 법제 분석
외국인투자기업 로동규정과 외국인투자기업 로동법을 중심으로

제4장 북한의 경제개발구 노동복지 법제분석
경제개발구 로동규정을 중심으로

제5장 북한의 노동복지법제 비교분석
로동법과 외국인투자기업로동법을 중심으로

제6장 북한경제특구의 노동복지법제 비교분석
외국인투자기업 로동규정과 개성공업지구 로동규정을 중심으로

제7장 개성공업지구와 금강산국제관광특구 노동복지 비교
노동규정을 중심으로

제8장 금강산국제관광특구와 라선경제무역지대 노동복지 비교
노동규정을 중심으로

제1장

개성공업지구와 라선경제무역지대 노동복지 비교

노동규정과 하위법령을 중심으로

Ⅰ. 서론

2010년 이후 북한의 대표적인 경제특구 관련 법령으로는 2011년 11월 3일 「조선민주주의인민공화국 황금평, 위화도 경제지대법」(최고인민회의 상임위원회 정령 제2006호로 채택, 이하 황금평, 위화도 경제지대법으로 약칭)이 있다. 그리고 2013년 9월 12일 「조선민주주의인민공화국 라선경제무역지대 외국투자기업로동규정」(최고인민회의 상임위원회 결정 제139호로 채택, 이하 라선경제무역지대 외국투자기업로동규정으로 약칭), 2014년 11월 17일 「조선민주주의인민공화국 라선경제무역지대 외국투자기업로동규정시행세칙」(라선시 인민위원회 결정 제162호로 채택, 이하 라선경제무역지대 외국투자기업로동규정시행세칙으로 약칭)을 각각 제정하였다.

라선경제무역지대의 경우 이는 북한이 2013년 라선경제무역지대라는 경제특구에 별도의 로동규정을 시행하겠다는 것을 천명한 것이고 연이어 2014년 이를 실제 적용하기 위해 실천규정을 재차 제정한 것이다. 특히 북한이 동 법령들을 순차적으로 제정한 배경은 북한의 경제발전 전략과 경제특구 전술 입각, 여기에 해당되는 라선경제특구에 이를 적용·대입한 것이다. 따라서 북한은 라선경제특구 개발을 위해 이를 법제적으로 정비·강화하였고 궁극적으로 외국기업 유치의 법적 토대를 마련했다 하겠다. 그러나 황금평, 위화도의 경우 제정 시기가 라선경제무역지대에 비해 약 3년 먼저 제정되었음에도 불구하고 구체적인 로동규정과 로동규정시행세칙이 제정되지 않은 것은 다소 아이러니한 부문이다.

한편 이는 북한이 2003년 9월 18일 제정한 「조선민주주의인민공화국 개성공업지구 로동규정」(최고인민회의 상임위원회 결정 제2호로 채택)과 대비된다.[1] 왜냐하면 현재까지 별도의 로동규정이 존재하지 않은 황금평, 위화도를 차치하더라도 북한이 '개성과 라선'이라는 두 지역에 대해 각각 2003년과 2013년 각각 별도의 '로동규정'을 제정했기 때문이다. 따라서 북한의 경제특구인 개성공업지구와 라선경제무역지대, 양 지역에만 해당되는 로동규정을 놓고 그 내용을 비교 분석하면, 10년이라는 시간적 차이로 인해 발생한 북한의 경제특구 로동규정에 관한 위계적 차원의 동학을 추적할 수 있다.

통상 특정국가가 추진하는 경제특구의 목적은 자국의 외자유치를 통한 경제발전 기제 내지는 수단으로 작용한다. 특히 북한이 당면한 대내외의 경제환경을 고려하면 이는 더욱 더 자명한 사실이다. 결국 북한은 경제특구라는 미명하에 사회주의체제 내에 별도의 경제체제를 운영, 이를 통해 경제발전 효과를 극대화함과 동시에 체제안정을 일정부문 유지하고자 하는 이중적인 전략을 구사하고 있다.

그리고 이러한 대외적인 변화는 공히 해당 경제특구가 여타 북한지역과 다른 차이를 유도하고 있다. 아울러 이러한 차이 속에 노동복지 법제의 변화도 감지된다. 다시 말해 경제특구 자체가 기존과 다른 경제체제를 지향함에 따라 노동복지 역시 이를 추동하고 이는 재차 법제부문의 변화를 동

---

1) 반면 개성공업지구의 경우 '로동규정 세칙'을 제정했지만 현재까지 전문 전체 국내에 공개되지 않았고 그 일부만 공개되었다. 한편 동 세칙의 경우 2014년 11월 20일 일부 개정을 통해, 노력보장사업에 대한 지도통제를 중앙공업지구지도기관이 하는 것으로 변경하였다. 『연합뉴스』, 2014. 12. 8.

반한다. 따라서 이렇게 보면 북한의 노동복지체제는 크게 경제특구와 나머지 지역으로, 경제특구 외국기업과 나머지 지역의 국내기업으로 구분된다.

이에 본 연구는 북한 경제특구의 노동복지 법제를 추적하여 법제도적 변화를 분석, 그 함의를 도출하고자 한다. 보다 구체적인 본 연구의 목적은 북한의 '개성공업지구 로동규정', '라선경제무역지대 로동규정'을 비교, 북한경제특구 노동복지법제의 동학을 추적하고자 한다. 이에 본 연구의 주요 분석 대상은 상술한 바와 같이 북한이 2003년과 2013년에 각각 제정한 '개성공업지구 로동규정', '라선경제무역지대 로동규정'을 중심으로 한다. 또 본 연구는 분석대상과 초점에 따라 국내에 공개된 '개성공업지구 로동규정 관련 세칙', '라선경제무역지대 외국투자기업로동규정시행세칙'을 부가적으로 고찰하고자 한다.

이에 본 연구의 연구방법은 문헌연구를 중심으로 하여 원 자료인 두 법령들을 중심으로 한다. 또한 동 법령들과 관련된 북한의 여타 법령도 고찰하고자 한다. 이에 연구주제와 관련한 북한의 경제특구구의 노동복지 관련 조항을 핵심 분석대상으로 하고자 한다. 그리고 이러한 법령들을 놓고 법제도 분석에 일반적으로 사용되는 연구방법인 질적 내용분석을 통해 검토하고자 한다.

이를 위한 본 연구의 서술 순서는 다음과 같다. 먼저 개성과 라선을 중심으로 양 로동규정과 관련 세칙을 중심으로 근로소득의 경우 ① 임금 종류와 제정 권한, ② 최저임금, ③ 임금 지불방식으로 분석하고자 한다. 다음으로 근로복지의 경우 ① 근로자의 노동시간, ② 휴식과 휴가, ③ 여성근로자의 보호로 접근하고자 한다. 마지막, 사회보장의 경우 ① 사회문화시책과 문화후생기금, ② 최저임금과 최저생계비, ③ 퇴직보조금과 생활보조금, ④ 사회보험료로 비교하고자한다. 이를 통해 본 연구는 개성과 라선 지역 법령 분석을 통해 북한경제특구의 노동복지에 지속성과 변화를[2] 도출하고자 한다.

특히 본 연구가 이러한 비교 분석을 시도하는 이유는 다음과 같다. 첫째, 무엇보다 관련 법령들과의 교차분석을 통해 북한경제특구의 노동복지 법제에 대한 다층적 해석이 가능하다. 둘째, 북한경제특구의 노동복지 법제의 지속성과 변화에 접근하기 위해서는 반드시 관련 법령들과의 비교를 통해 추출해야 한다. 셋째, 동 법령들은 시차적으로 10년의 시간적 간극이 존재하기에 현 시점에서 통시적인 접근과 해석이 가능하다. 때문에 본 연구는 각각의 법령에 나타난 동종의 내용을 비교분석하고자 한다.[3] 참고로 본 연구의 분석 모형과 분석 틀을 도식화면 각각 다음 〈그림 1〉, 〈표 1〉과 같다.

---

2) 본 연구에서 지속성은 최초 법령과 이후 법령과 비교했을 때 나타나는 공통적인 부문을 의미하고 변화는 최초 법령과 이후 법령의 내용상 차이가 발생하는 부문을 의미한다. 다시 말해 변화는 단순히 시계열적으로, 평면적으로 변화한 것이 아니라 대비 혹은 대립되는 사안의 내용이 진화, 보완, 발달됨을 의미한다.

3) 참고로 본 연구와 관련한 기존연구 중 직접적인 관련이 있는 연구는 이철수의 2017b, 2017c인 반면 북한 경제특구와 관련한 대표적인 연구는 문무기(2009), 박천조(2015), 배종열(2014), 유현정(2014), 이효원(2016), 이승욱(2016), 임을출(2014, 2015), 최우진(2015) 등의 연구가 있다.

〈그림 1〉 분석 모형: 법적 체계

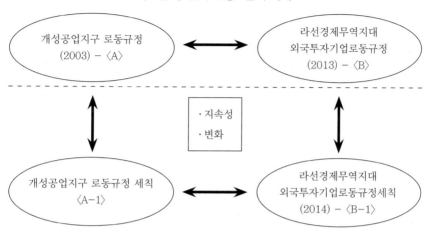

· 주1: 개성공업지구 로동규정 세칙은 2008년 10월 다수 제정되었지만 일부만 공개, 라선경제
　　　무역지대 외국투자기업로동규정시행세칙은 공개.
· 주2: 점선 위 두 법령 중심의 위계적 차원의 비교.

〈표 1〉 분석 틀

구분	개성공업지구 로동규정(2003)	라선경제무역지대 외국투자기업로동규정(2013)
① 근로소득 ② 근로복지 ③ 사회보장	① 관련 조항의 구체적 진술 ② 관련 조항의 공통점과 차이점 ③ 동일 조항의 내용(변화) 비교(추적)	

· 주: 개성과 라선의 경우 법령의 하위법령인 세칙과 시행세칙 비교.

Ⅱ. 근로소득

1. 개성공업지구와 라선경제무역지대 로동규정

1) 개성공업지구 로동규정

근로소득인 임금의 경우 ① 임금 종류와 제정 권한, ② 최저임금, ③ 임금 지불방식으로 크게 구분된다. 첫째, 먼저 제정된 「개성공업지구 로동규정」에서 남측기업이 북측 개성공단 근로자에게 지급하는 임금의 종류는 동 규정 제24조 로동보수의 내용에 언급되어 있다. 동 조항에서 북한은 "로동보수에는 로임, 가급금, 장려금, 상금이 속한다"라고 명시하였다. 따라서 동 조항에 의거한 개성공단 근로자의 법적인 임금의 종류는 네 가지로 여기에는 ① 통상적인 급여 성격인 임금, ② 초과근무 시 지급되는 수당 성격의 가급금, ③ 특정 사안의 독려에 대한 장려금, ④ 특정 사안에 대한 근무자의 포상을 위한 상금[4]이 있다.

다음으로 이러한 임금의 제정 권한은 동 규정 제5조 로임의 제정에서

---

[4] 참고로 개성공업지구 상금의 지불방식은 동 규정 제31조 '기업은 세금을 납부하기 전에 리윤의 일부로 상금기금을 조성하고 일을 잘한 종업원에게 상금 또는 상품을 줄수 있다'라고 명시하였다.

"종업원의 로임은 종업원월최저로임에 기초하여 기업이 정한다"라고 하여 임금제정 권한은 해당 기업이, 적정 임금 기본선은 최저임금에 기초함을 밝혔다. 이에 따라 북한은 후속적인 조항으로 동 규정 제25조에서 최저임금액을 밝히고 있는데, "기업의 종업원월최저로임은 50USD[5]로 한다. 종업원월최저로임은 전년도 종업원월최저로임의 5%를 초과하여 높일수 없다"라고 명시하고 있다. 따라서 동 조항에서 북한은 임금의 지정 주체, 최저임금액, 최저임금에 대한 년간 임금인상 상한율을 각각 명시하고 있다.

한편 이러한 북한의 개성공단 근로자 최저임금은 2007년 이후 매년 상승하여 공단폐쇄 직전인 2015년의 경우 월 73.87USD이다.[6] 또한 이러한 최저임금액에 각종 수당이 계상되어 2015년 기준 개성공단 근로자의 월 평균인건비는 141.4USD이다.[7]

또한 매월 지급하는 근로자의 급여에 대해 동 규정 제26조 종업원월로임의 제정에서 "종업원의 월로임은 종업원월최저로임보다 낮게 정할수 없다. 그러나 조업준비기간에 있는 기업의 종업원과 견습공, 무기능공의 로임은 종업원월최저로임의 70%범위에서 정할수 있다"라고 하여 최저임금 보장과 동시에 최초 채용 이후 인턴기간 동안에 견습 근로자와 무기능 근로자의 최저임금 지급을 미준수 해도 가능한 일정기간과 특정 근로자의 최저 임금격차를 언급하여 다소 유연한 임금보장선을 명시하였다. 그러나 동

---

5) 북한은 2014년 11월 20일 동 규정을 일부 개정, 기존의 관리기관과 중앙공업지구지도기관이 협의하여 최저임금을 결정하였던 것을 중앙공업지구지도기관 단독으로 결정하는 것으로 변경하였다. 이에 따라 중앙공업지구지도기관이 2015년 2월 경 최저임금을 74$로 일방적으로 정하여 통보하였다. 최우진, 「라선경제무역지대의 법제도 정비 현황」, 『통일과 법률』 8월호, 법무부, 2015, 113쪽.
6) 『연합뉴스』, 2015. 8. 18. 참고로 과거 최저임금의 경우 개성공업지구는 2014년 12월 31일 기준 미화 70.35$인 반면 라선경제무역지대의 경우 약 미화 83.99$이다. 최우진, 「라선경제무역지대의 법제도 정비 현황」, 『통일과 법률』 8월호, 법무부, 2015, 114쪽.
7) 『연합뉴스』, 2015. 3. 13.

조항에서 조업준비기간에 대한 분명한 '기간 명시'가 제시되어 있지 않은 점은 다소 논란의 여지가 있다 하겠다.

마지막으로 임금 지불방식의 경우 동 규정 제32조 로동보수의 지불에서 "기업은 로동보수를 화폐로 종업원에게 직접 주어야 한다. 이 경우 상금은 상품으로 줄수도 있다…"라고 명시되어 있다. 이에 동 조항을 근거로 할 때 임금(로임, 가급금, 장려금)은 화폐 즉, 미화로 지불되는 반면 상금은 경우에 따라 화폐와 상품으로 대체할 수 있다고 판단된다.

그러나 한편 실제 임금은 법령에 명시한 것과 같이 기업이 근로자에게 전액 직접 지급되지 않았다. 이를 보다 구체적으로 살펴보면 의무납부인 사회보험료 15%는 중앙특구 개발지도총국으로, 사회문화시책비 30%는 개성시 인민위원회로 공제되었다. 이를 제외한 55% 중 일부는 현금으로 나머지 일부는 현물로 개성공단 근로자에게 직접 전달하였다. 이러한 개성 공업지구 북측 근로자의 임금의 흐름도의 두 가지 견해와 실질적으로 수급 받는 임금구성을 중심으로 정리하면 각각 〈그림 2〉, 〈표 2〉와 같다.

〈표 2〉 개성공업지구 북측 근로자의 임금 구성

공제항목	비율	징수와 납부기관
사회문화시책비	30%	개성시 인민위원회
현물임금(물품교환권) 현금임금	70%	북측 개별근로자

· 비고: 문화후생기금 등 추가 공제 예상.
· 주: 『한겨레신문』, 2016년 11월 7일.

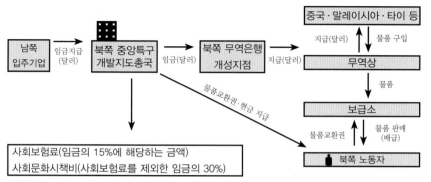

〈그림 2〉 개성공업지구 북측 근로자의 임금 흐름도

* 사회보험료: 남쪽의 '산재보험+국민연금'과 비슷한 개념. 개성공단 관련 퇴직자 연금 지급, 산재 노동자 지원 등에 쓰임
** 사회문화시책비: 무상교육·무상의료 등 공공서비스 관련 인력 지원과 사회간접자본시설 구축에 쓰임
· 비고: 문화후생기금 추가 공제 예상.
· 주: 『한겨레신문』, 2016년 2월 11일.

한편 북한은 동 규정 제30조에서 추가 근무인 연장, 야간작업에 대한 가급금 지급기준을 밝혔는데, "기업은 로동시간밖의 연장작업 또는 야간작업을 한 종업원에게 일당 또는 시간당 로임액의 50%에 해당한 가급금을….
명절일, 공휴일에 로동을 시키고 대휴를 주지 않았거나 로동시간밖에 야간작업을 시켰을 경우에는 로임액의 100%에 해당한 가급금[8]을…" 지급해야 한다고 밝혔다. 이에 북한은 개성공업지구 북측 근로자의 초과근무에 대한 수당지급을 명문화하여 '초과 근로 수당=추가 임금소득'의 구도를 확립하였다.

---

8) 2009년 기준 개성공업지구 북측 근로자들은 주당 평균 6-7시간 정도의 연장근무를 수행하는 것으로 알려져 있으며 이에 대한 초과근무수당(50% 가급금)이 지급되었다고 한다. 그러나 아이러니하게도 북한은 개성공단에서 개별 근로자에 대한 금전적인 인센티브 지급에 대해서는 매우 부정적인 입장이었다고 한다. 북측은 개성공단 운영사업으로 인하여 북측의 통치체제에 근본적인 혼란을 가져오는 것을 원하지 않았기 때문에 자본주의 제도로서의 인센티브 지급을 원하지 않았다고 한다. 문무기, 「개성공업지구 노동규정의 운영상황 분석과 향후 제도 개선방향」, 『수은 북한경제』 2009년 봄호, 한국수출입은행, 2009, 35-36쪽.

이는 북한이 1999년 제정한 「외국투자기업로동규정」 제29조 "외국투자기업은 공휴일에 일을 시키고 대휴를 주지 않았거나 로동시간 밖의 낮 연장작업 또는 로동시간 안의 밤작업을 한 종업원에게 로임과 함께 일한 날 또는 시간에 따라 일당 또는 시간당 로임액의 50%(명절일작업과 로동시간밖의 밤연장작업을 한 종업원에게는 100%)에 해당한 가급금을 주어야 한다"라는 조항을 그대로 인용한 것이라 하겠다. 때문에 이 시기까지 북한은 대외기업 근로자의 초과근무와 대휴에 대한 현금보상 수준의 큰 변화가 감지되지는 않는다.

2) 라선경제무역지대 로동규정

먼저 「라선경제무역지대 외국투자기업로동규정」에서 외국기업이 라선경제특구 북측 근로자에게 지급하는 임금의 종류는 동 규정 제28조 로동보수의 내용에 나타나 있다. 동 조항에서 북한은 "종업원의 로동보수에는 로임, 장려금, 상금이 속한다.… 같은 로동을 한 종업원들에 대해서는 성별, 년령에 관계없이 로동보수를 똑같이 지불하여야 한다"라고 명시하였다.

따라서 동 조항에 따르면 라선경제특구 근로자의 법적 임금의 종류는 세 가지로 여기에는 ① 로임, ② 장려금, ③ 상금[9]이 있다. 이에 라선경제특구 근로자의 임금의 종류는 「개성공업지구 로동규정」에서 제시한 임금 종류 중 '가급금'이 삭제되어 있다. 이는 다소 의아한 경우라 판단할 수도 있지만 후술한 동 규정 제34조의 초과근무에 해당되는 로임 조항을 보면 기존의

---

9) 한편 이러한 라선경제무역지대 상금과 장려금의 지불방식은 동 규정 제36조 "기업은 결산리윤의 일부로 상금기금을 조성하고 일을 잘하는 종업원에게 상금 또는 장려금을 줄수 있다"라고 명시하였다.

가급금이 로임에 포함된 형태로 변형된 것을 반영한 결과라 하겠다. 이러한 반면 동 조항에 나타나 있듯이 「개성공업지구 로동규정」에서 부재한 '동일노동 동일임금'을 새롭게 추가한 것은 다소 이채롭다 하겠다. 그리고 이는 기존의 사회주의 임금방식과 비슷한 경우라 하겠다.

다음으로 임금의 제정 권한, 즉 매월 지급하는 라선경제특구 근로자의 급여에 대해 동 규정 제29조에서 북한은 "종업원의 월로임은 기업이 정한다. 이 경우 종업원월로임최저기준보다 낮게 정할수 없다. 조업준비기간에 있는 기업의 종업원 또는 견습공, 무기능공의 월로임은 종업원월로임최저기준의 70%이상의 범위에서 정할수 있다"라고 명시하였다. 이는 「개성공업지구 로동규정」 제26조와 대동소이한 내용이다.

반면 임금제정 권한을 포함한 최저임금에 대한 권한은 '라선시인민위원회'에 있다. 북한은 동 규정 제6조 종업월로임최저기준의 제정에서 "지대에서 종업월로임최저기준은 라선시인민위원회가 관리위원회와 협의하여 정한다. 이 경우 최저생계비, 로동생산능률, 로력채용상태 같은 것을 고려한다…"라고 밝혔다. 따라서 동 조항에 따르면 라선경제무역지대의 임금제정 권한은 상술한 바와 같이 경제무역지대 관리위원회와 라선시인민위원회 소관이다.

한편 북한이 동 조항에서 밝힌 내용 중 매우 중요한 점은 「개성공업지구 로동규정」에 부재한 '최저생계비'를 임금책정에 반영한다는 것이다. 특히 '최저생계비'라는 용어 자체가 자본주의식 표현임을 볼 때, 이를 북한이 차용한 것은 괄목할 만한 변화를 의미한다. 또 하나 주목해야할 점은 그럼에도 불구하고 동 규정에서 최저생계비의 기준에 대한 언급이 부재하다는 것이다. 이는 결국 또 하나의 역설적인 의미이자 북한의 한계, 나아가 동 법령의 기본적인 속성을 반증한다 하겠다. 아울러 이를 토대로 요약하면 무엇보다 북한의 경제특구 법령에 관한 변화의 폭이 매우 크고 인상적이라는 것이다.

다른 한편으로 동 규정은 「개성공업지구 로동규정」과 달리 최저임금액에 대한 구체적인 내용이 명시되어 있지 않다. 그리고 이러한 의문에 대한 해답은 「라선경제무역지대 외국투자기업로동규정시행세칙」에 나타나 있다. 북한은 동 시행세칙 제9조 "지대에서 기업의 종업원월로임최저기준은 최저생계비, 로동생산능률, 로력채용상태 같은 것을 고려하여 75.2€ 이상으로 한다…"라고 하여 라선경제무역지대의 최저임금은 75.2€ 이상이다. 이렇게 볼 때, 개성공업지구와 라선경제무역지대 근로자의 최저임금 수준은 약 2배 정도 차이가 있다. 그리고 이러한 원인은 두 지역의 기업의 주체와 북한과의 관계, 여타 경제특구와 중국·러시아·중동·동유럽 파견 북한근로자의 임금, 10년 동안의 임금과 물가 상승을 반영한 결과라 판단된다.

또한 이는 북한이 개성공업지구의 최저임금이 '50불'이라고 분명히 밝힌 것과 다소 대비된다. 왜냐하면 라선경제무역지대의 최저임금은 '75.2유로 이상'이라고 언급했기 때문이다.

마지막으로 임금 지불방식의 경우 동 규정 제37조 로동보수의 지불에서 "기업은 종업원의 로동보수를 정해진 기간안에 전액 지불하여야한다. 로임은 화폐로 지불하며 상금과 장려금은 화폐로 지불하거나 상품으로 줄수도 있다…"라고 명시하였다. 이는 북한이 「개성공업지구 로동규정」 제26조와 다소 대비된다. 가령 북한은 「개성공업지구 로동규정」에서는 근로자에서 임금을 직접 전달하는 체계를 강조한 반면 「라선경제무역지대 외국투자기업로동규정」에서는 지급기간을 강조하였다. 즉, 「라선경제무역지대 외국투자기업로동규정」은 임금의 체납과 체불, 연체에 대한 인식을 반영하였다. 아울러 「개성공업지구 로동규정」에서는 '상금을 상품'으로 대체할 수 있다. 하지만 「라선경제무역지대 외국투자기업로동규정」에서는 상금과 장려금을 화폐나 상품으로 지급이 가능하도록 하였다.

2. 개성공업지구와 라선경제무역지대 로동관련 규정(시행)세칙

1) 개성공업지구 로동규정 관련 세칙

근로소득과 관련, 첫째, 북한이 2008년 10월 제정한 「개성공업지구 로동보수세칙(제9호)」은 5년여 앞서 2003년 9월 제정한 「개성공업지구 로동규정」보다 상당부문 구체적인 내용이다. 특히 북한은 동 세칙 제1조에서 "이 세칙은 《조선민주주의인민공화국 개성공업지구법》과 《개성공업지구 로동규정》 제4장 로동보수에 따라 종업원들에게 로동보수를 정확히 지불하는데 이바지한다"라고 하였는데, 이는 동 세칙이 상위규정인 「개성공업지구 로동규정」의 연장선상에 있음을 의미한다.[10]

먼저 임금 종류의 경우 동 세칙 제3조에서 근로소득의 종류와 정의를 언급하였다. 이에 동 세칙 제3조에서 ① 기본로임, ② 도급로임, ③ 가급금,

---

10) 개성공업지구의 경우 로동규정을 보다 더 구체화시킨 시행세칙의 경우 2008년 이후 제정되었는데, 2008년 10월 1일 「개성공업지구 로력채용 및 해고세칙」(중앙특구개발지도총국 지시 제6호, 2015년 4월 14일 수정), 「개성공업지구 로동시간 및 휴식세칙」(중앙특구개발지도총국 지시 제7호), 「개성공업지구 로동보호세칙」(중앙특구개발지도총국 지시 제8호), 2008년 11월 20일 「개성공업지구 로동보수세칙」(중앙특구개발지도총국 지시 제9호)이 각각 제정되었다. 그렇다면 왜 북한은 「개성공업지구 로동규정」이 제정된 지 약 5년이 경과된 이후 로동규정과 관련한 세칙을 제정했는가 하는 의문이 제기된다. 이 점에 대해서는 다양한 해석이 가능하고 여전히 의뭉스러우나 뚜렷한 근거를 제시하기에는 한계가 있다. 단지, 추론해 보면 북한의 입장에서 첫째, 사실상 제대로 된 대규모 외자유치 사업의 경험부족으로 인한 입법준비 소홀, 둘째, 사업의 상대방이 남측이기에 다소 낙관적인 전망속의 문제의식 결여, 셋째, 본격적인 사업 이후 전개될 향후 법적 제 문제에 대한 다양한 예상 부족으로 요약된다.

④ 장려금,[11] ⑤ 상금[12]에 대해 각각 설명하였다. 이는 「개성공업지구 로동 규정」 제24조에서 밝힌 임금 종류에서 도급임금이 추가된 형태이다. 따라서 「개성공업지구 로동규정」에서 밝힌 임금의 종류가 네 가지인 반면 동 세 칙에서 밝힌 임금의 종류는 다섯 가지로 임금 종류가 한 가지 추가되었다.

다음으로 동 세칙에는 「개성공업지구 로동규정」에서 언급한 임금 제정권 한에 대한 조항이 없다. 이러한 원인은 북한의 입장에서 보면 첫째, 개성공 단이 운영된 지 5년이나 지났고 둘째, 이미 최저임금을 책정하여 운영되고 있었으며 셋째, 때문에 이를 굳이 재차 언급할 법적 필요성이 성립되지 않 았기 때문이다. 따라서 북한의 입장에서 동 세칙을 통해 임금 제정 권한을 이중으로 법적 명문화해야 하는 필요충분 조건이 성립되지 않는다.

반면 최저임금의 경우 동 세칙에서 최저임금에 대한 구체적인 액수를 제 시하지는 않았다. 이러한 원인은 이미 「개성공업지구 로동규정」에서 최저임 금을 명시하였기 때문이다. 따라서 북한은 동 세칙 제10조에서 "기업은 년 에 1차 중앙공업지구지도기관과 공업지구관리기관이 합의하는데 따라 월최 저로임을 올려야 한다"라고 하여 최저임금 상승 절차에 대해 명시하였다.

마지막으로 동 세칙 제5조에서 임금 지급시기에 대해 명시하였는데, "…2. 종업원의 로동보수를 매월 10일안으로 지불…. 3. 로동보수를 지불 하기 5일전에 지불할 보수의 상세한 내용이 기재된 로동보수계산서를 종업 원에게 제시하여 확인서명을 받아야 한다"라고 임금지불 방법에 대해 언급

---

11) 한편 동 세칙에서 장려금의 적용은 제12조 기업은 보다 높은 경제적 효과성을 얻기 위하여 자체의 실정에 맞게 장려금 평가기준, 적용대상, 금액을 로동규칙에 구체적으 로 반영하고 적용하여야 한다.
12) 한편 동 세칙에서 상금의 적용은 제13조 기업은 여러 가지 경제지표들을 보다 훌륭하 게 수행한 집단이나 개별적종업원에게 상금을 적용하여야 한다. 기업은 자체의 실정 에 맞게 상금평가기준, 적용대상, 금액을 로동규칙에 구체적으로 반영하고 적용하여 야 한다.

하였다. 따라서 동 세칙에 의거하면 개성공단 북한 근로자의 매월 임금 지급은 당월 10일 이전에 지급해야하고 지불 5일 이전에 당월 지급될 임금총액에 대해 당사자의 확인과 서명이 반드시 필요하다.[13] 그리고 이는 북한이 「개성공업지구 로동규정」제32조 로동보수의 지불에서 밝힌 화폐와 상금인 현금급여, 상품인 현물급여 지급가능 여부를 밝힌 것보다 매우 구체적인 조항이다.[14]

한편 북한은 동 세칙 제11조에서 추가근무에 따른 가급금 지불과 계산에 대해 밝혔는데, "… 2. 1일(전날 오전작업시작시간으로부터 다음날 오전작업시작시간까지)이상 련속적으로 연장 및 야간작업을 조직하지 말아야 하며 부득이한 사정으로 련속적인 연장 및 야간작업을 시켰을 경우에는 시간당 또는 일당 로임액이 300%에 해당한 가급금…. 이 경우 작업시간은 8시간을 초과하지 말아야 하며 가급금은 대휴에 관계없이 지불하여야 한다"라고 명시하였다. 이는 「개성공업지구 로동규정」제30조의 내용을 그대로 승계하여 연속 연장, 야간 근무에 대한 가급금 지급 규모와 노동시간 제한을 명문화 한것이다. 참고로 「개성공업지구 로동보수세칙(제9호)」에 부록에 명시된 개성공단 근로자 월로동보수지불계산서는 다음 〈표 3〉과 같다.

---

13) 이 밖에도 동 세칙에는 계약에 의한 임금책정 조항이 있다. 제7조 로동보수는 다음의 내용을 담아 로력알선계약과 로력채용계약을 통하여 정한다. 1. 로동규정에 규제된 월최저로임액이상으로 기본로임을 정한다. 2. 로력에 대한 구체적인 요구사항과 그에 적용하려는 로임기준액, 기타 필요한 내용을 로력알선계약에 정확하게 반영한다. 3. 기본로임과 기타 로동보수(가급금, 장려금, 상금)에 대한 구체적인 내용은 로력알선계약에 반영된 로임기준액에 준하면서 기업과 로력자사이의 합의에 따라 로력채용계약에서 정한다. 4. 기업과 로력자는 해마다 로력채용계약에서 로동보수의 내용을 재확정한다.

14) 이 밖에도 동 세칙에서 임금연체료의 계산 추가지불 조항이 있다. 제21조 기업은 종업원들의 월로임을 제정된 기일안에 계산지불하여야 한다. 종업원들에게 일을 시키고 로임을 제때에 지불하지 않았을 경우 기업은 로임지불일이 지난 날부터 로임이 지불될 때까지의 일수에 따라 월로동보수총액의 연 20%에 해당한 연체료를 매일 계산하여 종업원에게 지불하여야 한다.

〈표 3〉 개성공단 근로자 월로동보수지불계산서

월로동보수지불계산서

No	이름	생년월일	부서및직종	입직년월일	월로임	일로임	시간로임	로동시간									로임			가급금	장려금·상금	월로동보수계	수표
								가동일수	연장시간		야간로동시간		휴식일근무시간	결근일수	지각일수	외출일수	기본로임	공제로임	로임계				
									1 150%	2 300%	1 150%	2 200%											

· 비고: 공제노임은 있으나 각 개별 로동자가 부담하는 사회보험료, 사회문화시책비, 문화후생 기금 공제에 대한 구체적인 항목 없음.

· 주: 「개성공업지구 로동보수세칙」 제9호.

2) 라선경제무역지대 외국투자기업로동규정시행세칙

먼저 임금 종류의 경우 「라선경제무역지대 외국투자기업로동규정시행세칙」 제44조 "종업원의 로동보수에는 로임, 장려금, 상금[15] 같은 것이 속한다. 기업은 로동의 질과 량에 따라 로동보수를 정확히 계산하며 같은 로동을 한 종업원들에 대해서는 성별, 년령에 관계없이 로동보수를 꼭 같이 지불하여야 한다"라고 하였다. 이는 상위규정인 로동규정 제28조의 내용을 그대로 인용한 것이다.

다음으로 임금제정 권한의 경우 「라선경제무역지대 외국투자기업로동규정시행세칙」 제45조 "종업원의 월로임은 기업이 정한다. 이 경우 월로임을 종업원월로임최저기준보다 낮게 정할수 없다. 조업준비기간에 있는 종업원 또는 견습공, 무기능공의 월로임은 종업원월로임최저기준의 70%이상의 범위에서 정할수 있다. 조업준비기간은 3개월을 넘을수 없다"라고 하였다. 이는 상위규정인 로동규정 제29조를 인용·승계하면서 상위규정에서 의문시되었던 최저임금 지급수준의 격차를 둔 기간을 명시한 것이다. 따라서 라선경제특구 조업준비기간 근로자와 수습기간 근로자는 최초 고용 이후 3개월 동안 최저임금의 70% 수준의 임금을 받는다.

그 다음으로 최저임금의 경우 「라선경제무역지대 외국투자기업로동규정시행세칙」 제9조 "지대에서 기업의 종업원월로임최저기준은 최저생계비, 로동생산능률, 로력채용상태 같은 것을 고려하여 75.2€ 이상으로 한다.[16] 종업원월로임최저기준은 라선시인민위원회가(관리위원회 관할지역안의 종업원월로임최저기준은 관리위원회와 협의하여)정한다"라고 명시하였다. 이에 라선

---

15) 동 세칙에서 상금기금에 대해 다음과 같이 정의하고 있다. 제52조 기업은 결산리윤의 일부로 상금기금을 조성하고 일을 잘하는 종업원에게 상금 또는 장려금을 줄 수 있다.
16) 앞에서 재인용.

경제무역지대의 경우 매월 지급되는 임금은 기업이, 최저임금은 라선시인 민위원회가 관할지역안의 관리위원회와 협의하여 결정한다.

마지막으로 임금 지불방식의 경우 「라선경제무역지대 외국투자기업로동규정시행세칙」 제53조 "기업은 종업원의 로동보수를 정해진 기간안에 전액 지불하여야 한다. 로임은 화폐로 지불하며 상금과 장려금은 화폐로 지불하거나 상품으로 줄수도 있다. 로동보수를 주는 날이 되기전에 사직하였거나 기업에서 내보낸 종업원에게는 수속이 끝난 날부터 7일안으로 로동보수를 지불하여야 한다"라고 명시하였다. 이는 상위규정인 로동규정 제37조와 동일한 내용이다.[17]

결국 양 로동규정과 하위 세칙의 임금관련 내용을 비교 분석하면, 북한은 경제특구에 관한 시간 경과에 따라 상당부문 변화하였고 이는 그동안 북한의 학습된 경험, 10년 동안의 변화한 북한의 대내외 환경 등을 반영한 것이라 판단된다. 지금까지 논증한 「개성공업지구 로동규정」과 「라선경제무역지대 외국투자기업로동규정」, 「개성공업지구 로동보수세칙(제9호)」와 「라선경제무역지대 외국투자기업로동규정시행세칙」의 임금 관련 주요 내용을 정리하면 다음 〈표 4〉와 같다.[18]

---

17) 이 밖에도 동 세칙에는 로동규정 제34조 연장·야간작업에 대한 임금 지급기준, 제35조 명절과 공휴일의 로동에 대한 임금 지급기준이 각각 세칙 제50조와 제51조 승계되었다(후면 참조). 단, 동 세칙 제50조에서 북한은 근무시간 이외의 야간작업에 대해 일당 또는 시간당 로임액의 200% 임금 지급 기준을 명기하였고 나아가 야간작업 시간(22시부터 다음날 6시)에 대한 정의를 명시하였다.

18) 반면 황금평, 위화도경제지대의 경우 임금에 대한 언급은 없고 「황금평, 위화도경제지대법」 제36조 "기업은 우리 나라의 로력을 우선적으로 채용하여야 한다. 필요에 따라 다른 나라 로력을 채용하려 할 경우에는 관리위원회에 통지하여야 한다"라고 하여 노동력 공급에 대한 내용만 명시되어 있다.

〈표 4〉 근로소득 관련 조항 비교: 개성과 라선

구분	· 개성공업지구 로동규정(2003) · 개성공업지구 로동보수세칙 (2008)	· 라선경제무역지대 외국투자 기업로동규정(2013) · 라선경제무역지대 외국투자 기업로동규정시행세칙(2014)	주요 변화
임금 종류	로임, 가급금, 장려금, 상금 *도급로임 추가	로임, 장려금, 상금	가급금 삭제
임금제정 권한	기업: 최저임금액에 기초 (남북간 합의전제)	라선시인민위원회와 관리위원 회와 협의: 최저생계비, 로동생 산능률, 로력채용상태	최저생계비, 로동생산능률, 로력채용상태 추가
최저임금	미화 50$ *임금상승 절차 명시	**유로 75.2€ 이상 **조업준비기간 최저임금명시	임금 수준 차이 큼
임금지불 방식	로임, 가급금, 장려금 화폐, 상금 화폐 · 상품 가능	로임 화폐, 장려금, 상금 화폐 · 상품 가능	다소 유연해짐

· 비고: *는 「개성공업지구 로동보수세칙」, **는 「라선경제무역지대 외국투자기업로동규정시행세칙」.
· 주: 저자 작성.

Ⅲ. 근로복지

1. 개성공업지구 로동규정과 관련 세칙

1) 노동시간

먼저 제정된 「개성공업지구 로동규정」에서 로동시간의 경우 동 규정 제 20조 "공업지구에서 기업의 종업원로동시간은 주 48시간으로 한다. 기업 은 로동의 힘든 정도와 특수한 조건에 따라 종업원의 주 로동시간을 48시 간보다 짧게 할수 있다. 계절적 제한을 받는 부문의 기업은 년간 로동시간 범위에서 종업원의 주 로동시간을 실정에 맞게 정할수 있다"라고 명시하였 다. 따라서 동 조항에 의거하면 개성공업지구 근로자들은 1일 8시간 기준, 주 6일 동안의 노동시간을 갖게 된다. 또한 중노동이나 노동제한이 있는 경우 신축적으로 근로시간을 다소 유연하게 조정할 수 있도록 하였다. 하 지만 이러한 견해와 달리 1일 근로시간에 대한 분명한 명시가 없어 해석과 적용상의 문제를 동시에 내포하고 있다.

또 이러한 노동시간에 대해 동 규정 제21조 "기업은 종업원에게 로력채 용계약 또는 로동규칙에 정해진 로동시간안에서 로동을 시켜야 한다. 연장작업이 필요한 기업은 종업원대표 또는 해당 종업원과 합의하여야 한다"라고 명시하였다. 이는 노동시간의 준수와 더불어 연장작업이 필요할 경우 종업원과의 합의가 전제되어야 함을 의미한다.

이에 또한 노동시간의 경우 북한은「개성공업지구 로동시간 및 휴식세칙(제7호)」제3조 "공업지구에서 로동은《우리 민족끼리》의 리념에 따라 민족경제의 발전과 민족공동의 번영을 위한 근로자들의 창조적활동이다. 공업지구에서 종업원의 주 로동시간은 48시간, 하루 로동시간은 8시간으로 한다"라고 하여 노동의 정의와 노동시간에 대해 밝혔다. 그리고 이는「개성공업지구 로동규정」에서 밝힌 내용을 승계함과 동시에 다소 모호했던 개성공단 근로자의 1일 노동시간을 분명히 한 것이다.

2) 휴식과 휴가

휴식과 휴가의 경우 동 규정 제22조 "기업은 종업원에게 공화국의 명절일과 공휴일의 휴식을 보장하여야 한다. 명절일과 공휴일에 로동을 시켰을 경우에는 15일안으로 대휴를 주거나 해당한 보수를 지불하여야 한다"라고 밝혔다. 동 조항은 명절과 공휴일의 휴식보장과 동시에 이 기간 동안 근무하였을 경우 이에 상응하는 휴가와 별도의 추가적인 보수 지급을 명문화한 것이다. 특히 명절과 공휴일 근무 이후 15일 내에 대휴와 해당 기간 동안의 추가보수 지급을 언급, 실제 적용의 마지노선을 제시한 것은 다소 인상적이라 하겠다.

그리고 북한은 이를 관련 세칙 제7호 제9조에서 재차 언급하였다. 제9조 "기업은 종업원들에게 공화국 명절일과 공휴일의 휴식을 보장하여야 한다. 기업은 명절일, 휴식날과 로동시간 외에 일을 시키려 할 경우 해당 종업원과 종업원대표와 협의하여야 한다. 부득이하여 명절일과 공휴일, 시간외 로동을 시켰을 경우에는 15일안으로 대휴를 주거나 해당한 보수를 주어야 한다"라고 명시하였다. 이는 「개성공업지구 로동규정」 제22조를 보다 더 구체화한 것으로 휴식보장과 더불어 명절과 휴식일 근무 시 절차에 대해 밝혔다.

이 밖에도 북한은 동 세칙 제7호, 제7조[19]에서 휴식의 내용을, 제6조[20]에서 작업 중 휴식시간보장을, 제8조[21]에서 일간 휴식에 대해 명문화하여 「개성공업지구 로동규정」에서 밝힌 휴식보다 상세한 내용을 명기하였다.

반면 휴가의 경우 동 규정 제23조 "기업은 종업원에게 해마다 14일간의 정기휴가를 주며 중로동, 유해로동을 하는 종업원에게는 2~7일간의 보충휴가를 주어야 한다. 임신한 녀성종업원에게는 60일간의 산전, 90일간의 산후휴가를 주어야 한다"라고 밝혔다. 이에 동 조항에 따르면 개성공업지구 근로자들은 ① 1년 동안 14일의 정기휴가, ② 중노동과 유해 근로자의 경우 14일의 정기휴가에 추가적으로 2~7일 동안의 보충휴가를 받음에 따라 1년 동안 총 16~21일의 휴가, ③ 임신한 여성 근로자의 산전산후 150일간의 출산휴가[22]로 구분·보장된다.

---

19) 제7조 (휴식의 내용) 기업은 종업원들에 대한 휴식보장사업을 잘 하여야 한다. 종업원들의 휴식에는 일간휴식, 주간휴식, 명절휴식, 정기휴가, 보충휴가, 산전산후휴가가 속한다.

20) 제6조 (작업중휴식, 휴지) 기업은 하루 로동시간안에 종업원들에게 오전 20분, 오후 20분정도의 휴지시간을 보장하여야 한다. 작업장에는 시계 또는 전기종 같은 것을 갖추어놓고 종업원들에게 작업시작시간과 마감시간, 쉬는 시간과 식사시간을 알려주어야 한다.

21) 제8조 (일간휴식, 시간외 로동시 협의) 기업과 해당 기관은 하루 작업을 끝낸 종업원들에게 충분한 휴식조건을 지어주어야 한다. 설비수리 같은 특수한 경우에는 종업원들에게 시간외 로동을 시킬수 있다. 이 경우 종업원대표와 해당 종업원과 협의하여야 한다.

22) 이는 기존의 북한 여성근로자의 산전산후 휴가기간과 동일하다. 그러나 북한은 2015년 6월 30일 최고인민회의 상임위원회 정령 제566호로 「조선민주주의인민공화국 사회주의로동법」 제66조 "녀성근로자들은 정기 및 보충휴가외에 근속년한에 관계없이 산전 60일, 산후 180일간의 산전산후휴가를 받는다"라고 하여 기존 총 150일에서 총 240일로 상향조정되었다. 이에 따라 2015년 7월부터 동 규정이 북한의 전 지

이에 북한은 동 세칙 제7호, 제10조 정기휴가, [23] 제11조 보충휴가, [24] 제12조 이직 시 휴가, [25] 제16조 산전산후휴가, [26] 제17조 산전산후휴가 조정, [27] 제18조 산전산후휴가 조건, [28] 제13조 휴가 절차[29]에 대해 각각 명시하였다. 그리고 이는 「개성공업지구 로동규정」에서 밝힌 내용을 계승하여 보다 더 구체화한 것이다.

또한 휴가기간의 로임지불에 대해 동 규정 제27조 "기업은 정기 및 보충휴가를 받은 종업원에게 휴가일수에 따르는 휴가비를 지불하여야 한다. 산전산후휴가를 받은 녀성종업원에게는 60일에 해당한 휴가비를 지불하여야 한다"라고 하였다. 이에 동 조항에 따르면 개성공업지구 근로자들은 매 휴가기간 동안 근로자의 소속기업으로부터 별도의 휴가비를 지급받는다. 또

역과 사업장에 적용되리라 판단된다. 그러나 본 연구는 이를 반영한 수정된 법 조항을 발견하지 못한다면 기존의 내용을 중심으로 서술하였다.

23) 제10조 (정기휴가일수, 방법) 기업은 처음으로 배치된 종업원의 첫 14일간 정기휴가를 11개월 이상 일한 다음에 주며 다음 해부터는 해마다 주어야 한다. 정기휴가는 일요일을 제외하고 기업의 실정과 본인의 요구에 따라 한 번에 주거나 나누어 줄수 있다. 이 경우 기업의 사전승인을 받아야 한다.

24) 제11조 (보충휴가 직종, 일수) 기업은 해마다 고열 및 유해직종 같은 중로동부문, 정신적피로를 많이 받는 부문에서 일하는 종업원들에게 일요일을 제외하고 2~7일간의 보충휴가를 주어야 한다. 보충휴가는 정기휴가를 받을 자격이 있는 종업원에게 준다. 결혼, 부모사망 같은것에 의한 휴가는 기업이 로동규칙으로 정한다.

25) 제12조 (기업옮길 때 휴가) 기업은 휴가를 받아야 할 종업원들이 휴가(정기, 보충휴가)를 받지 못하고 조직적으로 로력채용계약의 권리의무를 넘겨맡아 다른 기업에 옮겨갔을 경우 종업원을 보낸 기업이 발급한 휴가확인서에 따라 그를 받은 기업에서 휴가를 주어야 한다.

26) 제16조 (산전산후휴가 및 일수) 기업은 녀성종업원에게 일요일을 포함하여 산전 60일, 산후 90일 합하여 150일간의 산전산후휴가를 주어야 한다. 기업의 실정과 본인의 요구에 따라 그해의 정기휴가, 보충휴가를 산전산후휴가와 함께 줄수 있다.

27) 제17조 (산후휴가기일조절 경우) 기업은 종업원이 쌍둥이를 낳았을 경우에는 97일, 삼태자를 낳았을 경우에는 104일의 산후휴가를 주며 조산, 류산한것을 비롯한 이상적인 해산사유가 있을 경우에는 종업원대표와 협의하여 산후휴가기일을 조절할수 있다.

28) 제18조 (로동년한에 관계없는 산전산후휴가) 산전산후휴가는 로동년한에 관계없이 의료기관의 진단 또는 조산확인문건에 따라 해당 해산기일이 되는 경우에 준다.

29) 제13조 (휴가신청) 휴가(산전산후휴가 포함)를 받으려는 종업원은 휴가받기 3일 전에 휴가신청서를 작업단위책임자의 수표를 받아 기업에 내야 한다.

한 산전산후휴가 중인 여성근로자의 경우 60일 동안의 휴가비 지급을 보장받는다.[30] 그리고 이때 지급받는 휴가비의 경우 동 규정 제28조 "휴가비의 계산은 휴가받기전 3개월간의 로임을 실가동일수에 따라 평균한 하루로임에 휴가일수를 적용하여 한다"라고 하였다. 이에 동 조항에 따르면 휴가기간 동안 휴가비의 계산방식은 최근 3개월 동안의 1일 임금 기준에 휴가일수를 계상하는 방식으로 결정된다.

이에 또한 휴가비 계산의 경우 북한은 「개성공업지구 로동보수세칙(제9호)」 제14조 "기업은 정기 및 보충휴가를 받는 모든 종업원들에게《개성공업지구 로동규정》 제28조에 따라 휴가비를 계산하여 지불하여야 한다. 산전산후휴가에 대한 휴가비는 휴가기간중 첫 60일에 대하여 지불하며 휴가 기간 경과에 따라 분할하여 로임지불일에 지불할수 있다. 휴가비는 휴가 받기 전 3개월간의 로임을 실가동일수로 나눈 평균로임에 휴가 일수를 곱하는 방법으로 계산한다"라고 하여 재차 명시하였다.

3) 여성근로자 보호

마지막으로 여성근로자의 보호는 동 규정 제34조 "임신 6개월이 지난 녀성종업원에게는 힘들고 건강에 해로운 일을 시킬수 없다. 기업은 녀성종업원을 위한 로동위생보호시설을 충분히 갖추어야 한다"라고 명시하였다. 이에 동 조항에 따르면 개성공업지구 기업은 임신한 여성근로자에 대한 보호와 더불어 여성근로자를 위한 별도의 시설보호를 보장해야 한다.

---

30) 한편 이러한 경우 150일간의 산전산후휴가 기간 동안의 임금과 더불어 60일간의 휴가비 지급 문제가 제기된다. 즉, 수급조건과 환경에 따라 임금과 휴가비의 이중지급 문제가 제기되는데, 이는 달리 보면 휴가기간 동안의 휴가비를 보장하는 동 규정 자체에 이미 이 문제가 내포되어있다 하겠다.

한편 이 조항 역시 앞서 언급했듯이 북한이 1999년 제정한 「외국인투자기업 로동규정」 제34조 "외국인투자기업은 녀성종업원을 위한 로동보호위생시설을 잘 갖추어주어야 한다. 임신 6개월이 넘는 녀성에게는 힘들고 건강이 해로운 일을 시키지 말아야 한다. 외국인투자기업은 실정에 맞게 종업원의 자녀를 위한 탁아소, 유치원을 조직하고 운영할수 있다"라는 조항에서 파생한 것이라 하겠다.

이에 또한 여성근로자 보호의 경우 북한은 「개성공업지구 로동보호세칙(제8호)」 제32조에서 여성근로자 노동보호,[31] 제31조에서 탁아소와 유치원 운영[32]을 재차 밝혔다. 여기에 제8호 동 세칙은 더 나아가 제30조 여성근로자를 위한 시설확보,[33] 제33조 기혼 여성근로자의 노동시간 제약,[34] 제34조 장기 기립 근로 여성에 대한 휴식보장,[35] 제35조 여성근로자 배제 노

---

31) 제32조 (해롭고 위험한 일, 임신종업원 밤일금지) 기업은 임신 6개월이 되는 녀성종업원들에게 힘들고 건강에 해롭거나 위험한 로동을 시키지 말며 임신하였거나 한살아래의 젖먹이를 가진 종업원에게는 밤일, 연장 작업, 로동시간밖의 로동, 높이 3m가 넘는 곳에서 일을 시키지 말아야 한다.

32) 제31조 (탁아소, 유치원운영) 기업은 「개성공업지구 로동규정」 제35조에 따라 해당녀성종업원들을 위한 탁아소, 유치원을 실정에 맞게 꾸리고 운영하여야 한다. 공업지구에는 종합탁아소를 꾸리고 운영할수 있다. 중앙공업지구지도기관과 기업, 공업지구관리기관은 공업지구에서 어린이의 출생률이 장성하는데 맞게 계획을 세워 정한 장소에 탁아소, 유치원을 꾸리고 어린이를 가진 녀성종업원들의 로동생활에 지장이 없도록 하여야 한다.

33) 제30조 (녀성종업원들을 위한 시설구비) 기업은 녀성개별위생실을 두며 150명 이상 되는 기업은 150명당 1개의 비율로 녀성개별위생실을 꾸리고 관리원을 두어야 한다. 필요한 경우에는 녀성종업들과 협의하여 기업의 실정에 맞게 정할수도 있다. 기업은 녀성개별위생실에 필요한 물자와 의약품을 기업의 로동보호자금에서 갖추어 놓아야 한다.

34) 제33조 (가정부인종업원시간외 로동금지) 기업은 가정부인종업원들에게 로동시간밖의 로동, 쉬는 날의 로동, 이동작업같은 일을 시키지 말아야 한다. 그러나 부득이 일을 시키려 할 경우에는 해당 종업원과 협의하여야 한다.

35) 제34조 (10분씩 앉아 휴식, 랭한 작업조건 퇴치) 기업은 계속 서서 일하는 녀성종업원들에게 한시간에 10분씩 앉아 쉴 수 있는 조건을 지어주어야 한다. 그러나 작업 실정에 따라 2시간 일하고 10분이상씩 쉬게 할수도 있다. 계속 찬데서 앉아 일하는 녀성종업원들에게는 찬기운을 막을 수 있는 의자와 더운깔개 같은 것을 갖추어주어야 한다.

동부문[36)]에 대해 각각 밝혔다. 이는 「개성공업지구 로동규정」에서 명시한 여성근로자보호 보다 더욱 상세하고 확대된 내용이다.[37)]

2. 라선경제무역지대 외국투자기업로동규정과 시행세칙

1) 노동시간

「라선경제무역지대 외국투자기업로동규정」에서 로동시간의 경우 동 규정 제24조 "지대에서 종업원의 로동시간은 하루 8시간, 주 평균 48시간을 초과할수 없다. …기업은 하루에 3시간 정도 로동시간을 연장할수 있다"라고 명시하였다. 이에 라선경제특구 로동시간의 경우 개성공업지구와 달리 보다 구체적으로 명시되어 다소 진전된 형태라 하겠다. 가령 동 조항에서는 ① 1일 근로시간, ② 일주일 평균 근로시간, ③ 일주일 초과시간, ④ 1일 최장 연장 근로시간이 제시되어 있어 「개성공업지구 로동규정」과 달리 해석과 적용이 분명하다.

또 이러한 노동시간에 대해 동 규정 제25조 "기업은 종업원에게 정해

---

36) 제35조 (녀성배치금지작업부문) 기업은 녀성종업원들을 다음의 작업부문에 배치하지 말아야 한다. 1. 연, 수은, 비소, 린, 브롬 및 그의 화합물, 아닐린과 그 유도물질 같은 유독성 물질을 다루는 작업 2. 작업장안의 온도가 녀성들의 건강에 해로울 정도로 뜨겁거나 찬곳에서 특별한 보호대책이 없이 하는 작업 3. 유해광선을 다루는 작업 4. 심한진동과 물속에서 하는 작업 5. 녀성들의 체질에 맞지 않는 끌어당기는 작업 6. 20㎏이 넘는 물건을 하루 4시간 이상 손으로 다루는 작업 7. 기타 녀성건강보호에 해롭다고 인정되는 작업.

37) 한편 「개성공업지구 로동보호세칙(제8호)」에는 근로자의 보건의료와 관련된 내용도 있다. 제29조 (의사직제, 치료조건 보장) 기업은 로력채용규모가 600명 이상인 경우 전임의사, 그 이하인 경우 겸직의사를 두고 치료를 받아야 할 종업원에게 해당한 치료조건을 보장해주어야 한다. 공업지구관리기관은 공업지구안에 구급치료대 같은 시설을 포함하는 병원을 두고 운영할수 있다.

진 로동시간 안에서 로동을 시켜야 한다. 연장작업을 시키거나 명절일, 공휴일, 휴가기간에 로동을 시키려 할 경우에는 직업동맹조직 또는 종업원대표와 합의하여야 한다. 종업원은 정해진 로동시간을 지키며 로동을 성실히 하여야 한다"라고 밝혔다. 이 또한 「개성공업지구 로동규정」과 비교하면 사뭇 발전된 내용들이다. 가령 동 조항은 「개성공업지구 로동규정」에서 언급하지 않은 종업원의 성실의무 조항이 추가되어 궁극적으로 기업의 근로시간 준수와 더불어 이에 대한 종업원의 의무도 동시에 언급하였다.

한편 기업이 근로자에게 연장근무와 명절, 공휴일, 휴가기간에 대한 근무를 근로자에게 요청할 경우에도 다소 차이가 있다. 이러한 경우 북한이 「개성공업지구 로동규정」에서 밝힌 종업원대표와 해당 종업원과의 합의에 의하지만 동 규정에서는 종업원과의 합의가 삭제되는 대신 직업동맹조직과 합의한다고 밝혔다. 이러한 원인은 개성공업지구는 북한이 직접 관할하는 별도의 개성공업지구총국이 있는 반면 라선경제무역지대는 별도의 독립기관이 부재, 기존 북한 사업장의 직업동맹위원회와 같은 업무를 그대로 승계했기 때문이라 판단된다.[38]

---

38) 참고로 동 규정의 시행세칙 제16조 '외국투자기업복무소는 외국인기업의 실정에 맞게 직업동맹조직을 내오고 책임자를 임명해주어야 한다. 종업원이 10명이상인 기업에는 직업동맹위원회를 조직하며 그 이하인 기업에는 종업원대표를 둔다. 직업동맹조직과 종업원대표는 종업원들의 권리와 리익을 대표하며 기업의 경영활동에 협력한다'라고 명시하였다. 이에 라선경제무역지대의 경우 사업장별 직업동맹조직의 신설과 강화를 강조하고 있다. 또한 제18조 '기업은 매월 직업동맹조직에 아래와 같은 활동자금을 보장해주어야 한다. 1. 종업원 500명까지는 전체 종업원 월로임의 2%에 해당한 자금, 2. 종업원 501명부터 1000명까지는 전체 종업원 월로임의 1.5%에 해당한 자금, 3. 종업원 1001명이상은 전체 종업원 월로임의 1%에 해당한 자금'을 명시, 재정적 지원 방안을 제시하였다.

2) 휴식과 휴가

휴가의 경우 동 규정 제23조 "기업은 종업원에게 해마다 14일간의 정기
휴가를 주며 중로동, 유해로동을 하는 종업원에게는 7~21일간의 보충휴
가를 주어야 한다. 녀성종업원에게는 산전 60일, 산후 90일간의 휴가를 준
다"라고 언급하였다. 이는 「개성공업지구 로동규정」에서 밝힌 14일간의 정
기휴가 기간과 150일간의 산전산후휴가 기간의 내용은 동일하다. 반면 「개
성공업지구 로동규정」에서 제시한 중노동과 유해 근로자의 정기휴가 외에
2~7일 동안의 보충휴가가 동 규정에서는 7~21일로 증가하여 기존에 비
해 약 3배 증가하였다.

또한 휴가기간의 로임지불에 대해 동 규정 제27조 "기업은 정기 및 보충
휴가를 받은 종업원에게 휴가일수에 따르는 휴가비를 지불하여야 한다. 산
전산후휴가를 받은 녀성종업원에게는 90일에 해당한 휴가비를 지불하여야
한다. 휴가비는 로임을 지불하는 때에 함께 지불한다"라고 하였다. 이에 동
조항에 따르면 라선경제무역지대 근로자들은 매 휴가기간 동안 기업으로
부터 별도의 휴가비를 지급받는다. 그리고 이는 「개성공업지구 로동규정」
과 거의 대동소이하다.

반면 산전산후휴가 중인 여성근로자의 경우 90일 동안의 휴가비 지급을
보장하였다. 이에 동 조항의 경우 기존의 「개성공업지구 로동규정」과 분명
한 차이가 있다. 즉, 산전산후휴가 중인 여성근로자의 휴가비가 「개성공업
지구 로동규정」에서 밝힌 60일에서 90일로 증가한 것이다. 이에 따라 산
전산후 휴가비의 경우 정량적으로 접근하면 기존 기준보다 1/2정도의 증
가하였다. 그리고 이때 지급받는 휴가비의 경우 동 규정 제28조 "휴가비의
계산은 휴가받기전 3개월간의 로임을 실가동일수에 따라 평균한 하루로임

에 휴가일수를 적용하여 계산한다"라고 하였다. 이는 「개성공업지구 로동 규정」과 거의 동일한 내용이다.

3) 여성근로자 보호

여성근로자의 보호는 동 규정 제34조 "기업은 녀성종업원을 위한 로동 위생보호시설을 특별히 갖추어야 한다. 임신하였거나 젖먹이는 기간에 있 는 녀성종업원에게는 연장작업, 야간작업, 힘들고 건강에 해로운 작업을 시 킬수 없다"라고 명시하였다. 이는 「개성공업지구 로동규정」과 내용상 상당 부문 차이가 나타난다. 즉, 「라선경제무역지대 외국투자기업로동규정」에서 북한은 임신기간에 상관없이 임신한 여성근로자 자체와 출산직후의 여성근 로자에 대한 노동보호를 언급하였다. 이는 북한이 「개성공업지구 로동규정」 에서 밝힌 여성근로자의 노동보호 내용 보다 훨씬 더 발전된 형태이다.[39]

요약하면 「라선경제무역지대 외국투자기업로동규정」에서 북한은 「개성 공업지구 로동규정」에서 밝힌 여성근로자의 시설보호 조항은 그대로 계승 하였다. 반면 「라선경제무역지대 외국투자기업로동규정」에서는 임신한 여 성근로자에 대한 노동보호 대상의 적용범위를 기존의 「개성공업지구 로동 규정」에서 밝힌 임신 6개월이라는 기간제한이 삭제되었다. 이에 따라 결국 라선경제무역지대에서는 임신 초기부터 임신 5개월 미만의 여성근로자를 포함시킴에 따라 이전과 달리 그 대상이 확대되었다. 또한 「라선경제무역 지대 외국투자기업로동규정」에서는 임신한 여성근로자 뿐만 아니라 출산

---

39) 참고로 보육과 탁아의 경우 「개성공업지구 로동규정」 제35조 (탁아소, 유치원의 운영) '기업은 실정에 맞게 종업원의 자녀를 위한 탁아소, 유치원을 꾸리고 운영할수 있다' 와 「라선경제무역지대 외국투자기업로동규정」 제41조 (탁아소, 유치원의 운영) '기업 은 실정에 맞게 종업원의 자녀를 위한 탁아소, 유치원을 꾸리고 운영할수 있다'고 완 전히 동일하게 적용하고 있다.

한 여성근로자에 대한 노동보호도 일정부문 언급하였다. 이는 기존의 「개성공업지구 로동규정」에서 사실상 부재한 내용이다.

반면 먼저 「라선경제무역지대 외국투자기업로동규정시행세칙」에서 노동시간의 경우 동 세칙 제40조 "기업은 종업원의 로동시간을 하루 8시간, 주 평균 48시간이상 초과할수 없으며 필요한 경우 연장작업을 시키거나 명절일, 공휴일, 휴가기간에 로동을 시키려 할 경우 직업동맹조직 또는 종업원 대표와 합의하여야 한다"라고 명시하였다. 이에 상위규정인 로동규정에서 나타난 근로기간과 동일한 내용을 나타내고 있다. 하지만 동 조항에서 북한은 시간외 연장근무가 필요할 경우에 대한 내용이 추가되었다. 그리고 이는 상위규정인 로동규정 제25조의 내용을 동 조항에 삽입한 것이다.

한편 동 조항은 로동규정에서 밝힌 1일 3시간의 연장에 대한 언급은 누락되어 있는데, 이는 동 세칙 제41조 "기업은 종업원의 건강을 보장하는 조건에서 하루 3시간정도 로동시간을 연장할수 있다.…"로 별도의 독립된 조항으로 승계되었다. 즉, 동 세칙에서 북한은 자의적으로 상위규정인 기존의 로동규정을 놓고 법 조항의 '독립과 편입'을 유발하였다.

다음으로 휴식과 휴가의 경우 동 세칙 제68조 "기업은 종업원들에게 휴식, 휴가, 휴양, 정양의 권리를 충분히 보장하며 건강보호사업을 책임적으로 하여야 한다"라고 명시하였다. 이는 상위규정인 로동규정에 부재한 조항으로 '휴식과 휴가'는 로동규정에서 인용된 표현이지만 '휴양과 정양'은 새로이 추가된 진술이다. 이처럼 휴양과 정양이 법조문에 새롭게 추가된 것은 실천 여부를 떠나 다소 인상적인 부문이라 하겠다.

또한 휴식과 휴가와 관련, 동 세칙 제42조 휴식과 대휴, 제43조 정기휴가, 보충휴가, 산전산후 휴가, 제46조 휴가비 지불, 산전산후휴가비 지불, 제47조 휴가비 계산은 상위 규정인 로동규정을 그대로 인용하였다.

마지막으로 여성근로자의 보호는 동 세칙 제81조에 명시되어 있는데, 이는 동 규정 제34조를 그대로 인용하였다. 결국 양 로동규정과 하위 세칙의 근로복지 관련 내용을 비교 분석하면, 「라선경제무역지대 외국투자기업로동규정」과 「라선경제무역지대 외국투자기업로동규정시행세칙」이 「개성공업지구 로동규정」과 「개성공업지구 로동시간 및 휴식세칙(제7호)」에 비해 상당부문 양질화된 형태라 판단된다. 지금까지 논증한 「개성공업지구 로동규정」과 「라선경제무역지대 외국투자기업로동규정」의 근로복지 관련 주요 내용을 정리하면 다음 〈표 5〉와 같다.

〈표 5〉 근로복지 관련 조항 비교: 개성과 라선

구분	·개성공업지구 로동규정(2003) ·개성공업지구 로동시간 및 휴식세칙(2008)	·「라선경제무역지대 외국투자기업로동규정(2013) ·라선경제무역지대 외국투자기업로동규정시행세칙(2014)	주요 변화
노동시간	주 48시간 *1일 로동시간 명시	1일 8시간, 주 48시간	1일 근로시간 제시
연장근로	종업원(대표)합의 시간언급 없음	1일 3시간제한, 직맹, 종업원(대표)합의	연장근무 시간제한
명절, 공휴일 휴식	보장 *공휴일 근무 협의 명시	좌동	–
휴식과 정양	– *휴식의 내용, 작업 중 휴식시간 보장, 일간 휴식 명시	**추가	휴식과 정양 신설
명절, 공휴일 근무 대휴와 보수	15일 안에 결정 의무 추가보수 지급보장	7일 안에 결정 의무 추가보수 지급언급 없음	대휴결정기간 단축 추가보수 누락
정기휴가	14일 *이직 시 휴가 등, 각종 휴가 조정, 조건, 절차 명시	14일	–

구분	·개성공업지구 로동규정(2003) ·개성공업지구 로동시간 및 휴식세칙(2008)	·라선경제무역지대 외국투자기업로동규정(2013) ·라선경제무역지대 외국투자기업로동규정시행세칙(2014)	주요 변화
보충휴가	2-7일	7-21일	3배 증가
산전산후휴가	산전 60일, 산후 90일 *산전산후휴가 조정, 산전산후휴가 조건	좌동	-
휴가기간 임금	산전산후휴가 녀성종업원 60일 휴가비	산전산후휴가 녀성종업원 90일 휴가비	30일 추가 지급
휴가비 계산	최근 3개월 1일 임금 기준 *휴가비 계산방법 명시	좌동	-
녀성로력보호	임신 6개월 이상 여성근로자 여성근로자 로동보호시설 *기혼 여성근로자의 노동시간 제약, 장기 기립 근로 여성에 대한 휴식보장, 여성근로자 배 제 노동부문 명시	여성근로자 로동보호시설 임신출산한 여성근로자 보호	임신기간 제한 철폐

· 비고: *는「개성공업지구 로동시간 및 휴식세칙」, **는「라선경제무역지대 외국투자기업로동
  규정시행세칙」.
· 주: 저자 작성.

Ⅳ. 사회보장

1. 사회문화시책과 문화후생기금

1) 사회문화시책

「개성공업지구 로동규정」에서 사회문화시책의 경우 동 규정 제40조 "공업지구의 기업에서 일하는 공화국의 종업원과 그 가족은 국가가 실시하는 사회문화시책의 혜택을 받는다. 사회문화시책에는 무료교육, 무상치료, 사회보험, 사회보장 같은것이 속한다"[40]라고 명시하였다. 이는 북한의 대표

---

40) 이는 북한이 1999년 제정한 「외국인투자기업 로동규정」 제7장 사회보호, 사회보장의 제37조 '외국인투자기업에서 일하는 공화국공민인 종업원은 병 또는 부상, 일할 나이가 지나 일하지 못하는 경우 사회보험, 사회보장에 의한 혜택을 받는다. 사회보험, 사회보장에 의한 혜택에는 보조금, 년금의 지불, 정휴양 및 치료가 포함된다. 보조금과 년금을 받으려는 종업원은 보건기관이 발급하는 진단문건 또는 보조금과 년금을 받아야 할 사유를 확인하는 문건을 외국인투자기업에 내야 한다. 외국인투자기업은 사회보험보조금지불청구문건을 사회보험기관에 내여 확인을 받은 다음 은행기관에서 해당한 사회보험보조금을 받아 로동보수를 주는 날에 해당 종업원에게 내주어야 한다. 정휴양소에 가고 오는데 드는 려비와 장례보조금은 해당문건에 의하여 먼저 내주고후에 청산받아야 한다. 사회보장에 의한 년금, 보조금은 외국인투자기업이 사회보장년금지불기관에서 달마다 정한 날에 대상자에게 내주어야 한다'라는 조항을 기반으로 축약된 것이라 할 수 있다. 그리고 동 조항은 기존의 「사회보험법」의 내용을 인용·축약한 것이라 판단된다.

적인 사회보장제도들을 적용함을 의미한다. 따라서 개성공업지구 근로자들은 기존의 북한 주민에게 적용하는 사회보장제도들을 그대로 받는다.

또 이러한 제도의 재원인 사회문화시책기금의 조성의 경우 동 규정 제41조 "사회문화시책비는 사회문화시책기금으로 보장한다. 사회문화시책기금은 기업으로부터 받는 사회보험료와 종업원으로부터 받는 사회문화시책금으로 조성한다"라고 하였다. 이에 동 조항에 근거하면 사회문화시책기금은 기업과 종업원이 각각 부담하는 사회보험료와 사회문화시책금으로 각출한다.

아울러 이러한 사회문화시책금의 납부의 경우 동 규정 제43조 "…종업원은 월로임액의 일정한 몫을 사회문화시책금으로 계산하여 다음달 10일 안으로 중앙공업지구지도기관이 지정하는 은행에 납부하여야 한다"라고 하지만 여기에 소요되는 '일정한 몫'에 대한 분명한 제시가 나타나 있지 않다. 그러나 2016년 2월 11일 한겨레신문 보도에 의하면 종업원의 월로임의 30%[41]를 사회문화시책금 명목으로 납부한다고 한다. 또한 이러한 사회문화시책기금의 이용, 즉, 수입과 지출의 경우 동 규정 제44조 "사회문화시책기금의 리용질서는 중앙공업지구지도기관이 해당 기관과 협의하여 정한다"라고 하여 중앙기구가 담당함을 밝혔다. 그리고 이는 기존의 행태와 거의 동일하다.

반면 「라선경제무역지대 외국투자기업로동규정」에서 사회문화시책의 경우 동 규정 제47조 "기업에서 일하는 우리 나라 공민과 그 가족은 국가가 실시하는 사회문화시책의 혜택을 받는다. 사회문화시책에는 무료교육, 무상치료, 사회보험, 사회보장 같은것이 속한다. 지대에서 사회문화시책과 관련한 사업은 라선시인민위원회가 맡아한다"라고 명시하였다. 이에 동 규

---

41) 『한겨레신문』, 2016. 2. 11.

정의 경우 「개성공업지구 로동규정」과 크게 변화한 것이 없고 단지 사업의 집행주체인 라선시인민위원회를 추가하여 언급하였다. 그리고 이는 북한이 사회문화시책사업에 대한 책임주체를 분명히 밝혀 제도 집행에 관한 의지를 나타낸 것이라 판단된다.

이는 「라선경제무역지대 외국투자기업로동규정시행세칙」 제83조 "기업에서 일하는 우리나라 공민과 그 가족은 국가가 실시하는 사회문화시책의 혜택을 받는다. 사회문화시책에는 무료교육, 무상치료, 사회보험, 사회보장 같은 것이 속한다"라고 하였다. 이는 상위규정인 로동규정의 내용 중 사회문화시책의 운영과 책임주체를 제외한 나머지를 그대로 인용한 것이다.

또 사회문화시책기금의 조성의 경우 동 규정 제48조 "지대에서 사회문화시책비는 사회문화시책기금으로 보장한다. 사회문화시책기금은 기업으로부터 받는 사회보험료와 종업원으로부터 받는 사회문화시책금으로 조성한다"라고 하였다. 또한 사회문화시책기금의 납부의 경우 동 규정 제50조 "우리 나라 공민인 종업원은 로임의 일정한 몫을 사회문화시책금으로 계산하여 다음달 10일안으로 라선시인민위원회가 정한 은행에 납부하여야 한다"라고 명시하였다. 이는 「개성공업지구 로동규정」과 거의 동일한 내용으로 기존의 조항을 그대로 차용하였다. 하지만 동 규정에도 여전히 근로자가 매월 부담하는 '일정한 몫'에 대한 구체적인 진술이 없다.

또한 이는 「라선경제무역지대 외국투자기업로동규정시행세칙」 제84조 "지대에서 사회문화시책비는 사회문화시책기금으로 보장한다. 사회문화시책기금은 기업으로부터 받은 사회보험료와 종업원으로부터 받는 사회문화시책금으로 조성한다"라는 조항으로 재차 강조된다.

한편 상위규정인 로동규정에서 밝힌 '일정한 몫'에 대한 자세한 내용은 동 규정 시행세칙 제86조 "우리 나라 공민인 종업원은 로임의 40%를 사회문화시책금으로 달마다 계산하여 다음달 10일안으로 라선시인민위원회가 정한 은행으로 납부하여야 한다"라고 언급하였다. 때문에 라선경제무역지대 근로자의 사회문화시책금은 개성공업지구 근로자 보다 10% 상승한 40%를 부담한다. 이는 북한의 중대한 변화라 할 수 있는데, 왜냐하면 후술하겠지만 기업부담인 사회보험료 15%에 대한 상승이 전혀 없는 반면 사회문화시책금은 30%에서 40%로 상승했기 때문이다.

이는 표면적으로 보면 사실상 근로소득의 감소를 야기한다. 하지만 북한은 이를 만회하기 위해서 라선경제무역지대 최저임금을 개성공업지구 보다 상승시켰다. 또한 역설적으로 이는 사회문화시책에 소요되는 재원이 기존의 30%의 부담으로는 수입과 지출의 균형이 맞지 않음을 반증한다. 즉, 사회문화시책사업의 실제 집행에 있어 월 임금의 30%의 부담으로 원만한 사업집행의 미비함을 의미한다. 따라서 결과적으로 라선경제무역지대는 기존의 개성공업지구 보다 높은 최저임금, 이로 인한 높은 사회보험료, 상승된 사회문화시책금 부담을 유도하는 북한의 선제적 의도가 나타난다 하겠다.

2) 문화후생기금

사회문화시책기금과 대비되는 문화후생기금의 경우 「개성공업지구 로동규정」 제45조 "기업은 세금을 납부하기전에 리윤의 일부로 종업원을 위한 문화후생기금을 조성하고 쓸수 있다. 문화후생기금은 종업원의 기술문화수준의 향상과 체육사업, 후생시설운영 같은데 쓴다"라고 언급하였다. 이에 동 조항에 의거하면 문화후생기금의 재원은 기업이 부담하고 지출은 근로자의 교육 문화, 건강, 복리후생시설에 소요된다.

사실 이는 북한이 1999년 제정한 「외국인투자기업 로동규정」 제42조

"외국인투자기업은 결산리윤에서 세금을 바치고 남은 리윤의 일부로 종업원을 위한 문화후생기금을 세우고 쓸수 있다. 문화후생기금은 기술문화수준의 향상과 군중문화체육사업, 후생시설운영과 같은데 쓴다. 문화후생기금의 사용에 대한 감독은 직업동맹조직이 한다"라는 조항의 일부를 차용하여 변용한 것이다. 단지 동 조항에서는 문화후생기금의 운영에 대해 감독을 직업동맹조직할 수 있도록 하였다. 이렇게 보면 개성공업지구의 문화후생기금에 대한 감독권이 어디에 있느냐하는 문제가 제기된다.

반면 「라선경제무역지대 외국투자기업로동규정」에서 문화후생기금은 동 규정 제51조 "기업은 결산리윤의 일부로 종업원을 위한 문화후생기금을 조성하고 쓸수 있다. 문화후생기금은 종업원의 문화기술수준향상, 체육사업, 후생시설의 운영 같은데 쓴다"라고 하여 「개성공업지구 로동규정」과 내용상 거의 동일하다.

또한 이는 「라선경제무역지대 외국투자기업로동규정시행세칙」 제87조 "기업은 결산리윤의 일부를 종업원을 위한 문화후생기금을 조성하고 쓸수 있다. 문화후생기금은 종업원의 문화기술수준향상, 체육사업, 후생시설의 운영 같은데 쓴다"라고 하여 상위규정의 내용을 그대로 인용되었다.

2. 최저임금과 최저생계비

1) 최저임금

「개성공업지구 로동규정」에서 최저임금의 경우 동 규정 제5조 로임의 제정에서 "종업원의 로임은 종업원월최저로임에 기초하여 기업이 정한다"라고 하여 임금제정 권한은 해당 기업이, 적정 임금 기본선은 최저임금에 기초함을 밝혔다. 이에 동 규정 제25조에서 최저임금액을 밝히고 있는데, "기업의 종업원월최저로임은 50US$로 한다. 종업원월최저로임은 전년도 종업원월최저로임의 5%를 초과하여 높일수 없다"라고 명시하였다. 따라서 동 규정에서 북한은 임금의 지정 주체, 최저임금액, 최저임금에 대한 임금 인상 상한율을 각각 명시하고 있다.[42]

반면 「라선경제무역지대 외국투자기업로동규정」에서 최저임금의 경우 동 규정 제6조 종업월로임최저기준의 제정에서 "지대에서 종업원월로임최저기준은 라선시인민위원회가 관리위원회와 협의하여 정한다. 이 경우 최저생계비, 로동생산능률, 로력채용상태 같은 것을 고려한다…"라고 밝혔다. 즉, 동 규정은 「개성공업지구 로동규정」와 달리 구체적인 최저임금액에 대한 명시적인 내용이 부재하고 단지 최저임금액에 대해 라선시인민위원회가 관리위원회와 협의하여 결정하도록 하였다.[43]

따라서 북한이 이에 근거하여 동 규정 제정 이후 약 14개월이 경과한 후 동 규정 시행세칙을 제정, 제9조 "지대에서 기업의 종업원월로임최저기준

---

42) 앞에서 재인용. 한편 황금평, 위화도경제지대의 경우 「황금평, 위화도경제지대법」 제37조 "경제지대의 기업에서 일하는 종업원의 월로임최저기준은 평안북도 인민위원회가 관리위원회와 협의하여 정한다"라고 하여 최저임금과 임금 재정주체에 대한 언급은 있다. 그러나 최저임금에 대한 구체적인 기준금액에 대한 내용은 명시되어 있지 않다. 이러한 원인은 첫째, 동 법령의 경우 황금평, 위화도경제지대 자체에 대한 법령으로 북한의 입장에서 굳이 최저임금액을 제시할 필요성이 없고 둘째, 이는 하위법령인 노동규정이나 노동규정시행세칙에서 추후에 언급해도 무방하며 셋째, 동 법령 제정 이후 북한이 향후 동 지대에서 경제활동을 할 외국기업과 추후에 협상을 할 사안이기 때문이다. 따라서 이러한 다중적인 이유로 북한은 동 법령에서 최저임금에 대한 구체적인 액수를 명시하지 않은 것이라 판단된다.

43) 다른 한편으로 북한은 동 규정 제8조 (로동분야에서 기업의 독자성) '지대에서 기업은 법규에 정한 범위에서 로력채용, 로임기준과 지불형식, 로동조건보장과 같은 사업을 독자적으로 결정할 권리를 가진다'라고 하였다. 이는 북한이 라선경제무역지대에 상주하는 외국기업의 자율성을 일정부문 보장하는 의도이다. 그러나 이는 상술한 바와 같이 최저임금 기준 같은 경우 '라선시인민위원회가 관리위원회'와 협의하도록 하여 다소 제도상 배치된다 하겠다.

은 최저생계비, 로동생산능률, 로력채용상태 같은 것을 고려하여 75.2€ 이상으로 한다. 종업원월로임최저기준은 라선시인민위원회가(관리위원회 관할지역안의 종업원월로임최저기준은 관리위원회와 협의하여)정한다"[44]라고 하여 최저임금에 대한 기준액과 고려사항, 협의주체를 명시하였다.

다른 한편 양 지역의 최저임금의 결정주체는 다소 차이가 있다. 가령 개성공업지구의 경우 해당 기업인 반면 라선경제무역지대의 경우 라선시인민위원회가 관리위원회와 협의하여 결정한다. 이러한 가장 큰 원인은 양 지역의 투자기업 유치 과정 때문이라 판단된다. 즉, 개성공업지구의 경우 사업 개시 전 남측 정부와 기업을 통해 일정부문 합의된 상황이었지만 라선경제무역지대의 경우 이와 달리 사업 개시 전 뚜렷한 사업주체가 명확하지 않았음에 따라 「라선경제무역지대 외국투자기업로동규정」에서 이를 명확히 할 수 없었다.

2) 최저생계비

「라선경제무역지대 외국투자기업로동규정」 제6조와 「라선경제무역지대 외국투자기업로동규정시행세칙」 제9조에는 최저생계비가 언급되어 있다. 즉, 북한이 동 조항에서 밝힌 내용 중 매우 중요한 점은 「개성공업지구 로동규정」에 부재한 '최저생계비'를 임금책정에 반영한다는 것이다. 특히 '최저생계비'라는 용어 자체가 자본주의식 표현임을 볼 때, 이를 북한이 차용한 것은 괄목할 만한 변화를 의미한다. 또 하나 주목해야할 점은 그럼에도 불구하고 동 규정에서 최저생계비의 기준에 대한 언급이 부재하다는 것이다. 이는 결국 또 하나의 역설적인 의미이자 북한의 한계, 동 법령의 기본

---

44) 앞에서 재인용.

적인 속성을 반증한다 하겠다. 아울러 이를 토대로 요약하면 무엇보다 북한의 경제특구 법령에 관한 변화의 폭이 매우 크고 인상적이라는 것이다.[45)]

3. 퇴직보조금과 생활보조금

1) 개성공업지구 로동규정과 관련 세칙

「개성공업지구 로동규정」에서 퇴직보조금의 경우 동 규정 제19조 "기업의 사정으로 1년이상 일한 종업원을 내보내는 경우에는 보조금을 준다. 보조금의 계산은 3개월 평균 월로임에 일한 해수를 적용하여 한다"라고 언급하였다. 이는 기업의 사정으로 인한 근로자의 비자발적 실업에 대한 현금 보상을 언급한 것으로 여타 북한의 기업에 부재한 제도이다.

그리고 이는 북한이 1999년 제정한 「외국인투자기업 로동규정」 제17조 "외국인투자기업은 종업원을 본인의 잘못이 아닌 사유로 기업에서 내보내는 경우 그에게 일한 년한에 따라 보조금을 주여야 한다. 일한 년한이 1년이 못되는 경우에는 최근 1개월분의 로임에 해당한 보조금을 주며 1년이상인 경우에는 최근 3개월 평균월로임액에 일한 해수를 적용하여 계산한 보조금을 주어야 한다"라는 조항을 그대로 계승한 것이다. 따라서 이러한 북한의 사실상의 퇴직 보조금에 대한 인식은 이미 오래전부터 인식한 것이라 하겠다. 그리고 무엇보다 이러한 원인이 중요한데, 이는 퇴직 보조금의 지급주체가 외국기업이기 때문이라 판단된다. 즉, 북한은 퇴직 보조금 지급에 대한 부담을 갖지 않아도 되는 환경에 기인한다.

---

45) 앞에서 재인용.

이에 또한 퇴직보조금의 경우 북한은 「개성공업지구 로력채용 및 해고세칙(제6호)」 제30조 "기업은 기업자체의 사정으로 1년이상 일한 종업원을 내보내는 경우 보조금을 주어야 한다. 그러나 로동년한이 1년미만인 경우에는 보조금을 주지 않을수 있다"라고 하였다. 또한 「개성공업지구 로동보수세칙(제9호)」 제16조 "기업은 1년이상 일한 종업원(조직적으로 채용계약의 권리의무관계가 넘어가는 종업원 포함)이 퇴직하는 경우 보조금을 주어야 한다. 보조금계산은 퇴직되기전 3개월간의 로임총액을 그 기간의 일수로 나눈 평균로임에 30일을 곱하고 거기에 일한 해수(6개월이상의 잔여기간 포함)를 곱하여 계산한다"라고 재차 언급하여 기존의 「개성공업지구 로동규정」에서 밝힌 내용을 승계하였다.

또 생활보조금의 경우 동 규정 제29조 "기업은 자기의 책임으로 또는 양성기간에 일하지 못한데 대하여 종업원에게 일당 또는 시간당 로임의 60%이상에 해당한 생활보조금을 주어야 한다. 생활보조금을 주는 기간은 3개월을 넘을수 없으며 생활보조금에는 사회보험료, 도시경영세를 부과하지 않는다"라고 명시하였다.

이 또한 북한이 1999년 제정한 「외국인투자기업 로동규정」 제28조 "외국인투자기업은 종업원의 잘못이 아닌 기업의 책임으로 일하지 못하였거나 양성기간에 일하지 못한 종업원에게 일하지 못한 날 또는 시간에 따라 일당 또는 시간당 로임액의 60%이상에 해당한 보조금을 주어야 한다"[46]라는 규정에서 파생된 것으로 동 조항의 내용이 보다 더 진전된 형태로 발전되었다 하겠다. 그리고 이는 북한의 경제특구에 대한 반복된 경험과 학습에 따른 결과가 반영되었다. 즉, 북한은 시간의 경과에 비례하여 법조문 자

---

46) 이밖에도 동 규정 제40조 '외국인투자기업은 종업원들의 건강증진을 위한 정양소, 휴양소를 조직하고 운영할 수 있다. 정양소, 휴양소의 운영비는 사회보험기금에서 낸다'라고 하여 외국인투자기업의 역할을 분명히 하고 있다.

체의 레토릭이 성장하고 있다. 가령 이는 동일한 내용의 법조항의 경우 기존의 내용을 승계하면서도 문맥과 내용, 표현의 축약과 함축, 행위자 대 행위자간의 관계, 문장상의 발생하는 해석상의 오류를 최소화하는 방향으로 전개됨을 의미한다.

이에 또한 생활보조금의 경우 북한은 「개성공업지구 로동보수세칙(제9호)」제15조 "기업은 종업원들에게 「개성공업지구 로동규정」 제29조에 따라 생활보조금을 지불하여야 한다"라고 재차 명시하였다.

한편 「개성공업지구 로동보수세칙(제9호)」의 경우 특이하게도 산재보상과 해고수당 조항이 각각 명시되어 있다. 동 세칙 제17조에서 북한은 "기업은 기업에서 일을 하다가 병 또는 로동재해로 사망한 종업원의 유가족들에게 보조금을 지불하여야 한다. 유가족보조금의 계산방법은 이 세칙 제16조에 따른다"라고 하여 산업재해사망에 대한 유가족보조금의 지불과 보상급여계산에 대해 제시하였다. 또한 동 세칙 제18조에서 "기업은 해고자에게 해고가 결정되기전 3개월간의 로임총액을 그 기간의 일수로 나눈 평균로임을계산하여 30일간의 로임을 지불하여야 한다"라고 하여 해고 시 별도의 수당지불과 보상급여 계산방식에 대해 언급하였다. 이는 기존의 「개성공업지구로동규정」에서 부재한 내용이다. 따라서 이는 북한 스스로 개성공단 운영에대한 경험과 시간이 경과함에 따라 산업재해 사망-실제 산업재해 사망 원인 규명을 떠나-시와 해고에 대한 법적 장치를 마련한 것이라 판단된다.

2) 라선경제무역지대 외국투자기업로동규정과 시행세칙

「라선경제무역지대 외국투자기업로동규정」에서 퇴직보조금의 경우 동규정 제38조 "기업의 자체의 사정으로 종업원을 내보내는 경우 보조금을 주어야 한다. 그러나 로동년한이 1년이 못되는 경우에는 1개월분의 로임을 적용하여 계산한다"라고 언급하였다. 이는 「개성공업지구 로동규정」에서 퇴직보조금 수급자격을 보다 더 확대한 것이다. 가령 동 규정의 경우 1년 이상 근무한 종업원만이 퇴직한 경우에 보조금이 지급된다. 반면 「라선경제무역지대 외국투자기업로동규정」에서는 근무기간이 1년 미만이어도 지급된다. 또 이러한 경우 급여수준이 1개월분의 임금만 지급된다하더라도 기존보다 퇴직에 대한 보호가 강화된 것이다.

이는 또한 「라선경제무역지대 외국투자기업로동규정시행세칙」 제54조 "기업은 자체의 사정으로 종업원을 내보내는 경우 보조금을 주어야 한다. 보조금은 종업원을 기업에서 내보내기 전 마지막 3개월간의 로임을 평균한 월로임에 일한 해수를 적용하여 계산한다. 그러나 로동년한이 1년이 못되는 경우에는 1개월분의 로임을 적용하여 계산한다"라고 하여 상위규정을 그대로 승계하였다.

또 생활보조금의 경우 동 규정 제23조 "기업은 양성기간에 있거나 기업의 책임으로 일하지 못하는 종업원에게 일당 또는 시간당 로임의 60%이상에 해당한 생활보조금을 주어야 한다. 생활보조금을 주는 기간은 3개월을 넘을수 없다"라고 밝혔다. 이는 「개성공업지구 로동규정」과 거의 동일한 내용으로 생활보조금의 지급수준과 지급기간이 기존과 동일하다.[47]

---

47) 한편 황금평, 위화도경제지대의 경우 퇴직보조금과 생활보조금에 대한 언급은 없으나 「황금평, 위화도경제지대법」 제43조 "경제지대에서 기업은 정해진 세금을 납부하여야 한다. 기업소득세률은 결산리윤의 14%로, 특별히 장려하는 부문의 기업소득 세률은 결산리윤의 10%로 한다"라고 하여 기업의 세금납부의무와 기업소득세률을 구체적으로 명시하였다. 이를 근거로 접근하면 북한이 일정부문 기업의 세금부담을 요구한다고 가정할 때, 황금평, 위화도경제지대에서도 개성공업지구와 마찬가지로 퇴직보조금과 생활보조금을 도입할 의도가 분명하다 하겠다. 그리고 이는 개성공업지구를 시작으로 북한의 입장에서 새롭게 전 경제특구에 도입하고자 하는 법적 시도라 하겠다. 또한 동 법령 제62조에서 북한은 "경제지대에서 10년이상 운영하는 정해진 기업에 대하여서는 기업 소득세를 면제하거나 감면하여준다. 기업소득세를 면제 또는 감면하는

이러한 생활보조금의 경우 퇴직보조금과 마찬가지로 「라선경제무역지대 외국투자기업로동규정시행세칙」 제49조 "기업은 양성기간에 있거나 기업의 책임으로 일하지 못하는 종업원에게 일단 또는 시간당 로임의 60%이상에 해당한 생활보조금을 주어야 한다. 생활보조금을 주는 기간은 3개월을 넘을수 없다"라고 하여 상위규정인 로동규정을 준수하면서 이를 재차 언급하였다.

4. 사회보험료

1) 개성공업지구 로동규정과 관련 세칙

「개성공업지구 로동규정」에서 기업의 사회보험료의 경우 동 규정 제42조 "기업은 공화국공민인 종업원에게 지불하는 월로임총액의 15%를 사회보험료로 달마다 계산하여 다음달 10일안으로 중앙공업지구지도기관이 지정하는 은행에 납부하여야 한다. 사회문화시책과 관련하여 기업은 사회보험료밖의 다른 의무를 지니지 않는다"라고 명시하였다. 이는 법 제정 당시인 2003년을 기준으로 하면 상당히 파격적이다. 왜냐하면 당시 북한의 근로자의 월 사회보험료 납부액은 월로임의 1%였기 때문이다. 따라서 이 시점을 기준으로 북한의 사회보험 재정은 이중적인 납부체제로 재편되었다 하겠다.[48]

기간, 감세률과 감면기간의 계산시점은 해당 규정에서 정한다"라고 하여 향후 10년 이상 장기적으로 사업을 하는 외국기업에 대한 소득세 감면에 대한 언급도 하였다.

48) 북한의 사회보험 재정부담은 2006년을 기점으로 월 임금의 1%와 사업장 수익의 7%를 부담하는 것으로 개편되는데, 여기에서 의미하는 사업장 수익은 사실상의 근로자의 임금을 의미한다. 사실 북한의 사회보험기금은 납부규모와 지출규모가 정반대인

한편 이러한 사회보험료가 연체될 경우 동 규정 제47조 "사회보험료를 제때에 납부하지 않았을 경우에는 납부기일이 지난 날부터 매일 0.05%에 해당한 연체료를 물린다. 연체료는 미납액의 15%를 넘을수 없다"라고 하여 납부의무를 강조함과 동시에 연체료 상한선을 제시하였다.

다른 한편 북한이 1999년 제정한 「외국인투자기업 로동규정」 제39조 "사회보험 및 사회보장에 의한 혜택은 사회보험기금에 의하여 보장된다. 사회보험기금은 기업과 종업원에게서 받는 사회보험료로 적립된다"라고 하였다. 동 조항에서 북한은 사회보험료 납부비율에 대한 언급이 없다. 따라서 「개성공업지구 로동규정」은 동 규정 보다 더 구체적이라 하겠다.[49] 또한 이러한 납부와 달리 지출의 경우 동 규정 제38조 '사회보험, 사회보장에 의한 보조금, 년금은 공화국의 로동법규범에 따라 계산한다'라고 하여 각종 복지급여수준 계상이 기존과 동일함을 밝혔다. 즉, 동 조항에 의거하면 북한의 복지급여 지출은 이중적이지 않다. 하지만 「개성공업지구 로동규정」에서는 이러한 급여계상에 대한 언급이 부재하다.

2) 라선경제무역지대 외국투자기업로동규정과 시행세칙

「라선경제무역지대 외국투자기업로동규정」에서 기업의 사회보험료의 경우 동 규정 제49조 "기업은 우리 나라 공민인 종업원에게 지불하는 로임총액의 15%를 사회보험료로 달마다 계산하여 다음달 10일안으로 라선시인

데, 이는 기존의 사회보험료 재정부담이 지출을 감당하는 구조나 규모가 아닌 현실적인 문제에 기인한다.
49) 또한 동 규정 제41조 '외국인투자기업은 사회보험료의 납부, 사회보험기금의 지출에 대하여 기업소재지 사회보험기관과 직업동맹조직의 감독을 받는다'고 하여 이 시기까지 북한의 노동복지체제에 대한 의도적인 분리는 크게 감지되지 않는다.

민위원회가 정한 은행에 납부하여야 한다"[50]라고 명시하였는데, 이는 「개성공업지구 로동규정」과 거의 동일하다. 또한 이러한 사회보험료 연체될 경우 동 규정 제53조 "사회보험료를 제때에 납부하지 않았을 경우에는 납부기일이 지난 날부터 매일 0.05%에 해당한 연체료를 물린다"라고 명시하였다. 이는 「개성공업지구 로동규정」과 거의 동일하나 미세한 차이도 존재한다. 가령 「개성공업지구 로동규정」과 달리 「라선경제무역지대 외국투자기업로동규정」에서는 연체료 상한선에 대한 언급이 부재하다. 그리고 이러한 경우 연체료의 상한선이 제시되어 있지 연체기간이 증가할수록 납부액도 증가하게 된다.

또한 사회보험료의 경우 「라선경제무역지대 외국투자기업로동규정시행세칙」 제85조 "기업은 우리 나라 공민인 종업원월로임총액의 15%를 사회보험료로 달마다 계산하여 다음달 10일안으로 라선시 인민위원회가 정한 은행에 납부하여야 한다"라고 하여 상위규정에서 밝힌 내용을 계승하였다.

결국 양 로동규정과 하위 세칙의 사회보장 관련 내용을 비교 분석하면, 「라선경제무역지대 외국투자기업로동규정」이 「개성공업지구 로동규정」에 비해 부문적 개선과 개혁이 나타나는 형태라 판단된다. 또한 양 세칙의 경우 대체로 기존의 골격을 유지하며 법적으로 승계하였지만 부문적인 변화도 감지된다. 가령 개성공업지구에 존재하는 유가족보조금의 경우 라선경제무역지대에서는 부재하다. 지금까지 논증한 「개성공업지구 로동규정」과

---

50) 참고로 1985년 3월 20일 제정된「(구)합영법 시행세칙」제44조에서 "합영회사의 종업원들은 조선민주주의인민공화국의 사회보험 및 사회보장에 의한 혜택을 받는다. 합영회사는 종업원들에게 지불되는 노동보수의 7%, 종업원들은 자기가 받는 노동보수의 1%의 사회보장료를 물어야 한다"라고 명시되어 있다. 또한 1992년 10월 16일 제정된「(신)합영법 시행세칙」제71조에서 "합영회사는 종업원들에게 지불되는 노동보수의 7%, 종업원들은 받는 노동보수의 1%에 해당한 사회보험료를 바쳐야 한다"라고 명시되어 있다. 그리고 이는 사실상 사회복지 재정에 대한 북한의 인식이 그대로 나타나는 부문이다.

「라선경제무역지대 외국투자기업로동규정」, 「개성공업지구 로동보수세칙 (제9호)」와 「라선경제무역지대 외국투자기업로동규정시행세칙」의 사회보장 관련 주요 내용을 정리하면 다음 〈표 6〉과 같다.[51]

〈표 6〉 사회보장 관련 조항 비교: 개성과 라선

구분	· 개성공업지구 로동규정(2003) · 개성공업지구 로력채용 및 해고세칙, 개성공업지구 로동보수세칙(2008)	· 라선경제무역지대 외국투자기업로동규정(2013) · 라선경제무역지대 외국투자기업로동규정시행세칙(2014)	주요 변화
종류	무료교육·무상치료 사회보험·사회보장	좌동	–
사회문화시책 기금(조성)	① 기업의 사회보험료 ② 종업원은 월로임의 30%	① 기업의 사회보험료 ② 종업원은 로임의 40%	10% 상승
문화후생기금	기업부담	좌동	–
최저임금	미화 50$ 상승 가능	언급없음 ** 유로 75.2€ 이상	–
최저생계비	부재	존재	라선만 해당 구체적인 언급 없음
퇴직보조금	1년 이상 일한 종업원 3개월평균월로임 기준	1년 미만 종업원 1개월분의 로임 적용	1년 미만도 지급
생활보조금	일당 또는 시간당 로임의 60% 이상 3개월 지급	좌동	–
유가족보조금	*산재보호 명시	부재	개성만 해당
사회보험료	기업이 종업원 월로임총액의 15% 납부	좌동	부담률은 동일하나 최저임금격차가 큼

· 비고: *는 「개성공업지구 로력채용 및 해고세칙」, 「개성공업지구 로동보수세칙」, **는 「라선경제무역지대 외국투자기업로동규정시행세칙」.

· 주: 저자 작성.

51) 한편 황금평, 위화도경제지대의 경우 사회보험료에 대한 언급은 없으나 「황금평, 위화도경제지대법」 제41조 "경제지대에서 기업과 개인은 우리 나라 령역안에 있는 보험회사의 보험에 들며 의무보험은 정해진 보험회사의 보험에 들어야 한다. 경제지대에서 투자가는 보험회사를, 다른 나라의 보험회사는 지사, 사무소를 설립운영할수 있다"라고 하여 별도의 민영보험 성격의 보험가입과 보험기구의 설립을 명시하고 있다. 그러나 동 조항만을 놓고 볼 때, 북한이 구체적으로 의도하는 바가 무엇인지 나타나지 않는다. 다만 동 조항을 근거로 접근하면 북한은 보험제도를 통해 황금평, 위화도경제지대의 기업과 개인의 제도적 보호를 유도하고 있음은 분명하다 하겠다.

V. 결론

    본 연구는 북한의 '개성공업지구 로동규정'과 '관련 세칙', '라선경제무역 지대 로동규정'과 '시행세칙'을 각각 비교하여 북한경제특구 노동복지법제 를 분석하였다. 특히 본 연구는 근로소득과 근로복지를 양 노동규정과 관 련 세칙을 비교 분석하였다. 이에 본 연구는 ① 관련 조항의 구체적 진술, ② 상호 관련된 조항의 공통점과 차이점, ③ 동일 조항간의 내용을 비교하 고 그 변화를 추적, ④ 네 법령 간의 관련 조항의 내용을 비교 분석하였다.

    이에 개성은 로동규정과 분화된 로동규정 관련 세칙, 라선은 로동규정과 단일한 로동규정시행세칙이 각각 존재하는 특성이 있다. 그리고 이러한 특 성의 차이는 법령이 제정된 배경과 상황, 각 경제특구의 사업진행 상황, 사 업 파트너와의 관계, 경제특구에 관한 북한의 경험된 학습정도에 따라 그 행태가 달리 나타났다 하겠다.

    지금까지의 논증을 토대로 개성공업지구 대비 라선경제무역지대를 기준 으로 북한 경제특구 노동법제의 지속성은 첫째, 북한은 경제특구 노동복지 의 기본적인 골격을 기존과 같은 제도를 중심으로 이를 그대로 유지하고자 하는 경향이 있다. 둘째, 경제특구의 다양한 복지급여의 경우 주목할 만한 새로운 현금급여나 현물급여 없어 기존의 급여체계와 거의 동일하다. 셋째, 이의 연장선상에서 기존의 노동복지 체제를 벗어나 괄목할만한 새로운 제도나 프로그램을 제시하지는 않았다. 넷째, 사회문화시책기금과 문화후생기금과 같은 노동복지와 관련된 재정부담 주체는 기존과 동일하게 적용된다. 다섯째, 사회보장과 관련이 있는 재정부담율은 기존과 동일하다.

반면 변화는 첫째, 전반적으로 법령의 양적·질적 증가와 발달과 더불어 표현의 구체화·현대화가 나타난다. 즉, 법령의 양적·질적 수준과 내용이 발달하는 경향을 나타내고 이로 인해 해석과 적용상의 충돌문제가 다소 상쇄되었다. 둘째, 기존과 같은 골격을 유지하지만 다양한 초과근무에 대한 임금 지급 수준의 매우 큰 변화를 추구하고 있다. 셋째, 근로자의 입장을 반영, 이들을 법적으로 보호하고자 고민하는 행태가 나타난다. 즉, 대휴, 보충휴가, 산전산후휴가, 휴가기간의 임금, 퇴직보조금 적용대상 등과 같은 경우 근로자의 입장을 적극 반영하여 기존과 다른 모습을 나타냈다. 넷째, 이와 연장선상에서 북한은 개성과 라선 경제특구의 최저임금의 수준차이를 크게 유도하였다. 다섯째, 라선 경제특구의 경우 최저생계비 같은 자본주의식 요소를 임금에 책정하는 등 기존과 완전히 다른 전향적인 태도를 나타내고 있다. 특히 북한이 이를 법조문에 명기한 것은 의미 있는 인식변화를 반증한다. 여섯째, 반면 사회문화시책기금의 근로자 기여율이 10년 전보다 10% 상승하여 가입자 부담을 가중시켰다. 일곱째, 이러한 변화와 달리 다른 한편으로 개성에 존재하는 산재보상인 유가족보조금의 경우 라선 경제특구에서는 부재하여 다소 아이러니한 측면이 있다.

결국 이러한 북한경제특구 노동법제의 지속성과 변화의 원인과 배경은 북한의 경제발전 전략과 전술, 당면한 현실, 이러한 환경 속의 북한의 의지와 의도에서 비롯된 것이라 판단된다. 다시 말해 북한이 스스로 변화의 필요성을 인지하고 이것이 가능하다면 변화를 추구하는 반면 이와 달리 필요치 않고 지속시켜야할 경우는 기존의 관례를 유지하고자 한다. 지금까지 논증을 근거로 북한 경제특구 노동법제의 지속성과 변화를 요약하면 다음 〈표 7〉과 같다.

〈표 7〉 개성과 라선 노동복지법제의 지속성과 변화

구분	· 개성공업지구 로동규정(2003) · 개성공업지구 로동 관련세(2008)	· 라선경제무역지대 외국투자기업로동규정(2013) · 라선경제무역지대 외국투자기업로동규정시행세칙 (2013)
지속성	· 노동복지의 골격 유지 경향	· 노동복지의 기본적인 제도 유지 경향 · 기존 급여체계와 동일 · 새로운 제도나 프로그램 부재 · 노동복지 재정부담 주체 동일 · 사회보험료 동일
변화	· 최저임금, 퇴직보조금 도입 · 생활보조금 실제 적용 도입 · 사회보험료 15% 부담 · 유가족보조금 도입	· 법령의 양적 질적 변화 추동 · 초과근무 지급 수준 등 큰 변화 · 근로자의 입장을 반영, 법적 보호 · 최저임금의 수준차이 유도 · 최저생계비 임금 책정 · 사회문화시책기금의 10% 상승 · 유가족보조금 부재

· 비고: 개성은 기존 법령과, 라선은 개성과 각각 비교.
· 주: 저자 작성.

북한의 경제특구는 경제발전 전략과 맞물려 지금 현재도 진행 중이다. 때문에 일례이기는 하지만 상술한 경제특구의 노동복지 역시 적용−지역과 규모를 떠나−되고 있다. 따라서 이러한 북한의 이중적인 노동복지(경제특구 대 비경제특구), 다층적인 노동복지(최저임금·퇴직보조금·실업보조금·유가족보조금 대 비존재 복지급여)를 통해 북한의 복지체제는 더욱 더 분리되고 유리된 형태로 지속할 것이다. 그리고 이러한 천착이 대규모로 진행되어 향후 고착화될 경우 북한의 복지체제는 더욱 더 자본주의 복지체제 중심으로 다가올 것이다.

따라서 향후 김정은시대 북한경제특구의 활성화와 확장에 비례하여 북한 노동복지체제의 규모와 비중의 변화가 예상된다. 그리고 북한의 입장에서 이러한 결과가 노동복지체제 운영에서 현실적으로 제도운영의 합리성과 효율성을 담보한다면 −비록 북한경제의 발전이 전제되지만− 중장기적으로 전체 북한 사업장으로 확장될 개연성도 없지 않다. 다시 말해 이는 북한 노동복지 '중심 축'의 완전한 변화를 야기할 개연성과 가능성이 있다는 의미이다.

다른 한편으로 제기되는 것은 본 연구와 같은 북한의 경제특구 지역 간의 차이와 더불어 경제특구와 경제특구 외 여타 지역의 노동복지에 대한 제도적 차이이다. 이에 간략히 논하면 가령 ① 최저임금 기준액의 차이, ② 사회보험료의 부담요율−경제특구 기업 15%, 특구 외 기업 근로자 1%, 사업장 수익 7%−, ③ 퇴직보조금과 실업보조금 존재와 수준의 차이로 요약된다.

그동안 북한은 노동복지에 대한 자신들의 개선전략을 직접적인 정책적 변화보다는 항시 우회적으로 진행해 왔다. 이러한 이유는 무엇보다 북한이 직접적으로 노동복지를 개선할 경우 북한 자체의 정치적 부담으로 인해 그들이 표방한 체제이념에 반하기 때문이다. 이에 북한은 경제특구에서만이라도 기존의 국가의 과도한 부담을 외국기업의 부담으로 전가하고 이를 통해 그들이 실천할 수 있는 일정수준 이상의 노동복지에 대한 정책적 실현을 하고자 한다.

따라서 역설적으로 지금 현재 나타난 북한 경제특구의 노동복지의 제도적 배경은 기존 경제특구 외 지역에서 개선되어야만 하는 내용들이다. 때문에 북한 경제특구의 노동복지제도는 기존의 북한경제특구 외 지역의 노동복지제도에서 나타난 부족한 재정부담, 기업복지 서비스 등으로 인해 파생된 것이라 하겠다. 결국 북한 경제특구의 노동복지제도는 북한이 생각하고, 적용하고 싶은 노동복지의 '속내'인 셈이다.

제2장

북한의 경제특구 복지법제 비교분석

라선경제무역지대 외국투자기업로동규정과
경제개발구 로동규정을 중심으로

I. 서론

북한은 2013년 5월 29일 「조선민주주의인민공화국 경제개발구법」(최고 인민회의 상임위원회 정령, 이하 경제개발구법으로 약칭), 동년 9월 12일 「조선 민주주의인민공화국 라선경제무역지대 외국투자기업로동규정」(최고인민회 의 상임위원회 결정 제139호로 채택, 이하 라선경제무역지대 외국투자기업로동규정 으로 약칭)을 제정하였다. 또한 북한은 동년 12월 12일 「조선민주주의인민 공화국 경제개발구 로동규정」(최고인민회의 상임위원회 결정 제150호로 채택, 이 하 경제개발구 로동규정으로 약칭)을 공포하였다. 또한 북한은 2014년 11월 17일 「조선민주주의인민공화국 라선경제무역지대 외국투자기업로동규정 시행세칙」(라선시인민위원회 결정 제162호로 채택, 이하 라선경제무역지대 외국투 자기업로동규정 시행세칙으로 약칭)을 제정하였다.[1)]

대표적으로 이러한 북한의 경제특구 관련, 2010년대 입법동향을 추적 하면 ① 2013년 5월 「경제개발구법」, ② 동년 9월 「라선경제무역지대[2)] 외

---

1) 이철수, 「북한의 경제개발구 노동복지 법제분석: 경제개발구 로동규정을 중심으로」, 『서적명』 39(3), 동서문제연구원, 2017a, 27쪽.
2) 참고로 지금까지 북한의 라선경제무역지대 경제특구전략은 4단계로 구분된다. 보다 자 세한 내용은 이승옥, 「김정은 시대 북한의 경제특구전략: 영역화, 분권화, 그리고 중국식 개혁개방?」, 『한국경제지리학회지』 19(1), 한국경제지리학회, 2016, 122-142쪽 참조.

국투자기업로동규정」, ③ 동년 12월 「경제개발구 로동규정」, ④ 2014년 11월 「라선경제무역지대 외국투자기업로동규정 시행세칙」으로 정리된다. 이는 북한이 경제특구와 관련한 입법의 시계열적 순서가 점차 구체화되는 경향임을 의미한다. 또한 이는 북한의 경제특구와 관련한 자신들의 의지와 태도를 반증하는 하나의 사례이다.[3]

이에 북한의 경제특구 관련 법적 동향의 의미는 크게 두 가지로 요약된다. 하나는 북한의 라선경제무역지대의 경우 '상위범주인 로동규정과 하위범주인 시행세칙'을 완비하여 법적 체계를 갖추었다는 것이다. 다른 하나는 이러한 특정 지역과 별도로 북한이 향후 개발할 '경제개발구'에 한해 또다른 별도의 로동규정을 재차 입법하여 일종의 '입법과잉' 현상이 나타난다는 것이다. 또한 '경제개발구 로동규정'의 경우 '라선경제무역지대 외국투자기업로동규정'과 달리 특정지역을 대상으로 한 것이 아니라 북한의 '경제개발구' 자체를 포괄하는 규정이다. 따라서 동 규정의 법적 적용대상의 범위는 여타 특정 경제특구 법령의 대상과 지역을 능가하는 불특정 지역에 대한 함의를 의미한다. 그리고 이것이 바로 동 법령이 여타 법령과 다른 법적 차별성이다.[4]

다른 한편 경제개발구의 경우 북한이 「경제개발구법」을 제정하고 약 6개월 후에 「경제개발구 로동규정」을 입법하여 북한의 의지가 돋보인다. 그러나 북한은 동 규정의 최하위규정인 '경제개발구 로동규정 시행세칙'을 제정하지 않았다. 즉, 현재까지 북한은 경제개발구에 관한 「경제개발구법」, 「경제개발구 로동규정」, '경제개발구 로동규정 시행세칙'으로 이어지는 법률적 체계를 완비하지 않은 것이다. 반면 북한은 라선경제무역지대의 경우

---

3) 이철수, 앞의 논문, 2017a, 28쪽.
4) 위의 논문, 28쪽.

상술한 바와 같이 2013년 9월 「라선경제무역지대 외국투자기업로동규정」, 2014년 11월 「라선경제무역지대 외국투자기업로동규정 시행세칙」 각각 제정하여 법적 체계를 갖추었다. 이에 북한의 경제특구의 경우 일부는 법적 체계가 완성되었고 일부는 법적체계를 완성해가는 중에 있다 하겠다. 하지만 분명한 것은 이러한 북한의 입법 행태가 과거와 달리 적극적이고 다소 신속함에 따라 변화한 북한의 모습이 내포되어 있다는 것이다.[5]

한편 이에 앞서 북한은 1999년 5월 8일 「조선민주주의인민공화국 외국인투자기업로동규정」(내각결정 제40호로 채택, 이하 외국인투자기업로동규정으로 약칭)을 제정하였다. 이는 기존의 북한 경제발전 전략 수립의 연장선상의 법령으로 외자유치를 목적으로 한 법령이다.[6] 특히 이는 북한이 2003년 9월 18일 제정한 「조선민주주의인민공화국 개성공업지구 로동규정」(최고인민회의 상임위원회 결정 제2호로 채택, 이하 개성공업지구 로동규정으로 약칭)과 대비된다. 왜냐하면 하나는 북한이 외자유치를 위해 제정한 법령이고 다른 하나는 남북경협이지만 사실상의 외자유치에 성공한 특정 지역에 대해 각각 1999년과 2003년에 별도의 '로동규정'을 제정했기 때문이다.

이러한 점에서 '외국인투자기업로동규정'과 '개성공업지구 로동규정'은 의미하는 바가 크다. 왜냐하면 '외국인투자기업로동규정'과 '개성공업지구 로동규정'은 '라선경제무역지대 외국투자기업로동규정'과 '라선경제무역지대 외국투자기업로동규정 시행세칙'과 그 기능을 같이 하지만 시기적으로 10년 먼저 제정되었기 때문이다.

---

5) 위의 논문, 29쪽.
6) 한편 이는 북한의 1998년 9월 5일 헌법개정과 관련이 있는데, 당시 북한은 헌법 제37조에 '특수경제지대에서의 여러 가지 기업창설운영'이라는 규정을 삽입했다. 배종렬, 「김정은 시대의 경제특구와 대외개방: 평가와 전망」, 『북한연구학회보』 18(2), 북한연구학회, 2014, 32쪽.

이러한 측면에서 본 연구는 북한 경제특구의 복지법제를 추적하여 법 제도적 지속성과 변화를 분석, 그 함의를 도출하고자 한다. 보다 구체적인 본 연구의 목적은 북한의 '라선경제무역지대 외국투자기업로동규정'과 '경제개발구 로동규정'을 비교 분석하여 북한 경제특구 복지법제의 동향을 추적하고자 한다. 이에 본 연구의 주요 분석 대상은 북한이 2013년 각각 제정한 '라선경제무역지대 외국투자기업로동규정'과 '경제개발구 로동규정'을 비교하고자 한다. 아울러 본 연구는 이를 통해 양 법령의 공통점과 차이점을 발견하고자 한다. 또한 본 연구의 연구방법은 문헌연구를 중심으로 하여 원자료인 동 법령을 놓고, 노동과 복지 관련 조항을 핵심 분석대상으로 하여 법 제도 분석에 일반적으로 사용되는 방법인 질적 내용분석을 통해 분석하고자 한다.[7]

이를 위한 본 연구의 서술 순서는, 먼저 '라선경제무역지대 외국투자기업로동규정'과 '경제개발구 로동규정'의 개괄적 차원의 법제 고찰을 통해 거시적 분석을 시도하고자 한다. 다음으로 양 규정을 놓고 ① 근로소득, ② 근로복지, ③ 사회보장을 중심으로 비교 분석하고자 한다. 마지막으로 이를 토대로 동 법령들을 통한 김정일-김정은 시대의 북한 경제특구의 복지법제에 대한 지속성과 변화를 도출하고자 한다. 참고로 본 연구의 분석모형과 분석 틀을 도식화면 각각 다음 〈그림 1〉, 〈표 1〉과 같다.

---

7) 본 연구는 연구분석 대상의 특수성을 감안 노동과 복지부문의 법제를 동시에 분석하면서 이를 복지법제로 통칭하고자 한다. 한편 통상 북한의 로동규정은 포괄적 수준의 해당 법령과 구체적 수준의 해당 법령 시행세칙 사이에 존재하는 중간적이고 매개적인 위치에 있는 법령을 의미한다.

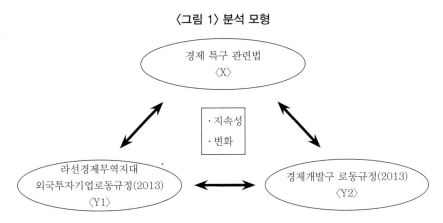

〈그림 1〉 분석 모형

· 비고1: 법적 체계와 위계상 매개적 법령인 라선경제무역지대법(1993년), 경제개발구법(2013년) 각각 제정.
· 비고2: 라선경제무역지대 외국투자기업로동규정은 시행세칙(2014년)이 존재, 경제개발구 로동규정 시행세칙은 부재.
· 주: 저자 작성.

〈표 1〉 분석 틀

구분	경제개발구 로동규정(2013): 총 7개 장 58개 조항
① 근로소득 ② 근로복지 ③ 사회보장	① 관련 조항의 구체적 진술 ② 관련 조항의 공통점과 차이점(특징) ③ 동일 조항의 내용(변화) 비교(추적) ④ 관련 조항의 지속성 · 변화

· 출처: 이철수, 「북한경제특구의 노동복지법제 비교분석: 개성공업지구와 라선경제무역지대를 중심으로」, 『법학연구』 28(1), 충북대학교, 2017b, 172쪽.

II. 양 법령의 법적 개괄과 구성

「라선경제무역지대 외국투자기업로동규정」의 경우 총 7개 장 58개 조항으로 ① 일반규정, ② 로력의 채용과 해고, ③ 로동시간과 휴식, ④ 로동보수, ⑤ 로동보호, ⑥ 사회문화시책, ⑦ 제재 및 분쟁해결로 구성되어 있다. 또한 동 규정은 2013년 9월 제정 이후 현재까지 수정된 바 없다.

「경제개발구[8] 로동규정」의 경우 총 7개 장 58개 조항으로 ① 일반규정, ② 로력의 채용과 해고, ③ 로동시간과 휴식, ④ 로동보수, ⑤ 로동보호, ⑥ 사회문화시책, ⑦ 제재 및 분쟁해결로 구성되어 있다. 또한 동 규정은 2013년 12월 제정 이후 현재까지 이렇다 할 내용적인 변화나 세부조항에 대해 수정된 것이 없다. 따라서 지금까지도 최초 법령이 통용된다고 판단된다.[9] 특이하게도 양 법령은 양적으로 완전히 동일하고 구성적으로도 동

---

8) 동 법령만의 특징은, 하나는 김정은식 경제특구 법제의 원형(Prototype)이다. 기존의 북한 경제특구 법제는 중국의 제도를 모방하거나 경협상대방의 의사를 반영하면서 발전했다. 새로 제정된 경제개발구법은 북한이 그동안의 경험을 토대로 고유의 경제개방 모델을 구축한 것으로 볼 수 있다. 다른 하나는 그동안에 각각의 개별법에 의하여 특구를 개발 운영하여 오던 것을 앞으로는 이 법에 따라 다양한 종류의 개발구를 개발하겠다는 것이다. 즉 경제개발구법은 앞으로 개발하게 될 경제개발구에 적용되는 일반법으로서의 성격을 가진다. 배국열, 「김정은 시대 경제개방 정책 평가: 경제개발구를 중심으로」, 『북한학보』 39(2), 동국대학교 북한연구소, 2014, 88쪽.

9) 이철수, 앞의 논문, 2017a, 31쪽.

일한 형태를 갖고 있다. 이에 양 규정의 개괄적 차원의 특징을 요약하면 다음과 같다.

첫째, 법적 구성의 경우 북한이 2003년 제정한 「개성공업지구 로동규정」과 거의 동일한 구성이다. 이러한 원인은 크게 두 가지에 기인한다. 하나는 이른바 '로동규정'이라는 법령간의 동질성에 기초한 것이다. 다른 하나는 북한의 법령이 「개성공업지구 로동규정」을 분기점으로 법적 발전을 나타냈기 때문이다. 따라서 북한은 2003년 이후 2013년까지 로동규정에 대한 기본적인 법적 구성의 포맷을 유지하고자 하는 경향이 있다. 다른 한편으로 양 로동규정의 시간적인 입법 차이가 10년임을 감안하면 구성상의 일정한 변화도 자연스러운 것이기도 하다. 하지만 동 법령을 근거로 판단하면 법적 구성에 있어 북한은 변화보다는 이를 유지·고수하고자 하는 행태가 나타나고 있다 하겠다.[10]

둘째, 「개성공업지구 로동규정」의 경우 총 7개 장, 49개 조항으로 구성되어 있다. 이에 「경제개발구 로동규정」이 「개성공업지구 로동규정」에 비해 양적으로 9개 조항 정도 증가한 형태를 갖고 있다. 즉, 양 규정만을 놓고 볼 때, 10여 년의 시간적 입법 차이가 북한으로 하여금 자연스러운 양적 변화를 야기하였다. 따라서 북한은 상술한 구성적 측면의 변화는 전무한 반면 내용상의 변화는 일정부문 유도하고 있다 하겠다.[11]

셋째, 양 법령은 상술한 법적 구성을 포함, 내용적인 측면의 표기와 서술에 있어 기존 법령과 동일하게 세부 조항에 대한 정의와 그와 관련한 구체적 서술로 구성되어 있다.[12] 이는 2000년대 이후 제정된 북한 법령의 현

---

10) 위의 논문, 31쪽.
11) 위의 논문, 31쪽.
12) 그러나 다른 한편으로 세부 법조문에 부분적이지만 '우리 나라'라는 기존과 같은 과거 회기적인 표현도 있다.

대화 추세의 연장선상에 있다고 판단된다. 즉, 북한 역시 입법 행태의 기술적인 변화와 개혁을 일정부문 유지하고자 한다.[13)]

넷째, 양 법령은 기존 로동규정의 형식과 내용을 기본적으로 승계한 형태에서 법령의 소극적 분화를 꾀하였다. 이는 상술한 동 법령의 양적 팽창을 기반으로 한 법적 내용의 밀도를 의미한다. 즉, 동 법령들은 법적인 세부밀도에 있어 상대적으로 기존 법령에 비해 상당부문 발달된 행태를 띄고 있다. 그리고 이는 동 법령들의 법적 세분화와 양적 팽창으로 이어졌다.[14)]

다섯째, 「라선경제무역지대 외국투자기업로동규정」의 경우 「경제개발구 로동규정」보다 약 3개월 앞서 제정되었다. 그러나 동 법령은 법적 적용대상의 경우 라선경제특구에만 한정하여 적용된다. 따라서 동 법령은 특정지역인 라선경제특구에만 해당되는 법령이기 때문에 법적 적용대상이 제한적이다.

여섯째, 이와 달리 「경제개발구 로동규정」의 경우 2000년대 이후 제정한 북한의 경제특구 관련 법령들과 법적 대상에 있어 차이가 있다. 즉, 동 법령은 특정지역에 한정하여 적용하는 것이 아니라 북한의 경제개발구 자체에 적용하기 위한 법령이다. 따라서 동 법령은 특정지역을 대상으로 한 여타 경제특구 법령과 달리 북한 전체 경제개발구를 대상으로 한다. 때문에 동 법령의 법적 대상의 포괄성으로 인해 여타 법령과의 무게나 위상에 있어 다소 차이가 있다. 그리고 이것이 바로 동 규정이 여타 규정과 다른 가장 큰 차이점이다.[15)] 다시 말해 동 법령을 각 로동규정 만을 놓고 볼 때, 위계상에 있어 북한의 특정 경제특구 로동규정 보다 상위개념이라 할 수 있다.

---

13) 이철수, 앞의 논문, 2017a, 31쪽.
14) 위의 논문, 32쪽.
15) 위의 논문, 32쪽.

일곱째, 특이하게도 북한은 특정지역에 제한되는 「라선경제무역지대 외국투자기업로동규정」을 먼저 제정하고 포괄적으로 적용되는 「경제개발구 로동규정」을 추후에 제정하였다. 이는 다소 입법 순서가 도치된 것이 아니냐는 지적도 가능하다. 그러나 북한이 라선경제특구에 대한 발전 전략을 1990년대부터 진행한 사실을 상기하면 당연한 결과라고도 할 수 있다. 즉, 북한의 입장에서 보면 라선경제특구에 로동규정을 제정하고 이를 향후 추진할 경제개발구에 확대 적용하기 위해 입법화한 것이다. 따라서 양 법령의 무게나 위치를 외형적으로 보면 「경제개발구 로동규정」이 「라선경제무역지대 외국투자기업로동규정」보다 더 의미가 있다. 그러나 다른 한편으로 역사적으로 북한의 경제특구 발전전략을 고찰, 내형적으로 접근하면 그리 비정상적인 행태라 하기에도 일정한 한계가 있다. 다시 말해 북한은 라선경제특구에 오래전부터 상당기간 동안 관심과 공을 기울였다. 때문에 향후 추진할 경제개발구보다 라선경제무역지대에 해당되는 법령을 먼저 제정하였다고 판단된다.

　　여덟째, 양 규정 모두 법령의 동질성과 더불어 제정시기의 차이가 크지 않아 구성과 내용에서 괄목할 만한 변화가 나타나지 않는다. 다만 일부 규정의 경우 개별 조항의 정의 있어 표현의 차이가 있다. 가령 「라선경제무역지대 외국투자기업로동규정」에서 '로동계약서의 제출', '로동시간준수의무', '휴가비의 지불', '벌금'이 「경제개발구 로동규정」에서 '로동계약의 승인', '기업의 로동시간준수의무', '휴가기간의 지불', '벌금 부과'로 각각 단어의 선택이 다르다. 그러나 이로 인해 양 법령 해당 조항의 내용적인 변화를 크게 야기하지 않았다.

　　아홉째, 양 규정 모두 '기업의 독자성'을 일정부문 보장하여 인력채용, 임금 지급기준 등과 같은 사안에 대해 법적으로 기업이 독자적으로 결정할 권리를 부여하였다. 이는 북한이 동 규정에 해당되는 기업에 대한 독립성을 법적으로 보장, 이를 명문화한 것이다. 이를 통해 북한은 해당 기업에 대한 개방적 태도를 견지, 궁극적으로 기업을 유치하기 위한 전략적 수단으로 인식·표명한 것이라 판단된다. 이에 양 규정의 법적 개괄을 구성적 차원에서 요약하면 다음 〈표 2〉와 같다.

〈표 2〉 라선경제무역지대 외국투자기업로동규정과 경제개발구 로동규정 개괄

구분	양 규정 모두 총 7개 장 58개 조항
제1장: 일반규정	– 사명, 로력관리기관, 로력채용원칙, 로동생활분야에서의 남녀평등, 녀성종업원의 건강보호, 로동조건의 보장, 종업원월로임최저기준의 제정, 직업동맹조직과 종업원대표, 로동분야에서의 기업의 독자성
제2장: 로력의 채용과 해고	– 로력보장기관, 우리나라 로력의 신청, 우리나라 로력의 보장, 다른 나라 로력의 채용합의, 로력채용계약의 체결, 로동계약의 체결, **로동계약의 승인, *로동계약서의 제출, 로력채용계약, 로동계약의 효력, 로력채용계약, 로동계약의 변경, 취소, 종업원의 해고사유, 종업원의 해고와 관련한 통지, 종업원을 해고할 수 없는 사유, 종업원의 사직사유, 종업원의 사직절차, 양성, 기술견습
제3장: 로동시간과 휴식	– 로동시간, **기업의 로동시간준수의무, *로동시간준수의무, 명절과 공휴일의 휴식보장, 휴가보장
제4장: 로동보수	– 로동보수의 내용, 종업원월로임의 제정, **휴가기간의 지불, *휴가비의 지불, 휴가비의 계산방법, 휴가기간의 작업에 대한 로임, 생활보조금, 연장작업과 야간작업에 대한 로임, 명절일, 공휴일의 로동에 대한 로임, 상금, 장려금의 지불, 로동보수의 지불, 퇴직보조금의 지불
제5장: 로동보호	– 로동안전 및 산업위생조건의 보장, 녀성로력의 보호, 탁아소, 유치원의 운영, 로동안전기술교육, 로동보호물자의 공급, 로동재해위험의 제거, 로동보호질서의 준수, 사고발생시의 조치
제6장: 사회문화시책	– 사회문화시책의 실시, 사회문화시책비의 조성, 사회보험료 납부, 사회문화시책금의 납부, 문화후생기금의 조성과 리용
제7장: 제재 및 분쟁 해결	– 손해보상, 원상복구, 연체료의 부과, **벌금부과, *벌금, 중지, 몰수, 분쟁해결, 신소 와 그 처리

· 비고: *는 라선경제무역지대 외국투자기업로동규정, **는 경제개발구 로동규정의 항목 정의.
· 주: 저자 작성.

Ⅲ. 노동복지 조항 분석

1. 근로소득

근로소득의 경우 ① 임금 종류, ② 임금 제정 권한, ③ 임금 지불 방식과 추가 임금으로 크게 구분하여 접근하고자 한다.

1) 임금 종류

「라선경제무역지대 외국투자기업로동규정」에서 동 규정 제28조 "종업원의 로동보수에는 로임, 장려금, 상금 같은 것이 속한다. 기업은 로동의 질과 량에 따라 로동보수를 정확히 계산하며 같은 로동을 한 종업원들에 대해서는 성별, 년령에 관계없이 로동보수를 똑같이 지불하여야 한다"라고 명시하였다.

「경제개발구 로동규정」에서 임금의 종류는 동 규정 제28조 "종업원의 로동보수에는 로임, 장려금, 상금 같은 것이 속한다. 기업은 로동의 질과 량에 따라 로동보수를 정확히 계산하며 같은 로동을 한 종업원들에 대해서는 성별, 년령에 관계없이 로동보수를 똑같이 지불하여야 한다"라고 한다. 따라서 양 법령의 제28조에 의거한 근로자의 법적인 임금의 종류는 세 가지로 여기에는 ① 통상적인 급여 성격인 임금, ② 특정 사안의 독려에 대한 장려금, ③ 특정 사안에 대한 근무자의 포상을 위한 상금이 있다. 그러나 아이러니하게도 양 규정에는 여타 규정에서 언급하고 있는 초과근무 시 지급되는 수당 성격의 '가급금'이 명시되어 있지 않다.[16]

이에 가령 「경제개발구[17] 로동규정」에서 경제개발구 근로자의 초과근무에 대한 언급이 있다면 이는 충돌 내지는 적용상의 문제가 발생한다.[18] 이에 후술했지만 동 규정 제34조와 제35조에서 초과근무와 명절, 공휴일 근무에 대한 임금지급 내용이 있다. 이에 양 조항을 근거로 하면 로임에 기존의 가급금이 포함된 형태로 집행된다고 할 수 있다. 따라서 실제 집행 상의 문제는 크지 않다고 할 수 있으나 임금의 종류에서 실제 적용·존재하는 임금 종류의 하나가 법령에 누락된 것은 다소 문제의 소지가 있다 하겠다. 그리고 이는 「라선경제무역지대 외국투자기업로동규정」의 임금관련 조항을 그대로 인용한 것이다. 때문에 양 규정 모두 초과근무에 대해 동일하게 적용된다.

2) 임금 제정 권한

「라선경제무역지대 외국투자기업로동규정」 제29조 "종업원의 월로임은 기업이 정한다. 이 경우 종업원월로임최저기준보다 낮게 정할수 없다. 조

---

16) 위의 논문, 33쪽.
17) 참고로 북한은 2015년 현재 공식적으로 현재 국가급 경제특구가 9곳, 각 도(道)의 지방급 경제특구가 16곳이 있다고 밝히고 있다. 보다 자세한 내용은 임을출, 「김정은 시대의 경제특구 정책: 실태, 평가 및 전망」, 『동북아경제연구』 27(3), 한국동북아학회, 2015, 참조.
18) 이는 라선경제무역지대 외국투자기업도 마찬가지이다.

업준비기간에 있는 기업의 종업원 또는 견습공, 무기능공의 월로임은 종업원월로임최저기준의 70%이상의 범위에서 정할수 있다. 이 역시 후술한 「경제개발구 로동규정」의 임금관련 조항과 거의 동일한 내용이다.

따라서 동 규정들을 근거로 판단하면 근로자의 월 임금은 해당 기업이 자율적으로 책정한다. 하지만 동 규정에는 임금의 최하한선인 최저임금에 대한 구체적인 내용이 없다. 즉, 최저 월 임금기준이 구체적으로 어느 정도인지에 대한 명확한 진술은 표기되어 있지 않다. 그리고 이러한 원인은 향후 경제특구의 외국 기업에 대한 유인책임과 동시에 기업의 자율성을 담보하기 위한 것이라 판단된다. 즉, 전략적 차원에서 보면 북한의 입장에서 굳이 먼저 최저임금 수준을 규정에 명시하여 임금을 마지노선을 밝힐 필요가 없기 때문이다. 또 채용 이후 인턴과정의 근로자에게는 다소 차등적인 급여기준을 제시하였는데 이는 여타 규정에서도 언급된 내용이다.[19]

「경제개발구 로동규정」 임금 제정 권한의 경우 제29조 "종업원의 월로임은 기업이 정한다. 이 경우 공포된 종업원월로임최저기준보다 낮게 정할수 없다. 조업준비기간에 있는 기업은 종업원 또는 견습공, 무기능공의 월로임을 종업원월로임최저기준의 70%이상의 범위에서 정할수 있다"라고 하였다. 이는 「개성공업지구 로동규정」 제26조 종업원월로임의 제정에서 "종업원의 월로임은 종업원월최저로임보다 낮게 정할수 없다. 그러나 조업준비기간에 있는 기업의 종업원과 견습공, 무기능공의 로임은 종업원월최저로임의 70%범위에서 정할수 있다"라는 조항과 거의 동일한 내용이다.[20]

19) 이철수, 앞의 논문, 2017a, 34-35쪽.
20) 위의 논문, 33-34쪽.

3) 임금 지불 방식과 추가 임금

「라선경제무역지대 외국투자기업로동규정」 제37조 "기업은 종업원의 로동보수를 정해진 기간안에 전액 지불하여야 한다. 로임은 화폐로 지불하며 상금과 장려금은 화폐로 지불하거나 상품으로 줄수도 있다. 로동보수를 주는 날이 되기 전에 사직하였거나 기업에서 내보낸 종업원에게는 수속이 끝난 날부터 7일안으로 로동보수를 지불하여야 한다"라고 하고 있다.

또 연장작업과 야간작업 임금에 대해 「라선경제무역지대 외국투자기업로동규정」 제34조 "기업은 종업원에게 야간작업을 시켰거나 정해진 로동시간 밖의 연장작업을 시켰을 경우 일당 또는 시간당 로임액의 150%에 해당한 로임을 주어야 한다"라고 한다.

따라서 동 규정을 근거로 적용하면 북한이 인식하는 야간작업에 대한 시간적 구분이 모호하다. 그러나 이는 다른 한편 북한이 야간작업 시간을 명시하지 않음으로 인해 이를 탄력적으로 적용할 수 있도록 하였다고 볼 수 있다. 즉, 법령에 야간작업에 대한 구체적인 시간표기로 인한 법적 구속력을 언급하지 않음으로 인해 1일 8시간 근무 이후나 일몰 이후 시간대의 근무를 야간작업으로 간주할 수 있기 때문이다.

또한 명절일과 공휴일의 로동에 대한 임금의 경우 「라선경제무역지대 외국투자기업로동규정」 제35조 "기업은 명절일, 공휴일에 종업원에게 일을 시키고 대휴를 주지 않았을 경우 일당 또는 시간당 로임액의 200%에 해당한 로임을 주어야 한다"라고 명시하였다. 이는 「경제개발구 로동규정」 제35조와 동일한 내용이다. 아울러 「라선경제무역지대 외국투자기업로동규정」 제32조 "기업은 휴가기간에 있는 종업원에게 작업을 시켰을 경우 휴가비와 함께 일당 또는 시간당 로임액의 100%에 해당한 로임을 주어야 한다"라는 조항은 후술할 「경제개발구 로동규정」 제32조와 완전히 동일한 내용이다.

한편 「경제개발구 로동규정」 제37조 "기업은 종업원의 로동보수를 정해진 기간안에 전액 지불하여야 한다. 로임은 화폐로 지불하며 상금과 장려금은 화폐로 지불하거나 상품으로 줄수도 있다. 로동보수를 주는 날이 되기 전에 사직하였거나 기업에서 내보낸 종업원에게는 수속이 끝난 날부터 7일안으로 로동보수를 지불하여야 한다"라고 하고 있다. 동 규정을 근거로 하면 임금은 화폐로 지불하고 상금이나 장려금은 화폐나 상품으로 대체가 가능하다. 또한 월 급여 지급일 전에 퇴직한 근로자에게는 사직절차가 종료된 이후 일주일 내에 임금을 지급해야 한다.[21]

또한 연장작업과 야간작업에 대한 임금의 경우 「경제개발구 로동규정」 제34조 "기업은 종업원에게 야간작업을 시켰거나 정해진 로동시간 밖의 연장작업을 시켰을 경우 일당 또는 시간당 로임액의 150%에 해당한 로임을 주어야 한다. 로동시간 밖의 야간작업을 시켰을 경우에는 일당 또는 시간당 로임액의 200%에 해당한 로임을 주어야 한다. 야간작업이란 22시 부터 다음날 6시 사이의 로동을 말한다"라고 밝혔다. 동 규정에 의거하면 연장근로와 야간근로 등 추가근로에 대한 임금지급 비율을 언급함과 동시에 야간작업에 해당하는 시간을 언급하였다.[22]

또한 「경제개발구 로동규정」 제35조 "기업은 명절일, 공휴일에 종업원에게 일을 시키고 대휴를 주지 않았을 경우 일당 또는 시간당 로임액의 200%에 해당한 로임을 주어야 한다"와 제32조 "기업은 휴가기간에 있는 종업원에게 로동을 시켰을 경우 휴가비와 함께 일당 또는 시간당 로임액의 100%에 해당한 로임을 주어야 한다"라고 하여 명절일과 공휴일, 휴가기간

---

21) 위의 논문, 35쪽.
22) 위의 논문, 35쪽.

의 근로에 대한 임금 지급 기준을 언급하였다.[23]

근로소득의 경우 앞서 제정한 「라선경제무역지대 외국투자기업로동규정」을 후일 제정한 「경제개발구 로동규정」이 거의 그대로 인용하는 행태로 진행되었다. 그리고 무엇보다 이러한 원인은 크게 두 가지인데, 하나는 '로동규정'이라는 법령의 내재적 속성상의 공통점이다. 다른 하나는 제정시기로 입법 시기의 차이가 3개월에 불과하여 이렇다 할 새로운 규정을 삽입하기에는 뚜렷한 변화를 야기할 시간이 부족하기 때문이라 판단된다.

한편 앞서 언급하였듯이 양 규정 모두 기업의 독자성을 명시하였는데, 양 규정 제8조 "…기업은 법규에 정한 범위에서 로력채용과 로동조건의 보장, 로임기준과 지불형식 같은 것을 독자적으로 결정할 권리를 가진다"라고 하였다. 지금까지 논증한 「라선경제무역지대 외국투자기업로동규정」과 「경제개발구 로동규정」의 근로소득의 주요내용을 요약하면 다음 〈표 3〉과 같다.

〈표 3〉 근로소득 관련 주요 내용 요약

구분	양 로동규정(2013)	주요 특징
임금 종류	임금, 장려금, 상금	가급금 부재
임금제정 권한	기업	제정 차이
월로임기준	구체적 기준 미제시	좌동
최저임금	상 동	좌동
임금지불 방식	로임은 화폐, 상금과 장려금 화폐·상품 가능	-

---

23) 위의 논문, 35쪽. 이는 「개성공업지구 로동규정」 제30조 "기업은 로동시간밖의 연장작업 또는 야간작업을 한 종업원에게 일당 또는 시간당 로임액의 50%에 해당한 가급금을…. 명절일, 공휴일에 로동을 시키고 대휴를 주지 않았거나 로동시간밖에 야간작업을 시켰을 경우에는 로임액의 100%에 해당한 가급금을…"이라는 지급내용 기준이 상승한 것이다.

구분	양 로동규정(2013)	주요 특징
연장·야간작업	시간당 임금의 150%	**야간작업시간 미기재
명절·공휴일 근무	시간당 임금의 200%	기존보다 상승

· 비고: **「라선경제무역지대 외국투자기업로동규정」.
· 주: 저자 작성.

2. 근로복지

근로복지의 경우 ① 근로자의 노동시간, ② 휴식과 휴가, ③ 여성근로자의 보호로 크게 구분하여 접근하고자 한다.

1) 노동시간

「라선경제무역지대 외국투자기업로동규정」의 노동시간은 제24조 "지대에서 종업원의 로동시간은 하루 8시간, 주 평균 48시간을 초과할수 없다. 기업은 생산, 경영상특성에 따라 필요한 경우 종업원의 건강을 보장하는 조건에서 하루에 3시간 정도 로동시간을 연장할수 있다"라고 한다. 이에 동 규정은 후술한 「경제개발구 로동규정」과 동일하나 연장근무에 대한 1일 시간제한을 명시하였다.

또한 「라선경제무역지대 외국투자기업로동규정」 제25조 "기업은 종업원에게 정해진 로동시간안에서 로동을 시켜야한다. 연장작업을 시키거나 명절일, 공휴일, 휴가기간에 로동을 시키려 할 경우에는 직업동맹조직 또는 종업원대표와 합의하여야 한다. 종업원은 정해진 로동시간을 지키며 로동을 성실히 하여야 한다"라고 언급하였다. 이에 동 규정은 후술한 「경제개발구 로동규정」에 추가적으로 '종업원의 근로(시간) 성실의무' 조항을 추가된 것이다. 즉, ① 기업의 노동시간 준수, ② 연장, 추가근무 시 합의과정과 주체 조항에 새롭게 ③ 근로시간 동안 종업원의 성실의무 조항이 명시되었다.

한편 「경제개발구 로동규정」 제24조 "경제개발구에서 종업원의 로동시간은 하루 8시간, 주 평균 28시간으로 한다"라고 명시하였다. 동 조항을 근거로 하면 경제개발구 근로자들은 1일 8시간, 주 평균 28시간이다. 그러나 주 노동 일수에 대한 언급이 없어 해석상의 논란이 있다. 또 앞서 언급한 추가근무 규정을 적용할 경우 실제 근로시간이 증가함에 따라 이에 대한 의문도 제기된다.[24]

또한 「경제개발구 로동규정」 제25조 "기업은 종업원에게 정해진 로동시간안에서 로동을 시켜야 한다. 부득이하게 연장작업을 시키거나 명절일, 공휴일, 휴가기간에 로동을 시키려 할 경우에는 직업동맹조직 또는 종업원대표와 합의하여야 한다"라고 하여 기업의 로동시간 준수 의무를 명문화하였다. 단, 해당 기업의 부득이한 사정으로 추가근로가 필요한 경우 직업동맹과 종업원대표와의 합의를 전제로 하였다.[25]

2) 휴식과 휴가

「라선경제무역지대 외국투자기업로동규정」 제26조 "기업은 종업원에게 우리 나라 명절일과 공휴일의 휴식을 보장하여야 한다. 명절일과 공휴일에 로동을 시켰을 경우에는 7일안으로 대휴를 주어야 한다"라고 한다. 이는

---

24) 위의 논문, 36-37쪽.
25) 위의 논문, 37쪽.

후술한 「경제개발구 로동규정」에서 언급한 명절과 공휴일의 추가근로로 인한 대휴와 물질적 보상의 두 가지 선택에서 보상이 누락되었다. 따라서 라선경제무역지대 외국투자기업 근로자들은 명절과 공휴일의 추가근로에 대해 오직 대휴로만 보상받게 된다.

또한 「라선경제무역지대 외국투자기업로동규정」 제27조 "기업은 종업원에게 해마다 14일간의 정기휴가를 주며 중로동, 유해로동을 하는 종업원에게는 7~21일간의 보충휴가를 주어야 한다"라고 한다. 아이러니하게도 이는 「경제개발구 로동규정」에서 산전산후 휴가기간이 누락된 형태이다. 아울러 「라선경제무역지대 외국투자기업로동규정」에서 여성근로자의 산전산후 휴가에 대한 구체적인 언급이 없다.

다만 후술했지만 동 규정 제30조에서 산전산후 휴가기간 동안 90일간의 휴가비 지불 조항이 있다. 따라서 「라선경제무역지대 외국투자기업로동규정」에서 여성근로자의 산전산후 휴가에 대한 구체적인 휴가기간에 대한 언급이 없다. 반면 휴가비 지급에 대한 별도의 규정이 있어 간접적으로 산전산후휴가가 존재함을 반증한다. 그러나 상술한 바와 같이 산전산후 휴가기간에 대한 구체적인 언급이 부재하여 해석상의 논란이 존재한다.

또 「라선경제무역지대 외국투자기업로동규정」 제30조 "기업은 정기 및 보충휴가를 받은 종업원에게 휴가일수에 따르는 휴가비를 지불하여야 한다. 산전산후휴가를 받은 녀성종업원에게는 기업이 90일에 해당한 휴가비를 지불하여야 한다. 휴가비는 로임을 지불하는 때에 함께 지불한다"라고 한다. 이는 후술한 「경제개발구 로동규정」에서 다소 대비된다.

즉, 경제개발구에서 산전산후휴가 중인 여성 근로자는 휴가일수에 따르는 휴가비의 60% 이상 수준의 휴가비를 지급받는다. 하지만 라선경제무역지대의 산전산후휴가 중인 여성 근로자는 90일에 해당하는 휴가비를 지급

받는다. 따라서 라선경제무역지대의 산전산후휴가 중인 여성 근로자가 월등히 높은 휴가비를 지급받는다. 왜냐하면 라선경제무역지대의 산전산후휴가 중인 여성 근로자는 휴가일수 기준이 아닌 90일 기준으로 휴가비를 지급하기 때문이다. 즉, 동 규정을 근거로 하면 라선경제무역지대의 산전산후휴가 중인 여성 근로자는 3개월분의 임금을 지급받는다.

또 「라선경제무역지대 외국투자기업로동규정」의 제31조 "휴가비는 휴가받기 전 마지막 3개월간의 로임을 실가동일수에 따라 평균한 하루로임에 휴가일수를 적용하여 계산한다"는 후술한 「경제개발구 로동규정」과 완전히 동일한 내용이다.

반면 「경제개발구 로동규정」 제26조 "기업은 종업원에게 우리 나라 명절일과 공휴일의 휴식을 보장하여야 한다. 명절일과 공휴일에 로동을 시켰을 경우에는 7일안으로 대휴를 주거나 해당한 보수를 지불하여야 한다"라고 하여 명절과 공휴일에 대한 휴식과 명절과 공휴일 근로에 대한 대휴를 언급하였다. 동 조항은 명절과 공휴일의 휴식보장과 동시에 이 기간 동안 근무하였을 경우 이에 상응하는 휴가와 별도의 추가적인 보수 지급을 명문화한 것이다. 특히 명절과 공휴일 근무 이후 7일 내에 대휴와 해당 기간 동안의 추가보수 지급을 언급, 실제 적용의 마지노선을 제시한 것은 다소 인상적이라 하겠다.[26]

또한 「경제개발구 로동규정」 제27조 "기업은 종업원에게 해마다 14일간의 정기휴가를 주며 중로동, 유해로동을 하는 종업원에게는 7~21일간의 보충휴가를 주어야 한다. 녀성종업원에게는 산전 60일, 산후 90일간의 휴가를 준다"라고 한다. 동 규정 제26조와 제27조를 근거로 하면 경제개발구

---

26) 이철수, 「북한경제특구의 노동복지법제 비교분석: 개성공업지구와 라선경제무역지대를 중심으로」, 「법학연구」 28(1), 충북대학교, 2017b, 185쪽.

근로자들은 ① 14일의 정기휴가, ② 7~21일간의 보충휴가, ③ 150일의 산전산후휴가, ④ 근무일 외의 근로에 대한 대휴가 보장된다. 그리고 이는 「개성공업지구 로동규정」제23조 "기업은 종업원에게 해마다 14일간의 정기휴가를 주며 중로동, 유해로동을 하는 종업원에게는 2~7일간의 보충휴가를 주어야 한다. 임신한 녀성종업원에게는 60일간의 산전, 90일간의 산후휴가를 주어야 한다"와 중노동과 유해노동 근로자의 휴가기간의 차이가 있을 뿐 나머지는 대동소이하다.[27]

아울러 「경제개발구 로동규정」제30조 "기업은 정기 및 보충휴가를 받은 종업원에게 휴가일수에 따르는 휴가비를 지불하여야 한다. 산전산후휴가를 받은 녀성종업원에게는 휴가일수에 따르는 휴가비의 60%이상에 해당한 금액을 지불하여야 한다. 휴가비는 로임을 지불할 때 함께 지불한다"라고 하였다. 이는 휴가비 지급에 대한 규정으로 동 규정에 의거하면 경제개발구 근로자들은 ① 정기휴가비, ② 보충휴가비, ③ 산전산후휴가비가 보장된다. 특히 산전산후휴가를 받는 여성근로자에게는 휴가일수에 비례하여 휴가비 지급기준을 명시하였다.[28]

또한 「경제개발구 로동규정」제31조 "휴가비는 휴가받기 전 마지막 3개월간의 로임을 실가동일수에 따라 평균한 하루로임에 휴가일수를 적용하여 계산한다"라고 하여 휴가비의 계산방식에 대해 언급하였다.[29] 이에 동 조항에 따르면 경제개발구 근로자들의 휴가기간 동안 휴가비 계산방식은 최근 3개월 동안 실제 일한 평균 1일 임금 기준에 휴가일수를 계산하는 방

---

27) 이철수, 앞의 논문, 2017a, 38쪽.
28) 위의 논문, 38쪽.
29) 이는 「개성공업지구 로동규정」제28조 "휴가비의 계산은 휴가받기전 3개월간의 로임을 실가동일수에 따라 평균한 하루로임에 휴가일수를 적용하여 한다"라는 조항과 거의 동일하다.

식으로 결정된다. 그리고 이는 「외국인투자기업 로동규정」 제27조를 차용한 형태이다.[30]

3) 여성근로자 보호

「라선경제무역지대 외국투자기업로동규정」 제40조 "기업은 녀성종업원을 위한 로동위생보호시설을 특별히 갖추어야 한다. 임신하였거나 젖먹이는 기간에 있는 녀성종업원에게는 연장작업, 야간작업, 힘들고 건강에 해로운 작업을 시킬수 없다"와 제41조 "기업은 실정에 맞게 종업원의 자녀를 위한 탁아소, 유치원을 꾸리고 운영할수 있다"라는 조항은 후술한 「경제개발구 로동규정」과 완전히 동일한 내용이다.

즉, 「경제개발구 로동규정」 제40조 "기업은 녀성종업원을 위한 로동위생보호시설을 특별히 갖추어야 한다. 임신하였거나 젖먹이는 기간에 있는 녀성종업원에게는 연장작업, 야간작업, 힘들고 건강에 해로운 로동을 시킬수 없다"와 제41조 "기업은 실정에 맞게 종업원의 자녀를 위한 탁아소, 유치원을 꾸리고 운영할수 있다"라고 명시하였다.

한편 양 규정의 경우 여성근로자의 보호에 대해 보다 더 진일보한 형태이다. 왜냐하면 양 규정에서 산전산후 여성근로자에 대한 분명한 임신 기간을 언급하지 않았다. 때문에 실제 적용에 있어 상당히 포괄적일 수밖에 없다. 즉, 양 조항을 적용할 경우 경제개발구에서는 임신과 동시에 여성근로자에 대한 노동보호를 해야 한다. 때문에 양 규정에 의거하면 임신한 여성근로자들은 임신한 개월 수에 제한받지 않고 임신판정 이후부터 노동보

---

30) 이철수, 앞의 논문, 2017b, 186쪽.

호의 적용대상이 된다.[31]

근로복지의 경우 근로소득과 마찬가지로 앞서 제정한 「라선경제무역지대 외국투자기업로동규정」을 후일 제정한 「경제개발구 로동규정」이 다소 인용하는 행태로 진행되었다. 그러나 특이하게도 일부 조항의 경우 누락된 형태도 나타났다. 지금까지 논증한 「라선경제무역지대 외국투자기업로동규정」과 「경제개발구 로동규정」의 근로복지의 주요내용을 요약하면 다음 〈표 4〉와 같다.

〈표 4〉 근로복지 관련 주요 내용 요약

구분	양 로동규정(2013)	주요 특징
노동시간	1일 8시간, 주 평균 28시간	주 노동일수 언급부재 **근로자 성실의무 조항 추가
연장근로 (시간외 근로)	직업동맹, 종업원(대표)합의	**1일 3시간 시간제한
명절, 공휴일 근무 대휴와 보수	7일 안에 결정 의무 추가보수 지급보장	개성공업지구에 비해 대휴결정기간 짧아짐
정기휴가	14일	−
보충휴가	7−21일	−
산전산후휴가	산전 60일, 산후 90일	**언급 부재
휴가비	지불 제시	기존과 거의 동일
휴가비 계산	최근 3개월 동안 평균 1일 임금	상동
녀성로력보호	임신과 동시에 보호 시작	임신 개월 수 제한 없음
탁아소, 유치원	기업의 자율운영	기존과 거의 동일

· 비고: **「라선경제무역지대 외국투자기업로동규정」.
· 주: 저자 작성.

---

31) 이철수, 앞의 논문, 2017a, 39쪽.

3. 사회보장

사회보장의 경우 ① 사회문화시책과 문화후생기금, ② 최저임금과 최저
생계비, ③ 퇴직보조금과 생활보조금, ④ 사회보험료로 크게 구분하여 접
근하고자 한다.[32]

1) 사회문화시책과 문화후생기금

「라선경제무역지대 외국투자기업로동규정」에서 사회문화시책의 경우 제
47조 "기업에서 일하는 우리 나라 공민과 그 가족은 국가가 실시하는 사회
문화시책의 혜택을 받는다. 사회문화시책에는 무료교육, 무상치료, 사회보
험, 사회보장 같은 것이 속한다"라고 하였다.

또한 「경제개발구 로동규정」에서 사회문화시책의 경우 제47조 "기업에
서 일하는 우리 나라 공민과 그 가족은 국가가 실시하는 사회문화시책의
혜택을 받는다. 사회문화시책에는 무료교육, 무상치료, 사회보험, 사회보
장 같은 것이 속한다"라고 언급하였다.[33] 이에 양 규정의 진술이 완전히 동
일하다. 따라서 양 규정에서 의도하는 북한의 사회문화시책은 동일하고 이
에 따라 분화된 동일한 사회복지제도를 통해 보장받는다.

이에 양 조항에 근거하면 양 해당 지역의 근로자들은 ① 무료교육,
② 무상치료, ③ 사회보험, ④ 사회보장의 네 가지의 사회복지제도 혜택을
받게 된다. 그리고 이는 기존의 북한 근로자들과 거의 동일한 제도들이다.

---

32) 이철수, 앞의 논문, 2017b, 190쪽.
33) 이는 또한 「개성공업지구 로동규정」 제40조 "공업지구의 기업에서 일하는 공화국의 종
업원과 그 가족은 국가가 실시하는 사회문화시책의 혜택을 받는다. 사회문화시책에는
무료교육, 무상치료, 사회보험, 사회보장 같은 것이 속한다"와 거의 동일한 내용이다.

따라서 이를 근거로 할 때 북한은 특정 경제개발구에 기존과 다른 별도의 사회문화시책을 적용할 의도가 없다고 판단된다.[34]

또 이러한 제도의 재원인 사회문화시책기금의 조성의 경우 「라선경제무역지대 외국투자기업로동규정」 제48조 "지대에서 사회문화시책비는 사회문화시책기금으로 보장한다. 사회문화시책기금은 기업으로부터 받는 사회보험료와 종업원으로부터 받는 사회문화시책금으로 조성한다"라고 명시하였다. 또 이러한 사회문화시책금의 납부의 경우 제50조 "우리 나라 공민인 종업원은 로임의 일정한 몫을 사회문화시책금으로 계산하여 다음달 10일안으로 라선시인민위원회가 정한 은행에 납부하여야 한다"라고 언급하였다.

또한 「경제개발구 로동규정」 제48조 "경제개발구에서 사회문화시책비는 사회문화시책기금으로 보장한다. 사회문화시책기금은 기업으로부터 받는 사회보험료와 종업원으로부터 받는 사회문화시책금으로 조성한다"라고 하였다. 이에 양 조항을 근거로 하면 사회문화시책기금은 기업과 종업원이 각각 부담하는 사회보험료와 사회문화시책금으로 갹출한다.[35] 이에 양 조항 모두 거의 동일한 내용이다. 단, 양 규정이 적용되는 지역을 지칭하는 부문만 차이가 존재할 뿐이다.

아울러 이러한 사회문화시책금의 납부의 경우 「라선경제무역지대 외국투자기업로동규정」 제50조 "우리 나라 공민인 종업원은 로임의 일정한 몫을 사회문화시책금으로 계산하여 다음달 10일안으로 라선시인민위원회가 정한 은행에 납부하여야 한다"라고 하였다. 이는 「경제개발구 로동규정」 제50조 "우리 나라 공민인 종업원은 로임의 일정한 몫을 사회문화시책기금으로 달마다 계산하여 다음달 10일안으로 경제개발구관리기관이 정한 은

---

34) 이철수, 앞의 논문, 2017a, 40-41쪽.
35) 이철수, 앞의 논문, 2017b, 191쪽.

행에 납부하여야 한다"와 거의 동일하다.

한편 사회문화시책기금과 대비되는 문화후생기금의 경우 「라선경제무역지대 외국투자기업로동규정」 제51조 "기업은 결산리윤의 일부로 종업원을 위한 문화후생기금을 조성하고 쓸수 있다. 문화후생기금은 종업원의 문화기술수준향상, 체육사업, 후생시설의 운영 같은데 쓴다"라고 하였다. 또 「경제개발구 로동규정」 제51조 "기업은 결산리윤의 일부로 종업원을 위한 문화후생기금을 조성하고 쓸수 있다. 문화후생기금은 종업원의 문화기술수준향상, 체육사업, 후생시설의 운영 같은데 쓴다"라고 하였다. 이는 「개성공업지구 로동규정」 제45조 "기업은 세금을 납부하기 전에 이윤의 일부로 종업원을 위한 문화후생기금을 조성하고 쓸수 있다. 문화후생기금은 종업원의 기술문화 수준의 향상과 체육사업, 후생시설 운영 같은데 쓴다"라는 조항과 거의 대동소이하다.[36] 따라서 이를 통해 볼 때 북한은 기존의 사회문화시책과 문화후생기금과 관련한 괄목할만한 법적 변화가 감지되지는 않는다.

2) 최저임금과 최저생계비

「라선경제무역지대 외국투자기업로동규정」에서 최저임금은 제6조 "지대에서 종업원월로임최저기준은 라선시인민위원회가 관리위원회와 협의하여 정한다. 이 경우, 최저생계비, 로동생산능률, 로력채용상태 같은 것을 고려한다"라고 한다. 동 조항을 근거로 할 때, 이는 임금기준을 책정하는 기관만 달리할 뿐 나머지는 후술한 「경제개발구 로동규정」과 동일하다 하겠다. 그리고 이러한 미세한 차이는 양 로동규정의 법적 대상 차이에 기인한 것

---

36) 이철수, 앞의 논문, 2017b, 42쪽.

이다. 따라서 이는 양 로동규정의 내재적 속성에 따른 자연스러운 차이일 뿐이다.

또한「경제개발구 로동규정」에서 최저임금은 제6조 "경제개발구에서 종업원월로임최저기준은 중앙특수경제지대지도기관이 해당 도(직할시)인민위원회, 경제개발구관리기관과 협의하여 정한다. 이 경우 최저생계비, 로동생산능률, 로력채용상태 같은 것을 고려한다"라고 하였다. 즉, 동 조항에서 북한은 최저임금에 대한 협의주체 세 기관의 언급과 더불어 최저임금기준을 책정할 경우 고려사항인 ① 최저생계비, ② 로동생산능률, ③ 로력채용상태를 제시하였다. 다시 말해 동 규정에서는 최저임금의 협의주체와 고려사항만 언급하였을 뿐 구체적인 최저임금 기준액은 명시되어 있지 않다. 그리고 이는「외국인투자기업 로동규정」과 거의 비슷한, 즉, 임금에 대한 추상적 수준의 내용만 있는 경우이다. 그러나 다른 한편으로 북한이「외국인투자기업 로동규정」에서 임금책정에 반영하는 요소로 밝힌 ① 로동직종, ② 기술기능수준, ③ 로동생산성이, 최저임금책정으로 ① 최저생계비, ② 로동생산능률, ③ 로력채용상태로 분화·전환됨을 의미한다.[37]

아울러 이는 북한이「개성공업지구 로동규정」에서 최저임금액을 명시한 것과 대비된다. 그러나 더욱 중요한 것은 이러한 법적 차이의 원인과 배경이다. 이는 다분히 법제적 환경과 내재적 속성에 기인하는 바가 크다 하겠다. 즉,「개성공업지구 로동규정」은 남한기업과 협상이 마무리된 상태의 입법기 때문이다.

이와 마찬가지로 2013년 제정한「경제개발구 로동규정」역시 법 제정 당시 뚜렷한 협의 기업이 부재하였다. 때문에 이러한 상황에서 북한이 최저임금의 기준액을 미리 제시한다는 행태 자체가 향후 협상과 사업 자체에

---

37) 위의 논문, 43쪽.

상호간의 부담으로 작용할 여지가 있다. 또한 북한과 경제개발구 기업의 입장에서 보면 최저임금은 향후에 상호간의 협의를 통해 제정하는 것이 양자 모두에게 유리하다. 아울러 구체적인 최저임금액을 밝힐 경우 동 조항에서 명시한 최저임금의 협의기관인 ① 특수경제지대지도기관, ② 해당 도(직할시)인민위원회, ③ 경제개발구관리기관과의 협의 조항의 수정이 불가피하다.[38]

다른 한편으로 주목해야 하는 것은 상술한 바와 같이 북한이 양 규정에서 최저임금 기준을 책정할 경우 ① 최저생계비, ② 로동생산능률, ③ 로력채용상태를 언급하였다는 것이다. 이는 크게 세 가지 의미를 갖는다. 첫째, 동 조항을 근거로 하면 북한의 최저임금 책정기준의 고려요소는 ① 최저생계비, ② 로동생산능률, ③ 로력채용상태 세 가지임을 스스로 밝혔다. 둘째, 그러나 이러한 북한의 행태는 기존의 법령에서 언급하지 않았던 내용이다. 즉, 기존의 법령에서 북한은 임금책정의 고려요소를 언급하였지만 최저임금의 책정기준에 대한 일체의 언급이 부재하였다. 셋째, 북한은 최저생계비와 같은 북한의 사회상·법제상·정서상 부재한 이른바 자본주의 용어를 자신들의 법령에 공식적으로 도입·인용하였다. 그리고 이는 북한의 최저임금에 대한 인식과 변화의 폭을 의미한다. 따라서 동 조항은 북한의 변화된 일부를 반증하는 사례라 하겠다.[39]

3) 퇴직보조금과 생활보조금

「라선경제무역지대 외국투자기업로동규정」에서 퇴직보조금의 경우 제

---

38) 위의 논문, 43-44쪽.
39) 위의 논문, 44쪽.

38조 "기업은 자체의 사정으로 종업원을 내보내는 경우 보조금을 주어야 한다. 보조금은 종업원을 기업에서 내보내기 전 마지막 3개월간의 로임을 평균한 월로임에 일한 해수를 적용하여 계산한다. 그러나 로동년한이 1년이 못되는 경우에는 1개월분의 로임을 적용하여 계산한다"하고 명시하였다.

또한 「경제개발구 로동규정」 퇴직보조금의 경우 제38조 "기업은 자체의 사정으로 종업원을 내보내는 경우 보조금을 주어야 한다. 보조금은 종업원을 기업에서 보내기 전 마지막 3개월 안의 로임을 평균한 월로임에 일한 해수를 적용하여 계산한다. 그러나 로동년한이 1년이 못되는 경우에는 1개월분의 로임을 적용하여 계산한다"라고 하였다. 상술한 동 조항들을 근거로 하면 경제특구 외국 기업은 비자발적 퇴직 시 근로연한이 1년 미만의 근로자에게는 1개월분의 임금, 근로연한이 1년 이상인 근로자는 3개월 평균임금을 각각 보조금 형태로 지급한다. 사실 이는 일종의 퇴직보조금의 성격을 갖는다.

생활보조금의 경우 「라선경제무역지대 외국투자기업로동규정」에서 생활보조금의 경우 제33조 "기업은 양성기간에 있거나 기업의 책임으로 일하지 못하는 종업원에게 일당 또는 시간당 로임의 60%이상에 해당한 생활보조금을 주어야 한다"라고 하였다. 또한 「경제개발구 로동규정」 제33조 "기업은 양성기간에 있거나 기업의 책임으로 일하지 못하는 종업원에게 일당 또는 시간당 로임의 60%이상에 해당한 생활보조금을 주어야 한다"라고 하였다. 상술한 동 조항들은 기업이 양성기간 근로자, 비자발적 무노동 근로자들에게 생활보조금을 지급함과 동시에 그 기준을 언급한 것이다. 그러나 동 규정에는 생활보조금의 수급기간이 명시되어 있지 않아 실제 적용상의 논란이 예상된다.[40] 이 역시 「라선경제무역지대 외국투자기업로동규정」을

---

40) 위의 논문, 45쪽.

그대로 인용한 것이다. 따라서 양 규정상의 퇴직보조금과 생활보조금 모두 북한의 큰 변화 없이 동일하다.

4) 사회보험료[41]

「라선경제무역지대 외국투자기업로동규정」에서 사회보험료는 제49조 "기업은 우리 나라 공민인 종업원에게 지불하는 로임총액의 15%를 사회보험료로 달마다 계산하여 다음달 10일안으로 라선시인민위원회가 정한 은행에 납부하여야 한다"라고 명시하였다. 그리고 이는 후술한 「경제개발구 로동규정」 조항과 납부기관만의 차이가 있을 뿐 동일한 내용이다.

즉, 「경제개발구 로동규정」에서 사회보험료의 경우 동 규정 제49조 "기업은 우리 나라 공민인 종업원에게 지불하는 월로임총액의 15%를 사회보험료로 달마다 계산하여 다음달 10일안으로 경제개발구관리기관이 정한 은행에 납부하여야 한다"라고 하였다.

상술한 규정들은 「개성공업지구 로동규정」 제42조 "기업은 공화국공민인 종업원에게 지불하는 월로임총액의 15%를 사회보험료로 달마다 계산하여 다음달 10일안으로 중앙공업지구지도기관이 지정하는 은행에 납부하여야 한다…"라는 조항을 사실상 그대로 인용한 것이다.[42]

동 조항에서 북한은 기업이 매월 부담하는 사회보험료율을 구체적으로 명시하였고 그 절차에 대해서도 언급하였다. 아울러 한 가지 간과해서는 안 되는 것은 동 조항들에 근거하면 사회보험료를 기업이 부담한다. 하지

---

41) 여기에서 북한의 사회보험은 공적연금과 산업재해보상제도 중심이다.
42) 다른 한편 북한이 「개성공업지구 로동규정」에서 밝힌 사회보험료율의 경우 법 제정 당시인 2003년을 기준으로 하면 상당히 파격적이다. 왜냐하면 당시 북한의 근로자의 월 사회보험료 납부액은 월로임의 1%였기 때문이다.

만 이는 고용된 사업장 근로자의 임금에 근거하기 때문에 사실상 근로자가 부담하는 것을 우회적으로 표현한 것이라 하겠다. 따라서 이는 외형적으로 보면 기업이 부담하나 내형적으로 보면 근로자의 임금에서 갹출되는 구도이다.[43)

한편 경제개발구나 경제특구가 아닌 북한의 일반 사업장 근로자의 사회보험 부담율의 경우 2006년을 기점으로 월 임금의 1%와 사업장 수익의 7%를 부담하는 것으로 개편되었다. 여기에서 의미하는 사업장 수익은 사실상 근로자의 임금을 의미한다. 따라서 이렇게 보면 북한의 일반 사업장 근로자의 사회보험 부담률은 임금의 8%가 된다. 이에 북한의 사회보험료율은 2003년을 기점으로 경제특구 지역과 나머지 지역 가입자로 양분되었다. 즉, 이 시점을 기준으로 북한의 사회보험 재정은 이중적인 납부체제로 재편되었다 하겠다. 그리고 북한은 이를 2013년 「라선경제무역지대 외국투자기업로동규정」과 「경제개발구 로동규정」에서 재차 확인해 주고 있다. 다시 말해 북한은 2013년에도 이를 그대로 계승, 라선경제무역지대 외국투자기업과 경제개발구 기업에게도 동일하게 적용하고자 하였다.[44) 지금까지 논증한 「라선경제무역지대 외국투자기업로동규정」과 「경제개발구 로동규정」의 사회보장의 주요내용을 요약하면 다음 〈표 5〉와 같다.

---

43) 이철수, 앞의 논문, 2017a, 46쪽.
44) 위의 논문, 46-47쪽.

〈표 5〉 사회보장 관련 주요 내용 요약

구분	양 로동규정(2013)	주요 특징
종류	무료교육, 무상치료, 사회보험, 사회보장	기존 제도 승계
사회문화시책기금 (조성)	① 기업의 사회보험료, ② 종업원은 사회문화시책기금	부담률 언급 부재
문화후생기금	기업의 결산이윤에서 일부 부담	기존과 거의 동일
최저임금	협의기관 명시, 구체적 기준 부재, 최저임금 고려요소 언급	기준액 제시 부족
퇴직보조금	1년 이상 근무 3개월 평균임금 1년 미만 근무 1개월 평균임금	기존과 거의 동일
생활보조금	시간당 로임의 60%이상 지급	수급 기간 부재
사회보험료	기업이 월로임총액의 15%부담	재정부담률 명시 재정부담률 양분

· 주: 저자 작성.

Ⅳ. 결론

지금까지 본 연구는 북한이 2013년 제정한 「라선경제무역지대 외국투자기업로동규정」과 「경제개발구 로동규정」을 비교 분석하였다. 동년에 제정하였고 3개월의 입법차이가 있는 양 로동규정은 시계열적으로 1999년 제정한 「외국인투자기업 로동규정」, 2003년 제정한 「개성공업지구 로동규정」의 연장선상에 있다. 이에 먼저 제정한 「라선경제무역지대 외국투자기업로동규정」은 2003년 제정한 「개성공업지구 로동규정」에서 비롯된 것이고 후일 제정한 「경제개발구 로동규정」은 앞서 제정한 「라선경제무역지대 외국투자기업로동규정」에서 상당부문 인용한 사례가 빈번하였다. 따라서 2013년 제정한 양 로동규정만을 놓고 볼 때, 뚜렷한 차이점은 나타나지 않는다. 역으로 이는 양 로동규정이 상당부문 공통적임을 반증한다. 그럼에도 불구하고 미세한 차이점은 나타나는데, 이를 복지법제의 지속성과 변화, 공통점과 차이점의 차원에서 정리하면 다음과 같다.

지속성은 첫째, 북한은 경제특구 노동복지의 기본적인 골격을 기존의 북한지역과 같은 제도를 중심으로 이를 그대로 유지하고자 하는 경향이 있다. 둘째, 경제특구의 다양한 복지급여의 경우 최저임금과 사회보험료를 제외하고 주목할 만한 새로운 현금급여나 현물급여 없이 기존의 경제특구 복지급여 체계와 거의 동일한 형국이다. 셋째, 이의 연장선상에서 북한은 기존의 노동복지 체제를 벗어난 괄목할만한 새로운 제도나 프로그램을 양 법령에서 제시하지는 않았다. 넷째, 사회문화시책기금과 문화후생기금과 같은 노동복지와 관련된 재정부담 주체는 기존과 동일하게 기업이 부담한다.[45] 다섯째, 근로소득의 경우 추가근무에 대한 보상비율을 제외하고는 기존과 거의 동일하다. 여섯째, 근로복지의 경우 대휴, 정기·보충휴가를 제외하고는 기존과 대동소이하다. 일곱째, 사회보장의 경우 이렇다 할 변화된 새로운 내용이 사실상 부재하다.[46]

때문에 지속성의 경우 근로소득, 근로복지, 사회보장 부문 모두 공통적인 조항과 동일한 내용이 다수였다. 특히 세부 법 조항의 정의와 서술 내용이 거의 동일한 부문이 많았다. 이는 후에 제정한「경제개발구 로동규정」이 먼저 제정된「라선경제무역지대 외국투자기업로동규정」의 세부 조항을 그대로 인용한 사례로 반증된다. 그리고 이러한 원인은 ① 양 로동규정의 내재적 속성과 3개월이라는 시간적으로 짧은 입법 차이, ② 제정 시기를 기준으로 당시 북한의 가장 현대화된 법령이고, ③ 이로 인해 북한의 입장에서 별다른 법적 수정을 할 필요성이 뚜렷하지 않았기 때문이라 판단된다.

반면 변화는 양 로동규정만을 놓고 보면 뚜렷한 차이점이 나타나지 않는다. 이에 양 로동규정은 세부 법 조항의 공통점이 상당한 반면 확고한 차이점은 크지 않다. 그러나 미세한 차이점은 존재한다. 가령 북한이 먼저 제정한「라선경제무역지대 외국투자기업로동규정」에서는 근로소득 부문의 경우 연장·야간작업에 대한 구체적인 시간이 명기되어 있지 않다. 근로복지의 경우 근로자 성실의무 조항이 추가되어 있고 연장근로 시간을 1일 3시간

---

45) 이철수, 앞의 논문, 2017b, 198-199쪽.
46) 이철수, 앞의 논문, 2017a, 48쪽.

으로 제한하였으며 산전산후 휴가기간에 대한 내용이 부재하다. 따라서 양 로동규정은 이를 제외한 나머지 내용이 거의 동일하다.

그러나 다른 한편으로 양 규정을 기존의 규정과 비교하면 상당한 마찰이 있다. 즉, 양 로동규정을 기존의 규정과 비교하여 나타난 차이점과 변화를 정리하면 다음과 같다.

첫째, 근로소득에 있어 연장·야간작업과 명절·공휴일 추가근무에 대한 현금보상 기준비율이 기존에 비해 상승하였다. 따라서 이로 인해 양 규정에 해당되는 근로자들의 소득 상승 기회의 폭이 확장되었다. 둘째, 양 규정에 해당되는 근로자들의 임금에 있어 기존에 존재했던 가급금이 누락되어 있다. 그리고 이러한 북한의 행태가 임금구조의 개편인지, 법리적인 실수인지에 대한 논란이 제기된다. 따라서 이는 향후 북한이 양 규정에 해당되는 근로자의 임금 운영을 어떻게 하느냐에 따라 실제적인 판단이 가능한 부문이다. 셋째, 근로복지에 있어 명절, 공휴일 근무, 대휴와 보수의 결정의무 기간, 정기휴가와 보충휴가의 기간이 근로자에게 유리하게 일부 상승하였다. 특히 여성근로자 보호의 경우 임신과 동시에 보호를 시작해야 함에 따라 기업은 기존 보다 더욱 강력한 노동보호 의무를 갖는다. 넷째, 최저임금 책정에 최저생계비 등 기존의 북한 법령에서 언급하지 않았던 소위 자본주의 용어를 인용하여 다소 놀랄만한 변화도 나타내고 있다. 다섯째, 이와 연장선 상에서 최저임금의 책정기준을 최저생계비, 고용상태, 생산율을 고려하여 기존의 임금책정기준인 직종, 기술수준, 로동생산성과 대비된다.[47]

환언하면 양 로동규정은 북한의 경제개발 계획과 경제발전 전략의 의지와 의도를 반증한다. 특히 양 로동규정의 경우 향후 북한이 외국기업 유치의 성과 여부에 따라 적용하는 가장 최근의 법령들이다. 따라서 이러한 점

---

47) 위의 논문, 48쪽.

에서 북한의 외부기업 유치와 운영 여부가 북한 경제특구의 노동 복지를 가늠하는 잣대가 된다. 다시 말해 이는 결국 북한의 경제특구 외국자본 유치 성과 여부에 비례하여 나타난다 하겠다. 때문에 향후 북한의 외자유치 성과에 귀추가 주목되고 그 결과에 따라 북한 경제특구 복지법제가 천착될 것이다.

제3장

북한의 외국인투자기업 노동복지 법제 분석

외국인투자기업 로동규정과 외국인투자기업 로동법을 중심으로

I. 서론

북한은 1999년 5월 8일 「조선민주주의인민공화국 외국인투자기업 로동규정」(내각결정 제40호로 채택, 이하 '외국인투자기업 로동규정'으로 약칭)을 제정하였다. 그리고 동 법령은 제정된 지 약 6년이 지난 2005년 1월 17일 내각결정 제4호로 한 차례 수정되었다. 또한 이와 관련, 북한은 2009년 1월 21일 「조선민주주의인민공화국 외국인투자기업 로동법」(최고인민회의상임위원회 정령 제3053호로 채택, 이하 '외국인투자기업 로동법'으로 약칭)을 제정하였다. 그리고 동 법령은 제정된 지 약 3년 차인 2011년 12월 21일 최고인민회의 상임위원회 정령 제2047호로 수정·보충되었고 이후 2015년 8월 26일 최고인민회의상임위원회 정령 제651호 재차 수정·보충되었다.

상술한 '외국인투자기업 로동규정'과 '외국인투자기업 로동법'은 시사하는 바가 크다. 이에 양 법령은 법명이 지칭하듯, 북한의 외국인투자기업 노동과 관련한 상위법령과 하위법령이다. 때문에 북한은 양 법령의 존재로 인해 적어도 외국인투자기업 노동에 대한 일정한 법적 체계를 갖추었다. 즉, 양 법령 중 특정 법령 하나만이 존재한다면 미완의 법적 체계를 의미하지만 양 법령의 동시적 존재는 법적 체계의 완비로 평가될 수 있다.

특히 동 법령들의 관계는 상술한 바와 같이 명백한 '상하관계'이다. 따라서 동 법령들은 북한에 존재하는 '외국인투자기업'에 해당되는 노동 관련 규정임에 따라 동일한 맥락의 기능과 성격을 갖고 있다 하겠다. 따라서 이러한 이유로 양 법령을 놓고 비교하면 법령의 공통점과 차이점, 지속성과 변화 등을 탐색할 수 있다. 아울러 양 법령은 10여 년의 입법시기의 차이가 발생함에 따라 10년 동안의 북한의 인식변화도 반영한다고 판단된다.

다른 한편으로 아이러니하게도 북한의 양 법령에 대한 입법행태의 경우 하위법령인 '외국인투자기업 로동규정'이 먼저 제정되고 10년이 지난 후에 상위법령인 '외국인투자기업 로동법'이 제정되었다. 즉, 특이하게도 양 법령은 역순으로 입법되었다. 따라서 양 법령의 내용을 추적한다면, 전후가 뒤바뀐 북한의 입법행태에 대한 원인과 배경에 대한 일정한 함의를 도출할 수 있다고 판단된다.[1]

이러한 점에서 본 연구는 북한의 외국인투자기업 노동복지 법제를 추적하여 법 제도적 공통점과 차이점, 지속성과 변화를 분석, 북한의 외국인투자기업 노동복지 체제를 분석하고자 한다. 보다 구체적인 본 연구의 목적은 북한의 '외국인투자기업 로동규정'과 '외국인투자기업 로동법'을 비교, 양 법령에서 추구하는 북한의 외국인투자기업 노동복지에 대한 법적 동학을 추적하는 것이다. 이에 본 연구의 주요 분석대상은 북한이 1999년과 2009년에 각각 제정한 '외국인투자기업 로동규정'과 '외국인투자기업 로동법'을 중심으로 한다. 또한 본 연구의 연구방법은 문헌연구를 중심으로 원자료인 양 법령들을 놓고, 노동복지와 관련된 조항을 핵심 분석대상으로 하여 법 제도 분석에 일반적으로 사용되는 방법인 질적 내용분석을 통해 접근하고자 한다.

이를 위한 본 연구의 서술 순서는, 먼저 양 법령의 개괄적 고찰을 통해

---

1) 본 연구와 관련, 현재까지 노동복지 차원에서 양 법령을 비교 분석한 연구는 전무하다.

거시-구조적 수준의 분석을 시도하고자 한다. 다음으로 양 법령의 각각의 법 규정을 놓고 노동복지와 관련된 ① 근로소득, ② 근로복지, ③ 사회보장 조항을 중심으로 비교 분석하고자 한다. 보다 구체적으로 여기에서 근로 소득인 임금의 경우 ① 임금 종류, ② 임금제정 권한, ③ 임금 지불방식,[2] ④ 가급금을 중심으로 한다. 또 근로복지의 경우 ① 노동시간, ② 휴식과 휴가, ③ 여성근로자 보호를,[3] 사회보장의 경우 ① 사회문화시책과 문화후 생기금, 사회보험기금, 보조금, 연금, ② 기본임금과 최저임금, ③ 퇴직보 조금과 생활보조금, ④ 사회보험료를 중심으로 크게 구분하여 접근하고자 한다. 마지막으로 본 연구는 이를 토대로 양 법령을 통한 북한의 외국인투 자기업 노동복지 법제에 대한 통시적 차원의 함의를 도출하고자 한다.

특히 본 연구가 이러한 비교 분석을 시도하는 이유는 다음과 같다. 첫 째, 무엇보다 입법순서가 뒤바뀐 법령에 대한 교차분석을 통해 북한의 외 국인투자기업 노동복지 법제에 대한 다양한 접근과 해석이 가능하다. 둘 째, 법적 상하관계인 양 법령의 분석은 법령의 위계적 차원에서도 상하관 계임에 따라 반드시 동렬에 놓고 동시에 비교분석해야 한다. 셋째, 동 법령 들은 시차적으로 약 10년의 시간적 간극이 존재하기에 현 시점에서 통시적 인 접근과 해석이 가능하다. 때문에 본 연구는 양 법령에 나타난 동종의 법 적 내용을 중심으로 분석한다. 참고로 본 연구의 분석 모형과 분석 틀을 도 식화하면 각각 다음 〈그림 1〉, 〈표 1〉과 같다.

---

2) 이철수, 「북한의 경제개발구 노동복지 법제분석: 경제개발구 로동규정을 중심으로」, 『동서연구』 29(3), 연세대학교 동서문제연구원, 2017, 33쪽.
3) 위의 글, 36쪽.

〈그림 1〉 분석 모형

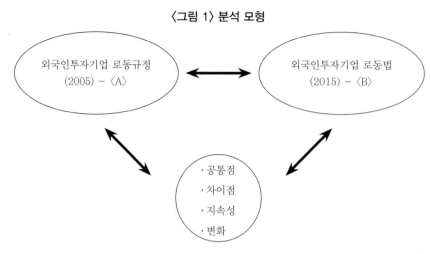

〈표 1〉 분석 틀

구분	외국인투자기업 로동규정(2005)	외국인투자기업 로동법(2011)
근로소득	① 임금 종류, ② 임금제정 권한, ③ 임금 지불방식, ④ 가급금.	
근로복지	① 노동시간, ② 휴식과 휴가, ③ 여성근로자 보호	
사회보장	① 사회문화시책과 문화후생기금, 사회보험기금, 보조금, 연금, ② 기본임금과 최저임금, ③ 퇴직보조금과 생활보조금, ④ 사회보험료	

II. 법적 개괄

양 법령 중 먼저 제정된 「외국인투자기업 로동규정」의 경우 총 8개 장 45개 조항으로 ① 일반규정, ② 로력의 채용과 해고, ③ 기능공의 양성, ④ 로동시간과 휴식, ⑤ 로동보수, ⑥ 로동보호, ⑦ 사회보험, 사회보장, ⑧ 제재 및 분쟁해결로 구성되어 있다. 또한 동 규정은 1999년 제정 이후 2005년 1월 17일 내각결정 제4호로 한차례 수정되었지만 주목할 만한 내용상의 변화는 없다.[4)]

즉, 북한이 1999년 제정한 「외국인투자기업 로동규정」은 제정 당시를 기준으로 할 때, 북한이 1984년부터 제정한 각종 외국자본 유치 관련 법령의 총아라 할 수 있다. 가령 동 규정 제정 이전 북한의 외자유치와 관련한 대표적인 법령은 1984년 합영법, 1992년 합작법과 외국인기업법, 1993년 라선경제무역지대법과 자유경제무역지대법 등이다. 따라서 동 규정은 이러한 북한의 대외 경제 관련 법제의 환경 하에 북한 내에 장기간 체류, 경제활동에 임할 외국기업 소속 근로자에 대한 법적 함의를 다소 구체적인 '규정' 차원에서 구체적으로 언급하였다. 때문에 동 규정은 북한에 상주할 외국기업

---

4) 이철수, 「북한경제특구의 노동복지법제 비교분석: 외국인투자기업 로동규정과 개성공업지구 로동규정을 중심으로」, 『부동산법학』22(2), 한국부동산법학회, 2018, 168쪽.

이 고용한 북한 근로자에 대한 전반적인 노동관련 내용을 언급한 것으로 제정 당시를 기준으로 하면 가장 구체적인 규정이다.[5]

다음으로 양 법령 중 후일 제정된 「외국인투자기업 로동법」의 경우 총 8개 장, 51개 조항으로 ① 외국인투자기업로동법의 기본, ② 로력의 채용 및 로동계약의 체결 ③ 로동과 휴식, ④ 로동보수, ⑤ 로동보호, ⑥ 사회보험, 사회보장, ⑦ 종업원의 해임, ⑧ 제재 및 분쟁해결로 구성되어 있다. 동 법령은 상술한 바와 같이 2009년 제정 이후 2011년 12월 21일 최고인민회의 상임위원회 정령 제2047호로, 이후 2015년 8월 26일 최고인민회의상임위원회 정령 제651호로 모두 두 차례 수정·보충되었다.[6]

이에 동 법령은 앞서 제정한 「외국인투자기업 로동규정」보다 총 장의 비중은 동일하나 총 6개 조항이 늘어났다. 또한 「외국인투자기업 로동규정」의 제1장 일반규정이 외국인투자기업로동법의 기본으로, 제2장 로력의 채용과 해고가 로력의 채용 및 로동계약의 체결로, 제4장 로동시간과 휴식이 로동과 휴식으로 각각 달리하는 반면 기존의 제3장 기능공 양성은 삭제되었다. 결국 이로 인해 동 법령은 「외국인투자기업 로동규정」과는 다른 법적 서술 순서의 차이가 나타났다.

이에 양 노동규정의 차이점과 의의를 열거하면 첫째, 크게 양적인 측면에서 총 8개 장 45개 조항이 총 8개 장 51개 조항으로 양적인 차이가 발생한다. 따라서 양적으로 보면 후일 제정한 「외국인투자기업 로동법」이 기존의 「외국인투자기업 로동규정」에 비해 상당부문 증가하였다. 또한 이는 양 법령의 10년의 입법 시기에서 따른 차이에 기인한 현상이다. 아울러 역으

---

5) 위의 글, 169쪽.
6) 가장 최근인 2015년 수정된 내용은 제21조 산전, 산후휴가의 보장에서 산후 휴가기간 기존 90일에서 180일로 연장되었고, 제25조 휴가비의 지불 및 계산에서 기존 휴가비 대상 휴가와 산전산후휴가비의 지불규모와 방법이 새롭게 추가되었다.

로 이는 1990년대 북한 법령의 형태와 수준, 2000년대 북한 법령의 형태와 수준을 반증하는 것이기도 하다.

둘째, 이와 연장선상에서 질적인 측면에서 접근하면 법령의 표현에 있어 「외국인투자기업 로동법」이 「외국인투자기업 로동규정」에 비해 상대적으로 세련되어 있다. 가령 「외국인투자기업 로동법」은 각 세부조항의 서술에 대한 정의와 더불어 내용이 명시된 반면 「외국인투자기업 로동규정」은 세부조항에 대한 선제적 정의가 생략된 채, 단순 서술 중심으로 나열되어 있다. 이러한 원인은 예측하건대, 북한의 입법 경험과 기술적인 문제에 기인한 것이라 판단된다. 따라서 이러한 점에서 양 로동규정의 약 10년간의 입법 차이가 의미하는 것은 시간에 비례하여 북한의 입법행태가 다소 진전되고 있다는 것이다.[7]

셋째, 법령의 실체적 존재 이유인 사명 부문의 큰 차이가 감지된다. 가령 「외국인투자기업 로동규정」의 경우 제1조 "이 규정은 외국인투자기업에 필요한 로력을 보장하며 그들의 로동생활상 권리와 리익을 보호하기 위하여 제정한다"라고 하였다. 반면 「외국인투자기업 로동법」의 경우 제1조 외국인투자기업로동법의 사명 항목에서 "조선민주주의인민공화국 외국인투자기업로동법은 로력의 채용, 로동과 휴식, 로동보수, 로동보호, 사회보험 및 사회보장, 종업원의 해임에서 제도와 질서를 엄격히 세워 기업의 경영활동을 보장하며 기업에 종사하는 종업원의 권리와 리익을 보호하는데 이바지한다"라고 하였다. 이는 이하 동 법령이 서술한 각 장의 주요 테마를 순서대로 언급한 것이다. 그리고 이는 기존의 「외국인투자기업 로동규정」의 사명 보다 구체적이고 포괄적인 것으로 법령의 서술 수준이 일정부문 발전한 형태를 갖추고 있다.

---

7) 위의 글, 169쪽.

넷째, 특이하게도 「외국인투자기업 로동규정」 제3장의 기능공의 양성 부문이 「외국인투자기업 로동법」에서 전혀 나타나지 않았다. 이에 기능공 양성의 경우 「외국인투자기업 로동법」이 「외국인투자기업 로동규정」보다 상위법령인 관계로 삭제되었다고 판단된다. 즉, 기능공 양성의 경우 「외국인투자기업 로동법」보다 「외국인투자기업 로동규정」에서 다루어질 사안임에 따라 「외국인투자기업 로동법」에서 자연스럽게 논의되지 않은 것이라 판단된다.

요약하면 양 법령 중 상대적으로 「외국인투자기업 로동규정」보다 후일 제정된 「외국인투자기업 로동법」이 질적으로 세련되고 우수하다. 왜냐하면 「외국인투자기업 로동법」은 이전의 「외국인투자기업 로동규정」과 달리 법적 구성이 촘촘하고, 법적 내용이 구체적이기 때문이다. 이에 따라 동 법령은 각 항목의 세부조항에 대한 정의와 그와 관련된 구체적인 진술로 구성·서술되어 있다. 지금까지 논증한 양 법령의 구성과 주요 내용을 정리하면 다음 〈표 2〉와 같다.

〈표 2〉 외국인투자기업 로동법과 외국인투자기업 로동규정 비교

구분	외국인투자기업 로동규정(1999) : 총 8개 장 45개 조항	구분	외국인투자기업 로동법(2009) : 총 8개 장 51개 조항
제1장: 일반규정	- 사명, 적용대상, 로력의 채용원칙, 로력동원의 금지, 로임의 재정, 로동조건의 보장, 사회보험, 사회보장 혜택, 로동계약, 감독통제기관	제1장: 외국인투자기업로동법의 기본	- 외국인투자기업로동법의 사명, 로력채용원칙, 로동조건의 보장원칙, 로동보수지불원칙, 사회보험 및 사회보장원칙, 타사업동원금지원칙, 지도기관, 적용대상
제2장: 로력의 채용	- 로동계약, 로력알선기관, 로력공급, 해고금지, 종업원의 해고조건, 퇴직 보조금 사직 절차	제2장: 로력의 채용 및 로동계약의 체결	- 로력보장기관, 로력보장신청, 로력모집 및 보장, 로력채용, 외국인로력채용, 로동계약의 체결과 리행, 로동계약의 효력, 로동계약의 변경

구분	외국인투자기업 로동규정(1999) : 총 8개 장 45개 조항	구분	외국인투자기업 로동법(2009) : 총 8개 장 51개 조항
제3장: 기능공의 양성	− 기술기능 급수 사정, 기능공 양성, 기술인재 양성	제3장: 로동과 휴식	− 로동시간, 로동시간의 준수, 일요일, 명절일의 휴식보장, 정기휴가, 보충휴가의 보장, 산전, 산후휴가의 보장
제4장: 로동시간과 휴식	− 로동일수, 로동시간, 시간외 로동금지, 휴가, 대휴, 특별휴가	제4장: 로동보수	− 로동보수의 내용, 월로임최저기준의 제정, 로임기준의 제고, 휴가비의 지불 및 계산, 생활보조금, 휴식일로동에 따르는 가급금, 연장작업, 야간작업에 따르는 가급금, 상금의 지불, 로동보수의 지불
제5장: 로동보수	− 월로임기준, 로임수준 향상, 휴가기간의 로임지불, 생활보조금, 연장, 야간의 작업의 가급금, 상금의 지불, 로동실적계산	제5장: 로동보호	− 로동안전, 산업위생조건보장, 로동안전교양, 위험개소 제거, 로동안전조치, 녀성종업원의 보호, 탁아소, 유치원운영, 로동보호물자의 공급, 사고의 처리 및 사고심의
제6장: 로동보호	− 사업위생조건, 로동안전기술교육, 녀성로력의 보호, 탁아소, 유치원의 운영, 로동보호물자의 공급, 로동재해위험 제거, 사고발생시의 조치, 심의	제6장: 사회보험 및 사회보장	− 사회보험 및 사회보장에 의한 혜택, 보조금, 년금의 계산, 사회보험기금의 조성, 사회보험료의 납부, 문화후생기금의 조성 및 리용
제7장: 사회보험, 사회보장	− 사회보험, 사회보장 각종 혜택, 급여, 급여계산방식, 사회보험기금, 정휴양소 조직과 운영, 사회보험료 납부와 관리감독, 문화후생기금 조성과 감독	제7장: 종업원의 해임	− 종업원의 해임의 기본요구, 종업원의 해임사유, 종업원해임에 대한 합의 및 통지, 종업원을 해임시킬수 없는 사유, 종업원의 사직
제8장: 제재 및 분쟁해결	− 형사적 책임, 신소와 청원, 중재기관, 재판기관	제8장: 제재 및 분쟁해결	− 벌금 및 기업활동의 중지, 신소와 그처리, 분쟁해결

·주: 저자 작성.

Ⅲ. 관련 조항 비교 분석

1. 근로소득

1) 외국인투자기업 로동규정

먼저 「외국인투자기업 로동규정」에서 외국기업이 북한 근로자에게 지급하는 임금의 종류는 동 규정 제5조 "외국인투자기업에서 일하는 종업원의 로동보수액은 그의 로동직종과 기술기능수준, 로동생산성에 따라 정한다. 로동보수에는 로임, 가급금, 장려금, 상금이 포함된다"라고 명시하였다. 따라서 동 조항에 의거한 근로자의 법적인 임금 종류는 네 가지로 여기에는 ① 통상적인 급여 성격인 임금, ② 초과근무 시 지급되는 수당 성격의 가급금, ③ 특정 사안의 독려에 대한 장려금, ④ 특정 사안에 대한 근무자의 포상을 위한 상금이 있다.

그리고 동 조항에서 언급한 상금의 경우 동 법령 제30조 "외국인투자기업은 결산리윤에서 세금을 바치고 남은 리윤의 일부로 상금기금을 세우고 직업동맹조직과 협의하여 생산과제를 넘쳐 수행하는데 기여한 모범적인 종업원에게 상금을 줄수 있다"라고 하였다. 따라서 동 조항을 근거로 하면 상금의 재원은 외국기업 수익의 일부이고 이는 해당 사업장의 세금 납부 이후의 수익이며, 상금 지급대상 선정은 직업동맹과 협의하여 결정한다.

다음으로 임금의 제정 권한, 즉, 매월 지급하는 근로자의 급여에 대해 동 규정 제25조 "외국인투자기업의 종업원 월로임기준은 중앙로동기관이 정한다. 중앙로동기관은 외국인투자기업의 종업원 월로임기준을 종업원들이 로동과정에 소모된 육체적 및 정신적 힘을 보상하고 그들의 생활을 보장하는 원칙에서 정하여야 한다. 조업준비기간의 로임, 견습공, 무기능공의 로임은 해당 기관의 승인 밑에 정한 월로임기준보다 낮게 정할수 있다. 외국인투자기업은 정한 로임기준에 따라 직종, 직제별 로임기준, 로임지불형태와 방법, 가급금, 장려금, 상금기준을 자체로 정한다"라고 언급하였다. 즉, 북한의 외국기업 근로자의 월 임금 기준은 북한의 중앙로동기관이 정하지만 외국기업은 여기에 근거하여 자체의 각종 임금 기준과 그에 따른 진행 방식을 결정한다. 또한 동 규정에는 임금의 최하한선인 최저임금에 대한 구체적인 내용이 없는 반면 월 임금기준이라는 표현으로 제시되어 있다. 그러나 이러한 월 임금기준이 구체적으로 어느 정도 수준인지에 대한 명확한 진술은 표기되어 있지 않다.[8]

그리고 이러한 원인은 법 제정 당시 북한이 가시적으로 유치한 외국기업이 부재했고 이에 법 제정 이후 본격적으로 진행하고자 했기 때문이라 판단된다. 즉, 북한의 입장에서 외국기업유치가 1차적인 목표이고 이러한 외자 유치 과정에서 임금에 관한 외국기업과의 협상과 협의를 통해 결정하는 것이 유리하다. 따라서 북한은 굳이 법령을 통해 구체적인 임금수준을 미리 밝힐 필요가 없고 혹여 그로 인한 이득 또한 불분명하다. 때문에 이러한 북한의 행태는 전략적 차원의 포석인 면도 있지만 어찌 보면 당연한 결과

---

8) 이철수, 앞의 논문, 2017, 34쪽.

이기도 하다.

그 다음으로 임금 지불방식의 경우 동 규정에는 명확한 내용이 제시되어 있지 않다. 다만 동 규정 제31조 "외국인투자기업은 종업원의 로임, 가급금, 장려금, 상금을 일한 실적에 따라 정확히 계산하여 내주어야 한다. 로동보수를 주는 날이 되기전에 사직하였거나 기업에서 내보낼 경우에는 그 수속이 끝난 다음에 로동보수를 주어야 한다"라고 밝혔다. 이는 임금지불방식에 대한 내용이 아니라 임금의 실적에 따른 계산과 사직한 근로자의 임금 지급 절차와 방식에 대한 내용이다. 따라서 임금 지불방식 또한 임금과 마찬가지로 동 규정에서는 다소 그 구체성이 떨어진다.[9]

마지막으로 가급금의 경우 동 규정 제29조 "외국인투자기업은 공휴일에 일을 시키고 대휴를 주지 않았거나 로동시간 밖의 낮 연장작업 또는 로동시간안의 밤작업을 한 종업원에게 로임과 함께 일한 날 또는 시간에 따라 일당 또는 시간당 로임액의 50%(명절일작업과 로동시간밖의 밤연장작업을 한 종업원에게는 100%)에 해당한 가급금을 주어야 한다"라고 언급하였다. 이는 근로자의 공휴일과 야간 추가근무, 연장근무에 대한 추가임금 지급에 대한 내용으로 다양한 연장근무에 대한 추가 임금 지급기준을 명시한 것이다.[10]

2) 외국인투자기업 로동법

먼저 임금의 종류는 「외국인투자기업 로동법」에서 외국기업이 북한 근로자에게 지급하는 임금의 종류는 동 법령 제22조 로동보수의 내용 항목에 나타나 있다. 이에 북한은 동 조항에서 "외국인투자기업은 종업원의 로동

---

9) 이철수, 앞의 논문, 2018, 173쪽.
10) 위의 글, 173쪽.

보수를 정한 기준에 따라 정확히 지불하여야 한다. 종업원에게 주는 로동보수에는 로임, 가급금, 장려금, 상금이 속한다"라고 명시하였다. 이는 먼저 제정된 「외국인투자기업 로동규정」의 임금 종류와 완전히 동일하다.

그러나 임금지급 기준의 경우 「외국인투자기업 로동규정」에서만 언급되어 있다. 동 규정에서 임금지급 기준은 ① 직종, ② 근로자의 기술기능수준, ③ 사업장의 노동생산성에 근거한다. 그리고 이러한 차이의 원인, 즉, 「외국인투자기업 로동법」은 '임금지급 의무와 임금 종류'를 언급한 반면 「외국인투자기업 로동규정」은 '임금지급 기준과 임금 종류'를 밝힌 점은 양 법령의 위계와 기능적 차이에 기인한다. 다시 말해 「외국인투자기업 로동규정」은 「외국인투자기업 로동법」과 달리 보다 세부적인 법령임에 따라 임금에 대한 구체적인 언급이 반드시 필요하다. 이러한 이유로 북한은 「외국인투자기업 로동규정」에서, 「외국인투자기업 로동법」에서 밝히지 않은 임금지급 기준을 추가적으로 언급한 것이다.

한편 임금 종류 하나인 상금의 경우 동 법령 제29조 상금의 지불 항목에 구체적으로 언급되어 있다. 동 조항에서 북한은 "외국인투자기업은 결산리윤의 일부로 상금기금을 조성하고 일을 잘한 종업원에게 상금을 줄 수 있다"라고 하여 사업장 수익의 일부가 상금기금의 재원임을 밝혔다. 그리고 동 조항의 경우 「외국인투자기업 로동규정」에서 다소 구체화되어 있다. 가령 동 법령에서 북한은 상금기금의 재원과 지급 대상에 대해 간략히 언급한 반면 「외국인투자기업 로동규정」에서는 구체적으로 상금의 재원 마련과정과 상금 지급대상 선정 절차까지 나타나있다.

다음으로 임금의 제정 권한은 동 법령 제23조 월로임최저기준의 제정 항목에 나타나 있다. 이에 북한은 동 조항에서 "외국인투자기업 종업원의 월로임최저기준을 정하는 사업은 중앙로동행정지도기관 또는 투자관리기관이 한다. 월로임최저기준은 종업원이 로동과정에 소모한 육체적 및 정신적 힘을 보상하고 생활을 원만히 보장할수 있게 정하여야 한다"라고 하였다. 이에 동 조항을 근거로 하면 임금제정의 권한은 크게 두 기관인데, 하나는 중앙노동행정기관이고 다른 하나는 투자관리기관이다. 한편 동 조항에서 지칭하는 중앙노동행정기관은 북한의 행정기관을 의미하는 반면 투자관리기관은 외국인투자기업을 칭한다고 판단된다.

특히 임금을 결정하는 기관이 먼저 제정된 「외국인투자기업 로동규정」에서는 중앙노동기관 단독인 반면 동 법령에서는 중앙로동행정지도기관과 투자관리기관으로, 두 기관이 공동으로 결정한다. 이는 북한이 최저임금을 결정하는데 외국기업의 입장이나 협의를 통해 결정하겠다는 의도로 해석된다. 그러나 이러한 경우 법적인 논란을 떠나 상위법령인 「외국인투자기업 로동법」과 하위법령인 「외국인투자기업 로동규정」의 충돌은 불가피해 보인다. 왜냐하면 양 법령에서 각각 임금결정권을 가진 기관이 하나는 단독 결정, 다른 하나는 공동 결정으로 명시되어 있기 때문이다. 그러나 이를 상위법 우선 원칙에 근거하면 공동 결정을 명시한 「외국인투자기업 로동법」에 따르리라 판단된다. 아울러 현실적으로 외국기업의 입장에서 접근하면 공동 결정을 선호하고 북한의 입장에서도 외자유치에 다소 유리한 측면이 있다고 판단된다.

그러나 다른 한편으로 이 역시 「외국인투자기업 로동규정」보다 다소 소극적인 내용을 갖고 있다. 가령 「외국인투자기업 로동규정」의 경우 이외에도 최저임금보다 낮은 제한적인 임금 지급 기준과 임금지급에 대한 외국투자기업의 독립성 등을 언급하였다. 또 다른 한편으로 특이한 것은 「외국인투자기업 로동규정」에서는 '월로임기준', 「외국인투자기업 로동법」에서는 '월로임최저기준'으로 각각 임금제정 권한에 대해 밝힌 것이다. 이에 「외국

인투자기업 로동규정」의 '월로임기준'은 '기본임금'인 반면 「외국인투자기업
로동법」에서는 '월로임최저기준'은 '최저임금'이라 판단된다. 그리고 이를
양 법령의 제정 당시를 기준으로 판단하면 기본임금과 최저임금 사이의 법
적 경계가 다소 모호하여 사실상 거의 동일한 의미로 해석된다.

그 다음으로 임금 지불방식의 경우 동 법령 제30조 로동보수의 지불항
목에서 나타나 있다. 동 조항에서 북한은 "외국인투자기업은 종업원에게
로동보수를 정해진 날자에 전액 화폐로 주어야 한다. 로동보수를 주는 날
이 되기전에 사직하였거나 기업에서 나가는 종업원에게는 해당 수속이 끝
난 다음 로동보수를 주어야 한다"라고 명시하였다. 이에 동 조항을 근거로
하면 외국기업 근로자의 임금은 전액 화폐로 지급되고 이는 퇴직한 종업원
의 경우에도 마찬가지이다.

한편 아이러니하게도 이는 「외국인투자기업 로동규정」과 다소 차이가 나
타나는데, 동 규정에서 임금 지불방식은 별도의 조항으로 나타나 있지 않
다. 또한 동 법령과 비슷한 동 규정 제31조에서 북한은 임금의 종류만 언
급했을 뿐, 동 법령처럼 임금 지불 기제인 화폐에 대한 명확한 언급이 없
다. 따라서 동 법령이 2000년대 후반인 2009년에 제정된 것임을 감안하
면, 임금 지급 기제는 전액 화폐로 지급된다고 봐야 타당하다.

마지막으로 가급금의 경우 동 법령 제28조 연장작업, 야간작업에 따르
는 가급금 항목에서 "외국인투자기업은 종업원에게 로동시간외의 낮 연장
작업을 시켰거나 로동시간안의 밤작업을 시켰을 경우 일한 날 또는 시간에
한하여 일당 또는 시간당 로임액의 50%에 해당한 가급금을 주어야 한다.
로동시간외의 밤연장작업을 시켰을 경우에는 일당 또는 시간당 로임액의
100%에 해당한 가급금을 주어야 한다"라고 하였다. 또한 동 법령 제27조
휴식일로동에 따르는 가급금 항목에서 "외국인투자기업은 부득이한 사정

으로 명절일과 일요일에 종업원에게 로동을 시키고 대휴를 주지 못하였을 경우 일한 날 또는 시간에 한하여 일당 또는 시간당 로임액의 100%에 해당한 가급금을 주어야 한다"라고 연장근무 시 지급되는 일종의 수당인 가급금 지급기준에 대해 밝혔다. 그리고 동 조항은 「외국인투자기업 로동규정」 제29조가 확대 분리된 형태로 별다른 차이점이 나타나지 않는다.

근로소득과 관련한 지금까지 내용을 정리하면 먼저 임금 종류의 경우 임금종류는 동일하나 「외국인투자기업 로동규정」에서는 임금지급 기준을 밝힌 반면 「외국인투자기업 로동법」에서는 임금지급 의무를 언급하였다. 상금의 경우 「외국인투자기업 로동규정」은 상금재원 원천과 지급 대상 선정 절차를, 「외국인투자기업 로동법」은 상금재원과 대상을 각각 밝혔다.

다음으로 임금제정 권한의 경우 가장 확실한 차이가 나타나는데, 「외국인투자기업 로동규정」에서는 중앙노동기관 단독인 반면 「외국인투자기업 로동법」에서는 중앙로동행정지도기관 또는 투자관리기관이 공동 결정한다. 또한 임금수준도 양 법령에서 각각 달리하는데, 「외국인투자기업 로동규정」에서는 '월 기준임금'으로, 「외국인투자기업 로동법」에서는 '월 최저임금'으로 표기되어 있다.

마지막으로 임금지불 방식의 경우 「외국인투자기업 로동규정」에서는 이와 직접적으로 관련된 구체적인 조항이 부재하지만 「외국인투자기업 로동법」에서는 전액 화폐임을 분명히 하였다. 또한 연장·야간작업과 명절·공휴일 근무에 대한 가급금 지급 조항의 경우 먼저 제정한 「외국인투자기업 로동규정」에서는 단독 조항으로, 후일 「외국인투자기업 로동법」에서는 동일한 내용을 중심으로 확대·분리되었다. 지금까지 논증한 「외국인투자기업 로동규정」과 「외국인투자기업 로동법」의 근로소득 관련 주요 내용을 정리하면 다음 〈표 3〉과 같다.

〈표 3〉 근로소득 관련 내용 비교

구분	외국인투자기업 로동규정(2005)	외국인투자기업 로동법 (2015)	주요 특징
임금 종류	로임, 가급금, 장려금, 상금 임금지급 기준	좌동 임금지급 의무 명시	상호 조항 인용, 로동규정 구체적
상금	상금재원 원천, 대상 선정절차	상금재원과 대상	상동
임금제정 권한	중앙로동기관	중앙로동행정지도기관 또는 투자관리기관	로동법령: 단독 로동법: 공동
임금 수준	월로임기준 명시	월로임최저기준 명시	로동법령: 월기준임금 로동법: 최저임금
임금지불 방식	구체적인 언급 부재, 임금종류만 언급	전액 화폐	로동법령: 미언급 로동법: 화폐
연장·야간작업	우동	일당, 시간당 로임액의 50% 가급금(연장근무), 일당, 시간당 로임액의 100% 가급금(야간연장)	기존 조항 인용, 로동법에서 확대 분리
명절·공휴일 근무	우동	일당, 시간당 로임액의 100% 가급금,	상동

· 주: 저자 작성.

2. 근로복지

1) 외국인투자기업 로동규정

먼저 「외국인투자기업 로동규정」에서 로동시간의 경우 동 규정 제22조 "종업원의 로동일수는 주 6일, 로동시간은 하루 8시간으로 한다. 외국인투자기업은 힘들고 어려운 로동의 정도와 특수한 조건에 따라 로동시간을 이보다 짧게 할수 있다. 계절적 제한을 받는 부문에서는 년간 로동시간범위에서 로동시간을 다르게 정할수 있다"라고 명시하였다.[11]

동 조항을 근거로 판단하면 외국기업 근로자는 주 6일, 1일 8시간, 일주일 동안 총 48시간의 근로를 하게 된다. 또한 중노동일 경우 노동 시간이 단축되지만 그에 해당하는 구체적인 기준은 언급되어 있지 않다. 아울러 계절적인 노동환경에 따라 노동시간을 탄력적으로 운영할 수 있는데, 이는 동절기와 하절기의 노동시간 차이를 의미한다고 판단된다.[12]

또한 동 규정 제23조 "외국인투자기업은 종업원에게 시간외 로동을 시키지 말아야 한다. 불가피한 사정으로 시간외 로동을 시키려고 할 경우에는 직업동맹조직과 합의하고 시간외 로동을 시킬수 있다"라고 밝혔다. 이에 외국인투자기업은 기본적으로 시간외 근로를 요청할 수 없다. 또한 이에 따라 근로자에게 야간근무와 연장근무를 요구할 수 없다. 그러나 특수한 상황과 이에 대한 직업동맹과의 합의가 전제될 경우 일정부문 가능하다. 즉, 북한은 시간외 노동에 대해 기본적으로 불허하지만 일부 예외의 경우를 명시하였고 이러한 사례에 대한 적법 절차를 언급하였다.[13]

---

11) 위의 글, 177쪽.
12) 위의 글, 177쪽.
13) 위의 글, 177쪽.

다음으로 휴식과 휴가의 경우 동 규정 제24조 "외국인투자기업은 공화국의 법규범에 따라 해당한 종업원에게 명절일과 공휴일의 휴식, 정기 및 보충휴가와 산전산후휴가를 주어야 한다. 명절일과 공휴일에 일을 시켰을 경우에는 1주일안으로 대휴를 주어야 한다. 외국인투자기업은 해당한 종업원에게 해마다 관혼상제를 위한 1~5일간의 특별휴가를 주어야 한다. 특별휴가기간에는 왕복려행일수가 포함되지 않는다"라고 제시하였다.[14]

이는 외국인투자기업 근로자의 ① 정기휴가, ② 보충휴가, ③ 산전산후휴가, ④ 근무일 외의 근로에 대한 대휴, ⑤ 근로자의 특별한 상황에 대한 특별휴가 조항이다. 특이하게도 동 규정에서 외국인투자기업 근로자의 공식적인 년간 휴가기간에 대한 구체적인 언급이 없다. 하지만 이를 제외한 사안에 대해서는 일정부문 언급되어 있다. 결국 외국인투자기업 근로자의 휴식과 휴가에 대한 북한의 법제적 기여는 다소 불충분하다 하겠다.[15]

또한 휴가기간 임금, 즉, 휴가비에 대해 동 규정 제27조 "외국인투자기업은 휴가 및 보충휴가기간에 해당한 로동보수를 휴가에 들어가기전에 종업원에게 주어야 한다. 휴가기간에 해당한 로동보수는 휴가받기전 3개월 동안의 로동보수총액을 실가동일수에 따라 평균한 하루 로동보수액에 휴가일수를 적용하여 계산한다. 휴가기간의 로동보수액계산에는 로임, 가급금, 장려금이 포함된다"라고 언급하였다. 이는 외국인투자기업 근로자의 휴가기간의 임금지불과 휴가비에 대한 계산방식을 밝힌 것이다.[16]

마지막으로 여성근로자의 보호는 동 규정 제34조 "외국인투자기업은 녀성종업원을 위한 로동보호위생시설을 잘 갖추어주어야 한다. 임신 6개월

---

14) 위의 글, 177쪽.
15) 위의 글, 178쪽.
16) 위의 글, 178쪽.

이 넘는 녀성에게는 힘들고 건강에 해로운 일을 시키지 말아야 한다. 외국인투자기업은 실정에 맞게 종업원의 자녀를 위한 탁아소, 유치원을 조직하고 운영할수 있다"라고 하여 여성근로자에 대한 포괄적인 서비스를 제시하였다. 동 조항에 따르면 외국인투자기업은 여성근로자를 위한 ① 안락한 노동시설 완비, ② 임신 6개월 이상 여성 근로자의 유해노동 금지, ③ 종업원과 그 가족을 위한 보육서비스로 요약된다.[17]

한편 동 규정 제24조 "외국인투자기업은…산전산후휴가를 주어야 한다…"라고 언급하였다. 이에 동 규정에서는 임신한 여성근로자에 대한 내용이 별도의 조항으로 독립된 것이 아니라 근로자의 휴가조항에 산전산후휴가 조항이 포함되어 있다. 그러나 아이러니하게도 여성근로자에 대한 산전산후휴가가 명백히 보장되어 있지만 구체적으로 그 기간이 명시되어 있지 않아 해석과 적용상의 문제가 제기된다. 때문에 이 역시 외국인투자기업 근로자의 휴식과 휴가와 마찬가지로 절반의 긍정만이 존재한다 하겠다.[18]

결국 상술한 여성근로자와 관련한 규정만을 근거로 하면 적어도 북한의 외국인투자기업 여성근로자의 인식에 대해 긍정과 부정적 평가가 혼재되어 있다. 즉, 북한은 외국인투자기업 여성근로자에 대한 다양한 보호와 서비스를 제공하고자 한다. 하지만 가장 중요한 것의 하나인 여성근로자의 산전산후휴가에 대한 구체적인 진술이 부재하다. 따라서 동 규정상의 외국인투자기업 여성근로자에 대한 북한의 법제적 보장은 완전하지 않다 하겠다.[19]

---

17) 위의 글, 178쪽.
18) 위의 글, 178쪽.
19) 그러나 이러한 경우 북한이 하위법령인 '시행세칙'을 통해 보다 더 확고히 명시한다면 법적 논란이나 충돌을 야기하지 않을 수 있다. 그렇지만 공식적으로 현재까지 동 법령의 하위법령인 '시행세칙'이 제정되었다고 알려진바 없다.

2) 외국인투자기업 로동법

먼저 「외국인투자기업 로동법」에서 로동시간의 경우 동 법령 제17조 로동시간 항목에서 "종업원의 로동시간은 주 48시간, 하루 8시간으로 한다. 외국인투자기업은 로동의 힘든 정도와 특수한 조건에 따라 로동시간을 정해진 시간보다 짧게 정할수 있다. 계절적영향을 받는 부문의 외국인투자기업은 년간 로동시간범위에서 실정에 맞게 로동시간을 달리 정할수 있다"라고 밝혔다. 이는 앞서 제정된 「외국인투자기업 로동규정」 제22조의 내용을 거의 그대로 인용, 승계한 것이다. 단, 「외국인투자기업 로동규정」에서는 주간 노동일수를 6일로 표기하였지만 이를 전체 노동시간과 1일 노동시간으로 환산하면 동일한 노동시간임에 따라 해석상의 차이가 발생하지 않는다.

또한 북한은 이러한 노동시간 준수를 강조하였는데, 동 법령 제18조 로동시간의 준수 항목에서 "외국인투자기업은 종업원에게 정해진 로동시간안에 로동을 시켜야 한다. 부득이한 사유로 로동시간을 연장하려 할 경우에는 직업동맹조직과 합의한다. 종업원은 로동시간을 정확히 지켜야 한다"라고 언급하였다. 이는 「외국인투자기업 로동규정」 제23조의 내용을 다소 변형한 것으로 내용상 거의 대동소이하다.

즉, 동 법령이 노동시간 준수를 강조한 것이라면 「외국인투자기업 로동규정」은 역으로 시간외 노동금지를 통해 노동시간 준수를 간접적으로 표현하였다. 또한 동 법령에서는 종업원의 노동시간 준수도 강조하였는데, 이는 근로자도 노동시간 내의 성실한 노동의무가 있음을 간접적으로 제시한 것이라 판단된다. 그리고 이는 「외국인투자기업 로동규정」에 부재한 내용이다. 아울러 공통적으로 양 법령에는 시간외 근무를 허용할 경우 그 근거와 절차에 대해 간략히 언급되어 있다.

다음으로 휴식과 휴가의 경우 동 법령 제19조 일요일, 명절일의 휴식보장 항목에서 "외국인투자기업은 종업원에게 명절일과 일요일에 휴식을 보장하여야 한다. 부득이한 사정으로 명절일과 일요일에 로동을 시켰을 경우에는 1주일안으로 대휴를 주어야 한다"라고 명시하였다. 이는 「외국인투자기업 로동규정」 제24조를 차용한 것이라 판단되고 내용상 거의 동일하다.

반면 휴가의 경우 동 법령 제20조 정기휴가, 보충휴가의 보장 항목에서 "외국인투자기업은 종업원에게 해마다 14일간의 정기휴가를 주며 중로동, 유해로동을 하는 종업원에게는 7~21일간의 보충휴가를 주어야 한다"라고 하였다. 이 역시 「외국인투자기업 로동규정」 제24조를 변형한 것이지만 아이러니하게도 상위법인 동 법령이 하위법령 보다 더 구체적이다. 가령 동 법령에는 14일간의 정기휴가 일수 명시, 중노동과 유해노동자의 7~21일 간의 보충휴가 명시하였다. 이는 「외국인투자기업 로동규정」에서 전혀 언급되지 않은 구체적인 내용들이다.

이렇듯, 상위법인 「외국인투자기업 로동법」에서 하위법인 「외국인투자기업 로동규정」보다 구체적인 내용을 밝힌 것은 매우 이례적이라 할 수 있다. 그리고 이러한 원인은 다양하게 예측할 수도 있다. 그러나 1978년 4월 18일 최고인민회의 법령 제2호로 채택(1986년 2월 20일 중앙인민위원회 정령 제 2494호로 수정, 1999년 6월 16일 최고인민회의 상임위원회 정령 제803-1호로 수정, 2015년 6월 30일 최고인민회의 상임위원회 정령 제566호로 수정)된 북한의 「사회주의로동법」 제65조 "로동자, 사무원, 협동농장원들은 해마다 14일간의 정기휴가와 직종에 따라서 7일 내지 21일간의 보충휴가를 받는다"라고 명시한 것처럼 북한은 '노동법'에서 휴가에 대해 구체적으로 언급해왔다. 따라서 이는 법적 위계상으로는 다소 모순되지만 북한의 기존 행태를 감안하면 당연한 결과이기도 하다. 또한 역으로 이는 노동과 더불어 휴식을 강조하는 사회주의 법령의 내재적 속성의 하나로써 상위법에서 이를 제시하였다고 판단된다.

또한 휴가비에 대해 동 법령 제25조 휴가비의 지불 및 계산 항목에서 "외국인투자기업은 정기휴가, 보충휴가, 산전산후휴가를 받은 종업원에게 휴가일수에 따르는 휴가비를 지불하여야 한다. 정기 및 보충휴가비는 휴가 전 3개월간의 로임을 실가동일수에 따라 평균한 하루로임액에 휴가일수를 적용하여 계산한다. 산전산후휴가비의 지불규모와 방법은 중앙로동행정기관이 내각의 승인을 받아 정한다"라고 명시하였다. 이는 「외국인투자기업 로동규정」 제27조에서 파생한 것으로, 양 법령을 비교하면 휴가비 지급의무, 휴가비 계산방식은 동일하다. 그러나 동 조항을 근거로 하면 휴가비의 지급대상인 휴가는 총 세 종류로 ① 정기휴가, ② 보충휴가, ③ 산전산후휴가의 경우에만 지급된다. 또한 특이하게도 산전산후휴가비는 정기휴가와 보충휴가비와 달리 중앙행정기관에서 별도로 정한다.

따라서 앞서 언급한 휴가의 하나인 근무일 외의 근로에 대한 대휴, 근로자의 특별한 상황에 대한 특별휴가의 경우 별도의 휴가비가 지급되지 않는다.[20] 또한 「외국인투자기업 로동규정」에서는 휴가비 계산방식과 더불어 휴가비에 임금, 가급금, 장려금이 포함되어 계산한다고 하였다. 아울러 동 법령에서 미세하지만 표현상의 변화도 감지되는데, 기존의 「외국인투자기업 로동규정」에서 사용한 '휴가기간에 해당한 로동보수'가 동 법령에서는 '휴가비'로 축약·서술되어 있다. 즉, 법조문의 표현에서 기존과 다른 행태가 나타나고 이는 작은 변화이나 고무적이라 하겠다.

마지막으로 여성근로자의 보호는 동 법령 제35조 녀성종업원의 보호 항목에서 "외국인투자기업은 녀성종업원을 위한 로동보호시설을 충분히 갖

---

20) 대휴는 휴일근무에 따른 대휴임에 따라 휴가비 지급 대상이 아니고 특별휴가는 관혼 상제임에 따라 이 역시 휴가비 지급대상이 아니다.

추어주어야 한다. 임신하였거나 젖먹이어린이를 키우는 녀성종업원에게는 연장작업, 밤작업을 시킬수 없다"라고 명시하였다. 이는 기존의 「외국인투자기업 로동규정」 제34조를 응용하여 파생한 것이라 하겠다. 그러나 작지만 현실에서 큰 차이가 발생하는 경우도 있는데, 「외국인투자기업 로동규정」에서 임신 6개월 이상인 여성근로자를 보호하는 반면 동 법령에서는 임신한 여성근로자 자체를 보호함과 동시에 영유아를 보육하는 여성근로자의 보호도 명시한 것이 여기에 해당된다. 따라서 여성근로자의 보호의 경우 동 법령이 「외국인투자기업 로동규정」보다 적용대상에 있어 대폭 확대되었다 하겠다.

또한 북한은 동 법령 제21조 산전, 산후휴가의 보장 항목에서 "외국인투자기업은 임신한 녀성종업원에게 정기 및 보충휴가외에 산전 60일, 산후 180일간의 산전산후휴가를 주어야 한다"라고 언급하였다. 이에 기존 「외국인투자기업 로동규정」 제24조 간략히 언급한 '산전산후휴가' 보장 조항이 동 법령에서는 보다 더 구체적으로 제시되었다. 이 역시 앞서 언급한 '휴가 관련 조항'과 비슷한 경우로 상위법이 하위법 보다 더 구체적이다. 이에 휴가조항과 마찬가지로 여성근로자의 산전산후휴가의 경우 「사회주의로동법」 제66조 "녀성근로자들은 정기 및 보충휴가외에 근속년한에 관계없이 산전 60일, 산후 180일간의 산전산후휴가를 받는다"고 명시되어 있다. 따라서 동 법령에서 이를 밝힌 것은 기존의 '휴가관련 조항'과 같은 이치이다.

또한 동 법령에서 북한은 제36조 탁아소, 유치원운영 항목에서 "외국인투자기업은 실정에 맞게 종업원의 자녀를 위한 탁아소, 유치원을 꾸리고 운영할수 있다"라고 하였다. 이는 기존 「외국인투자기업 로동규정」 제34조 여성근로자 보호에 대한 포괄적인 조항의 마지막 문장을 별도로 인용, 독립된 형태의 조항으로 만든 것으로 사실상 기존의 「외국인투자기업 로동규정」조항과 거의 동일하다.

근로복지와 관련한 지금까지 내용을 정리하면 먼저 노동시간의 경우 노동시간에 대한 표현의 차이가 있을 뿐, 양 법령 모두 뚜렷한 차이가 나타나지 않는다. 시간외 근로의 경우 「외국인투자기업 로동법」에서 기업과 종업원의 노동시간 엄수를 강조한 것을 제외하고는 별다른 차별성이 보이지 않는다.

다음으로 휴식과 휴가에서 명절과 공휴일 휴식과 명절과 공휴일 근무에 대한 대휴의 경우 양 법령 모두 거의 대동소이한 내용이다. 또한 정기휴가, 보충휴가, 산전산후휴가의 경우 상위법인 「외국인투자기업 로동법」에서 구체적인 휴가기간을 명시한 반면 하위법인 「외국인투자기업 로동규정」에서는 이를 간략히 언급하였다. 그러나 특별휴가의 경우 이와 정반대로 휴가기간이 하위법인 「외국인투자기업 로동규정」에만 제시되어 있다. 휴가비의 경우 양 법령 모두 언급되어 있고 계산방식도 동일하다. 그러나 산전산후 휴가비의 경우 개정된 「외국인투자기업 로동법」에서 별도의 기관에서 정한다.

마지막으로 여성근로자 보호의 경우 가장 큰 차이점이 나타난다. 이에 「외국인투자기업 로동법」에서는 기존 「외국인투자기업 로동규정」과 달리 임신 직후의 여성근로자와 더불어 영유아를 보육하는 여성근로자까지 보호대상이 확대되었다. 또한 탁아소와 유치원의 경우 양 법령 모두 운영주체가 동일하지만 「외국인투자기업 로동법」에서는 독립된 조항인 반면 「외국인투자기업 로동규정」에서는 여성근로자 보호의 포괄적인 조항의 일부로 존재한다. 지금까지 논증한 「외국인투자기업 로동규정」과 「외국인투자기업 로동법」의 근로복지 관련 주요 내용을 정리하면 다음 〈표 4〉와 같다.

〈표 4〉 근로복지 관련 내용 비교

구분	외국인투자기업 로동규정 (2005)	외국인투자기업 로동법 (2015)	주요 특징
노동시간	1일 8시간, 주 48시간 중노동 시간단축 가능 계절별 노동시간 조정 가능	주 48시간, 1일 시간 나머지는 좌동	노동시간의 표현차이
시간외 근로 (연장 근무)	기본적 시간외 로동 불허 직맹과 협의	기업과 종업원의 노동시간 준수 강조 나머지는 좌동	노동법: 기업과 종업원 근로시간 엄수 강조
명절, 공휴일 휴식	보장	좌동	-
명절, 공휴일 근무 대휴	1주일 내에 대휴 보장	좌동	-
정기휴가	휴가기간 미제시	14일 휴가기간 제시	노동법: 휴가기간 제시
보충휴가	상동	7-21일 휴가기간 제시	상동
산전산후휴가	휴가자체 보장, 구체적인 기간 미 제시	240일 휴가기간 제시	상동
특별휴가	언급, 5일 휴가기간 제시	미 언급	노동규정에만 언급
휴가비	언급	좌동	-
정기, 보충, 산전산후 휴가비 계산	최근 3개월 1일 임금 기준	좌동에서, 산전산후휴가비 개정	노동법: 산전산후휴가비 별도 계산
여성근로자 보호	임신 6개월 이상 여성근로자 여성근로자 노동보호시설	임신, 영유아 보육 여성근로자 나머지는 좌동	노동법에서 확장
탁아소, 유치원	포괄적 조항에서 언급	좌동에서 독립 조항	노동법에서 분리 독립

· 주: 저자 작성.

3. 사회보장

1) 사회문화시책과 문화후생기금, 사회보험기금과 보조금, 년금

「외국인투자기업 로동규정」에서 사회문화시책의 경우 동 규정 제37조 "외국인투자기업에서 일하는 공화국공민인 종업원은 병 또는 부상, 일할 나이가 지나 일하지 못하는 경우 사회보험, 사회보장에 의한 혜택을 받는다. 사회보험, 사회보장에 의한 혜택에는 보조금, 년금의 지불, 정휴양 및 치료가 포함된다. 보조금과 년금을 받으려는 종업원은 보건기관이 발급하는 진단문건 또는 보조금과 년금을 받아야 할 사유를 확인하는 문건을 외국인투자기업에 내야 한다. 외국인투자기업은 사회보험보조금지불청구문건을 사회보험기관에 내여 확인을 받은 다음 은행기관에서 해당한 사회보험보조금을 받아 로동보수를 주는 날에 해당 종업원에게 내주어야 한다. 정휴양소에 가고 오는데 드는 려비와 장례보조금은 해당문건에 의하여 먼저 내주고 후에 청산받아야 한다. 사회보장에 의한 년금, 보조금은 외국인투자기업이 사회보장년금지불기관에서 달마다 정한 날에 대상자에게 내주어야 한다"라고 포괄적[21]이고 구체적으로 언급하고 있다.

동 조항을 근거로 하면 외국인투자기업 근로자에 해당되는 사회복지제도는 사회보험과 사회보장이다. 이에 따른 복지급여는 현금급여인 보조금과 연금, 현물급여인 정휴양과 치료가 있다. 또한 보조금과 연금 수급 절차는 의료기관과 행정기관의 증빙서류가 필요하다. 또 이러한 보조금과 연금 지급일은 임금지급일과 동일하다. 반면 일종의 치료와 휴식인 정휴양의 경우 '선 지급 후 청산'순이다. 이에 동 조항은 외국인투자기업 근로자에게 적

---

21) 이철수, 앞의 논문, 2018, 182쪽.

용하는 ① 복지제도 종류, ② 복지급여 종류, ③ 복지급여 수급절차와 요건, ④ 기업의 사회보장급여 지급의무 등을 총망라하여 언급하였다.[22]

또 이러한 외국인투자기업 근로자에게 지급되는 각종 복지급여의 계산은 동 규정 제38조 "사회보험, 사회보장에 의한 보조금, 년금은 공화국의 로동법규범에 따라 계산한다"라고 하여 기존의 급여계산 방식에 준함을 밝혔다. 때문에 외국인투자기업 근로자의 복지급여 계산방식은 기존의 북한 기업근로자와 뚜렷한 차이가 발생하지 않는다. 그러나 사회문화시책기금의 경우 별도의 규정이 없이 동 규정 제39조 "사회보험 및 사회보장에 의한 혜택은 사회보험기금에 의하여 보장된다. 사회보험기금은 기업과 종업원에게서 받는 사회보험료로 적립된다"라고 하여 사회보험기금에 대한 적립이 명시되어 있다. 이에 사회보험기금이 사회문화시책 재정의 일부임을 감안하면 일정부문 이해가 가능한 부문이다. 하지만 사회문화시책에 대한 직접적인 언급이 없어 명확한 해석이 불가능한 부문도 일정부문 존재한다.[23]

한편 사회문화시책기금과 대비되는 문화후생기금의 경우 동 규정 제42조 "외국인투자기업은 결산리윤에서 세금을 바치고 남은 리윤의 일부로 종업원을 위한 문화후생기금을 세우고 쓸수 있다. 문화후생기금은 기술문화수준의 향상과 군중문화체육사업, 후생시설운영과 같은데 쓴다. 문화후생기금의 사용에 대한 감독은 직업동맹조직이 한다"라고 하였다. 이에 동 조항에서는 문화후생기금의 운영에 대해 감독을 직업동맹이 할 수 있도록 하였다. 이는 앞서 언급한 근로복지의 협의의 대상이 직업동맹인 것과 동일한 맥락으로 이해된다. 즉, 북한은 외국인투자기업 근로자의 근로복지에 관한 다양한 사안을 직업동맹과 협의해야 하는 만큼 문화후생과 관련한 사업 역시 이들과

---

22) 위의 글, 183쪽.
23) 위의 글, 183쪽.

협의하는 것이 타당하다[24]고 보고 있다.

반면 「외국인투자기업 로동법」에서 사회문화시책과 관련한 조항은 부재하다. 그러나 북한은 상위법인 동 법령 제5조 사회보험 및 사회보장원칙 항목에서 "외국인투자기업은 우리 나라 공민인 종업원이 사회보험 및 사회보장에 의한 혜택을 받도록 한다"라고 천명하였다. 이에 북한은 「외국인투자기업 로동규정」에 비해 상위법인 「외국인투자기업 로동법」에서 사회보험과 사회보장 혜택에 관한 포괄적인 원칙을 밝혔고 이는 곧 하위법인 「외국인투자기업 로동규정」에 가감 없이 그대로 적용된다고 판단된다. 그리고 이는 앞서 언급한 「외국인투자기업 로동규정」 제37조와 동질의 조항이다.

또한 이러한 기금에 대해 동 법령 제41조 사회보험기금의 조성 항목에서 "사회보험 및 사회보장에 의한 혜택은 사회보험기금에 의하여 보장된다. 사회보험기금은 외국인투자기업과 종업원으로부터 받는 사회보험료로 조성한다"라고 하였다. 그리고 이 역시 「외국인투자기업 로동규정」 제39조에서 거의 인용한 것이다.

또한 상술한 동 조항에서 언급한 내용으로 인해 발생하는 현금급여의 경우 동 법령 제40조 보조금, 년금의 계산 항목에 나타나 있다. 동 조항에서 북한은 "사회보험 및 사회보장에 의한 보조금, 년금은 해당 법규에 따라 계산한다"라고 하였다. 그리고 이 또한 「외국인투자기업 로동규정」 제38조를 기반으로 한 것이다. 하지만 「외국인투자기업 로동법」에서 보조금과 연금을 지급할 경우 이를 계산하는 법규가 모호했던 반면 「외국인투자기업 로동규정」에서는 이와 달리 '노동법 규범'에 의거함을 분명히 하였다.

반면 문화후생기금의 경우 「외국인투자기업 로동법」에 언급되어 있는데, 북한은 동 법령 제43조 문화후생기금의 조성 및 리용 항목에서 "외국인투

---

24) 이철수, 앞의 논문, 2017, 43쪽.

자기업은 결산리윤의 일부로 종업원을 위한 문화후생기금을 조성하고 쓸 수 있다. 문화후생기금은 종업원의 기술문화수준의 향상과 군중문화체육사업, 후생시설운영 같은데 쓴다"라고 명시하였다. 이는 「외국인투자기업 로동규정」제42조와 내용상 거의 대동소이하다. 그러나 상대적으로 「외국인투자기업 로동규정」에서 밝힌 내용이 구체적인데, 왜냐하면 동 규정에서는 기금의 재원 더불어 기금운용 감독에 대해 추가적으로 언급했기 때문이다. 그리고 이는 앞서 상술한 「외국인투자기업 로동규정」의 '상금' 관련 내용과 거의 동일한 맥락이다.

2) 기본임금과 최저임금

「외국인투자기업 로동규정」에서 최저임금에 대한 언급이 부재하다. 단지 앞서 언급한 바와 같이 기본임금에 대한 규정만 명시되어 있다. 동 규정 제25조 "외국인투자기업의 종업원 월로임기준은 중앙로동기관이 정한다.…"라고 명시되어 있다. 반면 「외국인투자기업 로동법」에서는 제23조 월로임 최저기준의 제정항목에 나타나 있다. "외국인투자기업 종업원의 월로임최저기준을 정하는 사업은 중앙로동행정지도기관 또는 투자관리기관이 한다.…"[25]라고 밝히고 있다. 따라서 양 법령에서는 북한은 다른 행태를 나타내는데, 「외국인투자기업 로동규정」에서는 기본임금을, 「외국인투자기업 로동법」에서는 최저임금을 통해 각각 나타내고 있다.

그러나 다른 한편으로 법령의 성격상 「외국인투자기업 로동법」과 달리 「외국인투자기업 로동규정」의 경우 구체적으로 기본임금의 수준을 명시할 필요가 있다. 하지만 북한이 동 규정에서 언급 내지는 제시할 필요나 혹은

---

25) 앞에서 재인용.

기본임금의 최저 하한선조차 제시하지 않은 것은 규정으로써 미비한 측면이 있다. 하지만 앞서 상술한 바와 같이 또 다른 한편으로 북한의 입장에서 외국인투자기업과의 임금협상을 통해 기본임금을 설정해야 함에 따라 이를 의도적으로 생략한 것 일수도 있다. 그리고 이러한 정책적 표현이 북한의 입장에서 다소 유리하다고 판단된다.

즉, 북한이 동 법령 제정 초기부터 기본임금의 수준을 명확히 할 경우 향후 외자유치 대상인 외국인투자기업과의 임금협상 여지를 스스로 불식시키게 된다. 따라서 북한은 남한기업과의 임금협상이 끝난 상태에서 출발하는 「개성공업지구 로동규정」과 달리 동 규정에서는 임금에 관한 구체적인 사항을 제시하지 않을 필요가 있다. 결국 북한은 이러한 대내외적인 요인으로 인해 최종적으로 위와 같은 행위를 한 것이라 판단된다.

3) 퇴직보조금과 생활보조금

「외국인투자기업 로동규정」에서 퇴직보조금의 경우 동 규정 제17조 "외국인투자기업은 종업원을 본인의 잘못이 아닌 사유로 기업에서 내보내는 경우 그에게 일한 년한에 따라 보조금을 주여야 한다. 일한 년한이 1년이 못되는 경우에는 최근 1개월분의 로임에 해당한 보조금을 주며 1년이상인 경우에는 최근 3개월 평균월로임액에 일한 해수를 적용하여 계산한 보조금을 주어야 한다"라고 밝혔다.[26]

동 조항을 근거로 하면 외국인투자기업은 비자발적 퇴직 시 근로연한이 1년 미만의 근로자에게는 1개월분의 임금, 근로연한이 1년 이상인 근로자는 3개월 평균임금을 각각 보조금 형태로 지급한다. 사실 이는 일종의 퇴

---

26) 이철수, 앞의 논문, 2018, 186쪽.

직보조금의 성격을 갖는다.[27] 또한 법 제정 당시를 기준으로 하면 기존의 근로자에게 실제 적용하지 못한 부재한 존재라 판단된다. 때문에 동 규정에서 이를 언급한 것은 상당부문 의미하는 바가 크다.[28]

또 생활보조금의 경우 동 규정 제28조 "외국인투자기업은 종업원의 잘못이 아닌 기업의 책임으로 일하지 못하였거나 양성기간에 일하지 못한 종업원에게 일하지 못한 날 또는 시간에 따라 일당 또는 시간당 로임액의 60%이상에 해당한 보조금을 주어야 한다"라고 하였다. 동 조항은 외국인투자기업 근로자의 비자발적 무노동에 외국인투자기업이 생활상의 일정부문을 책임지는 행태로 지급되는 현금급여를 의미한다. 이 또한 상술한 퇴직보조금과 마찬가지로 동 법령 제정 이전까지 기존의 북한 사업장에 부재한 제도라 판단된다.[29]

반면 이와 달리 「외국인투자기업 로동법」에서 퇴직보조금과 관련된 조항은 부재한 반면 생활보조금과 관련한 조항은 존재한다. 동 법령 제26조 생활보조금에서 "외국인투자기업은 종업원이 기업의 책임으로 또는 양성기간에 일하지 못하였을 경우 일하지 못한 날 또는 시간에 한하여 일당 또는 시간당 로임액의 60%이상에 해당한 보조금을 주어야 한다"라고 명시하였다. 이는 기존의 「외국인투자기업 로동규정」 제28조를 토대로 인용, 승계한 것이다. 따라서 퇴직보조금과 생활보조금의 경우 「외국인투자기업 로동규정」에서는 양자 모두를 언급한 반면 「외국인투자기업 로동법」에서는 생활보조금만을 언급하였다. 때문에 법적 위계상 상위법인 「외국인투자기업 로동법」이 하위법인 「외국인투자기업 로동규정」에서 내용상으로 확장되었

---

27) 이철수, 앞의 논문, 2017, 44쪽.
28) 이철수, 앞의 논문, 2018, 186쪽.
29) 위의 글, 186쪽.

다 하겠다.

4) 사회보험료

「외국인투자기업 로동규정」에서 사회보험료의 경우 동 규정 제41조 "외국인투자기업은 사회보험료의 납부, 사회보험기금의 지출에 대하여 기업 소재지 사회보험기관과 직업동맹조직의 감독을 받는다"라고 하였다. 이에 외국인투자기업이 부담해야 하는 사회보험료율에 대한 구체적인 언급이 없다. 단지 사회보험료 납부와 지출 절차에 대해 외국인투자기업은 사회보험기관과 직업동맹의 감독하에 있다. 따라서 동 조항은 사회보험과 관련한 기관들의 일정한 역할에 대해 제시되어 있을 뿐 사회보험 재정부담율에 대한 내용이 부재하다.[30]

반면 「외국인투자기업 로동법」에서 기업의 사회보험료의 경우 동 규정 제42조 사회보험료의 납부항목에서 "외국인투자기업과 종업원은 달마다 해당 재정기관에 사회보험료를 납부하여야 한다. 사회보험료의 납부비률은 중앙재정지도기관이 정한다"라고 하였다. 동 조항에서도 「외국인투자기업 로동규정」과 마찬가지로 구체적인 사회보험료 납부비율에 대한 언급은 없다. 그러나 이를 달리 보면 당연한 결과라고도 할 수 있다.

즉, 북한의 입장에서 사회보험료율과 같은 미세한 부문의 법적인 내용을 굳이 양 법령을 통해 밝힐 필요가 없기 때문이다. 다른 한편으로 이는 근로자의 임금수준에 의거하여 결정되는 측면도 있기 때문에 「외국인투자기업 로동규정」에서 언급하지 않고, 결정하지 못한 기본임금의 수준에 종속 내지는 연관된 사안이다. 또한 북한의 입장에서 「외국인투자기업 로동규정」

---

30) 이철수, 앞의 논문, 2017, 47쪽.

을 실제 적용할 수 있는 외국기업이 나타난다면 가칭 '외국인투자기업 로동규정시행세칙'을 통해 이를 제시하면 된다. 아울러 법적 위계 상 큰 틀의 정책적 방향을 제시하는 양 법령에서 사회보험료 납부율을 밝힌다는 것은 법적 체계상 다소 맞지 않은 행태이기도 하다. 따라서 이러한 이유로 북한은 양 법령 모두에서 사회보험료의 존재만 언급했을 뿐 구체적인 납부률에 대해서 제시하지 않은 것이다.

그러나 「외국인투자기업 로동법」에서 사회보험료율을 결정하는 기관은 중앙재정지도기관으로 하여 중앙정부의 관할하에 두었다. 또한 동 법령의 동 조항을 근거로 하면 사회보험료 재정부담 주체는 외국인투자기업과 종업원이 공동부담한다. 그리고 이는 2005년 7월 6일 최고인민회의 상임위원회 정령 제1183호로 채택한 북한의 「국가예산수입법」 제47조 사회보험료의 납부비률 항목에서 "종업원의 사회보험료납부비률은 월로동보수액의 1%로 한다. 기업소와 협동단체의 사회보험료납부비률은 월판매수입금에 따라 계산된 생활비의 7%로 한다. 외국투자기업의 사회보험료납부는 따로 정한 기준에 따라 한다"와 법적으로 거의 동일한 맥락이다. 즉, 동 조항을 근거로 예측하면 사회보험료의 경우 외국투자기업은 별도의 납부비율로 하되, 근로자와 사업장이 공동부담하는 형태이다. 나아가 외국투자기업의 사회보험료 납부비율의 경우 기존 북한의 일반 사업장보다 보다 높다고 판단된다.[31]

사회보장과 관련한 지금까지 내용을 정리하면 먼저 사회보험과 사회보장의 제도적 적용원칙은 양 법령 모두 거의 동일하다. 그리고 여기에 재

---

31) 이는 개성공업지구과 라선경제무역지대 관련 법령에서 확인되는데, '개성공업지구 로동규정' 제42조기업의 사회보험료 납부에서 북한은 "기업은 공화국 공민인 종업원에게 지불하는 월노임 총액의 15%…", 「라선경제무역지대 외국투자기업 로동규정시행세칙」 제85조 "기업은 우리 나라 공민인 종업원월로임총액의 15%를 사회보험료로 …"라고 각각 언급하였다.

원인 사회문화시책기금의 경우 「외국인투자기업 로동법」에서 언급되지 않은 반면 「외국인투자기업 로동규정」에서는 언급되어 있으나 기금의 조성방식에 대한 구체적인 내용이 제시되어 있지 않다. 또한 문화후생기금의 경우 양 법령 모두 언급되어 있으나 「외국인투자기업 로동규정」에서 기금의 재원을 포함, 기금의 운영과 감독을 밝혔음에 따라 「외국인투자기업 로동규정」이 「외국인투자기업 로동법」보다 더 구체적이다. 반면 사회보험기금의 경우 양 법령 모두 대동소이하다. 하지만 보조금과 연금의 경우 「외국인투자기업 로동법」의 모호성이 「외국인투자기업 로동규정」에서 퇴직보조금, 연금 등으로 제시되었고 나아가 급여계산의 법적 근거도 제시하였다.

다음으로 기본 임금의 경우 「외국인투자기업 로동규정」에서, 최저임금의 경우 「외국인투자기업 로동법」에서만 각각 형식을 달리하여 언급되어 있다. 그 다음으로 퇴직보조금의 경우 「외국인투자기업 로동규정」에서만 언급되어 있다. 그러나 생활보조금의 경우 양 법령 모두 제시되어 있다.

마지막으로 사회보험료의 경우 양 법령 모두 언급되어 있으나 다소간의 차이도 있다. 가령 사회보험료는 「외국인투자기업 로동규정」이 「외국인투자기업 로동법」에 비해 구체적인데, 양 법령 모두 사회보험료율에 대한 언급이 없는 반면 「외국인투자기업 로동규정」에서는 납부기관과 기금지출 감독기관이 명시되어 있다. 지금까지 논증한 「외국인투자기업 로동규정」과 「외국인투자기업 로동법」의 사회보장 관련 주요 내용을 정리하면 다음 〈표 5〉와 같다.

<표 5> 사회보장 관련 내용 비교

구분	외국인투자기업 로동규정(2005)	외국인투자기업 로동법(2015)	주요 특징
종류	사회보험·사회보장	좌동	노동법: 포괄적 노동규정: 구체적
사회문화시책 (기금)	언급, 기금조성 방법은 미 제시	미 언급	로동규정에서 언급
문화후생기금	외국인투자기업 부담, 기금재원과 기금운용 감독	외국인투자기업 부담	노동법: 기금재원 노동규정: 기금운용 감독 추가
사회보험기금	언급	좌동	–
보조금과 년금	노동법 규범에 의거 퇴직보조금, 연금 제시	상동	노동규정에서 구체화
기본 임금	언급	미 언급	상호 충돌
최저임금	미 언급	언급	상동
퇴직보조금	1년 미만 근무 1개월, 1년 이상 근무 3개월 평균임금	미 언급	노동규정에서 언급
생활보조금	일당 또는 시간당 로임의 60%이상 지급	좌동	–
사회보험료	납부기관, 기금지출 감독기관 제시 보험료율 미 제시,	재정부담 주체 언급, 보험료율 미 제시, 보험료율 결정기관	공통점: 보험료율 미 제시 차이점: 재정부담, 기관 역할

주: 저자 작성.

Ⅳ. 결론

    본 연구는 북한의 '외국인투자기업 로동규정'과 '외국인투자기업 로동법'을 비교, 2010년대 전후의 외국인투자기업 노동복지 법제의 동학을 추적하였다. 이에 본 연구는 양 법령의 ① 근로소득, ② 근로복지, ③ 사회보장을 중심으로 비교하였다. 이에 본 연구는 ① 동일한 조항의 내용 비교, ② 이를 통한 동일 조항의 공통점과 차이점, ③ 지속성과 변화 등을 추적하였다.

    이에 양 법령의 공통점과 차이점을 살펴보면 첫째, 근로소득 관련 내용을 비교하면 공통점과 차이점이 거의 같은 비중으로 존재한다. 공통점의 경우 비교 대상의 절반 정도가 내용상 양 법령에 중복되어 있다. 반면 차이점의 경우 비교 대상의 절반 정도가 후일 제정된 「외국인투자기업 로동법」에서 구체화되어 있다. 따라서 근로소득의 경우 일부 조항은 「외국인투자기업 로동규정」이, 또 다른 일부 조항은 「외국인투자기업 로동법」이 상호 상대적으로 구체적인 형태로 나타나고 있다. 즉, 근로소득 관련 법 조항을 구체성 차원에서 접근하면 「외국인투자기업 로동규정」≒「외국인투자기업 로동법」의 등식이 성립된다. 그리고 이는 후술한 근로복지와 사회보장과 다른 경향이다.

아울러 이러한 원인은 무엇보다 약 10년이라는 양 법령의 입법 시기 차이에 기인한 것이라 판단된다. 즉, 근로소득은 사실상 근로자의 임금 관련 조항이기 때문에 제정 초기 법령인 「외국인투자기업 로동규정」보다 약 10년 후에 제정된 「외국인투자기업 로동법」의 당시 입법 환경을 반영했다고 판단된다. 때문에 근로소득에서 임금 종류, 상금, 연장, 야간근무, 명절 공휴일 근무는 다소 공통적인 경향을 갖는다. 하지만 이를 제외한 임금제정 권한, 임금 수준, 임금지불 방식은 양 법령에서 차이가 있고 이로 인해 내용적으로 후일 제정된 「외국인투자기업 로동법」이 더 구체적이다.

둘째, 근로복지 관련 내용을 비교하면 내용상 다수의 공통점이 있는 가운데에 확연한 차이점도 나타났다. 공통점의 경우 기본적으로 비교 대상간의 기저에서 형식상 확고한 차이 없이 비슷하다. 그리고 여기에는 노동시간, 시간외 근로, 명절, 공휴일 휴식, 명절, 공휴일 근무 대휴, 휴가비와 휴가비 계산, 탁아소와 유치원 운영이 해당된다. 그러나 차이점의 경우 정기, 보충, 산전산후휴가와 여성근로자의 보호에서 확연히 나타나는데, 아이러니하게도 이는 「외국인투자기업 로동규정」의 포괄성이 역으로 「외국인투자기업 로동법」에서 구체성으로 나타났다. 즉, 근로복지 관련 법 조항을 구체성 차원에서 접근하면 상대적으로 「외국인투자기업 로동규정」 ≤ 「외국인투자기업 로동법」의 등식이 성립된다. 그리고 이는 상술한 근로소득과 후술한 사회보장과 다소 다른 경향이다.

아울러 특이하게도 위의 차이점과 관련한 조항만이 「외국인투자기업 로동법」에서 나타난 원인은 북한의 기존의 입법 행태에 기인한다. 즉, 북한의 경우 상술한 차이점과 관련한 조항이 기존의 「사회주의 로동법」에서 밝혀왔던 내용들이다. 따라서 북한은 이와 같은 맥락에서 상술한 내용들을 하위법령인 「외국인투자기업 로동규정」이 아닌 상위법령인 「외국인투자기업

로동법」에서 제시하였다고 판단된다.

셋째, 사회보장 관련 내용을 비교하면 공통점과 차이점이 동시에 나타 난다. 공통점의 경우 양 법령 모두 다수의 공통적인 복지급여가 상호 존재 하는 것이다. 반면 차이점의 경우 사회문화시책과 퇴직보조금의 경우 「외 국인투자기업 로동규정」에만 있다. 그리고 이러한 차이점은 하위법령인 「외국인투자기업 로동규정」에서 상대적으로 구체화되어 확장되는 형태이 기 때문이다. 즉, 「외국인투자기업 로동법」의 포괄성이 「외국인투자기업 로 동규정」에서 구체성으로 나타나 이것이 종국에는 차이점으로 승화되었다. 즉, 사회보장 관련 법 조항을 구체성 차원에서 접근하면 「외국인투자기업 로동규정」 ≥ 「외국인투자기업 로동법」의 등식이 성립된다. 그리고 이는 상 술한 근로소득, 근로복지와 정반대 경향이다. 아울러 이러한 원인은 양 법 령의 법적 위치와 위계에 따른 것이다. 이에 북한은 양 법령의 사회보장과 관련, 상위법령인 「외국인투자기업 로동법」에서는 포괄적으로 언급하였다. 그러나 이와 달리 하위 법령인 「외국인투자기업 로동규정」에서는 구체적으 로 제시하였다.

또한 지금까지 논증을 토대로 「외국인투자기업 로동규정」과 「외국인투자 기업 로동법」의 비교분석을 시계열적으로 2005년 대비, 2015년을 기준으 로 북한 외국인투자기업 노동복지 법제의 지속성과 변화를 살펴보면 다음 과 같다. 지속성의 경우 첫째, 북한은 양 법령 제정의 시간적인 차이가 존재 하지만 노동복지의 기본적인 골격을 그대로 유지하고자 하는 경향이 있다. 둘째, 외국인투자기업의 복지급여의 경우 10년 동안 주목할 만한 새로운 현금급여나 현물급여 없이 기존의 복지급여와 거의 동일하다. 셋째, 사회문 화시책기금과 문화후생기금과 같은 노동복지와 관련된 재정부담 주체는 기 존과 동일하게 외국인투자기업이 부담한다. 따라서 북한의 외국인투자기업 노동복지에 관한 제도적 발전 의지는 다소 취약하다고 할 수 있다.

반면 변화는 첫째, 전반적으로 법령의 표현에 있어 후일 제정한 「외국인
투자기업 로동법」이 「외국인투자기업 로동규정」에 비해 상대적으로 세련되
고 현대화되어 있다. 즉, 「외국인투자기업 로동법」을 통해 확인되는 것은
북한 법령의 발달 내지는 진보이다. 둘째, 이와 연장선상에서 전반적으로
「외국인투자기업 로동법」이 「외국인투자기업 로동규정」에 비해 내용과 진술
면에서 상대적으로 구체적이다. 이로 인해 양 법령 중 상대적으로 「외국인
투자기업 로동규정」보다 후에 제정된 「외국인투자기업 로동법」이 양적·질
적으로 우수하다. 셋째, 「외국인투자기업 로동법」에서 최저임금 적용을 천
명하여 기존의 근로소득에 관한 다소간의 변화를 추구하고 있다. 지금까지
논증을 근거로 2005년 대비, 2015년 기준 북한 외국인투자기업 노동복지
법제의 공통점과 차이점, 지속성과 변화를 요약하면 다음 〈표 6〉과 같다.

〈표 6〉 외국인투자기업 노동복지 법제의 공통점과 차이점, 지속성과 변화

구분	공통점	차이점
2005년 대비 2015년 기준	근로소득: 내용 절반 중복 근로복지: 형식과 내용 일부 사회보장: 복지급여	근로소득: 상호 상대적 구체성(양 법령) 근로복지: 휴가와 여성근로자 보호 구체성(노동법) 사회보장: 사회문화시책, 퇴직보조금 일부 존재 (노동규정)
	지속성	변화
	노동복지 제도 유지 기존 복지급여 유지 재정부담 주체 불변	법령의 현대화 진술의 구체화 최저임금 도입

·주: 저자 작성.

한편 본 연구가 논증한 북한의 노동복지 법제의 공통점과 차이점, 지속성과 변화는 북한의 외자유치 결과와 비례한다. 이에 동 법령의 적용대상인 지역별로 존재하는 외국인투자기업의 규모에 주목된다. 즉, 북한에 실제하는 외국인투자기업의 규모를 파악한다면 외국인투자기업 노동복지 체제를 현실적으로 판단할 수 있다. 또한 역으로 이는 실존적 차원에서 북한의 일반 기업과 외국인투자기업의 노동복지 체제를 상호 비교할 수 있는 부문이다. 결국 북한의 외국인투자기업의 노동복지 체제의 법제는 북한의 기본적인 정책과 외국인투자기업의 운영 현실과의 끊임없는 작용과 반작용의 결과로 재편되고 천착될 것이다.

다른 한편으로 이러한 분석결과와 번외로, 법적 상하관계인 양 법령을 놓고 비정상적인 입법의 순서를 논하면 일정부문 북한이 의도하거나 이러한 선택을 할 수밖에 없는 상황과 조건에 대한 추측도 가능하다. 추측하건대, 북한의 입장에서 먼저 제정한 「외국인투자기업 로동규정」의 경우 1992년 제정한 「외국인기업법」의 연장선상으로 인식했을 수도 있다. 즉, 1992년 「외국인기업법」과 1999년 「외국인투자기업 로동규정」은 법적 내용을 차치하더라고 그 취지와 배경에 있어 공통적인 부문이 존재한다. 이로 인해 비록 법명의 명칭을 일부 달리하지만 일정부문 법적 취지와 승계는 이루어지고 있다고 볼 수 있다.

그러나 또 다른 한편으로 여기에 2009년 「외국인투자기업 로동법」을 대입하면, 본 연구가 제기한 최초 문제의식과 거의 동일한 해석과 추측이 가능하다. 그리고 이는 법명의 일치성으로 인해 즉각 증명된다. 따라서 북한의 이러한 일부 이해와 모순되는 부문을 통시적으로 접근하면, 결국 다음과 같은 세 가지 견해로 정리된다.

하나는 비록 법명을 달리하지만 「외국인투자기업 로동규정」은 먼저 입법

된 「외국인기업법」의 연장선상에 있다는 것이다. 그리고 이러한 견해의 기저에는 양 법령의 대상과 취지, 배경에 기인한다. 다른 하나는 이와 전혀 다른 견해로 법적 관계만을 중심으로 할 때, 「외국인투자기업 로동규정」과 「외국인투자기업 로동법」은 「외국인기업법」과 별개의 존재라는 것이다. 이러한 판단의 기준과 근거는 법명과 법적 위계관계 중심에 있다. 또 다른 하나는 「외국인기업법」, 「외국인투자기업 로동규정」, 「외국인투자기업 로동법」이 정반합에 의거, 이들은 하나의 카테고리 안의 묶음이며 최종적으로 「외국인투자기업 로동법」이 종착역이라는 것이다.

이는 삼자의 입법 시기와 기능, 법적 위계를 중심으로 하는 통합적 관점이다. 특히 이는 법명의 일치성에 국한되지 않는 것으로 1992년 「외국인투자법」, 1993년 「외국투자기업 및 외국인세금법」, 2000년 「외국인투자기업 파산법」, 「외국인기업법 시행규정」, 2008년 「외국인투자기업재정관리법」, 2015년 「외국인투자기업 회계검증법」 등의 법령에서 보듯이, 법명의 일부 표현상의 차이일 뿐 동질적이라는 입장이다. 따라서 이를 근거로 한 관찰과 분석결과, 이 중 가장 설득력 있고 합리적인 판단은 통합적 관점이라 판단된다.

단언컨대, 특정 법령들에 대한 법적 비교분석의 기준은 법적 관계뿐만 아니라 취지와 배경, 기능과 역할, 법적 대상과 범위, 상호 관련성 등 통합적 시각과 접근을 통해 정의되어야만 가장 타당한 결론에 이를 것이다.

제4장

북한의 경제개발구 노동복지 법제분석

경제개발구 로동규정을 중심으로

I. 서론

북한은 2013년 5월 29일「조선민주주의인민공화국 경제개발구법」(최고 인민회의 상임위원회 정령, 이하 경제개발구법으로 약칭), 동년 9월 12일「조선민 주주의인민공화국 라선경제무역지대 외국투자기업 로동규정」[1](최고인민회 의 상임위원회 결정 제139호로 채택, 이하 라선경제무역지대 외국투자기업 로동규정 으로 약칭)을 제정하였다. 또한 북한은 동년 12월 12일「조선민주주의인민 공화국 경제개발구 로동규정」(최고인민회의 상임위원회 결정 제150호로 채택, 이 하 경제개발구 로동규정으로 약칭)을 공포하였다. 아울러 북한은 2014년 11월 17일「조선민주주의인민공화국 라선경제무역지대 외국투자기업 로동규정 시행세칙」(라선시인민위원회 결정 제162호로 채택, 이하 라선경제무역지대 외국투 자기업 로동규정 시행세칙으로 약칭)을 제정하였다.

이러한 북한의 법제정 동학을 추적하면 ① 2013년 5월「경제개발구법」, ② 동년 9월「라선경제무역지대 외국투자기업 로동규정」, ③ 동년 12월 「경제개발구 로동규정」, ④ 2014년 11월「라선경제무역지대 외국투자기업 로동규정 시행세칙」으로 정리된다. 이는 북한이 경제특구와 관련한 입법의

---

1) 본 연구에서 북한법령의 명칭, 북한문헌을 인용하는 경우 북한 맞춤법에 의거하고 그 외의 경우 이와 반대로 남한 맞춤법에 따른다.

시계열적 순서가 점차 구체화되는 경향임을 의미한다. 또한 이는 북한의 경제특구와 관련한 자신들의 의지와 태도를 반증하는 하나의 사례이다.

이에 북한의 경제특구 관련 법적 동학의 의미는 크게 두 가지로 요약된다. 하나는 북한의 라선경제무역지대의 경우 '상위범주인 로동규정과 하위범주인 시행세칙'을 완비하여 법적 체계를 갖추었다는 것이다. 다른 하나는 이러한 특정 지역과 별도로 북한이 향후 개발할 '경제개발구'에 한해 또 다른 별도의 로동규정을 재차 입법하여 일종의 '입법과잉' 현상이 나타난다는 것이다. 또한 '경제개발구 로동규정'의 경우 '라선경제무역지대 외국투자기업 로동규정'과 달리 특정지역을 대상으로 한 것이 아니라 북한의 '경제개발구' 자체를 포괄하는 규정이다. 따라서 동 규정의 법적 적용대상의 범위는 여타 특정 경제특구 법령의 대상과 지역을 능가하는 불특정 지역에 대한 함의를 의미한다. 그리고 바로 이것이 동 법령이 여타 법령과 다른 법적 차별성이다.

다른 한편 경제개발구의 경우 북한이 「경제개발구법」을 제정하고 약 6개월 후에 「경제개발구 로동규정」을 입법하여 북한의 의지가 돋보인다. 그러나 북한은 동 규정의 최하위규정인 '경제개발구 로동규정 시행세칙'을 제정하지 않았다. 즉, 북한은 경제개발구에 관한 「경제개발구법」, 「경제개발구 로동규정」, '경제개발구 로동규정 시행세칙'으로 이어지는 법률적 체계를 완비하지 않은 것이다. 반면 북한은 라선경제무역지대의 경우 상술한 바와 같이 2013년 9월 「라선경제무역지대 외국투자기업 로동규정」, 2014년 11월 「라선경제무역지대 외국투자기업 로동규정 시행세칙」 각각 제정하여 법적 체계를 갖추었다. 이에 북한의 경제특구의 경우 일부는 법적체계가 완성되었고 나머지 일부는 법적체계를 완성해가는 중에 있다 하겠다. 하지만 분명한 것은 이러한 북한의 입법 행태가 과거와 달리 적극적이고 다소 신속함에 따라 변화한 북한의 모습이 내포되어 있다는 것이다.

한편 이에 앞서 북한은 1999년 5월 8일 「조선민주주의인민공화국 외국인투자기업 로동규정」(내각결정 제40호로 채택. 이하 외국인투자기업 로동규정으로 약칭)을 제정하였다. 이는 기존의 북한 경제발전 전략 수립의 연장선상의 법령으로 외자유치를 목적으로 한 법령이다. 특히 이는 북한이 2003년 9월 18일 제정한 「조선민주주의인민공화국 개성공업지구 로동규정」(최고인민회의 상임위원회 결정 제2호로 채택. 이하 개성공업지구 로동규정으로 약칭)과 대비된다. 왜냐하면 하나는 북한이 외자유치를 위해 제정한 법령이고 다른 하나는 남북경협이지만 사실상의 외자유치에 성공한 특정 지역에 대해 각각 1999년과 2003년에 별도의 '로동규정'을 제정했기 때문이다.

이러한 점에서 '외국인투자기업 로동규정'과 '개성공업지구 로동규정'은 의미하는 바가 크다. 왜냐하면 '외국인투자기업 로동규정'과 '개성공업지구 로동규정'은 '라선경제무역지대 외국투자기업 로동규정'과 '라선경제무역지대 외국투자기업 로동규정 시행세칙'과 그 기능을 같이 하지만 시기적으로 10년 먼저 제정되었기 때문이다.

이에 본 연구는 북한 경제특구의 노동복지 법제를 추적하여 법제도적 변화를 분석, 그 함의를 도출하고자 한다. 보다 구체적인 본 연구의 목적은 북한의 '경제개발구 로동규정'을 '외국인투자기업 로동규정'과 '개성공업지구 로동규정'과 비교 분석, 북한경제특구 노동복지 법제의 동학을 추적하고자 한다. 이에 본 연구의 주요 분석 대상은 북한이 2013년 제정한 '경제개발구 로동규정'을 놓고, 1999년 제정한 '외국인투자기업 로동규정'과 2003년 제정한 '개성공업지구 로동규정'과 비교하고자 한다. 본 연구의 연구방법은 문헌연구를 중심으로 하여 원 자료인 동 법령을 놓고, 노동과 복지 관련 조항을 핵심 분석대상으로 하여 법제도 분석에 일반적으로 사용되는 방법인 질적 내용분석을 통해 분석하고자 한다.

특히 본 연구는 기존의 북한 경제특구의 배경과 특성, 현황 중심의 단선적인 고찰을 보다 더 확대하여 연구스펙트럼의 다양화에 일조한다. 동시에 본 연구는 다소 등한시 되었던 북한 경제특구의 노동복지 법제 연구를 세 가지 관점에서 접근하여 이를 체계화하는 단초를 제공할 것이라 판단된다.[2]

이를 위한 본 연구의 서술 순서는, 먼저 「경제개발구 로동규정」〈X〉의 개괄적 고찰을 통해 거시적 분석을 시도하고자 한다. 다음으로 동 규정을 놓고 ① 근로소득, ② 근로복지, ③ 사회보장을 중심으로 「외국인투자기업 로동규정」〈Y1〉과 「개성공업지구 로동규정」〈Y2〉와 비교분석하고자 한다. 마지막으로 이를 토대로 동 법령을 통한 김정일시대 전후 북한경제특구의 노동복지 법제에 관한 통시적 차원의 지속성과 변화를 도출하고자 한다. 참고로 본 연구의 분석모형과 분석 틀을 도식화하면 각각 다음 〈그림 1〉, 〈표 1〉과 같다.

〈그림 1〉 분석 모형

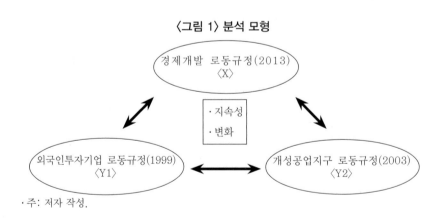

·주: 저자 작성.

---

2) 참고로 본 연구와 관련한 기존 연구의 경우 간접적으로 북한의 경제특구 법제 자체를 분석한 일부 사례는 있으나 직접적인 근로소득, 근로복지, 사회보장을 탐색한 연구는 극소수이다.

<표 1> 분석 틀

구분	경제개발구 로동규정(2013): 총 7개 장 58개 조항
① 근로소득 ② 근로복지 ③ 사회보장	① 관련 조항의 구체적 진술 ② 관련 조항의 공통점과 차이점(특징) ③ 동일 조항의 내용(변화) 비교(추적) ④ 관련 조항의 지속성·변화—추적·분석

· 출처: 이철수, 「북한경제특구의 노동복지법제 비교분석: 개성공업지구와 라선경제무역지대를 중심으로」, 『법학연구』 27(1), 충북대학교, 2017, 172쪽.

II. 법적 개괄과 구성

「경제개발구 로동규정」의 경우 총 7개 장 58개 조항으로 ① 일반규정, ② 로력의 채용과 해고, ③ 로동시간과 휴식, ④ 로동보수, ⑤ 로동보호, ⑥ 사회문화시책, ⑦ 제재 및 분쟁해결로 구성되어 있다. 동 규정의 경우 2013년 제정 이후 현재까지 이렇다 할 내용적인 변화나 세부조항에 대해 수정된 것이 없다. 따라서 지금까지도 최초 법령이 통용된다고 판단된다. 이에 동 규정의 개괄적 차원의 특징을 간략히 요약하면 다음과 같다.

첫째, 법적 구성의 경우 북한이 2003년 제정한 「개성공업지구 로동규정」과 거의 동일한 구성이다. 이러한 원인은 크게 두 가지에 기인한다. 하나는 이른바 '로동규정'이라는 법령간의 동질성에 기초한 것이다. 다른 하나는 북한의 법령이 「개성공업지구 로동규정」을 분기점으로 법적 발전을 나타냈기 때문이다. 따라서 북한은 2003년 이후 2013년까지 로동규정에 대한 기본적인 법적구성의 포맷을 가급적 유지하고자 하고 있다. 다른 한편으로 양 로동규정의 시간적인 입법 차이가 10년임을 감안하면 구성상의 일정한 변화도 자연스러운 것이기도 하다. 하지만 동 법령을 근거로 판단하면 법적 구성에 있어 북한은 변화보다는 이를 유지·고수하고자 하는 행태가 나타나고 있다 하겠다.

둘째, 「개성공업지구 로동규정」의 경우 총 7개 장 49개 조항으로 구성되어 있다. 이에 상술한 바와 같이 「경제개발구 로동규정」이 「개성공업지구 로동규정」에 비해 양적으로 9개 조항 정도 증가한 형태를 갖고 있다. 즉, 양 규정만을 놓고 볼 때, 10여 년의 시간적 입법 차이가 북한으로 하여금 자연스러운 양적 변화를 야기하였다. 따라서 북한은 상술한 구성적 측면의 변화는 전무한 반면 내용상의 변화는 일정부문 유도하고 있다 하겠다.

셋째, 상술한 법적 구성을 포함, 내용적인 측면의 표기와 서술에 있어 기존 법령과 동일하게 세부 조항에 대한 정의와 그와 관련한 구체적 서술로 구성되어 있다. 이는 2000년대 이후 제정된 북한 법령의 현대화 추세의 연장선상에 있다고 판단된다. 즉, 북한 역시 입법 행태의 기술적인 변화와 개혁을 일정부문 유지하고자 하고 있다.

넷째, 동 법령은 기존 로동규정의 형식과 내용을 기본적으로 승계한 형태에서 법령의 소극적 분화를 꾀하였다. 이는 상술한 동 법령의 양적 팽창을 기반으로 한 법적 내용의 밀도를 의미한다. 즉, 동 법령은 법적인 세부 밀도에 있어 상대적으로 기존 법령에 비해 상당부문 발달된 행태를 띄고 있다. 그리고 이는 동 법령의 법적 세분화와 양적 팽창으로 이어졌다.

다섯째, 동 법령의 경우 2000년대 이후 제정한 북한의 경제특구 관련 법령들과 법적 대상에 있어 차이가 있다. 즉, 동 법령은 특정지역에 한정하여 적용하는 것이 아니라 북한의 경제개발구 자체에 적용하기 위한 법령이다. 따라서 동 법령은 특정지역을 대상으로 한 여타 경제특구 법령과 달리 북한 전체 경제개발구를 대상으로 한다. 때문에 동 법령의 법적 대상의 포괄성으로 인해 여타 법령과의 무게나 위상에 있어 다소 차이가 있다. 그리고 이것이 동 규정이 여타 규정과 다른 가장 큰 원인이다. 다시 말해 동 법령을 기준으로 각 로동규정과 비교하면 상위법령 내지는 법적으로 우월한 지위를 갖고 있다. 이에 동 규정의 법적 개괄을 구성적 차원에서 요약하면 다음 〈표 2〉와 같다.

〈표 2〉 경제개발구 로동규정 개괄

구 분	경제개발구 로동규정(2013): 총 7개 장 58개 조항
제1장: 일반규정	– 사명, 로력관리기관, 로력채용원칙, 로동생활분야에서의 남녀평등, 녀성종업원의 건강보호, 로동조건의 보장, 종업원월로임최저기준의 제정, 직업동맹조직과 종업원대표, 로동분야에서의 기업의 독자성
제2장: 로력의 채용과 해고	– 로력보장기관, 우리 나라 로력의 신청, 우리 나라 로력의 보장, 다른 나라 로력의 채용합의, 로력채용계약의 체결, 로동계약의 체결, 로동계약의 승인, 로력채용계약, 로동계약의 효력, 로력채용계약, 로동계약의 변경, 취소, 종업원의 해고사유, 종업원의 해고와 관련한 통지, 종업원을 해고할 수 없는 사유, 종업원의 사직사유, 종업원의 사직절차, 양성, 기술견습
제3장: 로동시간과 휴식	– 로동시간, 기업의 로동시간준수의무, 명절과 공휴일의 휴식보장, 휴가보장
제4장: 로동보수	– 로동보수의 내용, 종업원월로임의 제정, 휴가기간의 지불, 휴가비의 계산방법, 휴가기간의 작업에 대한 로임, 생활보조금, 연장작업과 야간작업에 대한 로임, 명절일, 공휴일의 로동에 대한 로임, 상금, 장려금의 지불, 로동보수의 지불, 퇴직보조금의 지불
제5장: 로동보호	– 로동안전 및 산업위생조건의 보장, 녀성로력의 보호, 탁아소, 유치원의 운영, 로동안전기술교육, 로동보호물자의 공급, 로동재해위험의 제거, 로동보호질서의 준수, 사고발생시의 조치
제6장: 사회문화시책	– 사회문화시책의 실시, 사회문화시책비의 조성, 사회보험료 납부, 사회문화시책금의 납부, 문화후생기금의 조성과 리용
제7장: 제재 및 분쟁해결	– 손해보상, 원상복구, 연체료의 부과, 벌금부과, 중지, 몰수, 분쟁해결, 신소와 그 처리

· 출처: 저자 작성.

III. 노동복지 조항 분석

1. 근로소득

근로소득인 임금의 경우 ① 임금 종류와 제정 권한, ② 최저임금, ③ 임금 지불방식으로 크게 구분된다. 첫째, 먼저 「경제개발구 로동규정」에서 임금의 종류는 동 규정 제28조 "종업원의 로동보수에는 로임, 장려금, 상금 같은 것이 속한다…"라고 한다. 따라서 동 조항에 의거한 근로자의 법적인 임금의 종류는 세 가지로 여기에는 ① 통상적인 급여 성격인 임금, ② 특정 사안의 독려에 대한 장려금, ③ 특정 사안에 대한 근무자의 포상을 위한 상금[3]이 있다. 그러나 아이러니하게도 동 규정에는 여타 규정에서 언급하고 있는 초과근무 시 지급되는 수당 성격의 '가급금'이 명시되어 있지 않다.

따라서 만약 「경제개발구 로동규정」에서 경제개발구 근로자의 초과근무에 대한 언급이 있다면 이는 충돌 내지는 적용상의 문제가 발생한다. 이에 후술했지만 동 규정 제34조와 제35조에서 초과근무와 명절, 공휴일 근무

---

3) 한편 「경제개발구 로동규정」 제36조에서 북한은 "기업은 결산리윤의 일부로 상금기금을 조성하고 일을 잘하는 종업원에게 상금 또는 장려금을 줄 수 있다"라고 하여 상금과 장려금의 조성 방법을 언급하였다. 그리고 이는 기존의 내용과 다소 대동소이하다.

에 대한 임금지급 내용이 있다. 이에 양 조항을 근거로 하면 로임에 기존의 가급금이 포함된 형태로 집행된다고 할 수 있다. 따라서 실제 집행상의 문제는 크지 않다고 할 수 있으나 임금의 종류에서 실제 적용·존재하는 임금종류의 하나가 법령에 누락된 것은 다소 문제의 소지가 있다 하겠다.[4]

반면「외국인투자기업 로동규정」에서 임금종류는 동 규정 제5조 "…종업원의 로동보수액은 그의 로동직종과 기술기능수준, 로동생산성에 따라 정한다. 로동보수에는 로임, 가급금, 장려금, 상금이 포함된다"라고 한다. 또「개성공업지구 로동규정」에서 임금종류는 제24조 "로동보수에는 로임, 가급금, 장려금, 상금이 속한다…"라고 한다. 이는 「외국인투자기업 로동규정」 제5조와 거의 대동소이한 내용이다.

다음으로 임금의 제정 권한의 경우「경제개발구 로동규정」 제29조 "종업원의 월로임은 기업이 정한다. 이 경우 공포된 종업원월로임최저기준보다 낮게 정할수 없다. 조업준비기간에 있는 기업은 종업원 또는 견습공, 무기능공의 월로임을 종업원월로임최저기준의 70%이상의 범위에서 정할수 있다"라고 하였다. 이는「개성공업지구 로동규정」 제26조 종업원월로임의 제정에서 "종업원의 월로임은 종업원월최저로임보다 낮게 정할수 없다. 그러나 조업준비기간에 있는 기업의 종업원과 견습공, 무기능공의 로임은 종업원월최저로임의 70%범위에서 정할수 있다"라는 조항과 거의 동일한 내용이다.

또한 「개성공업지구 로동규정」 제5조 로임의 제정에서 "종업원의 로임은 종업원월최저로임에 기초하여 기업이 정한다"라고 하여 임금제정 권한은 해당 기업이, 적정 임금 기본선은 최저임금에 기초함을 밝혔다. 이에 따라 북한은 후속적인 조항으로 동 규정 제25조에서 최저임금액을 밝히고 있

---

4) 다른 한편으로 이러한 경우 이를 시행세칙에서 언급하여 문제를 방지할 수도 있다.

는데, "기업의 종업원월최저로임은 50US$로 한다. 종업원월최저로임은 전년도 종업원월최저로임의 5%를 초과하여 높일수 없다"라고 명시하고 있다. 따라서 동 조항에서 북한은 임금의 지정 주체, 최저임금액, 최저임금에 대한 년간 임금인상 상한율을 각각 명시하고 있다.[5] 이러한 원인은 동 규정의 경우 개성공단 운영에 대해 북한이 남한과 상당한 합의에 도달한 상태였다. 따라서 북한 스스로 최저임금에 대한 구체적인 내용을 법조문에 제시할 수 있었다.

반면 「외국인투자기업 로동규정」 제25조 "외국인투자기업의 종업원 월로임기준은 중앙로동기관이 정한다. 중앙로동기관은 외국인투자기업의 종업원 월로임기준을 종업원들이 로동과정에 소모된 육체적 및 정신적 힘을 보상하고 그들의 생활을 보장하는 원칙에서 정하여야 한다. 조업준비기간의 로임, 견습공, 무기능공의 로임은 해당 기관의 승인밑에 정한 월로임기준보다 낮게 정할수 있다. 외국인투자기업은 정한 로임기준에 따라 직종, 직제별 로임기준, 로임지불형태와 방법, 가급금, 장려금, 상금기준을 자체로 정한다"라고 언급하였다. 즉, 북한의 외국기업 근로자의 월 임금 기준은 북한의 중앙로동기관이 책정하지만 외국기업은 여기에 근거하여 자체의 각종 임금기준과 그에 따른 진행 방식을 결정한다. 또한 동 규정에는 임금의 최하한선인 최저임금에 대한 구체적인 내용이 없는 반면 월 임금기준이라는 표현으로 제시되어 있다. 그러나 이러한 월 임금기준이 구체적으로 어느 정도 수준인지에 대한 명확한 진술은 표기되어 있지 않다. 그리고 이는 앞서 언급한 양 로동규정에 비해 상대적으로 추상적이고 포괄적이며 구체적이지 않다.

---

5) 이철수, 「북한경제특구의 노동복지법제 비교분석: 개성공업지구와 라선경제무역지대를 중심으로」, 『법학연구』 28(1), 충북대학교, 2017a, 179쪽.

한편 「경제개발구 로동규정」을 근거로 판단하면 근로자의 월 임금은 해당 기업이 자율적으로 책정한다. 하지만 동 규정에는 임금의 최하한선인 최저임금에 대한 구체적인 내용이 없다. 즉, 최저 월 임금기준이 구체적으로 어느 정도인지에 대한 명확한 진술은 표기되어 있지 않다. 그리고 이러한 원인은 향후 경제개발구의 외부 기업에 대한 유인책임과 동시에 경제개발구 기업의 자율성을 담보하기 위한 것이라 판단된다. 즉, 전략적 차원에서 보면 북한의 입장에서 군이 먼저 최저임금 수준을 규정에 명시하여 임금의 마지노선을 밝힐 필요가 없기 때문이다. 또 채용 이후 인턴과정의 근로자에게는 다소 차등적인 급여기준을 제시하였는데 이는 여타 규정에서도 언급된 내용이다.

마지막으로 임금 지불방식의 경우 「경제개발구 로동규정」 제37조 "기업은 종업원의 로동보수를 정해진 기간안에 전액 지불하여야 한다. 로임은 화폐로 지불하며 상금과 장려금은 화폐로 지불하거나 상품으로 줄수도 있다. 로동보수를 주는 날이 되기 전에 사직하였거나 기업에서 내보낸 종업원에게는 수속이 끝난 날부터 7일안으로 로동보수를 지불하여야 한다"라고 하고 있다. 동 규정을 근거로 하면 임금은 화폐로 지불하고 상금이나 장려금은 화폐나 상품으로 대체가 가능하다. 또한 월 급여 지급일 전에 퇴직한 근로자에게는 사직절차가 종료된 이후 일주일 내에 임금을 지급해야 한다.

아울러 연장작업과 야간작업에 대한 임금의 경우 「경제개발구 로동규정」 제34조 "기업은 종업원에게 야간작업을 시켰거나 정해진 로동시간 밖의 연장작업을 시켰을 경우 일당 또는 시간당 로임액의 150%에 해당한 로임을 주어야 한다. 로동시간 밖의 야간작업을 시켰을 경우에는 일당 또는 시간당 로임액의 200%에 해당한 로임을 주어야 한다. 야간작업이란 22시부터 다음날 6시 사이의 로동을 말한다"라고 밝혔다. 동 규정에 의거하면 연장근로와 야간근로 등 추가근로에 대한 임금지급 비율을 언급함과 동시에 야간작업에 해당하는 시간을 언급하였다.

또한 「경제개발구 로동규정」 제35조 "기업은 명절일, 공휴일에 종업원에게 일을 시키고 대휴를 주지 않았을 경우 일당 또는 시간당 로임액의 200%에 해당한 로임을 주어야 한다"와 제32조 "기업은 휴가기간에 있는 종업원에게 로동을 시켰을 경우 휴가비와 함께 일당 또는 시간당 로임액의 100%에 해당한 로임을 주어야 한다"라고 하여 명절일과 공휴일, 휴가기간의 근로에 대한 임금 지급 기준을 언급하였다.

이는 「개성공업지구 로동규정」 제30조 "기업은 로동시간밖의 연장작업 또는 야간작업을 한 종업원에게 일당 또는 시간당 로임액의 50%에 해당한 가급금을…. 명절일, 공휴일에 로동을 시키고 대휴를 주지 않았거나 로동시간밖에 야간작업을 시켰을 경우에는 로임액의 100%에 해당한 가급금을…" 지급해야 한다고 밝힌 내용에 비해 임금지급 기준이 상승한 것이다.

또한 이는 「외국인투자기업 로동규정」 제29조 "외국인투자기업은 공휴일에 일을 시키고 대휴를 주지 않았거나 로동시간밖의 낮 연장작업 또는 로동시간안의 밤작업을 한 종업원에게 로임과 함께 일한 날 또는 시간에 따라 일당 또는 시간당 로임액의 50%(명절일작업과 로동시간밖의 밤연장작업을 한 종업원에게는 100%)에 해당한 가급금을 주어야 한다"와 거의 동일한 내용이다. 이에 「경제개발구 로동규정」에서 북한은 근로자의 공휴일과 야간 추가근무, 연장근무에 대한 추가임금 지급에 대한 내용으로 다양한 연장근무에 대한 추가 임금 지급기준을 명시한 것이다.[6] 지금까지 논증한 「경제개발구 로동규정」의 근로소득의 주요내용을 요약하면 다음 〈표 3〉과 같다.

---

6) 위의 논문, 179쪽.

<表 3> 근로소득 관련 조항 비교

구분	경제개발구 로동규정(2013)	주요 특징
임금 종류	임금, 장려금, 상금	가급금 부재, 연장 추가근로에 대한 임금 지급 언급
임금제정 권한	기업	제정 차이 (외국인기업은 중앙노동기관 등)
월로임기준	구체적 기준 미제시	구체적인 임금 기준 미제시
최저임금	상동	상동
임금지불 방식	로임은 화폐, 상금과 장려금 화폐·상품 가능	–
연장·야간작업	시간당 임금의 150%	여타 규정보다 상승
명절·공휴일 근무	시간당 임금의 200%	상동

·출처: 저자 작성.

2. 근로복지

근로복지의 경우 ① 근로자의 노동시간, ② 휴식과 휴가, ③ 여성근로자의 보호로 크게 구분된다. 첫째, 먼저 「경제개발구 로동규정」 제24조 "경제개발구에서 종업원의 로동시간은 하루 8시간, 주 평균 28시간으로 한다"라고 명시하였다. 동 조항을 근거로 하면 경제개발구 근로자들은 1일 8시간, 주 평균 28시간이다. 그러나 주 노동일수에 대한 언급이 없어 해석상의 논란이 있고 앞서 언급한 추가근무 규정을 적용할 경우 실제 근로시간이 증가함에 따라 이에 대한 의문도 제기된다.

이와 달리 「개성공업지구 로동규정」 제20조 "공업지구에서 기업의 종업원로동시간은 주 48시간으로 한다. 기업은 로동의 힘든 정도와 특수한 조건에 따라 종업원의 주로동시간을 48시간보다 짧게 할수 있다. 계절적제한을 받는 부문의 기업은 년간 로동시간범위에서 종업원의 주로동시간을 실정에 맞게 정할수 있다"라고 명시하였다. 따라서 동 조항에 의거하면 개성공업지구 근로자들은 1일 8시간 기준, 주 6일 동안의 노동시간을 갖게 된다. 또한 중노동이나 노동제한이 있는 경우 탄력적으로 근로시간을 다소 유연하게 조정할 수 있도록 하였다. 하지만 이러한 견해와 달리 1일 근로시간에 대한 분명한 명시가 없어 해석과 적용상의 문제를 동시에 내포하고 있다. 그리고 이는 「외국인투자기업 로동규정」 제22조를 다소 변형한 형태이다. 가령 이는 ① 노동시간의 경우 주 전체 노동시간을 포괄하여 제시, ② 중노동에 대한 8시간 이하 노동, ③ 계절적 노동환경에 따른 노동시간 단축으로 요약된다. 이에 노동시간의 경우 「개성공업지구 로동규정」이 「외국인투자기업 로동규정」에 비해 상대적으로 다소 세련되고 진전된 형태지만 기본적인 골격은 대동소이하다 하겠다.[7]

이에 「외국인투자기업 로동규정」에서 로동시간은 동 규정 제22조 "종업원의 로동일수는 주 6일, 로동시간은 하루 8시간으로 한다. 외국인투자기업은 힘들고 어려운 로동의 정도와 특수한 조건에 따라 로동시간을 이보다 짧게 할수 있다. 계절적 제한을 받는 부문에서는 년간 로동시간범위에서 로동시간을 다르게 정할수 있다"라고 명시하였다. 이는 앞서 언급한 「경제개발구 로동규정」 제24조보다 구체적인 내용을 갖고 있어 해석과 적용상의 큰 문제가 발생하지 않는다.

또한 「경제개발구 로동규정」 제25조 "기업은 종업원에게 정해진 로동시간안에서 로동을 시켜야 한다. 부득이하게 연장작업을 시키거나 명절일,

---

7) 위의 논문, 185쪽.

공휴일, 휴가기간에 로동을 시키려 할 경우에는 직업동맹조직 또는 종업원 대표와 합의하여야 한다"라고 하여 기업의 로동시간 준수 의무를 명문화하였다. 단, 해당 기업의 부득이한 사정으로 추가근로가 필요한 경우 직업동맹과 종업원대표와의 합의를 전제로 하였다.

이는 「외국인투자기업 로동규정」 제23조 "외국인투자기업은 종업원에게 시간외 로동을 시키지 말아야 한다. 불가피한 사정으로 시간외 로동을 시키려고 할 경우에는 직업동맹조직과 합의하고 시간외 로동을 시킬 수 있다"와 거의 대동소이한 내용이다. 단지 동 조항과 다른 것은 추가근로의 협의 대상에서 종업원 대표가 추가된 것뿐이다.

다음으로 휴식과 휴가의 경우 「경제개발구 로동규정」 제26조 "기업은 종업원에게 우리 나라 명절일과 공휴일의 휴식을 보장하여야 한다. 명절일과 공휴일에 로동을 시켰을 경우에는 7일안으로 대휴를 주거나 해당한 보수를 지불하여야 한다"라고 하여 명절과 공휴일에 대한 휴식, 명절과 공휴일 근로에 대한 대휴를 언급하였다. 동 조항은 명절과 공휴일의 휴식보장과 동시에 이 기간 동안 근무하였을 경우 이에 상응하는 휴가와 별도의 추가적인 보수 지급을 명문화한 것이다. 특히 명절과 공휴일 근무 이후 7일 내에 대휴와 해당 기간 동안의 추가보수 지급을 언급, 실제 적용의 마지노선을 제시한 것은 다소 인상적이라 하겠다.[8] 그리고 이는 「개성공업지구 로동규정」 제22조 "기업은 종업원에게 공화국의 명절일과 공휴일의 휴식을 보장하여야 한다. 명절일과 공휴일에 로동을 시켰을 경우에는 15일안으로 대휴를 주거나 해당한 보수를 지불하여야 한다"와 대휴 기간의 차이가 있을 뿐 나머지는 거의 동일한 내용이다.

또한 「경제개발구 로동규정」 제27조 "기업은 종업원에게 해마다 14일간

---

8) 위의 논문, 185쪽.

의 정기휴가를 주며 중로동, 유해로동을 하는 종업원에게는 7~21일간의 보충휴가를 주어야 한다. 녀성종업원에게는 산전 60일, 산후 90일간의 휴가를 준다"라고 한다. 동 규정 제26조와 제27조를 근거로 하면 경제개발구 근로자들은 ① 14일의 정기휴가, ② 7~21의 보충휴가, ③ 150일의 산전산후휴가, ④ 근무일 외의 근로에 대한 대휴가 보장된다. 그리고 이는 「개성공업지구 로동규정」 제23조 "기업은 종업원에게 해마다 14일간의 정기휴가를 주며 중로동, 유해로동을 하는 종업원에게는 2~7일간의 보충휴가를 주어야 한다. 임신한 녀성종업원에게는 60일간의 산전, 90일간의 산후휴가를 주어야 한다"와 중노동과 유해노동 근로자의 휴가기간의 차이가 있을 뿐 나머지는 대동소이하다.

아울러 「경제개발구 로동규정」 제30조 "기업은 정기 및 보충휴가를 받은 종업원에게 휴가일수에 따르는 휴가비를 지불하여야 한다. 산전산후휴가를 받은 녀성종업원에게는 휴가일수에 따르는 휴가비의 60%이상에 해당한 금액을 지불하여야 한다. 휴가비는 로임을 지불할 때 함께 지불한다"라고 하였다. 이는 휴가비 지급에 대한 규정으로 동 규정에 의거하면 경제개발구 근로자들은 ① 정기휴가비, ② 보충휴가비, ③ 산전산후휴가비가 보장된다. 특히 산전산후휴가를 받는 여성근로자에게는 휴가일수에 비례하여 휴가비 지급기준을 명시하였다.

또한 「경제개발구 로동규정」 제31조 "휴가비는 휴가받기 전 마지막 3개월간의 로임을 실가동일수에 따라 평균한 하루로임에 휴가일수를 적용하여 계산한다"라고 하여 휴가비의 계산방식에 대해 언급하였다. 이는 「개성공업지구 로동규정」 제28조 "휴가비의 계산은 휴가받기 전 3개월간의 로임을 실가동일수에 따라 평균한 하루로임에 휴가일수를 적용하여 한다"라는 조항과 거의 동일하다. 이에 동 조항에 따르면 경제개발구 근로자들의 휴가기간 동안 휴가비 계산방식은 최근 3개월 동안 실제 일한 평균 1일 임금 기준에 휴가일 수를 계상하는 방식으로 결정된다. 그리고 이는 「외국인투자기업 로동규정」 제27조를 차용한 형태이다.[9]

마지막으로 여성근로자의 보호는 「경제개발구 로동규정」 제40조 "기업은 녀성종업원을 위한 로동위생보호시설을 특별히 갖추어야 한다. 임신하였거나 젖먹이는 기간에 있는 녀성종업원에게는 연장작업, 야간작업, 힘들고 건강에 해로운 로동을 시킬 수 없다"와 제41조 "기업은 실정에 맞게 종업원의 자녀를 위한 탁아소, 유치원을 꾸리고 운영할 수 있다"라고 명시하였다.

이는 「외국인투자기업 로동규정」 제34조 "외국인투자기업은 녀성종업원을 위한 로동보호위생시설을 잘 갖추어주어야 한다. 임신 6개월이 넘는 녀성에게는 힘들고 건강에 해로운 일을 시키지 말아야 한다. 외국인투자기업은 실정에 맞게 종업원의 자녀를 위한 탁아소, 유치원을 조직하고 운영할 수 있다"라는 규정에서 파생된 것이다.

단, 「경제개발구 로동규정」의 경우 여성근로자의 보호에 대해 보다 더 진일보한 형태이다. 왜냐하면 동 규정에서 산전산후 여성근로자에 대한 분명한 임신 기간을 언급하지 않았다. 때문에 실제 적용에 있어 상당히 포괄적일 수밖에 없다. 즉, 동 조항을 적용할 경우 경제개발구에서는 임신과 동시에 여성근로자에 대한 노동보호를 해야 한다. 때문에 동 규정에 의거하면 경제개발구에서 임신한 여성근로자들은 임신한 개월 수에 제한받지 않고 임신판정 이후부터 노동보호의 적용대상이 된다.

아울러 이는 「개성공업지구 로동규정」 제34조 "임신 6개월이 지난 녀성종업원에게는 힘들고 건강에 해로운 일을 시킬수 없다. 기업은 녀성종업원

---

9) 위의 논문, 186쪽.

을 위한 로동위생보호시설을 충분히 갖추어야 한다"에서 파생한 내용이다. 또한 「개성공업지구 로동규정」 제35조 "기업은 실정에 맞게 종업원의 자녀를 위한 탁아소, 유치원을 꾸리고 운영할수 있다"라고 하고 있다. 이는 「외국인투자기업 로동규정」 제34조의 일부 조항을 차용, 승계·분화하여 별도의 독립된 조항으로 발전시킨 형태이다. 따라서 「경제개발구 로동규정」에서 북한은 「외국인투자기업 로동규정」과 「개성공업지구 로동규정」에서 밝힌 여성근로자의 일부 조항을 확장하거나 계승하였다. 지금까지 논증한 「경제개발구 로동규정」의 근로복지의 주요내용을 요약하면 다음 〈표 4〉와 같다.

〈표 4〉 근로복지 관련 조항 비교

구분	경제개발구 로동규정(2013)	주요 특징
노동시간	1일 8시간, 주 평균 28시간	주 노동일수 언급부재
연장근로 (시간외 근로)	직업동맹, 종업원(대표)합의	외국인투자기업은 종업원대표와 합의 불필요
명절, 공휴일 휴식	보장	–
명절, 공휴일 근무 대휴와 보수	7일 안에 결정 의무 추가보수 지급보장	개성공업지구에 비해 대휴결정기간 짧아짐
정기휴가	14일	휴가 기간 제시
보충휴가	7–21일	휴가 기간 상승
산전산후휴가	산전 60일, 산후 90일	기존과 동일
특별휴가	미언급	특별휴가 삭제
휴가비	지불 제시	기존과 거의 동일
휴가비 계산	최근 3개월 동안 평균 1일 임금	상동
녀성로력보호	임신과 동시에 보호 시작	임신 개월 수 제한 없음
탁아소, 유치원	기업의 자율운영	기존과 거의 동일

· 출처: 저자 작성.

3. 사회보장

사회보장의 경우 ① 사회문화시책과 문화후생기금, ② 최저임금과 최저생계비, ③ 퇴직보조금과 생활보조금으로 대표되는 복지급여, ④ 사회보험(료)으로 크게 구분된다. 이를 기준으로 비교 분석하면 다음과 같다.[10]

1) 사회문화시책과 문화후생기금

「경제개발구 로동규정」에서 사회문화시책의 경우 제47조 "기업에서 일하는 우리 나라 공민과 그 가족은 국가가 실시하는 사회문화시책의 혜택을 받는다. 사회문화시책에는 무료교육, 무상치료, 사회보험, 사회보장 같은 것이 속한다"라고 언급하였다. 이는 「개성공업지구 로동규정」 제40조 "공업지구의 기업에서 일하는 공화국의 종업원과 그 가족은 국가가 실시하는 사회문화시책의 혜택을 받는다. 사회문화시책에는 무료교육, 무상치료, 사회보험, 사회보장 같은 것이 속한다"와 거의 동일한 내용이다.

이에 동 조항에 근거하면 경제개발구 근로자들은 ① 무료교육, ② 무상치료, ③ 사회보험, ④ 사회보장의 네 가지의 사회복지제도 혜택을 받게 된다. 그리고 이는 기존의 북한 근로자들과 거의 동일한 제도들이다. 따라서 이를 근거로 할 때 북한은 경제개발구에 기존과 다른 별도의 사회문화시책을 적용할 의도가 없다고 판단된다.

반면 「외국인투자기업 로동규정」에서 사회문화시책의 경우 제37조 "외국인투자기업에서 일하는 공화국공민인 종업원은 병 또는 부상, 일할 나이가 지나 일하지 못하는 경우 사회보험, 사회보장에 의한 혜택을 받는다. 사

---

10) 위의 논문, 190쪽.

회보험, 사회보장에 의한 혜택에는 보조금, 년금의 지불, 정휴양 및 치료가 포함된다. 보조금과 년금을 받으려는 종업원은 보건기관이 발급하는 진단문건 또는 보조금과 년금을 받아야 할 사유를 확인하는 문건을 외국인투자기업에 내야 한다. 외국인투자기업은 사회보험보조금지불청구문건을 사회보험기관에 내여 확인을 받은 다음 은행기관에서 해당한 사회보험보조금을 받아 로동보수를 주는 날에 해당 종업원에게 내주어야 한다. 정휴양소에 가고 오는데 드는 려비와 장례보조금은 해당문건에 의하여 먼저 내주고 후에 청산받아야 한다. 사회보장에 의한 년금, 보조금은 외국인투자기업이 사회보장년금지불기관에서 달마다 정한 날에 대상자에게 내주어야 한다"라고 포괄적으로 언급하였다. 따라서 사회문화시책의 경우 북한이 1999년의 '포괄'이 2003년을 기점으로 '단순 명료'함을 거쳐 2013년까지 이어져 왔다 하겠다.

또 이러한 제도의 재원인 사회문화시책기금 조성의 경우 「경제개발구 로동규정」 제48조 "경제개발구에서 사회문화시책비는 사회문화시책기금으로 보장한다. 사회문화시책기금은 기업으로부터 받는 사회보험료와 종업원으로부터 받는 사회문화시책기금으로 조성한다"라고 하였다. 이에 동 조항에 근거하면 사회문화시책기금은 기업과 종업원이 각각 부담하는 사회보험료와 사회문화시책금으로 각출한다.[11] 이 조항 역시 「개성공업지구 로동규정」 제41조 "사회문화시책비는 사회문화시책기금으로 보장한다. 사회문화시책기금은 기업으로부터 받는 사회보험료와 종업원으로부터 받는 사회문화시책금으로 조성한다"라는 조항을 그대로 인용한 것이다.

아울러 사회문화시책금의 납부의 경우 「경제개발구 로동규정」 제50조 "우리 나라 공민인 종업원은 로임의 일정한 몫을 사회문화시책기금으로 달

---

11) 위의 논문, 191쪽.

마다 계산하여 다음달 10일안으로 경제개발구관리기관이 정한 은행에 납부하여야 한다"라고 하였다. 이 또한 「개성공업지구 로동규정」 제43조 "… 종업원은 월로임액의 일정한 몫을 사회문화시책금으로 계산하여 다음달 10일안으로 중앙공업지구지도기관이 지정하는 은행에 납부하여야 한다"라는 조항과 거의 동일하다. 한편 개성공업지구의 경우 여기에 소요되는 '일정한 몫'에 대한 분명한 제시가 나타나 있지 않다. 그러나 2016년 2월 11일 한겨레신문 보도에 의하면 종업원의 월로임의 30%를 사회문화시책금 명목으로 납부한다고 한다. 따라서 이를 통해 예측하면 경제개발구 근로자들도 이에 준하는 부담을 하리라 판단된다.

반면 「외국인투자기업 로동규정」의 사회문화시책기금은 별도의 조항 없이 제39조 "사회보험 및 사회보장에 의한 혜택은 사회보험기금에 의하여 보장된다. 사회보험기금은 기업과 종업원에게서 받는 사회보험료로 적립된다"라고 하여 사회보험기금에 대한 적립이 명시되어 있다. 이에 사회보험기금이 사회문화시책 재정의 일부임을 감안하면 일정부문 이해가 가능한 부문이다. 하지만 사회문화시책에 대한 직접적인 언급이 없어 명확한 해석이 불가능한 부문도 일정부문 존재한다. 따라서 이를 통해 볼 때, 북한의 법조문의 발달이 시간의 경과에 비례한다 하겠다.

한편 사회문화시책기금과 대비되는 문화후생기금의 경우 「경제개발구 로동규정」 제51조 "기업은 결산리윤의 일부로 종업원을 위한 문화후생기금을 조성하고 쓸수 있다. 문화후생기금은 종업원의 문화기술수준향상, 체육사업, 후생시설의 운영 같은데 쓴다"라고 하였다. 이 역시 「개성공업지구 로동규정」 제45조 "기업은 세금을 납부하기 전에 이윤의 일부로 종업원을 위한 문화후생기금을 조성하고 쓸수 있다. 문화후생기금은 종업원의 기술문화 수준의 향상과 체육사업, 후생시설 운영 같은데 쓴다"라는 조항과 거의 대동소이하다.

이를 통해 볼 때, 사회문화시책과 문화후생기금에 대한 「경제개발구 로동규정」은 기존의 「개성공업지구 로동규정」과 별다른 차이점이 나타나지 않는다. 즉, 양 로동규정의 경우 10여 년의 입법차이가 있음에도 불구하고 내용상의 뚜렷한 차이점이 없다. 그리고 이는 북한이 사회문화시책과 문화후생기금에 대한 기존의 정책적 제도적 입장을 유지·고수하겠다는 것을 의미한다.

반면 「외국인투자기업 로동규정」의 문화후생기금의 경우 제42조 "외국인투자기업은 결산리윤에서 세금을 바치고 남은 리윤의 일부로 종업원을 위한 문화후생기금을 세우고 쓸수 있다. 문화후생기금은 기술문화수준의 향상과 군중문화체육사업, 후생시설운영과 같은데 쓴다. 문화후생기금의 사용에 대한 감독은 직업동맹조직이 한다"라고 하였다. 이에 동 조항에서는 앞서 언급한 「경제개발구 로동규정」과 「개성공업지구 로동규정」과 달리 문화후생기금의 운영에 대해 감독을 직업동맹이 할 수 있도록 하였다. 이는 「외국인투자기업 로동규정」에서 근로복지의 협의의 대상이 직업동맹인 것과 동일한 맥락으로 이해된다. 즉, 북한은 외국인투자기업 근로자의 근로복지에 관한 다양한 사안을 직업동맹과 협의해야 하는 만큼 문화후생과 관련된 사업 역시 이들과 협의하는 것이 타당하다고 판단한다.

2) 최저임금

「경제개발구 로동규정」에서 최저임금은 제6조 "경제개발구에서 종업원 월로임최저기준은 중앙특수경제지대지도기관이 해당 도(직할시)인민위원회, 경제개발구관리기관과 협의하여 정한다. 이 경우 최저생계비, 로동생산능률, 로력채용상태 같은 것을 고려한다"라고 하였다. 즉, 동 조항에서 북한은 최저임금에 대한 협의주체 세 기관의 언급과 더불어 최저임금 기준을 책정할 경우 고려사항인 ① 최저생계비, ② 로동생산능률, ③ 로력채용상태를 제시하였다. 다시 말해 동 규정에서는 최저임금의 협의주체와 고려사항만 언급하였을 뿐 구체적인 최저임금 기준액은 명시되어 있지 않다. 그리고 이는「외국인투자기업 로동규정」과 거의 비슷한, 즉, 임금에 대한 추상적 수준의 내용만 있는 경우이다. 그러나 다른 한편으로 북한이「외국인투자기업 로동규정」에서 임금책정에 반영하는 요소로 밝힌 ① 로동직종, ② 기술기능수준, ③ 로동생산성이, 최저임금책정으로 ① 최저생계비, ② 로동생산능률, ③ 로력채용상태로 분화·전환됨을 의미한다.

아울러 이는 앞서 언급한「개성공업지구 로동규정」과 대비된다. 더욱 중요한 것은 이러한 법적 차이의 원인과 배경이다. 이는 다분히 법제적 환경과 내재적 속성에 기인하는 바가 크다 하겠다. 즉,「외국인투자기업 로동규정」제정 당시는 협상의 주체인 외국인투자기업이 부재했던 반면「개성공업지구 로동규정」은 남한기업과 협상이 마무리된 상태의 입법이었다. 때문에「개성공업지구 로동규정」이「외국인투자기업 로동규정」에 비해 상대적으로 보다 더 명확한 내용을 명시할 수 있는 법적 토대이자 환경을 갖추고 있었다.

이와 마찬가지로 2013년 제정한「경제개발구 로동규정」역시 법 제정 당시 뚜렷한 협의 기업이 부재하였다. 때문에 이러한 상황에서 북한이 최저임금의 기준액을 미리 제시한다는 행태 자체가 향후 협상과 사업 자체에 상호간의 부담으로 작용할 여지가 있다. 또한 북한과 경제개발구 기업의 입장에서 보면 최저임금은 향후에 상호간의 협의를 통해 제정하는 것이 양자 모두에게 유리하다. 아울러 구체적인 최저임금액을 밝힐 경우 동 조항에서 명시한 최저임금의 협의기관인 ① 특수경제지대지도기관, ② 해당 도 (직할시)인민위원회, ③ 경제개발구관리기관과의 협의 조항의 수정이 불가피하다.

다른 한편으로 주목해야 하는 것은 상술한 바와 같이 북한이 동 규정에서 최저임금 기준을 책정할 경우 ① 최저생계비, ② 로동생산능률, ③ 로력채용상태를 언급하였다는 것이다. 이는 크게 세 가지 의미를 갖는다. 첫째, 동 조항을 근거로 하면 북한의 최저임금 책정기준의 고려요소는 ① 최저생계비, ② 로동생산능률, ③ 로력채용상태 세 가지임을 스스로 밝혔다. 둘째, 그러나 이러한 북한의 행태는 기존의 법령에서 언급하지 않았던 내용이다. 즉, 기존의 법령에서 북한은 임금책정의 고려요소를 언급하였지만 최저임금의 책정기준에 대한 일체의 언급이 부재하였다. 셋째, 북한은 최저생계비와 같은 북한의 사회상·법제상 부재한 이른바 자본주의 용어를 자신들의 법령에 도입·인용하였다. 그리고 이는 북한의 최저임금에 대한 인식과 변화의 폭을 의미한다. 따라서 동 조항은 북한의 변화된 일부를 반증하는 사례라 하겠다.

3) 급여: 퇴직보조금·생활보조금

「경제개발구 로동규정」 퇴직보조금의 경우 제38조 "기업은 자체의 사정으로 종업원을 내보내는 경우 보조금을 주어야 한다. 보조금은 종업원을 기업에서 보내기 전 마지막 3개월안의 로임을 평균한 월로임에 일한 해수를 적용하여 계산한다. 그러나 로동년한이 1년이 못되는 경우에는 1개월분의 로임을 적용하여 계산한다"라고 하였다. 동 조항을 근거로 하면 경제개발구 기업은 비자발적 퇴직 시 근로연한이 1년 미만의 근로자에게는 1개월분의 임금, 근로연한이 1년이상인 근로자는 3개월 평균임금을 각각 보조금 형태로 지급한다. 사실 이는 일종의 퇴직보조금의 성격을 갖는다.

그리고 이는 「외국인투자기업 로동규정」 제17조 "외국인투자기업은 종업원을 본인의 잘못이 아닌 사유로 기업에서 내보내는 경우 그에게 일한 년한에 따라 보조금을 주어야 한다. 일한 년한이 1년이 못되는 경우에는 최근 1개월분의 로임에 해당한 보조금을 주며 1년이상인 경우에는 최근 3개월 평균월로임액에 일한 해수를 적용하여 계산한 보조금을 주어야 한다"라는 조항에서 서술적 도치를 제외하고는 거의 동일한 내용이다.

반면 「개성공업지구 로동규정」 제19조 "기업의 사정으로 1년이상 일한 종업원을 내보내는 경우에는 보조금을 준다. 보조금의 계산은 3개월평균월로임에 일한 해수를 적용하여 한다"라고 언급하였다. 이 역시 기업의 사정으로 인한 근로자의 비자발적 실업에 대한 현금보상을 언급한 것이다.[12]

그리고 이는 「외국인투자기업 로동규정」 제17조의 일부를 계승한 것이다. 따라서 북한의 사실상의 퇴직보조금에 대한 인식은 이미 오래전부터 의식한 것이라 하겠다. 그리고 무엇보다 이러한 원인이 중요한데, 이는 퇴직보조금의 지급주체가 북한기업이 아닌 외부기업이기 때문이라 판단된다. 즉, 북한은 퇴직보조금 지급에 대한 부담을 갖지 않아도 되는 태생적 환경에 기인한다.[13]

또 생활보조금의 경우 「경제개발구 로동규정」 제33조 "기업은 양성기간에 있거나 기업의 책임으로 일하지 못하는 종업원에게 일당 또는 시간당 로임의 60%이상에 해당한 생활보조금을 주어야 한다"라고 하였다. 동 조항은 기업이 양성기간 근로자, 비자발적 무노동 근로자들에게 생활보조금

---

12) 위의 논문, 194쪽.
13) 위의 논문, 195쪽.

을 지급함과 동시에 그 기준을 언급한 것이다. 그러나 동 규정에는 생활보조금의 수급기간이 명시되어 있지 않아 실제 적용상의 논란이 예상된다.

이는 「외국인투자기업 로동규정」 제28조 "외국인투자기업은 종업원의 잘못이 아닌 기업의 책임으로 일하지 못하였거나 양성기간에 일하지 못한 종업원에게 일하지 못한 날 또는 시간에 따라 일당 또는 시간당 로임액의 60%이상에 해당한 보조금을 주어야 한다"라는 조항에서 인용·파생한 것이다.

한편 「개성공업지구 로동규정」 제29조 "기업은 자기의 책임으로 또는 양성기간에 일하지 못한데 대하여 종업원에게 일당 또는 시간당 로임의 60%이상에 해당한 생활보조금을 주어야 한다. 생활보조금을 주는 기간은 3개월을 넘을수 없으며 생활보조금에는 사회보험료, 도시경영세를 부과하지 않는다"라고 명시하였다.[14] 이 또한 「외국인투자기업 로동규정」 제28조를 계승함과 동시에 보다 더 발전된 형태이다. 즉, 「개성공업지구 로동규정」에서 북한은 생활보조금의 지급수준과 수급기간, 생활보조금에 대한 일부 감면과 면세를 밝혔다. 다시 말해 이는 생활보조금의 지급수준만을 언급한 「외국인투자기업 로동규정」의 내용적인 한계를 극복한 것이다.

퇴직보조금의 경우 북한의 변화는 거의 부재하나 생활보조금의 경우 이와 달리 다소간의 부침이 있다. 「경제개발구 로동규정」과 「외국인투자기업 로동규정」의 생활보조금은 거의 대동소이하다. 그러나 「개성공업지구 로동규정」은 이와 달리 상당히 구체적이다. 더욱 중요한 것은 법적 내용상의 차이에 대한 배경과 원인이다. 이는 「경제개발구 로동규정」과 「외국인투자기업 로동규정」의 경우 미래의 상황을 대비, 적용 가능한 부문에 대한 예측을 중심으로 진술하였다. 반면 이와 달리 「개성공업지구 로동규정」은 당장

---

14) 위의 논문, 195쪽.

적용해야하는 법적 구속력을 갖고 있어야만 했다. 때문에 북한의 입장에서 그들의 의지와 상황에 맞게 구체적으로 언급하여도 별다른 부담이 없었다. 또 생활보조금에 대해 일정부문 남한(기업)과 협의된 상황이었다고 판단된다. 결국 이러한 이유로 생활보조금에 대한 세 가지 로동규정에 내용상의 차이가 발생한 것이다.

4) 사회보험(료)

「경제개발구 로동규정」에서 사회보험료의 경우 동 규정 제49조 "기업은 우리 나라 공민인 종업원에게 지불하는 월로임총액의 15%를 사회보험료로 달마다 계산하여 다음달 10일안으로 경제개발구관리기관이 정한 은행에 납부하여야 한다"라고 하였다. 이는 「개성공업지구 로동규정」 제42조 "기업은 공화국공민인 종업원에게 지불하는 월로임총액의 15%를 사회보험료로 달마다 계산하여 다음달 10일안으로 중앙공업지구지도기관이 지정하는 은행에 납부하여야 한다…"라는 조항을 그대로 인용한 것이다.[15] 동 조항에서 북한은 기업이 매월 부담하는 사회보험료율을 구체적으로 명시하였고 그 절차에 대해서도 언급하였다. 아울러 한 가지 간과해서는 안 되는 것은 동 조항들에 근거하면 사회보험료를 기업이 부담한다. 하지만 이는 고용된 사업장 근로자의 임금에 근거하기 때문에 사실상 근로자가 부담하는 것을 우회적으로 표현한 것이라 하겠다. 따라서 이는 외형적으로 보면 기

---

15) 한편 '개성공업지구 로동규정'에서 사회보험료가 연체될 경우 동 규정 제47조 "사회보험료를 제때에 납부하지 않았을 경우에는 납부기일이 지난 날부터 매일 0.05%에 해당한 연체료를 물린다. 연체료는 미납액의 15%를 넘을수 없다"라고 하여 납부의무를 강조함과 동시에 연체료 상한선을 제시하였다. 따라서 이는 「외국인투자기업 로동규정」에서 제시되지 않았던 ① 월 사회보험료율, ② 미납시 연체비 부담을 명시하여 보다 더 구체화되었다. 이철수, 미발표논문, 2017b.

업이 무담하나 내형적으로 보면 근로자의 임금에서 갹출되는 구도이다.

한편 경제개발구나 경제특구가 아닌 북한의 일반 사업장 근로자의 사회보험 부담율의 경우 2006년을 기점으로 월 임금의 1%와 사업장 수익의 7%를 부담하는 것으로 개편되었다. 여기에서 의미하는 사업장 수익은 사실상 근로자의 임금을 의미한다. 따라서 이렇게 보면 북한의 일반 사업장 근로자의 사회보험 부담률은 임금의 8%가 된다. 이에 북한의 사회보험료율은 2003년을 기점으로 경제특구와 일반지역으로 양분되었다. 즉, 이 시점을 기준으로 북한의 사회보험 재정은 이중적인 납부체제로 재편되었다 하겠다. 그리고 북한은 이를 2013년 「경제개발구 로동규정」에서 재차 확인해 주고 있다. 다시 말해 북한은 2013년에도 이를 그대로 계승, 경제개발구 기업에게도 동일하게 적용하고자 하였다.

다른 한편 북한이 「개성공업지구 로동규정」에서 밝힌 사회보험료율의 경우 법 제정 당시인 2003년을 기준으로 하면 상당히 파격적이다. 왜냐하면 당시 북한의 근로자의 월 사회보험료 납부액은 월로임의 1%였기 때문이다.

반면 「외국인투자기업 로동규정」에서 사회보험료의 경우 동 규정 제41조 "외국인투자기업은 사회보험료의 납부, 사회보험기금의 지출에 대하여 기업 소재지 사회보험기관과 직업동맹조직의 감독을 받는다"라고 하였다. 이에 외국인투자기업이 부담해야하는 사회보험료율에 대한 구체적인 언급이 없다. 단지 납부와 지출 절차에 대해 외국인투자기업은 사회보험기관과 직업동맹의 감독 하에 있다. 따라서 동 조항은 사회보험과 관련한 기관들의 일정한 역할에 대해 제시되어 있을 뿐 사회보험 재정부담율에 대한 내용이 부재하다.

따라서 사회보험료율을 분명히 언급한 「경제개발구 로동규정」과 「개성공업지구 로동규정」이 「외국인투자기업 로동규정」에 비해 구체적이라 하겠다. 지금까지 논증한 「경제개발구 로동규정」의 근로복지의 주요내용을 요약하면 다음 〈표 5〉와 같다.

〈표 5〉 사회보장 관련 조항 비교

구분	경제개발구 로동규정(2013)	주요 특징
종류	무료교육, 무상치료, 사회보험, 사회보장	기존 제도 승계
사회문화시책기금 (조성)	① 기업의 사회보험료, ② 종업원은 사회문화시책기금	부담률 언급 부재
문화후생기금	기업의 결산이윤에서 일부 부담	기존과 거의 동일
최저임금	협의기관 명시, 구체적 기준 부재, 최저임금 고려요소 언급	기준액 제시 부족
퇴직보조금	1년 이상 근무 3개월 평균임금 1년 미만 근무 1개월 평균임금	기존과 거의 동일
생활보조금	시간당 로임의 60%이상 지급	수급 기간 부재
사회보험료	기업이 월로임총액의 15%부담	재정부담률 명시 재정부담률 양분

·출처: 저자 작성.

Ⅳ. 결론

지금까지 본 연구는 북한이 2013년 제정한 '경제개발구 로동규정'을 1999년 제정한 '외국인투자기업 로동규정'과 2003년 제정한 '개성공업지구 로동규정'과 비교 분석하였다. 이에 지금까지의 논증을 토대로 2013년 '경제개발구 로동규정'을 놓고 '외국인투자기업 로동규정'과 '개성공업지구 로동규정'의 비교분석을 시계열적으로 2013년 대비, 북한 경제특구 노동복지 법제의 지속성은 첫째, 법령 제정의 시간적 차이가 존재하지만 북한은 경제특구 노동복지의 기본적인 골격을 기존의 북한지역과 거의 동일한 제도를 중심으로 이를 그대로 유지하고자 하는 경향이 있다. 둘째, 경제특구의 다양한 복지급여의 경우 최저임금과 사회보험료를 제외하고 주목할 만한 새로운 현금급여나 현물급여 없이 기존의 복지급여 체계와 거의 동일한 형국이다. 셋째, 이의 연장선상에서 기존의 노동복지 체제를 벗어나 괄목할만한 새로운 제도나 프로그램을 제시하지 않았다. 넷째, 사회문화시책 기금과 문화후생기금과 같은 노동복지와 관련된 재정부담 주체는 기존과 동일하게 외부기업이 부담·적용한다.[16] 다섯째, 근로소득의 경우 추가근

---

16) 앞의 논문, 2017a, 198-199쪽.

무에 대한 보상비율을 제외하고는 기존과 거의 동일하다. 여섯째, 근로복지의 경우 대휴, 정기·보충휴가를 제외하고는 기존과 거의 동일하다. 일곱째, 사회보장의 경우 이렇다 할 변화된 새로운 내용이 부재하다.

반면 변화는 첫째, 근로소득에 있어 연장·야간작업과 명절·공휴일 추가근무에 대한 현금보상 기준비율이 기존에 비해 상승하였다. 따라서 이로 인해 경제개발구 근로자들의 소득 상승 기회의 폭이 상승하였다. 둘째, 경제개발구 근로자들의 임금에 있어 기존에 존재했던 가급금이 누락되어 있다. 이에 이러한 북한의 행태가 임금구조의 개편인지, 법리적 실수인지에 대한 논란이 야기된다. 따라서 이는 향후 북한이 경제개발구의 임금 운영을 어떻게 하느냐에 따라 실제적인 판단이 가능한 부문이다. 셋째, 근로복지에 있어 명절, 공휴일 근무, 대휴와 보수의 결정의무 기간, 정기휴가와 보충휴가의 기간이 근로자에게 유리하게 일부 상승하였다. 특히 녀성로력보호의 경우 임신과 동시에 보호를 시작해야함에 따라 기업은 기존보다 더욱 강력한 노동보호 의무를 갖는다. 넷째, 최저임금 책정에 최저생계비 등 기존의 북한법령에서 언급하지 않았던 소위 자본주의 용어를 인용하여 다소 놀랄만한 변화도 나타내고 있다. 다섯째, 이와 연장선상에서 최저임금의 책정기준을 최저생계비, 고용상태, 생산율을 고려하여 기존의 임금책정 기준인 직종, 기술수준, 로동생산성과 대비된다.

특히 다른 한편으로 간과할 수 없는 것은 「개성공업지구 로동규정」의 경우 지금 현재를 기준으로 사실상 사문화된 규정이다. 하지만 「경제개발구 로동규정」의 경우 향후 북한이 기업유치의 성과에 따라 적용·집행할 새로운 법령이다. 따라서 이러한 점에서 북한의 경제개발구 기업 유치와 운영 여부가 북한 경제특구의 노동복지를 가늠하는 바로미터가 된다.

한편 북한의 경제특구 노동복지 법제의 지속성과 변화의 원인과 배경은 시간의 경과에 따른 북한의 변화와 새로운 환경에 대한 북한의 반응과 인식을 의미한다. 그리고 이를 통해 볼 때 북한의 노동복지 법제는 기본적인 제도적 골격은 기존의 체제를 벗어나려 하지 않는다. 그러나 기업에게 큰 부담이 되지 않는 부문에 대해서는 근로자의 입장을 적극 반영한 제도적 노력을 꾀하고 있다 하겠다. 그리고 이는 어찌 보면 사회주의 국가의 당연한 모습일 수도 있다. 문제는 북한이 시간의 경과에 비례하여 작지만 의미있는 변화를 지속하고 있다는 것이다. 지금까지 논증을 근거로 2013년 기준 북한 경제특구 노동복지 법제의 지속성과 변화를 요약하면 다음 〈표 6〉과 같다.

〈표 6〉 노동복지 법제의 지속성과 변화

구분	지속성	변화
1999년 대비 2003년 대비 2013년 기준	- 노동복지의 골격 기존 유지 경향 - 기존의 복지급여 체계 유지 - 재정부담 주체는 기업	- 연장·야간작업과 명절·공휴일 추가근무에 대한 현금보상 기준비율이 상승 - 기존에 존재했던 가급금이 누락 - 명절, 공휴일 근무, 대휴와 보수의 결정의무 기간, 정기휴가와 보충휴가의 기간 일부 상승 - 녀성로력보호 강화 - 최저생계비 등 최저임금 책정요소 언급 - 기존 임금책정 요소와 차이

· 출처: 저자 작성.

본 연구가 지금까지 논증한 북한이 2013년 제정·공표한 「경제개발구 로동규정」은 한마디로 야심찬 북한의 경제개발 계획을 반증한다. 북한이 다양한 지역에 경제개발구를 개발, 해당지역에 기업을 유치하여 경제발전 전략의 한 축으로 삼는다는 것은 북한이 당면한 현실로 볼 때 그 만큼의 절실함이 묻어 있다. 이는 「경제개발구 로동규정」과 연이어 제정·공표한 북한의 경제특구 법령들이 반증하고 있다. 물론 이러한 북한의 입법적·법제적 노력과 수고가 최근의 행태만은 아니다. 그러나 2010년에 접어들어 경제특구와 관련한 새로운 법령이 제정되었다는 것은 그만큼의 무게를 의미한다.

그리고 무엇보다 이러한 법령 속에 북한의 경제특구 운영전략이 나타나고 그 속에 노동복지의 지속성과 변화가 감지된다. 문제는 각각 이러한 지속성과 변화의 원인과 결과이다. 이에 지속성의 경우 무엇보다 북한은 노동복지의 제도적 변화를 크게 유도하지는 않는다. 즉, 북한은 기존의 노동복지 제도만으로 충분하다고 보고 있다. 때문에 지속성의 결과에 따른 변화는 크지 않다. 아울러 경제특구 근로자에 대한 별도의 새로운 노동복지제도는 부재하다 하겠다. 즉, 북한의 근로자들은 적어도 외형적으로 동일한 복지제도 하에 해당된다.

반면 변화의 경우 그 원인은 시간의 경과에 따른 새로운 환경변화와 여기에 기인한 북한의 의식변화의 결과를 반영한 것이다. 그리고 이러한 것이 입법행태에 반영되어 새로운 조문에 삽입되어 있다. 이에 부분적이지만 과거와 자못 다른 입법행태를 나타내고 있다. 가령 이는 북한이 앞서 상술한 바와 같이 비록 상징적일지라도 '최저생계비'라는 용어와 표현을 공식적으로 자신들의 법조문에 포함시켰다는 것이다. 따라서 이렇듯 향후 북한의 노동복지에 관한 법제적 변화는 북한의 당면한 경제적 상황과 환경, 대내외적 변화로 인한 인식의 변화와 폭, 경제전략 간의 끊임없는 피드백과 작용, 반작용의 결과로 나타날 개연성이 짙다. 때문에 남한의 입장에서 북한의 개혁과 개방을 촉진하여 법제의 민주화, 노동복지 법제의 개혁을 외부에서 조력할 필요가 있다. 아울러 북한의 복지와 현실간의 괴리를 인지, 이에 대한 지적과 접근으로 북한의 법제와 현실간의 간극을 좁히는데 관심을 가져야 한다.

제5장

북한의 노동복지법제 비교분석

로동법과 외국인투자기업로동법을 중심으로

Ⅰ. 서론

북한이 1978년 4월 18일 공표한 「조선민주주의인민공화국 사회주의 로동법」(최고인민회의 제6기 제2차 회의, 이하 「로동법」으로 약칭)은 북한체제를 상징하는 핵심 법령 중의 하나이다. 왜냐하면 북한의 「로동법」은 북한 헌법과 더불어 북한체제의 정체성을 가늠하는 대표적인 법령 중의 하나이기 때문이다. 이러한 북한의 「로동법」은 1986년 2월 22일 중앙인민위원회 정령 제2494호, 1999년 6월 16일 최고인민회의 상임위원회 정령 제803-1호, 2015년 6월 30일 최고인민회의 상임위원회 정령 제566호로 각각 부분 수정된 바, 1978년 제정 이후 현재까지 약 40년 동안 총 세 차례 수정되었다.

이를 근거로 판단하면 북한 「로동법」은 수정된 사례가 빈번하지 않다 하겠다. 이는 북한당국의 「로동법」에 대한 입장 변화가 크지 않음을 반증한다. 다시 말해 북한은 1978년 제정한 이래 기존의 「로동법」에 관한 변화의 폭이 얕다 하겠다. 때문에 사실상 이는 적어도 제도적 차원에서 북한의 '사회주의노동'에 대한 인식과 입장의 불변을 의미한다. 즉, 북한은 「로동법」의 법적 골격과 내용적 중심을 크게 흔들지 않고 있다.

한편 북한은 2009년 1월 21일 「조선민주주의인민공화국 외국인투자기업로동법」(최고인민회의상임위원회 정령 제3053호로 채택, 이하 「외국인투자기업

로동법」으로 약칭)을 공포하였다. 이러한 북한의 「외국인투자기업로동법」
은 2011년 12월 21일 최고인민회의 상임위원회 정령 제2047호, 2015년
8월 26일 최고인민회의 상임위원회 정령 제651호 각각 두 차례 수정·보
충되었다.

　동 법령은 북한의 경제특구 유치 전략과 맞물린 것으로 북한이 외국인투
자기업과 해당 외국인투자기업에 종사하는 북한 근로자에게 적용하기 위
해 제정한 별도의 노동법이다. 때문에 이렇게 보면 북한의 「로동법」은 크
게 두 가지로 구분된다. 하나는 북한의 국내 국영기업 근로자에게 적용되
는 1978년 「로동법」과 다른 하나는 북한의 국내 외국인투자기업 근로자에
게 적용되는 2009년 「외국인투자기업로동법」이다.

　특히 약 40년의 제정시기상 시간적 차이가 있는 양 법령은 상당부문 대
비된다. 가령 전자인 「로동법」이 대내적인 성격이 강한 반면 후자인 「외국인투
자기업로동법」은 대외적인 성격이 짙다. 또 전자인 「로동법」은 북한의 국
영기업이 해당된다. 하지만 후자인 「외국인투자기업로동법」은 북한에 존
재하는 외국인투자기업이 해당된다. 즉, 양 법령의 경우 법적 적용대상에
서 기업별·근로자별 차이점이 존재한다. 그러나 동시에 양 법령은 북한 근
로자를 대상으로 한 점, 노동에 대한 국가차원의 법적 함의를 내포한 점 등
공통점도 존재한다.

　다른 한편으로 양 법령이 제정된 시대적 상황의 차이도 간과할 수 없는
부문이다. 즉, 「로동법」의 경우 대외적으로는 냉전시대이고 대내적으로는
비교적 북한경제가 원만한 시기였다. 반면 「외국인투자기업로동법」의 경우
대외적으로는 탈냉전시대이고 대내적으로는 북한의 경제난이 지속되었던
시기였다. 또 한편으로 북한은 「외국인투자기업로동법」을 통해 2000년대
이후 북한경제와 노동환경 변화, 그러한 변화에 따른 현실과의 법 제도 부

문의 일치를 해소해야만 했다. 즉, 북한은 변화한 경제와 노동환경에 적합하도록 기존의 법제와 현실의 간극과 모순을 수정하여 제도적 질서를 확립해야했다.

역설적으로 더욱 중요한 점은 양 법령으로 인해 북한의 로동이 외형적·법적으로 양분화 되었다는 것이다. 그리고 이를 주도한 것은 북한 스스로의 의지에 기인한 것이다. 따라서 북한의 의지와 선택에서 비롯된「외국인투자기업로동법」은 존재 그 자체만으로도 의미가 있다. 특히 동 법령은 기존의 1978년「로동법」과 어떠한 공통점과 차이점이 있고, 무엇이 지속되었고 변화하였는지에 대한 의문이 제기된다. 따라서 이러한 내용을 초점으로 양 법령을 비교하면 최근 북한의 노동과 복지에 대한 인식의 차이를 추적할 수 있다.

이러한 점에서 본 연구는 북한의 노동복지법제를 추적, 제도적 내용을 분석하여 함의를 도출하고자 한다. 보다 구체적인 본 연구의 목적은 북한의「로동법」과「외국인투자기업로동법」양 법령을 놓고 비교 분석, 북한의 노동복지법제 동학을 규명하는 것이다. 이에 본 연구의 주요 분석 대상은 북한이 1978년 제정한「로동법」과 2009년 제정한「외국인투자기업로동법」의 노동복지 관련 조항을 비교하고자 한다.[1] 이에 본 연구의 연구방법은 문헌연구를 중심으로 원 자료인 양 법령들을 놓고, 법제도 분석에 일반적으로 사용되는 방법인 질적 내용분석을 통해 분석하고자 한다.[2] 한편 북한의 법에 대한 서술을 놓고, 본 연구와 같은 기술적인 분석이 주는 의미

---

1) 한편 무엇보다 북한의 법제 연구는 '제도와 현실'에 대한 상호간의 논의와 교차분석이 필요하다. 그러나 본 연구에서는 제도적인 분석만을 시도하고자 한다.
2) 이철수,「북한의 경제개발구 노동복지 법제분석: 경제개발구 로동규정을 중심으로」,『동서연구』29(3), 2017b, 29쪽 ; 이철수,「북한의 경제특구 복지법제 비교분석: 라선경제무역지대 외국투자기업로동규정과 경제개발구 로동규정을 중심으로」,『법학논총』34(2), 2017c, 193쪽.

는 북한의 표현과 수사에 대한 분석을 통해 그들의 인식의 변화 여부를 추적하고 가늠할 수 있다는 것이다.

이를 위한 본 연구의 서술 순서는, 먼저 「로동법」과 「외국인투자기업로동법」의 개괄적 차원의 법제고찰을 통해 거시-구조적 차원의 분석을 시도하고자 한다. 다음으로 양 법령을 놓고, 미시-행위적 차원의 노동복지와 직접적으로 관련 있는 ① 근로복지, ② 사회보장 조항을 중심으로 비교 분석하고자 한다. 이에 본 연구에서 근로복지의 경우 ① 노동시간, ② 휴식과 휴가, ③ 여성근로자의 보호, 사회보장의 경우 ① 사회문화시책과 문화후생기금, ② 최저임금과 생활보조금, ③ 사회보험(료)으로 구분한다. 마지막으로 이를 토대로 양 법령들을 통한 북한의 노동복지법제에 대한 함의를 도출하고자 한다.[3] 참고로 본 연구의 분석모형과 분석 틀을 도식화하면 각각 다음 〈그림 1〉, 〈표 1〉과 같다.

---

3) 참고로 본 연구와 관련한 대표적인 기존연구는 이철수(2017a, 2017b, 2017c), 이효원(2015)의 연구가 있고 북한 경제특구와 관련한 대표적인 연구는 문무기(2009), 유현정(2013), 배국열(2014), 박천조(2015), 배종렬(2014), 이영훈(2015), 임을출(2015), 조봉현(2015), 최우진(2015·2014) 등의 연구가 있다. 그러나 이러한 연구들 중 본 연구와 같이 북한의 '로동법'과 '외국인투자기업로동법'의 '노동복지법제'를 직접적으로 비교한 분석한 연구는 사실상 전무하다.

〈그림 1〉 분석 모형

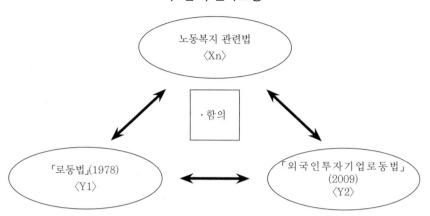

- 출처: 이철수, 「북한의 경제특구 복지법제 비교분석: 라선경제무역지대 외국투자기업로동규정과 경제개발구로동규정을 중심으로」, 『법학논총』 34(3), 2017c, 194쪽에서 수정 인용.
- 비고: 노동복지 관련법의 하위개념으로 「로동법」과 「외국인투자기업로동법」이 수직적으로 존재하는 것이 아니라 내용상의 등치개념으로 접근.

〈표 1〉 분석 틀

구분	「로동법」과 「외국인투자기업로동법」
① 근로복지 ② 사회보장	① 관련 조항의 구체적 진술 ② 관련 조항의 공통점과 차이점(특징) ③ 동일 조항의 내용(변화) 비교(추적)

- 출처: 이철수, 「북한경제특구의 노동복지법제 비교분석: 개성공업지구와 라선경제무역지대를 중심으로」, 『법학연구』 28(1), 2017a, 172쪽에서 수정 인용.

II. 양 법령의 법적 개관

    1978년 「로동법」의 경우 총 8개 장 79개 조항으로 ① 사회주의로동의 기본원칙, ② 로동은 공민의 신성한 의무, ③ 사회주의로동조직, ④ 로동에 의한 사회주의 분배, ⑤ 로동과 기술혁명, 근로자들의 기술기능향상, ⑥ 로동보호, ⑦ 로동과 휴식, ⑧ 근로자들을 위한 국가적 및 사회적혜택으로 구성되어 있다. 이에 동 법령에서 북한은 그들이 인식하는 로동의 기본원칙과 의무, 이를 위한 로동조직, 분배기준, 로동과 관련된 기술향상, 로동보호와 휴식, 로동자를 위한 국가정책 등에 대해 언급하였다. 따라서 동 법령을 통해 북한은 노동과 직간접적으로 연관된 정책적 사안에 대한 함의를 제시하였다.

    한편 동 법령 제1조 "사회주의하에서 로동은 착취와 압박에서 해방된 근로자들의 자주적이며 창조적인 로동…. …근로자들은 조국의 번영과 인민의 복리와 자신의 행복을 위하여 자각적 열성과 창발성을 내여 일한다"와 제2조 "로동은 모든 물질적 및 문화적 재부의 원칙이며 자연과 사회와 인간을 개조하는 힘있는 수단이다. 사회주의, 공산주의는 수백만 근로대중의 창조적 로동에 의하여 건설된다. 조선민주주의인민공화국에서 로동은 가장 신성하고 영예로운 것으로 된다"라는 조항이 북한의 사회주의로동에 대한 인식을 상징적으로 나타내고 있다. 즉, 북한은 노동을 체제이념적으로 봄과 동시에 체제형성 수단으로 보고 있다.

이에 북한은 동 법령 제3조 "사회주의하에서 로동은 공동의 목적과 리익을 위한 근로자들의 집단적인 로동이다. 조선민주주의인민공화국의 근로자들은 ≪하나는 전체를 위하여, 전체는 하나를 위하여≫라는 집단주의원칙에서 서로 돕고 이끌면서 공동으로 일한다"라고 하여 북한의 노동은 집단적 노동, 공동체적 노동을 강조하고 있다. 역으로 이는 제도적으로 개인적 노동의 제한적 허용을 의미한다고 판단된다. 반면 동 법령에서 북한은 공민의 노동에 대한 의무도 명시되어 있다. 동 법령 제4조 "사회주의하에서 공민은 로동에 참가할 의무를 지닌다. ⋯ 로동능력 있는 모든 공민은 자기능력에 따라 사회적 로동에 참가한다"라고 하여 노동에 대한 의무와 개인의 능력에 따른 노동참여를 언급하고 있다.

다른 한편 동 규정은 상술한 바와 같이 1978년 4월 제정 이후 현재까지 총 세 차례 수정되었다. 가장 최근인 2015년 6월의 경우 동 법령 제66조의 산전산후휴가 기간의 일부 내용이 수정되었다. 수정된 조항의 내용을 살펴보면 "녀성근로자들은 정기 및 보충휴가 외에 근속년한에 관계없이 산전 60일, 산후 180일간의 산전산후휴가를 받는다"라고 하였다. 이는 기존의 산전산후휴가 150일을 240일로 확대된 것으로 총 3개월(90일)이 연장되었다. 한편 이러한 배경은 북한의 여성근로자에 대한 제도적 배려와 더불어 출산율 상승을 유도하기 위한 정책적 의도가 있다고 판단된다.

반면 2009년 「외국인투자기업로동법」의 경우 총 8개 장 51개 조항으로 ① 외국인투자기업로동법의 기본, ② 로력의 채용 및 로동계약의 체결, ③ 로동과 휴식, ④ 로동보수, ⑤ 로동보호, ⑥ 사회보험 및 사회보장, ⑦ 종업원의 해임, ⑧ 제재 및 분쟁해결로 구성되어 있다. 이에 동 법령을 통해 북한은 자국 내에서 활동하는 외국인투자기업 근로자의 고용관계, 임금, 사회복지, 법적 분쟁 등에 대해 밝혔다. 따라서 동 법령은「로동법」이라는 법적 명명의 공통점이 존재하지만 앞서 언급한「로동법」과는 결이 다른 법령이라 하겠다. 또한 동 법령은 상술한 바와 같이 2009년 1월 제정된 이후 2011년 12월, 2015년 8월 총 두 차례 수정되었다. 가장 최근인 2015년 8월의 경우 동 법령 제21조 산전산후휴가기간과 제25조 휴가비의 지불 및 계산 외에 이렇다 할 변화가 나타나지 않는다. 따라서 동 법령은 두 차례의 부분적인 수정이 있었지만 지금까지도 최초 제정 법령의 큰 틀을 유지한 채 이를 중심으로 통용된다고 판단된다.

한편 동 법령은 북한의 2000년대 하반기 이후 북한경제 환경과 그에 따른 문제의식, 북한의 경제발전 전략 등을 반영한 법령이다.[4] 즉, 동 법령은 비록 일부 외국인투자기업에만 해당되지만 비교적 최근 북한의 노동에 대한 인식을 실무적 차원에서 언급하고 있다. 그리고 이는 북한이「로동법」이라는 법명을 지칭한 것만으로도 그 의미와 중요성이 반증된다. 다시 말해 동 법령은 기존의「로동법」을 제외하고 별도의 '노동법'이라는 법명으로 명명된 북한 최초의 법령이다. 따라서 동 법령의 실제적인 파급효과를 차치하더라도 동 법령이 상징하는 의미는 지대하다 하겠다.

결국 양 법령을 외형적으로 보면 양적으로나 구성적으로 상당한 차이가 나타난다. 이는 양 법령의 제정 시기 당시의 북한의 대내외 환경, 제도적 취지와 목적 등 다양한 원인과 배경에 기인한 것이라 판단된다. 이에 양 규정을 놓고 개괄적 차원의 특징을 요약하면 다음과 같다.

첫째, 입법 제정취지의 경우「로동법」은 북한체제하의 사회주의노동에

---

4) 이에 대한 보다 자세한 내용은 양문수 외,『2000년대 북한경제 종합평가』, 산업연구원, 2012 연구 참조.

대한 전반적인 내용을 명시하였다. 반면 「외국인투자기업로동법」은 북한 내의 외국인투자기업의 노동에 대한 내용을 밝혔다. 따라서 양 법령은 「노동법」의 광의의 범주에 모두 해당되나 사실상 차원이 다른 법령이다. 즉, 양 법령을 비교하면 상대적으로 「로동법」은 북한체제 자체에 해당하는 노동에 대한 법적 상위 개념의 함의이다. 반면 「외국인투자기업로동법」은 북한에서 경제활동을 하고자하는 외국인투자기업에만 해당하는 노동에 대한 법적 하위 개념의 함의이다. 때문에 상대적인 것은 물론이거니와 절대적으로 「로동법」이 「외국인투자기업로동법」에 비해 법적 우위를 점하고 있다 하겠다.

둘째, 이와 연장선상에서 앞서 상술한 바와 같이 양 법령의 적용대상에서 상당한 차이가 있다. 즉, 「로동법」은 북한의 전체 사업장 근로자에게 적용된다. 그러나 「외국인투자기업로동법」은 북한의 일부 외국인기업에 종사하는 북한 근로자에게만 해당된다. 따라서 양 법령의 적용대상의 규모를 놓고 볼 때, 「로동법」에 적용되는 북한 근로자가 압도적이라 하겠다. 그러나 다른 한편으로 –후술하겠지만– 이와 달리 질적으로 보면 「외국인투자기업로동법」에 해당하는 북한근로자는 가령 임금과 수당 등 근로소득부문에 있어 기존의 북한 국영기업 근로자보다 처우가 높다. 이는 기본적으로 북한의 외국인투자기업 근로자의 기본임금이 북한의 국영기업 근로자보다 높기 때문이다.

셋째, 「로동법」의 경우 총 8개 장 79개 조항으로 구성되어 있다. 반면 「외국인투자기업로동법」 8개 장 51개 조항으로 구성되어 있다. 이에 양적으로만 보면 상대적으로 「로동법」이 우수하다고 할 수 있다. 하지만 양 법령의 입법 취지와 적용대상을 고려하면 법적으로 양적인 차이가 존재할 뿐이다. 즉, 양 법령의 경우 양적인 차이를 토대로 내용상의 법적 우열을 판단할 만한 법령이라 보기에는 분명한 한계가 존재한다. 다시 말해 양 법령은 법적 정체성과 목적, 입법취지와 배경 등에 있어 상호간의 Ⅱ차이가 분명한 법령이다.

넷째, 법적 구성의 경우 양 법령의 시간적인 입법 차이가 약 40년이고 대상의 차이를 감안하면 구성상의 변화가 일면 당연한 측면도 있다. 하지만 적어도 내용적인 측면의 표기와 서술에 있어 「외국인투자기업로동법」이 「로동법」에 비해 세련된 구조와 문장을 구사하고 있다. 즉, 「외국인투자기업로동법」은 세부 조항에 대한 정의와 그와 관련한 구체적 서술로 구성되어 있다. 이러한 배경에는 2000년대 이후 제정된 북한 법령의 현대화 추세의 연장선상에 있다고 판단된다. 즉, 북한 역시 시간의 경과에 비례하여 입법 행태의 기술적인 변화와 개혁을 일정부문[5] 추구하고 있다.

다섯째, 법적 내용을 중심으로 접근하면 상대적으로 「로동법」이 거시-구조적인 반면 「외국인투자기업로동법」은 미시-행위적인 차원의 법령이다. 즉, 「로동법」은 사회주의노동과 관련한 전반적인 법적 내용을 언급하였다. 반면 「외국인투자기업로동법」은 외국인투자기업에 해당하는 노동현장의 실제적 차원의 법적 내용을 밝혔다. 따라서 양 법령의 경우 상대적으로 「로동법」이 추상적 수준의 함의라면 「외국인투자기업로동법」은 구체적 수준의 함의라 하겠다.

여섯째, 「외국인투자기업로동법」의 제정으로 인해, 제도적 파급효과에 대한 판단을 차치하더라도 북한의 노동정책이 제도적으로 사실상 이중체제로 재편되었다 하겠다. 통상 북한헌법을 제외한 북한의 공식적·제도적 차원에서 노동은 기존의 「로동법」에 근거한다. 하지만 2009년 북한이 「외

---

5) 이철수, 「북한의 경제개발구 노동복지 법제분석: 경제개발구 로동규정을 중심으로」, 『동서연구』 29(3), 2017b, 31쪽.

국인투자기업로동법」을 제정함으로 인해 법적으로 북한의 국영기업 대 북한 내의 외국인투자기업으로 분리·양분되었다. 이것이 의미하는 바는 북한이 공식적으로 노동에 대한 법적 기준을 두 가지로 보고 있고 이것을 대내외에 공표·공식화하였다는 것이다. 따라서 「외국인투자기업로동법」은 2000년대 후반 이후 북한의 노동에 대한 인식을 반영함과 동시에 입법행위의 결과로 북한의 이중노동정책이 실제화되었다 하겠다. 지금까지 논증을 기초로 북한의 「로동법」과 「외국인투자기업로동법」의 법적 체계를 도식화하면 다음 〈그림 2〉와 같다. 또한 양 법령의 법적 개괄을 구성적 차원에서 요약하면 다음 〈표 2〉와 같다.

〈그림 2〉「로동법」과 「외국인투자기업로동법」의 상대적 수준의 법적 체계

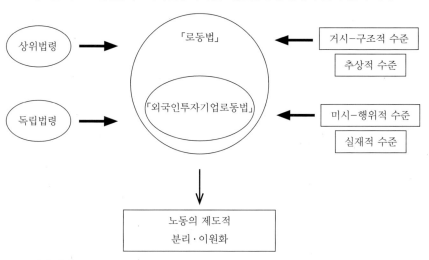

·주: 저자 작성.

<표 2>「로동법」과「외국인투자기업로동법」의 개괄

구분	로동법(1978) : 총 8개 장 79개 조항	구분	외국인투자기업로동법(2009) : 총 8개 장 51개 조항
제1장: 사회주의 로동의 기본원칙,	– 사회주의로동, 로동의 목적과 이익, 공민의 로동의무, 근로자의 로동권리, 문화기술수준 향상, 로동생산능률, 사회주의로동, 사회주의분배, 로동과 휴식의 결합, 로동정책 등	제1장: 외국인투자 기업로동법 의 기본	– 외국인투자기업로동법의 사명, 로력채용원칙, 로동조건의 보장원칙, 로동보수지불원칙, 사회보험 및 사회보장원칙, 타사업동원금지원칙, 지도기관, 적용대상
제2장: 로동은 공민의 신성 한 의무	– 근로연령, 1일 로동시간, 로동의 혁명화, 로동규율, 기술혁명, 근로자의 책임, 모범근로자 등	제2장: 로력의 채용 및 로동계약 의 체결	– 로력보장기관, 로력보장신청, 로력모집 및 보장, 로력채용, 외국인로력채용, 로동계약의 체결과 리행, 로동계약의 효력, 로동계약의 변경
제3장: 사회주의 로동조직	– 사회적로동조직, 로동조직과 단체의 이용, 로동계획화, 로력균형보장, 인민경제 로력수요, 로력의 배치, 녀성근로자의 로동, 로력관리질서, 로동생활조직, 1일 8시간 로동 등	제3장: 로동과 휴식	– 로동시간, 로동시간의 준수, 일요일, 명절일의 휴식보장, 정기휴가, 보충휴가의 보장, 산전, 산후휴가의 보장
제4장: 로동에 의한 사회주의 분배	– 사회주의분배 원칙, 생활비등급제, 생활비의 종류,생활비의 분배, 로동정량, 국가표준로동정량제정, 로력일, 분조관리제, 작업반우대제 등	제4장: 로동보수	– 로동보수의 내용, 월로임최저기준의 제정, 로임기준의 제고, 휴가비의 지불 및 계산, 생활보조금, 휴식일로동에 따르는 가급금, 연장작업, 야간작업에 따르는 가급금, 상금의 지불, 로동보수의 지불
제5장: 로동과 기술혁명, 근로자들의 기술기능향 상	– 기술혁명의 목적, 로동의 기계화, 자동화, 농촌기술혁명, 인재양성 등	제5장: 로동보호	– 로동안전, 산업위생조건보장, 로동안전교양, 위험개소 제거, 로동안전조치, 녀성종업원의 보호, 탁아소, 유치원운영, 로동보호물자의 공급, 사고의 처리 및 사고 심의

구분	로동법(1978) : 총 8개 장 79개 조항	구분	외국인투자기업로동법(2009) : 총 8개 장 51개 조항
제6장: 로동보호	– 로동보호사업, 로동안전교양사 업체계, 문화위생사업, 로동안전, 로동보호조건, 건강보호, 녀성근 로자보호 등	제6장: 사회보험 및 사회보장	– 사회보험 및 사회보장에 의한 혜택, 보조금, 년금의 계산, 사 회보험기금의 조성, 사회보험료 의 납부, 문화후생기금의 조성 및 리용
제7장: 로동과 휴식	– 8시간로동제, 휴가제, 정휴양 제, 휴식보장, 정기휴가, 보충휴 가, 산전산후휴가, 정휴양소 등	제7장: 종업원의 해 임	– 종업원의 해임의 기본요구, 종 업원의 해임사유, 종업원해임 에 대한 합의 및 통지, 종업원 을 해임시킬수 없는 사유, 종업 원의 사직
제8장: 근로자들을 위한 국가적 및 사회적 혜택	– 식량공급, 무상보육, 무상교육, 국가사회보험, 국가사회보장, 년로연금, 공로자우대, 보조금, 유가족년금, 무의무탁 노인, 장 애인의 무상보호, 무상치료제 등	제8장: 제재 및 분 쟁해결	– 벌금 및 기업활동의 중지, 신소와 처리, 분쟁해결

· 비고: 「로동법」은 세부 조항의 정의가 부재하여 저자가 임의로 판단하여 작성.
· 주: 저자 작성.

Ⅲ. 노동복지 조항 분석

1. 근로복지[6]

1) 노동시간

「로동법」은 동 법령 제16조 "근로자들의 하루 로동시간은 8시간이다. 국가는 로동의 힘든 정도와 특수한 조건에 따라 하루 로동시간을 7시간 또

---

[6] 이외에도 노동복지에 근로소득(임금)이 있는데, 이는 ① 임금 종류와 제정 권한, ② 최저임금, ③ 임금 지불방식으로 크게 구분된다. 「로동법」 제37조 "…근로자들은 성별, 년령, 민족별에 관계없이 같은 로동에 대하여서는 같은 보수를 받는다", 제38조 "국가는 …생활비 등급제를 정한다. …", 제39조 "…생활비의 기본형태는 도급지불제와 정액지불제이며 생활비의 추가적 형태는 가급금제와 상금제이다. …", 제40조 "국가는 … 일을 잘한 근로자들에게 추가적으로 장려금을 지불하여야 한다"라고 언급하였다. 이에 따라 북한은 임금체계의 경우 동일로동 동일임금이고, 생활비 등급제를 활용하고 있다. 또한 이러한 생활비 등급제는 도급지불제와 정액지불제이고 생활비의 추가적 형태로 가급금과 상금이 있다. 아울러 포상형식의 장려금도 있다. 그러나 동 법령에서는 최저임금, 임금 지불방식에 대한 언급이 부재하다. 반면 「외국인투자기업로동법」 제22조 "…종업원에게 주는 로동보수에는 로임, 가급금, 장려금, 상금이 속한다", 제30조 "…로동보수를 정해진 날자에 전액 화폐로 주어야 한다. …", 제28조 "…로동시간외의 낮 연장 작업을 시켰거나 로동시간안의 밤작업을 시켰을 경우 일한 날 또는 시간에 한하여 일당 또는 시간당 로임액의 50%에 해당한 가급금을 주어야 한다. 로동시간외의 밤 연장 작업을 시켰을 경우에는 일당 또는 시간당 로임액의 100%에 해당한 가급금을 주어야 한다"라고 하였다. 이에 동 법령은 「로동법」에서 언급하지 않은 임금지급방식, 연장근로에 대한 추가 임금 등에 대해 명시하고 있다.

는 6시간으로 한다. 3명 이상의 어린이를 가진 녀성로동자들의 하루 로동시간은 6시간으로 한다"라고 명시하였다. 이에 동 조항을 근거로 하면 북한의 근로자들의 1일 노동시간은 크게 세 종류이다. 첫째, 대다수 근로자들에게 해당되는 1일 8시간, 둘째, 노동강도와 노동 환경에 따라 1일 8시간 보다 1~2시간 단축된 1일 6시간, 1일 7시간, 셋째, 자녀가 3명 이상인 여성근로자의 경우 1일 6시간으로 구분된다.

또한 동 법령 제32조 "…근로자들의 480분 로동시간을 완전히 리용하도록 한다"라고 밝혀 1일 8시간 노동을 재차 강조하고 있다. 아울러 북한은 동 법령 제33조 "국가는 근로자들의 로동생활조직에서 8시간 일하고 8시간 쉬고 8시간 학습하는 원칙을…"이라고 하여 이를 법제적으로 뒷받침하고 있다.

한편 동 법령에는 근로제한 연령도 언급되어 있다. 동 법령 제15조 "…로동하는 나이는 만 16살부터이다. 국가는 로동하는 나이에 이르지 못한 소년들의 로동을 금지한다"라고 언급하고 있다. 이에 동 조항을 근거로 하면 북한에서 만 16세 이하인 아동과 청소년의 노동은 금지한다. 다시 말해 북한의 노동가능 연령은 만 16세 이상이다.

다른 한편 북한은 이러한 노동에 대해 동 법령 제13조 "조선민주주의인민공화국의 사회주의적 로동정책은 영광스러운 항일혁명투쟁 시기에 제시된 혁명적인 로동강령을 구현하며 민주주의혁명과 사회주의혁명을 실현하기 위한 투쟁을 통하여 이룩한 혁명의 고귀한 전취물이다. 국가는 사회주의적 로동정책을 더욱 발전시키며 전국적 범위에서 인민적이며 민주주의적인 로동정책을 실시하기 위하여 투쟁한다"라고 하여 이를 사회주의 노동정책이라 명명하고 있다.

반면 「외국인투자기업로동법」은 동 법령 제17조 "종업원의 로동시간은 주 48시간, 하루 8시간으로 한다. 외국인투자기업은 로동의 힘든 정도와 특수한 조건에 따라 로동시간을 정해진 시간보다 짧게 정할수 있다. 계절적영향을 받는 부문의 외국인투자기업은 년간 로동시간범위에서 실정에 맞게 로동시간을 달리 정할수 있다"라고 명시하였다. 동 조항을 근거로 하면 북한의 외국투자기업노동자는 ① 1일 8시간 근무, ② 주 6일 근무, ③ 중노동과 특수 노동은 단축근무 가능, ④ 년간 총 근로시간 내에서 계절에 따른 유연근무 가능으로 구분된다. 이는 상술한 「로동법」과 크게 이질적이지는 않다.

하지만 미세한 차이점도 나타나는데, 첫째, 구체적인 단축근무 시간 명시, 둘째, 세 자녀 이상의 여성근로자에 대한 배려가 부재한 점은 다소 차이가 난다 하겠다. 그리고 이는 첫 번째 단축근무 시간 명시의 경우 실제 적용에 있어 확고한 차이가 불투명하다. 즉, 중노동에 대한 1~2시간 미만의 단축근무는 노동환경상 자연적인 적용이 가능한 부문이다. 그러나 두 번째 세 자녀 이상을 양육하는 여성근로자에 대한 제도적 배려가 언급되어 있지 않은 것은 다소 후퇴한 조항이라는 판단이 가능하다.

또한 동 법령 제18조 "외국인투자기업은 종업원에게 정해진 로동시간안에 로동을 시켜야 한다. 부득이한 사유로 로동시간을 연장하려 할 경우에는 직업동맹조직과 합의한다. 종업원은 로동시간을 정확히 지켜야 한다"라고 밝혔다. 이에 동 조항에서 북한은 ① 외국투자기업의 노동시간 준수, ② 근로시간 연장 시 협의 대상, ③ 소속 근로자의 노동시간 준수를 언급하였다. 이에 동 조항은 근로시간 엄수에 대한 노사 간의 의무와 더불어 연장근무 시 필요한 절차를 제시하였다. 이는 특히 그 일부 내용—연장근무 시 절차 같은—이 상술한 「로동법」에 부재한 내용이라 인상적이라 하겠다. 그리고 이러한 차이의 원인과 배경은 상술한 바와 같이 동 법령의 성격과 기능 자체가 「로동법」에 비해 상대적으로 구체적이고 실제적이기 때문이라 판단된다.

다른 한편 연장근무의 경우 이는 「로동법」 제63조 "근로자들은 하루 로동시간이 끝나면 휴식한다. 경제기관, 기업소들은 근로자들에게 시간외 로동을 시킬수 없다"와 정면으로 배치된다. 따라서 동 조항을 근거로 하면 북한의 근로자들에 대한 시간외 근무는 제도적으로 허용되지 않는다.

2) 휴식과 휴가

휴식과 휴가의 경우 「로동법」 제12조 "로동과 휴식을 옳게 결합하며 근로자들의 로동을 보호하는 것은 사람을 가장 귀중히 여기는 사회주의제도의 본성적 요구이다. 국가는 근로자들이 로동과정에서 소모한 힘을 회복할 수 있도록 충분한 휴식을 보장하며 전반적 무상치료제와 선진적인 로동보호제도를 통하여 근로자들의 생명과 건강을 보호한다"라고 명시하였다.

이에 북한은 동 조항을 통해 ① 노동과 휴식의 관계와 필요성, ② 근로자의 휴식 보장, ③ 무상치료제와 노동보호제도를 통한 근로자 보호를 밝혔다. 특이하게도 북한이 근로자의 휴식에 대해 무상치료제를 언급한 것은 다소 인상적인데, 이러한 원인은 건강권과 휴식의 상관관계를 인식했기 때문이라 판단된다.

또한 동 법령 제62조 "근로자들은 휴식에 대한 권리를 가진다. 국가는 8시간로동제, 유급휴가제, 국가비용에 의한 정휴양제, 계속 늘어나는 여러 가지 문화시설 등을 통하여 근로자들의 휴식에 대한 권리를 전면적으로 보장한다"라고 언급하였다. 동 조항에서 북한은 ① 근로자의 휴식권, ② 휴식권을 위해 필요한 8시간로동제, 유급휴가제, 국고부담의 정휴양제, 문화생활을 위한 시설확보 등 제반 여건을 언급하였다. 즉, 북한은 근로자의 휴식에 필요한 관련 사안을 법적으로 제시하여 이를 권리로써 보장하고자 한다.

이를 추동하듯 동 법령 제67조에서 북한은 "국가는 정양소, 휴양소망을 여러 가지 형태로 늘이고 그 시설을 현대화하며 관광탑승 등을 널리 조직하여 근로자들의 늘어나는 문화적 휴식에 대한 수요를 충족시킨다. 해당 국가기관, 기업소 직장정양소를 잘 운영하여 근로자들이 일하면서 충분히 휴식하도록 하여야 한다"라고 하였다.

또한 동 법령 제64조 "근로자들은 주에 하루씩 휴식을 보장받는다. 국가적으로 제정된 명절날과 일요일은 쉬는 날로 한다. 국가기관, 기업소, 사회협동단체는 부득이한 사정으로 쉬는 날에 근로자들을 로동시킨 경우에는 한 주일안으로 반드시 대휴를 주어야 한다"라고 하였다. 동 조항을 근거로 판단하면 북한의 근로자는 일주일에 1일의 휴식, 명절 휴식이 보장된다. 역으로 이는 일주일에 6일 근무를 의미한다. 또 휴식일에 근무할 경우 일주일 내에 대휴가 주어진다.

또한 동 법령 제65조 "로동자, 사무원, 협동농장원들은 해마다 14일간의 정기휴가와 직종에 따라서 7일 내지 21일간의 보충휴가를 받는다"라고 밝혔다. 이에 북한 근로자의 휴가는 ① 14일간의 정기휴가와 ② 중노동 이상의 경우 7~21일의 보충휴가가 주어진다. 따라서 이를 통해 볼 때, 북한의 경노동 근로자의 최소 휴가 기간은 14일이고 중노동 이상 근로자의 최대 휴가 기간은 35일이다.

반면 「외국인투자기업로동법」은 동 법령 제19조 "외국인투자기업은 종업원에게 명절일과 일요일에 휴식을 보장하여야 한다. 부득이한 사정으로 명절일과 일요일에 로동을 시켰을 경우에는 1주일안으로 대휴를 주어야 한다"라고 명시하였다. 또한 동 법령 제27조에서 북한은 "외국인투자기업은 부득이한 사정으로 명절일과 일요일에 종업원에게 로동을 시키고 대휴를 주지 못하였을 경우 일한 날 또는 시간에 한하여 일당 또는 시간당 로임액의 100%에 해당한 가급금을 주어야 한다"라고 하였다. 따라서 동 조항들은 근로자의 휴식보장과 더불어 이를 위반하였을 경우 후속조치에 대한 구체적인 진술이 언급되어 있다. 특히 대휴와 가급금 지급의 경우 여타 법령과 다소 유사한 내용이다.[7]

또한 동 법령 제20조 "외국인투자기업은 종업원에게 해마다 14일간의 정기휴가를 주며 중로동, 유해로동을 하는 종업원에게는 7~21일간의 보충휴가를 주어야 한다"라고 밝혔다. 이는 상술한 「로동법」과 동일한 내용이다. 따라서 북한의 국영기업 근로자와 외국인투자기업 근로자의 휴가기간은 동일하다.

또한 동 법령 제25조 "외국인투자기업은 정기휴가, 보충휴가, 산전산후휴가를 받은 종업원에게 휴가일수에 따르는 휴가비를 지불하여야 한다. 정기 및 보충휴가비는 휴가전 3개월간의 로임을 실가동일수에 따라 평균한 하루로임액에 휴가일수를 적용하여 계산한다. 산전산후휴가비의 지불규모와 방법은 중앙로동행정지도기관이 내각의 승인을 받아 정한다"라고 하였다. 동 조항을 근거로 하면 외국인투자기업 근로자의 휴가비는 총 세 종류로 ① 정기휴가비, ② 보충휴가비, ③ 산전산후휴가비로 구분된다. 또한 정기 휴가비는 전체 근로자에게 적용되고, 보충휴가비는 중노동 이상 근로자에게 적용되며 산전산후휴가비는 임신한 여성근로자에게 일시적으로 적용된다.

---

7) 가령 「경제개발구로동규정」 제35조 "기업은 명절일, 공휴일에 종업원에게 일을 시키고 대휴를 주지 않았을 경우 일당 또는 시간당 로임액의 200%에 해당한 로임을 주어야 한다"와 제32조 "기업은 휴가기간에 있는 종업원에게 로동을 시켰을 경우 휴가비와 함께 일당 또는 시간당 로임액의 100%에 해당한 로임을 주어야 한다"라고 하여 명절일과 공휴일, 휴가기간의 근로에 대한 임금 지급 기준을 언급하였다.

한편 정기휴가비, 보충휴가비, 산전산후휴가비에 대한 지급조항의 경우 2015년 8월 수정 보충된 내용이다. 이에 동 법령 수정 전의 경우 휴가비를 통칭하여 언급하였다. 즉, 최근 수정된 내용처럼 정기휴가, 보충휴가, 산전 산후휴가비에 대해 각각 구분하여 언급하지 않고 동 조항 두 번째 조문에서 휴가비를 통칭하여 제시하였다. 따라서 최근 수정된 내용이 기존에 비해 보다 더 구체적이라 하겠다.

특히 휴가비의 경우 「로동법」에서 부재한 내용이다. 따라서 휴가비는 북한의 외국인투자기업 근로자에게만 해당되는 사안이다. 이러한 원인은 휴가비의 제공주체가 북한의 일반기업의 경우 자국기업이고 이는 사실상 재정의 국가부담이 강하다. 반면 외국인투자기업은 해당 외국인투자기업이 재정지원 주체이다. 따라서 북한의 입장에서 보면 휴가비의 부담주체가 전혀 다르기 때문에 외국인투자기업에 대해서는 휴가비 지급을 명시해도 전혀 부담되지 않는다. 반면 이를 북한의 일반기업 근로자에게 확대 적용하기에는 재정적으로 다소 무리가 따르는 부문이다. 때문에 북한의 입장에서 접근하면 「로동법」에서는 휴가비의 언급을 자제하고 이와 반대로 「외국인투자기업로동법」에서 명시한 것은 전략적 선택이라 할 수 있다. 그러나 특이하게도 「외국인투자기업로동법」에서는 근로자의 휴식의 권리에 대한 언급이 부재하다.

3) 여성근로자 보호

여성근로자에 대한 보호는 「로동법」 제31조 "국가는 녀성근로자들이 사회적 로동에 적극 참가할 수 있도록 온갖 조건을 보장한다. 지방정권기관과 해당 국가기관, 기업소, 사회협동단체는 녀성들이 일하는데 편리하게 탁아소, 유치원, 아동병원, 편의시설을 꾸려야 하며 직장에 나가지 못하는 녀성들이 희망에 따라 일할 수 있도록 가내작업반, 가내협동조합 등을 조직하여야 한다"라고 명시하였다.

동 조항을 근거로 하면 북한은 여성근로자들의 적극적인 고용 촉진을 추진하고 더불어 여성근로자들의 근로에 필요한 제반 여건인 보육과 보건서비스를 보장하고 있다. 또 이를 담당하는 주무 기관을 밝힘과 동시에 미취업 여성을 위한 별도의 작업장 조직을 독려하고 있다.

이어서 동 법령 제59조 "국가는 녀성근로자들의 로동보호사업에 특별한 관심을 돌린다. 국가기관, 기업소, 사회협동단체는 녀성근로자들을 위한 로동보호위생시설을 충분히 갖추어야 한다. 녀성들에게는 힘들고 건강에 해로운 작업을 시킬 수 없으며 젖먹이아이를 가졌거나 임신한 녀성근로자들에게는 야간로동을 시킬수 없다"라고 하였다. 이는 여성근로자들을 위한 노동보호 사업의 실시를 명시함과 동시에 임신과 출산한 여성근로자에 대한 구체적인 보호를 언급한 것이다. 그리고 이는 앞서 제시한 동 법령 제31조 여성근로자 보호 조항의 내용상 연장선상에서 있다.

이어서 동 법령 제66조 "녀성근로자들은 정기 및 보충휴가 외에 근속년한에 관계없이 산전 60일, 산후 180일간의 산전산후휴가를 받는다"라고 제시하였다. 이 역시 동 법령 제66조의 내용을 계승한 것이다.

반면 「외국인투자기업로동법」은 동 법령 제35조 "외국인투자기업은 녀성종업원을 위한 로동보호시설을 충분히 갖추어주어야 한다. 임신하였거나 젖먹이 어린이를 키우는 녀성종업원에게는 연장작업, 밤작업을 시킬수 없다"라고 명시하였다. 이는 「로동법」 제59조에서 파생한 것이나 다소 후퇴한 내용이다. 가령 동 조항에서 북한은 일반 여성근로자들에게 중노동을 금지한 내용이 누락되어 있다. 단지 동 조항에서 북한은 크게 두 가지의 내용을 「로동법」에서 승계하고 있는데, 하나는 여성근로자를 위한 시설이고 다른 하나는 임수산한 여성근로자에 대한 보호이다. 따라서 「로동법」을 기준으로 보면 「외국인투자기업로동법」에서 여성근로자의 보호에 대한 미세한 차이가 발생한다.

또한 동 법령 제36조 "외국인투자기업은 실정에 맞게 종업원의 자녀를 위한 탁아소, 유치원을 꾸리고 운영할수 있다"라고 하였다. 이는 「로동법」 제31조의 내용을 승계한 것이지만 아동병원과 편의시설에 대한 언급이 누락되어 있다. 하지만 이는 접근하는 시각과 관점에 따라 달리 해석될 수 있다. 가령 이것이 비교적 큰 문제가 아니라고 판단하는 근거는 크게 세 가지이다. 첫째, 북한은 '상위법령인 「로동법」에서 이에 대해 언급하였다. 때문에 이미 북한의 전 지역에 해당되고 적용됨에 따라 이미 갖추어져 있다. 즉, 「외국인투자기업로동법」을 적용받는 지역은 「로동법」을 통해 통제받았기 때문에 아동병원과 편의시설이 갖추어져 있다'라는 시각이다. 둘째, '아동병원과 편의시설은 동 법령의 핵심적인 사인이 아니라 부수적이다' 때문에 북한의 입장에서 굳이 이를 언급할 필요성이 높지 않다. 셋째, 외국투자기업을 유치하기 위해 '탁아소와 유치원의 운영만을 언급하고 추가적인 아동병원과 편의시설을 요구하면 투자자의 과다한 부담이고 이는 자칫 투자를 유예할 수 있는 독소조항'이라는 시각이다.

반면 이와 반대의 주장은 여성근로자의 원만한 근로환경의 필수적인 요소인 보육부문의 필요충분조건인 아동병원과 편의시설을 제도적으로 보장하지 않은 것은 심각한 문제로 여성근로자에 대한 제도적 장이 충분치 않다는 시각이다. 따라서 아동병원과 편의시설은 제도적 수사에 불과할지라도 동 조항에 대한 상반된 해석이 가능하고 아는 곧 제도적 취약성과 논란,

후속법령을 통한 보완이 요구된다 하겠다.[8]

또한 동 법령 제21조 "외국인투자기업은 임신한 녀성종업원에게 정기 및 보충휴가외에 산전 60일, 산후 180일간의 산전산후휴가를 주어야 한다"라고 제시하였다. 이는 「로동법」과 동일한 내용이다. 역으로 산전산후휴가 기간은 동 법령이 제정된 2009년 1월부터 2015년 5월까지는 과거와 같이 산전 60일, 산후 90일 총 150일 이였지만 「로동법」이 수정된 2015년 6월 이후 부터는 240일로 확대되었다. 다른 한편으로 역으로 이는 동 법령보다 「로동법」이 상위법령임을 반증한다 하겠다.

근로복지의 경우 상대적으로 「로동법」은 포괄적인 경향인 반면 「외국인투자기업로동법」은 이와 달리 보다 더 구체적인 성향을 내포하고 있다. 그리고 이러한 원인은 무엇보다 양 법령이 갖는 고유한 내재적 속성에 기인한다. 다시 말해 이는 「로동법」과 「외국인투자기업로동법」의 위계적 차이에 근거한 자연발생적인 현상이다. 반면 일부 조항의 경우 내용상 마찰하는 부분이 존재한다. 그러나 이는 지엽적인 문제로 양 법령의 관계에 지대한 영향을 미치지는 않는다. 이에 역으로 양 법령은 공통점이 차이점 보다 많다. 결국 전체적으로 근로복지의 노동시간, 휴식과 휴가, 여성근로자 보호에 있어 양 법령은 다수의 공통분모가 존재한다 하겠다. 지금까지 논증한 「로동법」과 「외국인투자기업로동법」의 근로복지의 주요내용을 요약하면 다음 〈표 3〉과 같다.

---

[8] 한편 동 법령에서 의미하는 편의시설의 종류와 규모, 서비스 대상에 대한 의문도 제기된다.

〈표 3〉 근로복지 관련 주요 내용 요약

구분	로동법(1978)	외국인투자기업로동법(2009)
노동시간	– 1일 8시간 – 노동강도와 환경에 따른 1–2시간 단축 – 세 자녀 여성근로자 1일 6시간 – 16세 이하 노동금지	– 노동강도와 환경에 따른 단축근무언급, 구체적인 시간단축은 명시는 부재 – 3자녀 여성근로자 6시간, 16세 이하 노동금지 부재
연장근로	– 시간외 노동 금지	– 직업동맹조직과 합의
휴식	– 휴식권 전면적 보장 – 무상치료제와 노동보호제도 명시 – 한주에 1일 휴식보장	– 부재
명절, 공휴일 근무 대휴와 추가 수당	– 대휴 보장 – 추가 보수 부재	– 일주일 안에 대휴 결정 의무 – 대휴미보장 시 가급금 지급
정기휴가	– 14일	– 좌동
보충휴가	– 7–21일	– 좌동
휴가비	– 부재	– 정기, 보충, 산전산후휴가비 지급 명시
휴가비 계산	– 상동	– 최근 3개월 동안 평균 1일 임금
여성근로자 보호	– 노동권 보장 및 노동보호 – 아동병원, 편의시설 보장 – 위해노동금지 – 임신여성 야간근로금지	– 노동보호 – 임수산부 야간근로금지 – 아동병원, 편의시설 부재
산전산후휴가 기간	– 산전 60일, 산후 180일	– 좌동
탁아소, 유치원	– 지방정권기관, 국가기관, 기업소, 사회협동단체	– 외국인투자기업이 운영 담당
아동병원, 편의시설	– 상동	– 부재

· 주: 저자 작성.

2. 사회보장

1) 사회문화시책과 문화후생기금

「로동법」에서 북한은 직접적으로 사회문화시책이라는 조항보다는 관련된 내용을 중심으로 명시하였다. 동 법령 제11조 "…모든 물질적 및 문화적 재부는 전적으로 나라의 부강발전과 근로자들의 복리증진에 돌려진다. …"라고 명시하였다. 또한 동 법령 제5조 "…실업이 영원히 없어졌다. 모든 근로자들은 희망과 재능에 따라 직업을 선택하며 국가로부터 안정된 일자리와 로동조건을 보장받는다"라고 하였다. 이에 북한은 동 법령에서 인민복리 증진과 실업해소, 취업보장을 명문화하였다.

또한 사회문화시책의 일부라 할 수 있는 교육과 보건과 관련하여 북한은 동 법령 제8조에서 인민교육시책, 제72조에서 의무교육, 제58조에서 근로자들의 건강보호에 대해 언급하였다. 특히 북한은 동 법령 제68조 "국가는 모든 근로자들의 생활을 책임지고 보장하며 그들의 물질문화 생활을 끊임없이 높이는 것을 자기활동의 최고원칙으로 삼는다. 근로자들은 로동에 의한 분배 외에 추가적으로 많은 국가적 및 사회적혜택을 받는다"라고 하여 국가책임과 더불어 추가적인 혜택을 명시하였고 여기에서 말하는 혜택에 사회문화시책이 해당된다. 또한 북한은 동 법령 제69조에서 주택보장, 제70조에서 눅은 값으로 식량공급, 제71조에서 국가와 사회부담의 보육사업을 각각 제시하였다.

특히 북한은 동 법령 제73조부터 79조까지 사회문화시책에 대해 구체적으로 언급하였다. 구체적으로 보면 동 법령 제73조 "국가는 로동재해, 질병, 부상으로 로동능력을 일시적으로 잃은 근로자들에게 국가사회보험제에 의한 일시적 보조금을 주며 그 기간이 6개월이 넘으면 국가사회보장제에 의한 로동능력상실년금을 준다"라고 하였다. 이는 근로자가 근로기간 중 발생한 사고나 위험에 대한 보호로 해당 제도와 급여종류, 급여수급기간에 대해 밝혔다.

또한 북한은 동 법령 제74조 "국가는 남자 만 60살, 녀자 만 55살에 이른 근로자들에게 일정한 근속로동년한을 가진 경우에 년로년금을 준다"하고 하였다. 이는 은퇴한 근로자의 노후보장과 관련한 내용이다. 또한 동 법령 제75조 "…공훈을 세운 국가공로자들이 로동능력을 잃었거나 사망하였을 때에는 그들과 그 가족들에게 특별한 배려를 돌린다"라고 하여 공로자에 대한 우대를 명문화하였다.

또한 동 법령 제76조 "…정기 및 보충휴가기간에 평균생활비 또는 평균로력일을 주며 산전산후휴가기간에는 일시적 보조금 또는 평균로력일을 준다"라고 밝혀 각종 휴가비 보장을 제시하였다. 또한 동 법령 제77조 "…근로자들이 사망하였을 때에는 그들의 양육을 받아오던 부양가족들에게 유가족에게 유가족년금을 주며 돌볼 사람이 없는 어린이들은 국가가 맡아 키운다"라고 하여 유족연금과 무의무탁 아동에 대한 국가차원의 보호를 명기하였다. 이와 동렬에서 동 법령 제78조 "국가는 로동능력을 잃은 돌 볼 사람이 없는 늙은이들과 불구자들을 양로원과 양생원에서 무료로 돌보아준다"라고 하여 무의무탁노인과 장애인에 대한 보호를 언급하였다.

특히 동 법령 제79조 "국가는 모든 근로자들에게 완전한 무상치료제에 의한 의료상 혜택을 준다. 로동자, 사무원, 협동농장원 및 그들의 부양가족은 치료, 료양, 예방, 해산 등 모든 의료봉사를 무상으로 받는다"라고 하여 사실상의 무상치료제를 명시하였다. 그러나 이와 달리 동 법령에서 문화후생기금에 대한 내용은 부재하다.

반면 「외국인투자기업로동법」은 동 법령에서 사회문화시책에 대한 직접적인 언급은 부재하다. 하지만 동 법령 제1조 "조선민주주의인민공화국 외국인투자기업로동법은 로력의 채용, 로동과 휴식, 로동보수, 로동보호, 사회보험 및 사회보장, 종업원의 해임에서 제도와 질서를 엄격히 세워 기업의 경영활동을 보장하며 기업에 종사하는 종업원의 권리와 리익을 보호하는데 이바지한다"라고 밝혔다. 이는 동 법령의 사명이지만 조항의 내용들이 사실상 인민시책과 관련된 것이다.

특히 동 법령 제5조 "외국인투자기업은 우리 나라 공민인 종업원이 사회보험 및 사회보장에 의한 혜택을 받도록 한다"라고 하여 외국인투자기업 종업원의 사회보험과 사회보장제도의 적용을 천명하였다. 또한 동 법령 제43조 "외국인투자기업은 결산리윤의 일부로 종업원을 위한 문화후생기금을 조성하고 쓸수 있다. 문화후생기금은 종업원의 기술문화수준의 향상과 군중문화체육사업, 후생시설운영 같은데 쓴다"라고 하여 문화후생기금의 조성과 이용에 대해 밝혔다.

2) 최저임금과 생활보조금

「로동법」의 경우 최저임금에 대한 법 조항이 전혀 부재하다. 이러한 이유는 북한의 입장에서 굳이 「로동법」에서 최저임금을 밝히기 보다는 간접적으로 관련 있는 생활비등급제를 통해 다소 추상적으로 제시하는 것이 용이하기 때문이다. 또한 동 법령에서 북한은 최저임금액에 대한 언급을 할 이유나 필요도 충분치 않다. 다시 말해 동 법령을 통해 북한이 최저임금액을 명기하는 것보다 명기하지 않는 것이 자신들의 입장에서 유리하다. 더욱이 동 법령은 추상적 수준의 함의이기 때문에 구체적인 내용을 담아야하는 최저임금에 대해 언급할 명분과 실리가 부족하다고 판단된다.

이와 마찬가지 이유로 생활보조금의 경우에도 동 법령에서 명시되어 있지 않다. 따라서 최저임금과 생활보조금이 동 법령에 부재한 것은 달리 보면 당연한 결과라 할 수도 있다. 즉, 최근 북한의 경제특구에 일괄적으로 적용하는 최저임금과 생활보조금을 동 법령에서 언급한다는 자체가 북한에게 있어 상당히 부담스러운 문제이다. 왜냐하면 동 법령은 북한의 전체 근로자에게 적용됨에 따라 자칫 중앙정부 차원의 정책과 문제로 작용하기 때문이다.

반면 「외국인투자기업로동법」은 동 법령 제23조 "외국인투자기업 종업원의 월로임최저기준을 정하는 사업은 중앙로동행정지도기관 또는 투자관리기관이 한다. 월로임최저기준은 종업원이 로동과정에 소모한 육체적 및 정신적 힘을 보상하고 생활을 원만히 보장할수 있게 정하여야 한다"라고 명시하였다. 이에 동 법령에서 북한은 외국인투자기업 근로자의 ① 최저임금의 명시, ② 최저임금 지정주체, ③ 최저임금 책정기준에 대해 언급하였다. 특히 북한은 외국인투자기업 근로자의 최저임금을 결정하는 것에 대해 중앙노동행정기관과 투자관리기관이 주무 담당기관으로 명시하였다. 이는 외국인투자기업 근로자의 최저임금 결정과 임금 협상에 대한 채널을 언급한 것이다. 그리고 사실상 이는 양 기관의 합의에 의해 최저임금이 결정됨을 의미한다.

또한 동 법령 제26조 "외국인투자기업은 종업원이 기업의 책임으로 또는 양성기간에 일하지 못하였을 경우 일하지 못한 날 또는 시간에 한하여 일당 또는 시간당 로임액의 60%이상에 해당한 보조금을 주어야 한다"라고 하였다. 그리고 이는 북한이 2013년 제정한 「경제개발구로동규정」 제33조 "기업은 양성기간에 있거나 기업의 책임으로 일하지 못하는 종업원에게 일

당 또는 시간당 로임의 60%이상에 해당한 생활보조금을 주어야 한다"라는
조항과 거의 동일하다. 이를 통해 볼 때, 북한은 2009년 제정한 동 법령을
2013년 제정한 「경제개발구로동규정」에도 적용하여 이를 추동하는 행태,
즉, 동일한 사안에 대해 동일한 입장을 보이는 지속성을 나타내고 있다.[9]

한편 동 조항은 외국인투자기업의 책임으로 인하여 양성기간 중이지만
비자발적 무노동 근로자들에게 생활보조금을 지급함과 동시에 그 지급수
준을 언급한 것이다. 그러나 동 조항에는 생활보조금의 수급기간이 명시
되어 있지 않아 실제 적용상의 논란이 예상된다.[10] 때문에 북한은 이 같은
법적 논란을 해소하기 위해 동 법령의 하위규정인 '외국인투자기업로동규
정'[11]이나 '외국인투자기업로동규정시행세칙' 등을 제정, 이를 통해 분명히
밝힐 필요가 있다. 즉, 북한은 이러한 법적 분화를 통해 제도적 함의와 규준을
명확히 하여 적용과 해석상의 우려를 상쇄시켜야 한다.

3) 사회보험(료)

「로동법」의 경우 사회보험료에 대한 법 조항이 부재하다. 그리고 이러
한 이유는 상술한 최저임금과 생활보조금의 경우와 동일한 사유이다. 하지

---

9) 사실 북한법령의 이러한 행태는 여타 법령에도 다소 나타나는 현상이다. 특히 경제특구
   와 관련된 사항들은 1990년대 제정한 법령을 시초로 지속성과 변화가 동시에 감지된다.
10) 이철수, 「북한의 경제특구 복지법제 비교분석: 라선경제무역지대 외국투자기업로동규
    정과 경제개발구 로동규정을 중심으로」, 『법학논총』 34(2), 2017c, 209쪽. 한편 이는
    「외국인투자기업로동규정」 제28조 "외국인투자기업은 종업원의 잘못이 아닌 기업의
    책임으로 일하지 못하였거나 양성기간에 일하지 못한 종업원에게 일하지 못한 날 또
    는 시간에 따라 일당 또는 시간당 로임액의 60%이상에 해당한 보조금을 주어야 한다"
    라는 조항에서 인용·파생한 것이다.
11) 아이러니하게도 동일한 법명으로 1999년 5월 8일(내각결정 제40호로 채택), 2005년
    1월 17일 내각결정 제4호로 수정된 「외국인투자기업로동규정」이 존재한다. 동 법령
    을 하위규정으로 하면 북한의 입법순서는 역순으로 진행된 것이라 하겠다.

만 북한은 앞서 언급한 바와 같이 동 법령 제73조에서 국가사회보험과 국가사회보장, 제74조에서 노후보장에 해당되는 년로년금, 제75조에서 공로자 우대, 제76조에서 임금과 보조금, 제77조에서 유가족년금 등을 언급하여 사회보험과 관련한 내용을 명시하였다. 그리고 이는 사회보험료와는 관련이 없지만 사회보험과는 밀접한 관련이 있는 조항들이다. 따라서 동 법령에서는 사회보험에 대한 언급은 있지만 여기에 소요되는 재정인 사회보험료에 대한 내용은 부재하다.

반면 「외국인투자기업로동법」은 동 법령 제5조 "외국인투자기업은 우리나라 공민인 종업원이 사회보험 및 사회보장에 의한 혜택을 받도록 한다"라고 하였다. 이는 북한이 외국인투자기업 근로자의 사회보험 및 사회보장제도에 대한 적용원칙을 밝힌 것이다. 따라서 동 조항에 근거하면 외국인투자기업에서 근무하는 북한 근로자들은 기존과 동일한 북한의 사회보험과 사회보장제도에 적용된다. 그리고 이는 큰 틀의 동일한 북한사회복지제도에 해당되는 것으로 여타 북한 경제특구의 근로자들과 별반 차이가 나지 않는다 하겠다.

또한 동 법령 제39조 "외국인투자기업에서 일하는 우리 나라 종업원이 병, 부상 같은 원인으로 로동능력을 잃었거나 일할 나이가 지나 일하지 못하게 되였을 경우에는 국가의 사회보험 및 사회보장에 의한 혜택을 받는다. 사회보험 및 사회보장에 의한 혜택에는 보조금, 년금의 지불과 정양, 휴양, 견학 같은것이 속한다"라고 하였는데, 이는 북한이 기존의 「로동법」의 주요 내용을 승계하여 북한의 사회보험과 사회보장 제도의 각종 혜택을 밝힌 것이다. 이에 동 조항에 근거하면 ① 노동능력을 상실한 경우와 ② 은퇴한 근로자는 사회보험과 사회보장에 적용된다. 그리고 이러한 경우 현금급여인 ① 연금과 보조금,[12] 현물급여인 ② 휴양과 견학이 제공된다. 단, 한 가지 여기에서 의문스러운 것은 '견학'인데, 이것이 현물급여인 것은 분명해보이나 휴양과 달리 구체적으로 무엇이 제공되는지에 대해서는 언급하기에는 한계가 있다.

그리고 여기에 소요되는 기금의 경우 북한은 동 법령 제41조 "사회보험 및 사회보장에 의한 혜택은 사회보험기금에 의하여 보장된다. 사회보험기금은 외국인투자기업과 종업원으로부터 받는 사회보험료로 조성한다"라고 하였다. 따라서 외국인투자기업 근로자에게 제공되는 각종 복지혜택에 소요되는 재원의 원천은 사회보험기금이고 이는 근로자가 부담하는 사회보험료로 충당된다. 다른 한편 여기에서 매우 중요한 점은 사회보험과 사회보장에 소요되는 재원이 별도의 기금으로 각각 조성되는 것이 아니라 사회보험기금으로 통합·운영된다는 것이다. 이는 북한이 사회보험과 사회보장이라는 제도를 이원화하였지만 양 제도의 운영에 필요한 재원은 단일하게 사회보험기금으로 일원화되어 있음을 반증한다. 따라서 결국 적어도 북한의 외국인투자기업 근로자에게 적용되는 북한의 복지제도는 크게 사회보험과 사회보장 두 제도이다. 또한 여기에 조달되는 재원은 사회보험료이고 이를 통해 확보한 기금은 사회보험기금으로 통칭된다.

이러한 기금의 원천인 사회보험료에 대해 북한은 동 법령 제42조 "외국인투자기업과 종업원은 달마다 해당 재정기관에 사회보험료를 납부하여야 한다. 사회보험료의 납부비율은 중앙재정지도기관이 정한다"라고 하였다. 동 조항을 근거로 하면 사회보험료는 외국인투자기업과 해당기업 근로자가 각각 공동으로 납부·부담한다.

---

12) 여기에서 말하는 연금은 북한의 복지급여인 노령연금과 노동능력상실연금을 의미하고 보조금은 이와 별개의 것이라 판단된다.

이는 기존과 다소 차이가 나는 부문으로 가령 2003년 적용한 개성공업 지구의 경우 북한은 「개성공업지구 로동규정」에서 동 규정 제42조 "기업은 공화국공민인 종업원에게 지불하는 월로임총액의 15%를 사회보험료로 달마다 계산하여 다음달 10일안으로 중앙공업지구지도기관이 지정하는 은행에 납부하여야 한다. 사회문화시책과 관련하여 기업은 사회보험료밖의 다른 의무를 지니지 않는다"라고 명시하였다. 즉, 동 조항에 근거하면 개성공업지구 근로자의 사회보험료는 근로자의 임금에서 갹출하지만 기업이 직접 납부·부담한다.

반면 상술한 바와 같이 외국인투자기업 근로자들은 개성공업지구 근로자들과 달리 해당 외국인 기업과 근로자들이 각각 별도로 납부하지만 공동 부담한다. 따라서 이러한 북한의 변화를 놓고 다양한 해석이 가능하지만 한 가지 분명한 것은 2009년을 기점으로 사회보험료의 재정부담 주체가 제도적으로 이원화되었다는 것이다. 그리고 이러한 북한의 변화와 추세에 대한 확고한 판단은 동 법령의 하위규정을 통해 구체화될 때 가능하다고 판단된다.[13]

한편 각종 복지급여에 대해 북한은 동 법령 제40조 "사회보험 및 사회보장에 의한 보조금, 년금은 해당 법규에 따라 계산한다"라고 하여 보조금과 년금의 급여수준 계산에 대해 언급하였다. 동 조항을 근거로 하면 북한의 외국인기업 근로자는 복지급여 계산과 수준이 별도의 법규에 의해 결정된다. 특히 여기에서 북한이 언급한 '해당 법규'가 구체적으로 무엇인가에 대한 문제와 의문이 제기된다. 이를 위해 여기에서 북한이 언급한 법규가 기

---

13) 동 법령보다 먼저 제정된 「외국인투자기업로동규정」 제39조 "사회보험 및 사회보장에 의한 혜택은 사회보험기금에 의하여 보장된다. 사회보험기금은 기업과 종업원에게서 받는 사회보험료로 적립된다"고 하였다. 이를 근거로 하면 사회보험료 재정부담 주체는 기업과 근로자가 각각 별도로 공동 부담한다.

존의 법규인지, 아니면 신설된 법규인지에 대한 추적이 필요하다. 이를 추적해 보면 이는 신설된 법규라기보다는 기존의 법규를 의미한다 하겠다. 이러한 이유는 동 법령의 하위규정이나 별도의 법규가 현재까지 공표된 바 없기 때문이다. 따라서 예측하건대, 여기에서 말하는 해당 법규는 기존의 북한의 각 사업장별로 비치된 '노동성 사회보험규정집'을 의미한다고 판단된다.[14]

사회보장의 경우「로동법」과「외국인투자기업로동법」은 각각 법적 지위에 맞게 구성되어있다.「로동법」은 다양한 북한의 시책과 복지제도에 대한 구체적인 정책과 급여에 대해 언급하였지만 최저임금과 생활보조금, 사회보험료에 대한 내용은 부재하다. 반면「외국인투자기업로동법」 사회문화시책에 대한 언급은 부재한 반면 문화후생기금, 최저임금과 생활보조금, 사회보험료에 대한 구체적인 내용이 서술되어 있다. 이러한 양 법령의 차이는 앞서 상술한 바와 같이 양 법령이 갖는 내재적 속성과 법적 지위, 기능과 역할에 근거한 것이라 판단된다. 지금까지 논증한「로동법」과「외국인투자기업로동법」의 사회보장의 주요내용을 요약하면 다음〈표 4〉와 같다.

〈표 4〉 사회보장 관련 주요 내용 요약

구분	로동법(1978)	외국인투자기업로동법(2009)
사회문화시책	제도와 다양한 급여 제시	제도로서 언급
문화후생기금	부재	조성과 이용 제시

14) 이에「외국인투자기업로동규정」제38조 "사회보험, 사회보장에 의한 보조금, 년금은 공화국의 로동법규범에 따라 계산한다"라고 하여 동 규정에서 북한은 노동법규범에 따른다고 하였다. 그리고 여기에서 말하는 노동법규범 또한 무엇을 지칭하는지 분명하지 않다.

구분	로동법(1978)	외국인투자기업로동법(2009)
최저임금	상동	합의 주체 언급
생활보조금	상동	수급 기간 부재
사회보험	국가사회보험으로 제시	제도 적용 언급
사회보장	국가사회보장으로 제시	상동
사회보험료	부재	기업과 근로자 공동 부담

• 주: 저자 작성.

Ⅳ. 결론

지금까지 본 연구는 북한의 「로동법」과 「외국인투자기업로동법」 양 법령을 놓고 비교 분석하였고 이를 통해 북한의 노동복지법제 동학을 양 법령의 법적개관, 근로복지와 사회보장 조항을 중심으로 규명하였다. 이에 주요 분석결과는 크게 다음 세 가지로 정의된다. 첫째, 양 법령은 법적 정체성과 법적 지위에 있어 상당한 차이가 있다. 먼저 법적 위계적 차원에서 상대적으로 접근하면 「로동법」이 「외국인투자기업로동법」에 비해 상위법령이고 때문에 「외국인투자기업로동법」은 하위법령이다. 따라서 양 법령은 법령의 위계적 차원에서 법적 상하관계를 갖는다. 즉, 북한은 「로동법」이라는 기존의 원칙적입 법령 아래 「외국인투자기업로동법」을 허용·통제하고자 한다. 때문에 양 법령은 ① 입법과 제정취지, ② 입법시기와 환경, ③ 양 법령의 적용대상, ④ 법적 구성에 있어 차이가 발생할 수밖에 없다.[15]

다음으로 법적 내용차원에서 상대적으로 접근하면 「로동법」이 북한의 노동에 관한 고전적-추상적 수준의 함의를 밝힌 것이라면 「외국인투자기업로동법」은 북한의 외국인투자기업노동에 대한 현대적-실제적 수준의 함

---

15) 다른 한편으로 양 법령은 '상하관계'이기도 하지만 '수평관계'라고도 할 수 있다. 그리고 이러한 '수평적 양립관계'의 근거는 양 법령의 적용기업의 차이에 근거한다.

의를 제시하였다. 그리고 이는 재차 「로동법」은 거시-구조적 수준, 「외국인투자기업로동법」은 미시-행위적 수준으로 정리된다. 결국 이는 법령의 서술과 표기, 내용의 구체성, 해석과 적용의 명확성에 반영되는데, 이러한 점에서 보면 「외국인투자기업로동법」이 「로동법」에 비해 발달된 형태이다.

마지막으로 양 법령의 존재로 인해 특히 「외국인투자기업로동법」의 제정으로 말미암아 북한의 노동제도와 정책이 이중적으로 다층화되었다는 것이다. 동 법령이 제정되기 이전까지 기존의 북한 노동제도는 「로동법」에 근거하여 단일하게 작동하였다. 그러나 2009년 동 법령의 제정 이후 북한이 제정한 '노동법'은 두 가지가 되었다. 특히 북한이 법 명칭에 「외국인투자기업로동법」이라 칭한 것은 상당한 의미를 갖는다. 또한 이에 따라 후속적으로 양 '노동법'이 표방하는 법적 내용에 근거하여 북한의 노동제도가 양립하게 되었다. 따라서 2009년 이후 지금 현재 북한은 두 개의 '노동법' 아래 두 개의 '노동제도'로 재편되었다 하겠다.

둘째, 근로복지는 상대적으로 「로동법」이 포괄적인 내용을 갖고 양적으로도 다수인 반면 「외국인투자기업로동법」은 이와 달리 보다 더 구체적인 내용을 갖고 양적으로 소수이다. 이러한 원인은 양 법령이 갖고 있는 속성과 기능, 법적 지위, 적용기업 등 실제적 차이 등에 있다. 또한 양 법령의 일부 조항이 부분적으로 공통적이거나 상호 부재한 내용도 있다. 따라서 양 법령은 법 내용상 근로복지에 관한 공통점과 차이점, 지속성과 변화 등이 동시에 나타난다. 그러나 이러한 현상이 북한의 노동관련 법의 체계나 법적 기본 틀을 훼손하여 법적 위계와 내용, 나아가 법적 질서에 영향을 미치지는 못한다고 판단된다.

셋째, 사회보장은 내용상 「로동법」과 「외국인투자기업로동법」 양 법령 모두 법적·위계적 지위에 맞게 언급되어있다. 즉, 「로동법」은 북한의 다양한 정책, 복지제도와 그에 따른 급여, 일종의 북한식 복지프로그램 등에 대해 명시하였다. 그러나 동 법령에는 북한이 「외국인투자기업로동법」에서 언급한 문화후생기금, 최저임금, 생활보조금, 사회보험(료), 사회보장 등에 대한 내용이 제시되어 있지 않다. 이와 반대로 「외국인투자기업로동법」에는 이와 같은 내용이 있는 반면 북한의 복지제도에 대한 언급은 명기되어 있지 않다.

한편 더욱 중요한 것은 양 법령의 파급효과나 실제적 결과를 떠나 북한의 노동제도가 제도적-형식적으로 법적 적용대상에 따라 '이중화'내지는 사업장별 '다중화'되었다는 것이다. 다시 말해 북한이 소유하고 제정한 '노동법'은 2009년을 기준으로 구분된다. 즉, 2009년 제정한 「외국인투자기업로동법」으로 인해 북한이 공식적으로 표방하고 인정한 '노동법'은 두 종류이다. 따라서 「로동법」과 「외국인투자기업로동법」 양 법령의 법적 정체성, 실제적 영향력에 대한 판단을 차치하더라도 북한노동의 제도적 이중화는 공식화 되었다. 이에 북한의 노동은 북한이 당면한 대내외 환경에 종속되어 제도적 분화를 꾀하였다.

때문에 다른 한편으로 북한의 '이중화'내지는 '다중화'된 노동정책이 만 10년째인 2018년 현재 북한 노동현장에 대한 근로복지와 사회보장의 현실과 그 실체에 귀추가 주목된다. 나아가 향후 북한의 노동제도의 법적 분할, 특히 최근 북한의 경제특구 근로소득과 근로복지, 사회보장에 대한 추가적인 관찰이 필요하다. 또 다른 한편으로 현실적으로 국제사회의 대북제재로 인한 북한의 투자 유치의 제한적인 상황도 고려해야 한다. 이에 북한의 노동복지법제와 현실에 대한 고찰을 통해 실체적 진실에 접근한다면 보다 더 확실한 북한의 노동복지에 대한 판단이 가능할 것이다. 이러한 점에서 본 연구는 단초적인 역할을 하였고 의미 있는 연구로 천착될 것이다.

제6장

북한경제특구의 노동복지법제 비교분석

외국인투자기업 로동규정과 개성공업지구 로동규정을 중심으로

I. 서론

북한은 1999년 5월 8일 「조선민주주의인민공화국 외국인투자기업 로동규정」(내각결정 제40호로 채택)을 제정하였다. 이는 기존의 북한 경제발전 전략 수립의 연장선상의 법령으로 외자유치를 목적으로 한 법령이다. 특히 이는 북한이 2003년 9월 18일 제정한 「조선민주주의인민공화국 개성공업지구 로동규정」(최고인민회의 상임위원회 결정 제2호로 채택)과 대비된다. 왜냐하면 하나는 북한이 외자유치를 위해 제정한 법령이고 다른 하나는 남북경협이지만 사실상의 외자유치에 성공한 특정 지역에 대해 각각 1999년과 2003년에 별도의 '로동규정'을 제정했기 때문이다.

따라서 북한의 전 지역에 해당되는 '외국인투자기업 로동규정'과 경제특구인 '개성공업지구 로동규정'을 놓고 그 내용을 비교하면, 북한의 경제특구 로동규정에 관한 위계적·순차적 차원의 동학을 규명할 수 있다. 즉, 양 법령의 적용지역과 대상의 차이로 인해 발생하는 법적 내용과 더불어 약 4년간의 입법 시간의 간극에서 따라 나타난 당시 북한의 동학에 접근할 수 있다.

한편 북한은 2013년 9월 12일 「조선민주주의인민공화국 라선경제무역지대 외국투자기업로동규정」(최고인민회의 상임위원회 결정 제139호로 채택),

2014년 11월 17일 「조선민주주의인민공화국 라선경제무역지대 외국투자
기업로동규정 시행세칙」(라선시인민위원회 결정 제162호로 채택)을 각각 제정
하였다. 이는 북한이 2013년 라선경제무역지대라는 경제특구에 별도의 로
동규정을 시행하겠다는 것을 천명한 것이고 연이어 2014년 이를 실제 적
용하기 위해 실천규정인 시행세칙을 재차 제정한 것이다.[1] 그리고 이는 상
술한 바와 같이 북한이 1999년과 2003년 각각 제정한 '외국인투자기업 로
동규정'과 '개성공업지구 로동규정'의 연장선상에 있다고 판단된다.

이러한 점에서 '외국인투자기업 로동규정'과 '개성공업지구 로동규정'은
의미하는 바가 크다. 왜냐하면 '외국인투자기업 로동규정'과 '개성공업지구
로동규정'은 '라선경제무역지대 외국투자기업로동규정'과 '라선경제무역지
대 외국투자기업로동규정 시행세칙'과 그 기능을 같이 하지만[2] 먼저 제정
되었기 때문이다. 따라서 '외국인투자기업 로동규정'과 '개성공업지구 로동
규정'을 추적하면, 후일 제정한 '라선경제무역지대 외국투자기업로동규정'
과 '라선경제무역지대 외국투자기업로동규정 시행세칙'의 원인과 배경에
대한 일정한 함의를 도출할 수 있다.

이에 본 연구는 북한 경제특구의 노동복지 법제를 추적하여 법제도적
변화를 분석, 그 함의를 도출하고자 한다.[3] 보다 구체적인 본 연구의 목적
은 북한의 '외국인투자기업 로동규정'과 '개성공업지구 로동규정'을 비교,

---

1) 이철수, 「북한경제특구의 노동복지법제 비교분석: 개성공업지구와 라선경제무역지대를
   중심으로」, 『법학연구』 28(1), 충북대학교, 2017a, 169쪽. 북한은 라선경제무역지대
   와 관련, 2014년 7월 23일 「환경보호규정」, 동년 8월 7일 「벌금규정」, 동년 9월 25일
   「세금규정」, 동년 12월 24일 「부동산규정」, 2015년 4월 8일 「외국투자기업 재정관리규
   정」, 「외국투자기업 회계규정」, 동년 6월 10일 「세금징수관리규정」, 「외국투자기업회계
   검증규정」을 각각 제정하였다.
2) 이철수, 「북한의 경제개발구 노동복지 법제분석: 경제개발구 로동규정을 중심으로」, 『동
   서연구』, 29(3), 연세대학교 동서문제연구원, 2017b, 29쪽.
3) 위의 논문, 29쪽.

1999년~2003년 사이의 북한경제특구 노동복지 법제의 동학을 추적하고
자 한다. 이에 본 연구의 주요 분석 대상은 북한이 1999년과 2003년에 각
각 제정한 '외국인투자기업 로동규정'과 '개성공업지구 로동규정'을 중심으
로 한다. 또한 본 연구의 연구방법은 문헌연구를 중심으로 하여 원 자료인
두 법령들을 놓고, 노동과 복지 관련 조항을 핵심 분석대상으로 하여 법제
도 분석에 일반적으로 사용되는 방법인 질적 내용분석을 통해 비교 분석하
고자 한다.[4]

이를 위한 본 연구의 서술 순서는, 먼저 양 법령의 노동복지 관련 조항에
대한 개괄적 고찰을 통해 거시적 분석을 시도하고자 한다. 다음으로 양 법령
의 규정을 놓고 ① 근로소득, ② 근로복지, ③ 사회보장을 중심으로 비교 분
석하고자 한다. 마지막으로 이를 토대로 양 법령을 통한 2000년대 전후 북한
경제특구의 노동복지 법제에 관한 통시적 차원의 지속성과 변화를 도출하고
자 한다.

특히 본 연구가 이러한 비교 분석을 시도하는 이유는 다음과 같다. 첫째,
무엇보다 관련 법령들과의 교차분석을 통해 북한경제특구의 노동복지 법제
에 대한 다층적 해석이 가능하다. 둘째, 북한경제특구의 노동복지 법제의 지
속성과 변화에 접근하기 위해서는 반드시 관련 법령들과의 비교를 통해 추출
해야 한다. 셋째, 동 법령들은 시차적으로 약 4년의 시간적 간극이 존재하기
에 현 시점에서 통시적인 접근과 해석이 가능하다. 때문에 본 연구는 각각의
법령에 나타난 동종의 내용을 비교분석하고자 한다.[5] 참고로 본 연구의 분석

---

4) 위의 논문, 29쪽.
5) 참고로 본 연구와 관련한 대표적인 기존연구는 이철수(2017a·b), 이효원(2015)의 연
　구가 있고 북한 경제특구와 관련한 대표적인 연구는 문무기(2009), 박천조(2015),
　박형중(2015), 배종렬(2014), 유현정·정일영(2016), 임을출(2015, 2016), 조봉현
　(2015), 최우진(2015·2014) 등의 연구가 있다.

모형과 분석 틀을 도식화면 각각 다음 〈그림 1〉, 〈표 1〉과 같다.

〈그림 1〉 분석 모형: 법적 체계

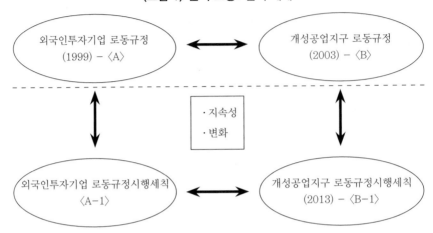

· 비고1: 외국인투자기업 로동규정시행세칙은 부재, 개성공업지구 로동규정시행세칙은 공식적으로 미공개.
· 비고2: 점선 위 두 법령 중심의 시계적 차원의 비교 분석.
· 비고3: 2009년 외국인투자기업로동법 제정.
· 출처: 이철수,2017a, 171쪽에서 수정 재인용.

〈표 1〉 분석 틀

구분	외국인투자기업 로동규정(1999)	개성공업지구 로동규정(2003)
① 근로소득 ② 근로복지 ③ 사회보장	① 관련 조항의 구체적 진술 ② 관련 조항의 공통점과 차이점 ③ 동일 조항의 내용(변화) 비교(추적) ④ 동일 조항의 지속성 · 변화-추적 · 분석	

· 출처: 이철수,2017a, 172쪽에서 수정 재인용.

II. 법적 개괄

먼저 「외국인투자기업 로동규정」의 경우 총 8개 장 45개 조항으로 ① 일반규정, ② 로력의 채용과 해고, ③ 기능공의 향성, ④ 로동시간과 휴식, ⑤ 로동보수, ⑥ 로동보호, ⑦ 사회보험, 사회보장, ⑧ 제재 및 분쟁해결로 구성되어 있다. 또한 동 규정은 1999년 제정 이후 2005년 1월 17일 내각결정 제4호로 한차례 수정되었지만 주목할 만한 내용상의 변화는 없다.

즉, 북한이 1999년 제정한 「외국인투자기업 로동규정」은 제정 당시를 기준으로 할 때, 북한이 1984년부터 제정한 각종 외국자본 유치 관련 법령의 총아라 할 수 있다. 가령 동 규정 제정이전 북한의 외자유치와 관련한 대표적인 법령은 1984년 합영법, 1992년 합작법과 외국인기업법, 1993년 라선경제무역지대법과 자유경제무역지대법 등이다. 따라서 동 규정은 이러한 북한의 대외경제관련 법제의 환경 하에 북한 내에 장기간 체류, 경제활동에 임할 외국기업 근로자에 대한 법적 함의를 다소 구체적인 '규정' 차원에서 구체적으로 언급하였다. 때문에 동 규정은 북한에 상주할 외국기업이 고용한 북한 근로자에 대한 전반적인 로동관련 내용을 언급한 것으로 제정 당시를 기준으로 하면 가장 구체적인 규정이다.

반면 「개성공업지구 로동규정」의 경우 총 7개 장 49개 조항으로[6] ① 일반규정, ② 로력의 채용과 해고, ③ 로동시간과 휴식, ④ 로동보수, ⑤ 로동보호, ⑥ 사회문화시책, ⑦ 제재 및 분쟁해결로 구성되어 있다. 또한 동 규정은 2003년 제정 이후 현재까지 구체적으로 수정된 내용이 없다. 즉, 2003년 제정된 초기 규정이 현재까지 지속되고 있다.

　북한이 2003년 제정한 「개성공업지구 로동규정」은 남북경협의 산실로 시작된 개성공단사업의 법률적 토대를 마련한 것으로 평가된다. 역으로 동 법령은 북한의 입장에서 개성공업지구에 반드시 필요한 법령이다. 사실 북한의 대외경제적인 측면에서 보면 이전까지 동 법령과 같은 구체적인 법령–후술하였지만–은 제정되지 않았다. 즉, 동 법령이 제정되기 전까지 북한이 이와 같은 특정지역과 특정분야에 한정하여 실천적 수준의 법령을 대내외에 공표한 사례가 매우 제한적이었다.

　이에 양 로동규정을 비교하면 첫째, 크게 양적인 측면에서 총 8개 장 45개 조항이 총 7개 장 49개 조항으로 1개 장과 4개 조항의 차이가 발생한다. 그러나 이는 외형적인 차이일 뿐 크게 주목할 만한 부문은 아니라 판단된다.

　둘째, 법령의 표현에 있어 「개성공업지구 로동규정」이 「외국인투자기업 로동규정」에 비해 상대적으로 세련되어 있다. 가령 「개성공업지구 로동규정」 각 세부조항의 서술에 대한 정의와 더불어 내용이 명시된 반면 「외국인투자기업 로동규정」은 세부조항에 대한 선제적 정의가 생략된 채 단순한 내용이 나열되어 있다. 이러한 원인은 예측하건대, 북한의 입법 경험과 기술적인 문제에 기인한 것이라 판단된다. 따라서 이러한 점에서 양 로동규정의 약 4년간의 입법 차이가 의미하는 것은 시간에 비례하여 북한의 입법

6) 이철수, 앞의 논문, 2017b, 31쪽.

행태가 다소 진전되고 있다는 것이다.

셋째, 특이하게도 「외국인투자기업 로동규정」 제3장의 기능공의 양성 부문이 「개성공업지구 로동규정」에서 전혀 언급되어 있지 않다. 이러한 이유는 「외국인투자기업 로동규정」 제19조 "외국인투자기업은 종업원의 기술기능수준을 높이며 공화국의 로동법규범에 따라 그들에게 기술기능급수를 사정해 주어야 한다"라는 조항 때문이라 판단된다. 즉, 동 조항을 「개성공업지구 로동규정」에서 재차 언급할 경우 남측 기업이 북측 노동자의 기술기능급수를 판단해야 하고 이 경우 북한의 입장에서는 다소 부담되는 형국이 되기 때문이다. 따라서 북한의 입장에서 굳이 동 조항을 삽입할 이유가 존재하지 않게 된다.

넷째, 「외국인투자기업 로동규정」의 제7장 사회보험, 사회보장 부문이 「개성공업지구 로동규정」 제6장에서 사회문화시책으로 표현이 변화였다. 그러나 북한의 이러한 변화는 '제도 내에 정책'을 표현하는 방법에서 '정책 내에 제도'를 표현하는 방식으로 변화한 것이라 판단된다.

다섯째, 「개성공업지구 로동규정」이 「외국인투자기업 로동규정」에 비해 상대적으로 구체적이다. 가령 북한은, 「개성공업지구 로동규정」에서는 「외국인투자기업 로동규정」에서 부재한 최저임금액의 구체적인 지급 기준, 사회보험료 납부율에 대한 명시 등 기존의 「외국인투자기업 로동규정」에 간접적으로 언급되어 있었지만 구체적이지 않은 부문에 대한 내용이 분명히 제시되어 있다. 이러한 원인은 「외국인투자기업 로동규정」의 경우 향후 외국기업을 대상으로 외자유치에 대한 의뢰와 교섭 등 사업절차가 상당부문 남아있는 상태의 입법이었던 반면 「개성공업지구 로동규정」은 법 제정 당시 이미 남측과 구체적인 내용에 대한 포괄적인 합의를 한 상태였기 때문이라 판단된다. 즉, 당시 북한은 자의반 타의반으로 「개성공업지구 로동규정」의 상당한 부문에 대한 구체적인 내용을 명시할 수 있을 만큼 남북한과 합의에 이른 상태였다. 따라서 이러한 차이는 양 로동규정의 입법 환경의 차이에 근거한다고 판단된다.

요약하면 양 로동규정 중 상대적으로 「외국인투자기업 로동규정」보다 후에 제정된 「개성공업지구 로동규정」이 질적으로 우수하다고 판단된다. 왜냐하면 「개성공업지구 로동규정」은 이전의 「외국인투자기업 로동규정」과 달리 내용적으로 구체적이고, 법적 구성이 촘촘하고, 세부조항에 대한 정의와 구체적인 진술로 구성·명시되어 있기 때문이다. 지금까지 논증한 양 로동규정의 구성을 비교하면 다음 〈표 2〉와 같다.

〈표 2〉 외국인투자기업 로동규정과 개성공업지구 로동규정 비교

구분	외국인투자기업 로동규정(1999) : 총 8개 장 45개 조항	구분	개성공업지구 로동규정(2003) : 총 7개 장 49개 조항
제1장: 일반규정	− 사명, 적용대상, 로력의 채용원칙, 로력동원의 금지, 로임의 재정, 로동조건의 보장, 사회보험, 사회보장 혜택, 로동계약, 감독통제기관	제1장: 일반규정	− 사명, 적용대상, 로력의 채용원칙, 로동조건의 보장, 로임의 재정, 로력동원의 금지, 감독통제기관
제2장: 로력의 채용	− 로동계약, 로력알선기관, 로력공급, 해고금지, 종업원의 해고조건, 퇴직 보조금 사직 절차	제2장: 로력의 채용과 해고	− 로력의 보장자, 로력알선 계약의 체결, 로력의 채용 계약, 노력알선료, 남측 및 해외동포, 외국인의 채용, 로동규칙의 작성과 실시, 종업원의 해고조건, 종업원의 해고, 종업원을 해고할 수 없는 조건, 종업원의 사직 조건, 종업원의 사직 절차, 퇴직 보조금의 지불

구분	외국인투자기업 로동규정(1999) : 총 8개 장 45개 조항	구분	개성공업지구 로동규정(2003) : 총 7개 장 49개 조항
제3장: 기능공의 양성	– 기술기능 급수 사정, 기능공 양성, 기술인재 양성	제3장: 로동시간과 휴식	– 로동시간, 로동시간의 준수, 명절과 공휴일의 휴식보장, 휴가보장
제4장: 로동시간과 휴식	– 로동일수, 로동시간, 시간외 로동금지, 휴가, 대휴, 특별휴가	제4장: 로동보수	– 로동보수의 내용, 종업원의 월 최저 로임, 종업원 월로임의 제정, 휴가기간의 로임지불, 휴가비의 계산방법, 생활보조금, 연장, 야간의 작업의 가급금, 상금의 지불, 로동보수의 지불
제5장: 로동보수	– 월로임기준, 로임수준 향상, 휴가기간의 로임지불, 생활보조금, 연장, 야간의 작업의 가급금, 상금의 지불, 로동실적계산	제5장: 로동보호	– 산업위생조건의 보장, 녀성로력의 보호, 탁아소, 유치원의 운영, 로동안전기술교육, 로동보호물자의 공급, 로동재해위험 제거, 사고발생시의 조치
제6장: 로동보호	– 사업위생조건, 로동안전기술교육, 녀성로력의 보호, 탁아소, 유치원의 운영, 로동보호물자의 공급, 로동재해위험 제거, 사고발생시의 조치, 심의	제6장: 사회문화시책	– 사회문화시책의 실시, 사회문화시책 기금의 조성, 기업의 사회보험료 납부, 사회문화시책금의 납부, 사회문화시책기금의 이용, 문화후생기금의 리용
제7장: 사회보험, 사회보장	– 사회보험, 사회보장 각종 혜택, 급여, 급여계산방식, 사회보험기금, 정휴양소 조직과 운영, 사회보험료 납부와 관리감독, 문화후생기금 조성과 감독	제7장: 제재 및 분쟁해결	– 벌금 및 영업중지, 사회보험 연체료, 분쟁해결방법, 신소 및 처리
제7장: 제재 및 분쟁해결	– 형사적 책임, 신소와 청원, 중재기관, 재판기관	–	–

· 주: 저자 작성.

III. 관련 조항 비교 분석

1. 근로소득

근로소득인 임금의 경우 ① 임금 종류와 제정 권한, ② 최저임금, ③ 임금 지불방식[7]으로 크게 구분하여 접근하고자 한다.

1) 외국인투자기업 로동규정

먼저 「외국인투자기업 로동규정」에서 외국기업이 북측 근로자에게 지급하는 임금의 종류는 동 규정 제5조 "외국인투자기업에서 일하는 종업원의 로동보수액은 그의 로동직종과 기술기능수준, 로동생산성에 따라 정한다. 로동보수에는 로임, 가급금, 장려금, 상금이 포함된다"라고 명시하였다. 따라서 동 조항에 의거한 외국기업 근로자의 법적인 임금의 종류는 네 가지로 여기에는 ① 통상적인 급여 성격인 임금, ② 초과근무 시 지급되는 수당 성격의 가급금, ③ 특정 사안의 독려에 대한 장려금, ④ 특정 사안에 대

---

7) 위의 논문, 33쪽.

한 근무자의 포상을 위한 상금이 있다.[8]

다음으로 임금의 제정 권한, 즉 매월 지급하는 외국기업 근로자의 급여에 대해 동 규정 제25조 "외국인투자기업의 종업원 월로임기준은 중앙로동기관이 정한다. 중앙로동기관은 외국인투자기업의 종업원 월로임기준을 종업원들이 로동과정에 소모된 육체적 및 정신적 힘을 보상하고 그들의 생활을 보장하는 원칙에서 정하여야 한다. 조업준비기간의 로임, 견습공, 무기능공의 로임은 해당 기관의 승인밑에 정한 월로임기준보다 낮게 정할수 있다. 외국인투자기업은 정한 로임기준에 따라 직종, 직제별 로임기준, 로임지불형태와 방법, 가급금, 장려금, 상금기준을 자체로 정한다"라고 언급하였다. 즉, 북한의 외국기업 근로자의 월 임금 기준은 북한의 중앙로동기관이 정하지만 외국기업은 여기에 근거하여 자체의 각종 임금 기준과 그에 따른 진행 방식을 결정한다. 또한 동 규정에는 임금의 최하한선인 최저임금에 대한 구체적인 내용이 없는 반면 월 임금기준이라는 표현으로 제시되어 있다. 그러나 이러한 월 임금기준이 구체적으로 어느 정도 수준인지에 대한 명확한 진술은 표기되어 있지 않다.[9]

마지막으로 임금 지불방식의 경우 동 규정에는 명확한 내용이 제시되어 있지 않다. 다만 동 규정 제31조 "외국인투자기업은 종업원의 로임, 가급금, 장려금, 상금을 일한 실적에 따라 정확히 계산하여 내주어야 한다. 로동보수를 주는 날이 되기전에 사직하였거나 기업에서 내보낼 경우에는 그 수속이 끝난 다음에 로동보수를 주어야 한다"라고 밝혔다. 이는 임금지불방식에 대한 내용이 아니라 임금의 실적에 따른 계산과 사직한 근로자의 임금 지급 절차와 방식에 대한 내용이다. 따라서 임금지불방식 또한 최저

---

8) 이철수, 앞의 논문, 2017a, 178쪽.
9) 이철수, 앞의 논문, 2017b, 34쪽.

임금과 마찬가지로 동 규정에서는 다소 그 구체성이 떨어진다 하겠다.

반면 동 규정 제29조 "외국인투자기업은 공휴일에 일을 시키고 대휴를 주지 않았거나 로동시간밖의 낮 연장작업 또는 로동시간안의 밤작업을 한 종업원에게 로임과 함께 일한 날 또는 시간에 따라 일당 또는 시간당 로임 액의 50%(명절일작업과 로동시간밖의 밤연장작업을 한 종업원에게는 100%)에 해당한 가급금을 주어야 한다"라고 언급하였다. 이는 근로자의 공휴일과 야간 추가근무, 연장근무에 대한 추가임금 지급에 대한 내용으로 다양한 연장근무에 대한 추가 임금 지급기준을 명시한 것이다.

2) 개성공업지구 로동규정

먼저 「개성공업지구 로동규정」에서 남측기업이 북측 개성공단 근로자에게 지급하는 임금의 종류는 동 규정 제24조 로동보수의 내용에 언급되어 있다. 동 조항에서 북한은 "로동보수에는 로임, 가급금, 장려금, 상금이 속한다"라고 명시하였다. 이는 앞서 언급한 「외국인투자기업 로동규정」 제5조와 거의 대동소이한 내용이다.[10] 단지 규정의 구성과 진술의 순서에 있어 위치가 변경된 것뿐이라 하겠다.

다음으로 이러한 임금의 제정 권한은 동 규정 제5조 로임의 제정에서 "종업원의 로임은 종업원월최저로임에 기초하여 기업이 정한다."라고 하여 임금제정 권한은 해당 기업이, 적정 임금 기본선은 최저임금에 기초함을 밝혔다. 이에 따라 북한은 후속적인 조항으로 동 규정 제25조에서 최저임금 액을 밝히고 있는데, "기업의 종업원월최저로임은 50US$[11]로 한다. 종업원

---

10) 위의 논문, 33쪽.
11) 북한은 2014년 11월 20일 동 규정을 일부 개정, 기존의 관리기관과 중앙공업지구지도기관이 협의하여 최저임금을 결정하였던 것을 중앙공업지구지도기관 단독으로 결

월최저로임은 전년도 종업원월최저로임의 5%를 초과하여 높일수 없다"라고 명시하고 있다. 따라서 동 조항에서 북한은 임금의 지정 주체, 최저임금액, 최저임금에 대한 년간 임금인상 상한율을 각각 명시하고 있다.[12]

그리고 이는 앞서 분석한 「외국인투자기업 로동규정」의 '월로임기준'이 동 규정에서는 '월최저로임'으로 구체화되어 그 수준까지 언급되어 있다. 이러한 원인은 「외국인투자기업 로동규정」의 경우 동 규정 제정이후 즉각적으로 외자유치 사업을 실제 적용할 만한 기업이 부재하였다. 또한 북한의 입장에서 이를 굳이 먼저 밝힐 전략적 요구도 필요치 않았다. 즉, '월로임기준'은 외국기업과 북한과의 협상을 통해 합의해야하는 사안이다. 따라서 북한의 입장에서는 협상의 주체인 중앙로동기관만을 언급하고 추후 협상을 할 경우 이들이 전면에 나서서 외국기업과 합의에 이르고 이러한 과정에서 구체적인 임금기준을 제시하는 것이 전략적이었다. 그러나 이와 달리 「개성공업지구 로동규정」은 북한이 남한과 상당한 합의에 도달한 상태였기 때문에 사업의 가시적인 진행을 통해 최저임금에 대한 구체적인 내용을 제시할 수 있었다. 결국 양 로동규정의 임금에 대한 구체성의 차이는 상술한 바와 같이 양 규정의 입법 환경에 기인한다 하겠다.

또한 매월 지급하는 근로자의 급여에 대해 동 규정 제26조 종업원월로임의 제정에서 "종업원의 월로임은 종업원월최저로임보다 낮게 정할수 없다. 그러나 조업준비기간에 있는 기업의 종업원과 견습공, 무기능공의 로임은 종업원월최저로임의 70%범위에서 정할수 있다"라고 하여 최저임금 보장과 동시에 최초 채용 이후 일종의 인턴기간동안에 견습 근로자와 무기

정하는 것으로 변경하였다. 이에 따라 중앙공업지구지도기관이 2015년 2월 경 최저임금을 74$로 일방적으로 정하여 통보하였다. 최우진, 「라선경제무역지대의 법제도 정비 현황」, 『통일과 법률』, 8월호, 법무부, 2015. 113쪽.
12) 이철수, 앞의 논문, 2017a. 179쪽.

능 근로자의 최저임금 지급을 미준수 해도 가능한 일정기간과 특정 근로자의 최저 임금격차를 언급하여 다소 유연한 임금보장선을 명시하였다. 그러나 동 조항에서 조업준비기간에 대한 분명한 '기간 명시'가 제시되어 있지 않은 점은 다소 논란의 여지가 있다 하겠다.[13]

마지막으로 임금 지불방식의 경우 동 규정 제32조 로동보수의 지불에서 "기업은 로동보수를 화폐로 종업원에게 직접 주어야 한다. 이 경우 상금은 상품으로 줄수도 있다…"라고 명시되어 있다. 이에 동 조항을 근거로 할 때 임금(로임, 가급금, 장려금)은 화폐 즉, 미화로 지불되는 반면 상금은 경우에 따라 화폐와 상품으로 대체할 수 있다고 판단된다. 그러나 실제 임금은 법령에 명시한 것과 같이 기업이 근로자에게 직접 지급되지 않았다. 참고로 이러한 개성공업지구 북측 근로자의 임금 흐름도를 정리하면 〈그림 2〉와 같다.[14]

한편 북한은 동 규정 제30조에서 추가 근무인 연장, 야간작업에 대한 가급금 지급기준을 밝혔는데, "기업은 로동시간밖의 연장작업 또는 야간작업을 한 종업원에게 일당 또는 시간당 로임액의 50%에 해당한 가급금을…. 명절일, 공휴일에 로동을 시키고 대휴를 주지 않았거나 로동시간밖에 야간작업을 시켰을 경우에는 로임액의 100%에 해당한 가급금[15]을…" 지급해야 한다고 밝혔다. 이에 북한은 개성공업지구 북측 근로자의 초과근무에 대한 수당지급을 명문화하여 '초과 근로 수당=추가 임금소득'의 구도를 확립하였다.

---

13) 위의 논문, 179쪽.
14) 위의 논문, 179쪽.
15) 2009년 기준 개성공업지구 북측 근로자들은 주당 평균 6~7시간 정도의 연장근무를 수행하는 것으로 알려져 있으며 이에 대한 초과근무수당(50% 가급금)이 지급되었다고 한다. 그러나 아이러니하게도 북한은 개성공단에서 개별 근로자에 대한 금전적인 인센티브 지급에 대해서는 매우 부정적인 입장이었다라고 한다. 북측은 개성공단 운영사업으로 인하여 북측의 통치체제에 근본적인 혼란을 가져오는 것을 원하지 않았기 때문에 자본주의 제도로서의 인센티브 지급을 원하지 않았다고 한다. 문무기, 「개성공업지구 노동규정의 운영상황 분석과 향후 제도 개선방향」, 『수은 북한경제』, 2009년 봄호, 한국수출입은행, 2009, 35-36쪽.

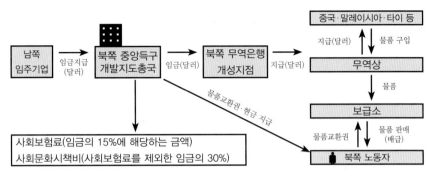

<그림 2> 개성공업지구 북측 근로자의 임금 흐름도

* 사회보험료: 남쪽의 '산재보험+국민연금'과 비슷한 개념, 개성공단 관련 퇴직자 연금 지급, 산재 노동자 지원 등에 쓰임
** 사회문화시책비: 무상교육·무상의료 등 공공서비스 관련 인력 지원과 사회간접자본시설 구축에 쓰임
· 출처: 『한겨레신문』, 2016년 2월 11일.

이는 북한이 앞서 언급한 「외국인투자기업 로동규정」 제29조를 그대로 인용한 것이다. 때문에 이 시기까지 북한은 대외기업 근로자의 초과근무와 대휴에 대한 현금보상 수준의 큰 변화가 감지되지는 않는다.[16] 즉, 기존의 관례를 그대로 유지하고자 하는 북한의 인식이 반영되어 있다. 따라서 이 시기까지 초과근무에 대한 북한의 뚜렷한 입장변화가 나타나지 않는다.

결국 양 로동규정의 임금관련 내용을 비교 분석하면, 임금의 제정권한과 최저임금에 대한 내용 차이가 분명하다. 반면 이를 제외한 나머지 부문은 먼저 제정한 「외국인투자기업 로동규정」을 후에 제정한 「개성공업지구 로동규정」이 그 일부를 승계 내지는 그대로 인용한 행태이다. 그리고 이러한 이유는 다소 복합적인데, 공통점인 조항의 경우 양 로동규정의 법령상의 속성에 따른 측면으로 인해 나타난다. 반면 차이점인 조항의 경우 양 로동규정의 입법 환경과 사업배경과 속도에 따른 것이라 하겠다. 또한 양 로

---

16) 이철수, 앞의 논문, 2017a, 181쪽.

동규정의 경우 약 4년이라는 입법의 시간적 차이로 인해 후에 제정한 「개성공업지구 로동규정」이 상대적으로 구체적이고 보다 더 발전된 형태를 나타내고 있다. 지금까지 논증한 「개성공업지구 로동규정」과 「외국인투자기업 로동규정」의 임금 관련 주요 내용을 정리하고 「개성공업지구 로동규정」을 중심으로 주요특징을 요약하면 다음 〈표 3〉과 같다.

〈표 3〉 근로소득 관련 조항 비교

구분	외국인투자기업로동규정 (1999)	개성공업지구 로동규정 (2003)	주요 특징
임금 종류	로임, 가급금, 장려금, 상금	좌동	기존 조항 인용
임금제정 권한	중앙로동기관	기업: 최저임금액에 기초 (남북 간 합의전제)	제정 주체 변화
월로임기준 최저임금	월로임기준 언급 구체적인 금액 미제시	최저임금 언급 월 미화 50$ 제시	구체적인 기준 제시
임금지불 방식	구체적인 언급 부재	로임, 가급금, 장려금 화폐, 상금 화폐·상품 가능	구체적인 언급
연장·야간작업	일당, 시간당 로임액의 50% 가급금	좌동	기존 조항 인용
명절·공휴일 근무	로임액의 100% 가급금	좌동	상동

· 주: 저자 작성.

2. 근로복지

근로복지의 경우 ① 근로자의 노동시간, ② 휴식과 휴가, ③ 여성근로자의 보호[17]로 크게 구분하여 접근하고자 한다.

---

17) 이철수, 앞의 논문, 2017b, 36쪽.

1) 외국인투자기업 로동규정

먼저 「외국인투자기업 로동규정」에서 로동시간의 경우 동 규정 제22조 "종업원의 로동일수는 주 6일, 로동시간은 하루 8시간으로 한다. 외국인투자기업은 힘들고 어려운 로동의 정도와 특수한 조건에 따라 로동시간을 이보다 짧게 할수 있다. 계절적 제한을 받는 부문에서는 년간 로동시간범위에서 로동시간을 다르게 정할수 있다"라고 명시하였다.

동 조항을 근거로 판단하면, 외국기업 근로자는 주 6일 1일 8시간, 일주일 동안 총 48시간의 근로를 하게 된다. 또한 중노동일 경우 노동 시간이 단축되지만 그에 해당하는 구체적인 기준은 언급되어 있지 않다. 아울러 계절적인 노동환경에 따라 노동시간을 탄력적으로 운영할 수 있는데, 이는 동절기와 하절기의 노동시간 차이를 의미한다고 판단된다.

또한 동 규정 제23조 "외국인투자기업은 종업원에게 시간외 로동을 시키지 말아야 한다. 불가피한 사정으로 시간외 로동을 시키려고 할 경우에는 직업동맹조직과 합의하고 시간외 로동을 시킬수 있다"라고 밝혔다. 이에 외국인투자기업은 기본적으로 시간외 근로를 요청할 수 없다. 또한 이에 따라 근로자에게 야간근무와 연장근무를 요구할 수 없다. 그러나 특수한 상황과 이에 대한 직업동맹과의 합의가 전제될 경우 일정부문 가능하다. 즉, 북한은 시간외 노동에 대해 기본적으로 불허하지만 일부 예외의 경우를 명시하였고 이러한 사례에 대한 적법 절차를 언급하였다.

다음으로 휴식과 휴가의 경우 동 규정 제24조 "외국인투자기업은 공화국의 법규범에 따라 해당한 종업원에게 명절일과 공휴일의 휴식, 정기 및 보충휴가와 산전산후휴가를 주어야 한다. 명절일과 공휴일에 일을 시켰을 경우에는 1주일안으로 대휴를 주어야 한다. 외국인투자기업은 해당한 종업원에게 해마다 관혼상제를 위한 1~5일간의 특별휴가를 주어야 한다. 특별휴가기간에는 왕복려행일수가 포함되지 않는다"라고 제시하였다.

이는 외국인투자기업 근로자의 ① 정기휴가, ② 보충휴가, ③ 산전산후휴가, ④ 근무일 외의 근로에 대한 대휴, ⑤ 근로자의 특별한 상황에 대한 특별휴가 조항이다. 특이하게도 동 규정에서 외국인투자기업 근로자의 공식적인 년간 휴가기간에 대한 구체적인 언급이 없다. 하지만 이를 제외한 사안에 대해서는 일정부문 언급되어 있다. 결국 외국인투자기업 근로자의 휴식과 휴가에 대한 북한의 법제적 기여는 다소 불충분하다 하겠다.

또한 휴가기간 임금에 대해 동 규정 제27조 "외국인투자기업은 휴가 및 보충휴가기간에 해당한 로동보수를 휴가에 들어가기전에 종업원에게 주어야 한다. 휴가기간에 해당한 로동보수는 휴가받기전 3개월 동안의 로동보수총액을 실가동일수에 따라 평균한 하루 로동보수액에 휴가일수를 적용하여 계산한다. 휴가기간의 로동보수액계산에는 로임, 가급금, 장려금이 포함된다"라고 언급하였다. 이는 외국인투자기업 근로자의 휴가기간의 임금지불과 휴가비에 대한 계산방식을 밝힌 것이다.

마지막으로 여성근로자의 보호는 동 규정 제34조 "외국인투자기업은 녀성종업원을 위한 로동보호위생시설을 잘 갖추어주어야 한다. 임신 6개월이 넘는 녀성에게는 힘들고 건강에 해로운 일을 시키지 말아야 한다. 외국인투자기업은 실정에 맞게 종업원의 자녀를 위한 탁아소, 유치원을 조직하고 운영할 수 있다"라고 하여 여성근로자에 대한 포괄적인 서비스를 제시하였다. 동 조항에 따르면 외국인투자기업은 여성근로자를 위한 ① 안락한 노동시설 완비, ② 임신 6개월 이상 여성 근로자의 유해노동 금지, ③ 종업원과 그 가족을 위한 보육서비스로 요약된다.

한편 동 규정 제24조 "외국인투자기업은…산전산후휴가를 주어야 한다…"라고 언급하였다. 이에 동 규정에서는 여성근로자에 대한 내용이 별도의 조항으로 독립된 것이 아니라 근로자의 휴가조항에 산전산후휴가 조항이 포함되어 있다. 그러나 아이러니하게도 여성근로자에 대한 산전산후휴가가 명백히 보장되어 있지만 구체적으로 그 기간이 명시되어 있지 않아 해석과 적용상의 문제가 제기된다. 때문에 이 역시 외국인투자기업 근로자의 휴식과 휴가와 마찬가지로 절반의 긍정만이 존재한다 하겠다.

결국 상술한 여성근로자와 관련한 규정만을 근거로 하면 적어도 북한의 외국인투자기업 여성근로자의 인식에 대해 긍정과 부정적 평가가 혼재되어 있다. 즉, 북한은 외국인투자기업 여성근로자에 대한 다양한 보호와 서비스를 제공하고자 한다. 하지만 가장 중요한 것의 하나인 여성근로자의 산전산후휴가에 대한 구체적인 진술이 부재하다. 따라서 동 규정상의 외국인투자기업 여성근로자에 대한 북한의 법제적 보장은 완전하지 않다 하겠다.[18]

2) 개성공업지구 로동규정

먼저 「개성공업지구 로동규정」에서 로동시간의 경우 동 규정 제20조 "공업지구에서 기업의 종업원로동시간은 주 48시간으로 한다. 기업은 로동의 힘든 정도와 특수한 조건에 따라 종업원의 주로동시간을 48시간보다 짧게 할 수 있다. 계절적제한을 받는 부문의 기업은 년간 로동시간범위에서 종업원의 주로동시간을 실정에 맞게 정할수 있다"고 명시하였다. 따라서 동 조항에 의거하면 개성공업지구 근로자들은 1일 8시간 기준, 주 6일 동안의 노동시간을 갖게 된다. 또한 중노동이나 노동제한이 있는 경우 신축적으로 근로시간을 다소 유연하게 조정할 수 있도록 하였다. 하지만 이러한 견해와 달리 1일 근

---

18) 그러나 이러한 경우 북한이 하위법령인 '시행세칙'을 통해 보다 더 확고히 명시한다면 법적 논란이나 충돌을 야기하지 않을 수 있다.

로시간에 대한 분명한 명시가 없어 해석과 적용상의 문제를 동시에 내포하고 있다.[19]

이는 앞서 언급한 「외국인투자기업 로동규정」 제22조를 다소 변형한 형태이다. 가령 이는 ① 노동시간의 경우 주 전체 노동시간을 포괄하여 제시, ② 중노동에 대한 8시간 이하 노동, ③ 계절적 노동환경에 따른 노동시간 단축으로 요약된다. 이에 노동시간의 경우 「개성공업지구 로동규정」이 「외국인투자기업 로동규정」에 비해 상대적으로 다소 세련되고 진전된 형태지만 기본적인 골격은 대동소이하다 하겠다.

또 이러한 노동시간에 대해 동 규정 제21조 "기업은 종업원에게 로력채용계약 또는 로동규칙에 정해진 로동시간안에서 로동을 시켜야 한다. 연장작업이 필요한 기업은 종업원대표 또는 해당 종업원과 합의하여야 한다"라고 명시하였다. 이는 노동시간의 준수와 더불어 연장작업이 필요할 경우 종업원과의 합의가 전제되어야 함을 의미한다.[20]

이 역시 앞서 언급한 「외국인투자기업 로동규정」 제23조를 응용한 것이다 다만 시간외 연장근무에 대한 합의 주체의 차이가 존재할 뿐이다. 그러나 이는 양 규정의 적용대상의 내재적 속성 차이에 기인한 것으로 이렇다 할 뚜렷한 차이가 발생한다고 해석하기엔 분명한 한계가 있다.

다음으로 휴식과 휴가의 경우 동 규정 제22조 "기업은 종업원에게 공화국의 명절일과 공휴일의 휴식을 보장하여야한다. 명절일과 공휴일에 로동을 시켰을 경우에는 15일안으로 대휴를 주거나 해당한 보수를 지불하여야 한다"라고 밝혔다. 동 조항은 명절과 공휴일의 휴식보장과 동시에 이 기간 동안 근무하였을 경우 이에 상응하는 휴가와 별도의 추가적인 보수 지급을

---

19) 이철수, 앞의 논문, 2017a, 185쪽.
20) 위의 논문, 185쪽.

명문화한 것이다. 특히 명절과 공휴일 근무 이후 15일 내에 대휴와 해당 기간 동안의 추가보수 지급을 언급, 실제 적용의 마지노선을 제시한 것은 다소 인상적이라 하겠다.[21]

반면 휴가의 경우 동 규정 제23조 "기업은 종업원에게 해마다 14일간의 정기휴가를 주며 중로동, 유해로동을 하는 종업원에게는 2~7일간의 보충휴가를 주어야 한다. 임신한 녀성종업원에게는 60일간의 산전, 90일간의 산후휴가를 주어야 한다"라고 밝혔다. 이에 동 조항에 따르면 개성공업지구 근로자들은 ① 1년 동안 14일의 정기휴가, ② 중노동과 유해 근로자의 경우 14일의 정기휴가에 추가적으로 2~7일 동안의 보충휴가를 받음에 따라 1년 동안 총 16~21일의 휴가, ③ 임신한 여성 근로자의 산전산후 150일간의 출산휴가로 구분·보장된다.[22] 그리고 이는 기존의 북한 여성근로자의 산전산후 휴가기간과 동일하다.

또한 휴가기간의 로임지불에 대해 동 규정 제27조 "기업은 정기 및 보충휴가를 받은 종업원에게 휴가일수에 따르는 휴가비를 지불하여야 한다. 산전산후휴가를 받은 녀성종업원에게는 60일에 해당한 휴가비를 지불하여야 한다"라고 하였다. 이에 동 조항에 따르면 개성공업지구 근로자들은 매 휴가기간 동안 근로자의 소속기업으로부터 별도의 휴가비를 지급받는다. 또한 산전산후휴가 중인 여성근로자의 경우 60일 동안의 휴가비 지급을 보장받는다. 그리고 이때 지급받는 휴가비의 경우 동 규정 제28조 "휴가비의 계산은 휴가받기전 3개월간의 로임을 실가동일수에 따라 평균한 하루로임에 휴가일수를 적용하여 한다"라고 하였다. 이에 동 조항에 따르면 휴가기간 동안 휴가비의 계산방식은 최근 3개월 동안의 1일 임금 기준에 휴가일

---

21) 위의 논문, 185쪽.
22) 위의 논문, 185-186쪽.

수를 계상하는 방식으로 결정된다.[23] 그리고 이는 앞서 언급한 「외국인투자기업 로동규정」 제27조를 차용한 형태이다.

이에 휴식과 휴가의 경우 앞서 언급한 「외국인투자기업 로동규정」과 보다 「개성공업지구 로동규정」이 다소 발전되었다 하겠다. 예컨대, 「외국인투자기업 로동규정」은 추가근무에 대한 대휴와 특별휴가가 있지만 근로자의 년간 정가휴가 기간에 대한 구체적인 언급이 없다. 반면 「개성공업지구 로동규정」은 정기휴가 년간 14일 보장 등을 포함, 추가근무에 대한 대휴와 보상, 150일간의 산전산후휴가 기간을 제시하였고 이는 기존의 「외국인투자기업 로동규정」에 언급되지 않은 내용들이다.

마지막으로 여성근로자의 보호는 동 규정 제34조 "임신 6개월이 지난 녀성종업원에게는 힘들고 건강에 해로운 일을 시킬수 없다. 기업은 녀성종업원을 위한 로동위생보호시설을 충분히 갖추어야한다"라고 명시하였다. 이에 동 조항에 따르면 개성공업지구 기업은 임신한 여성근로자에 대한 보호와 더불어 여성근로자를 위한 별도의 시설보호를 보장해야 한다.[24]

이는 기존의 「외국인투자기업 로동규정」 제34조를 응용하여 파생한 것이라 하겠다. 그러나 「개성공업지구 로동규정」 제23조 "…임신한 녀성종업원에게는 60일간의 산전, 90일간의 산후휴가…"를 보장한 것은 「외국인투자기업 로동규정」에 부재한 것이다. 따라서 여성근로자 보호의 경우 「개성공업지구 로동규정」의 구체적인 조항으로 인해 「외국인투자기업 로동규정」에 비해 상당부문 발달된 모습이다.

또한 「개성공업지구 로동규정」 제35조 "기업은 실정에 맞게 종업원의 자녀를 위한 탁아소, 유치원을 꾸리고 운영할수 있다"라고 하고 있다. 이는

---

23) 위의 논문, 186쪽.
24) 위의 논문, 186쪽.

「외국인투자기업 로동규정」 제34조의 일부 조항을 차용, 독립된 조항으로 발전시킨 형태이다. 따라서 「개성공업지구 로동규정」에서 북한은 「외국인투자기업 로동규정」에서 밝힌 여성근로자의 일부 조항을 계승함과 동시에 「외국인투자기업 로동규정」에서 언급되지 않은 사안을 구체화하는 형태를 갖는다 하겠다.

결국 양 로동규정의 근로복지 관련 내용을 비교 분석하면, 이 역시 후에 제정한 「개성공업지구 로동규정」이 먼저 제정한 「외국인투자기업 로동규정」에 비해 상당부문 질적·양적으로 발달된 형태이다. 지금까지 논증한 「외국인투자기업 로동규정」과 「개성공업지구 로동규정」의 근로복지 관련 주요 내용을 정리하고 「개성공업지구 로동규정」을 중심으로 주요특징을 요약하면 다음 〈표 4〉와 같다.

〈표 4〉 근로복지 관련 조항 비교

구분	외국인투자기업 로동규정 (1999)	개성공업지구 로동규정 (2003)	주요 특징
노동시간	1일 8시간, 주 48시간 중노동 시간단축 가능 계절별 노동시간 조정 가능	거의 좌동	-
연장근로 (시간외 근로)	기본적 시간외 로동 불허 직맹과 협의	종업원(대표)합의 시간언급 없음	연장근무 협의 대상 차이
명절, 공휴일 휴식	보장	보장	-
명절, 공휴일 근무 대휴와 보수	1주일 내에 대휴 보장	15일 안에 결정 의무 추가보수 지급보장	대휴결정기간 상승 추가보수 지급
정기휴가	언급 기간 미제시	14일	휴가 기간 제시
보충휴가	상동	2-7일	상동
산전산후휴가	상동	산전 60일, 산후 90일	상동

구분	외국인투자기업 로동규정 (1999)	개성공업지구 로동규정 (2003)	주요 특징
특별휴가	상동	미언급	특별휴가 삭제
휴가기간 임금	미언급	산전산후휴가 녀성종업원 60일 휴가비	내용 추가
휴가비 계산	최근 3개월 1일 임금 기준	좌동	–
탁아소, 유치원	언급	좌동	별도 조항
녀성로력보호	임신 6개월 이상 여성근로자 여성근로자 로동보호시설	좌동	–

· 주: 저자 작성.

3. 사회보장

사회보장의 경우 ① 사회문화시책과 문화후생기금, ② 최저임금, ③ 퇴직 보조금과 생활보조금, ④ 사회보험료로 크게 구분하여 접근하고자 한다.

1) 사회문화시책과 문화후생기금

「외국인투자기업 로동규정」에서 사회문화시책의 경우 동 규정 제37조 "외국인투자기업에서 일하는 공화국공민인 종업원은 병 또는 부상, 일할 나이가 지나 일하지 못하는 경우 사회보험, 사회보장에 의한 혜택을 받는 다. 사회보험, 사회보장에 의한 혜택에는 보조금, 년금의 지불, 정휴양 및 치료가 포함된다. 보조금과 년금을 받으려는 종업원은 보건기관이 발급하 는 진단문건 또는 보조금과 년금을 받아야 할 사유를 확인하는 문건을 외국인투자기업에 내야 한다. 외국인투자기업은 사회보험보조금지불청구문건을 사회보험기관에 내여 확인을 받은 다음 은행기관에서 해당한 사회보험보조금을 받아 로동보수를 주는 날에 해당 종업원에게 내주어야 한다. 정휴양소에 가고 오는데 드는 려비와 장례보조금은 해당문건에 의하여 먼저 내주고 후에 청산받아야 한다. 사회보장에 의한 년금, 보조금은 외국인투자기업이 사회보장년금지불기관에서 달마다 정한 날에 대상자에게 내주어야 한다"라고 포괄적으로 언급하고 있다.

동 조항을 근거로 하면 외국인투자기업 근로자에 해당되는 복지제도는 사회보험과 사회보장이다. 이에 따른 복지급여는 현금급여인 보조금과 연금, 현물급여인 정휴양과 치료가 있다. 또한 보조금과 연금 수급 절차는 의료기관과 행정기관의 증빙서류가 필요하다. 또 이러한 보조금과 연금 지급일은 임금지급일과 동일하다. 반면 일종의 치료와 휴식인 경우 '선 지급 후 청산'순이다. 이에 동 조항은 외국인투자기업 근로자에게 적용하는 ① 복지제도 종류, ② 복지급여 종류, ③ 복지급여 수급절차와 요건, ④ 기업의 사회보장급여 지급의무 등을 총망라하여 언급하였다.

또 이러한 외국인투자기업 근로자에게 지급되는 각종 복지급여의 계산은 동 규정 제38조 "사회보험, 사회보장에 의한 보조금, 년금은 공화국의 로동법규범에 따라 계산한다"라고 하여 기존의 급여계산방식에 준함을 밝혔다. 때문에 외국인투자기업 근로자의 복지급여 계산방식은 기존의 북한 기업근로자와 뚜렷한 차이가 발생하지 않는다. 그러나 사회문화시책기금의 경우 별도의 규정이 없이 동 규정 제39조 "사회보험 및 사회보장에 의한 혜택은 사회보험기금에 의하여 보장된다. 사회보험기금은 기업과 종업원에게서 받는 사회보험료로 적립된다"라고 하여 사회보험기금에 대한 적립이 명시되어 있다. 이에 사회보험기금이 사회문화시책 재정의 일부임을 감안하면 일정부문 이해가 가능한 부문이다. 하지만 사회문화시책에 대한 직접적인 언급이 없어 명확한 해석이 불가능한 부문도 일정부문 존재한다.

한편 사회문화시책기금과 대비되는 문화후생기금의 경우 동 규정 제42조 "외국인투자기업은 결산리윤에서 세금을 바치고 남은 리윤의 일부로 종업원을 위한 문화후생기금을 세우고 쓸수 있다. 문화후생기금은 기술문화수준의 향상과 군중문화체육사업, 후생시설운영과 같은데 쓴다. 문화후생기금의 사용에 대한 감독은 직업동맹조직이 한다"라고 하였다. 이에 동 조항에서는 문화후생기금의 운영에 대해 감독을 직업동맹이 할 수 있도록 하였다. 이는 앞서 언급한 근로복지의 협의의 대상이 직업동맹인 것과 동일한 맥락으로 이해된다. 즉, 북한은 외국인투자기업 근로자의 근로복지에 관한 다양한 사안을 직업동맹과 협의해야 하는 만큼 문화후생과 관련된 사업 역시 이들과 협의하는 것이 타당하다고 판단된다.[25]

반면 「개성공업지구 로동규정」에서 사회문화시책의 경우 동 규정 제40조 "공업지구의 기업에서 일하는 공화국의 종업원과 그 가족은 국가가 실시하는 사회문화시책의 혜택을 받는다. 사회문화시책에는 무료교육, 무상치료, 사회보험, 사회보장 같은 것이 속한다"라고 명시하였다. 이는 북한의 대표적인 사회보장제도들을 적용함을 의미한다. 따라서 개성공업지구 근로자들은 기존의 북한 주민에게 적용하는 사회보장제도들을 그대로 받는다.[26]

아울러 이는 「외국인투자기업 로동규정」 제37조를 기반으로 '내용적 축약과 제도적 발달'이 동시에 나타난 것이라 할 수 있다. 가령 「외국인투자기업 로동규정」에서 포괄적으로 명시한 것을 「개성공업지구 로동규정」에서는 함축하여 '내용적 축약'이 나타나고 「외국인투자기업 로동규정」에서 부

---

25) 이철수, 앞의 논문, 2017b, 43쪽.
26) 이철수, 앞의 논문, 2017a, 190-191쪽.

재한 무료교육, 무상치료가 언급되어 '제도적 발달'을 유도하고 있다.

또 이러한 제도의 재원인 사회문화시책기금의 조성의 경우 동 규정 제41조 "사회문화시책비는 사회문화시책기금으로 보장한다. 사회문화시책기금은 기업으로부터 받는 사회보험료와 종업원으로부터 받는 사회문화시책금으로 조성한다"라고 하였다. 이에 동 조항에 근거하면 사회문화시책기금은 기업과 종업원이 각각 부담하는 사회보험료와 사회문화시책금으로 각출한다.[27]

아울러 이러한 사회문화시책금의 납부의 경우 동 규정 제43조 "…종업원은 월로임액의 일정한 몫을 사회문화시책금으로 계산하여 다음달 10일 안으로 중앙공업지구지도기관이 지정하는 은행에 납부하여야 한다"라고 하지만 여기에 소요되는 '일정한 몫'에 대한 분명한 제시가 나타나 있지 않다. 그러나 2016년 2월 11일 한겨레신문 보도에 의하면 종업원의 월로임의 30%[28]를 사회문화시책금 명목으로 납부한다고 한다. 또한 이러한 사회문화시책기금의 이용, 즉, 수입과 지출의 경우 동 규정 제44조 "사회문화시책기금의 리용질서는 중앙공업지구지도기관이 해당 기관과 협의하여 정한다"라고 하여 중앙기구가 담당함을 밝혔다. 그리고 이는 기존의 행태와 거의 동일하다.[29]

한편 이는 「외국인투자기업 로동규정」에 비해 상당부문 진전된 형태이다. 가령 「외국인투자기업 로동규정」에 부재한 ① 사회문화시책비의 재원, ② 사회문화시책기금의 조성, ③ 기금의 납부절차 등이 명시되어 있기 때문이다.

---

27) 위의 논문, 191쪽.
28) 『한겨레신문』, 2016. 2. 11.
29) 이철수, 앞의 논문, 2017a, 191쪽.

2) 최저임금

「외국인투자기업 로동규정」에서 최저임금에 대한 언급이 부재하다. 단지 앞서 언급한 바와 같이 임금에 대한 규정만 명시되어 있다. 반면「개성공업지구 로동규정」에서 최저임금의 경우 동 규정 제5조 로임의 제정에서 "종업원의 로임은 종업원월최저로임에 기초하여 기업이 정한다"라고 하여 임금제정 권한은 해당 기업이, 적정 임금 기본선은 최저임금에 기초함을 밝혔다. 이에 동 규정 제25조에서 최저임금액을 밝히고 있는데, "기업의 종업원월최저로임은 50US\$로 한다. 종업원월최저로임은 전년도 종업원월최저로임의 5%를 초과하여 높일수 없다"라고 명시하였다. 따라서 동 규정에서 북한은 임금의 지정 주체, 최저임금액, 최저임금에 대한 임금인상 상한율을 각각 명시하고 있다.[30]

따라서「외국인투자기업 로동규정」에 비해「개성공업지구 로동규정」이 매우 발달된 형태를 갖는다고 하겠다. 이렇게 보면 북한은 시간의 경과에 비례하여 법제적 성숙도 일정부문 이루어지고 있다. 더욱 중요한 것은 이러한 차이의 원인과 배경이다. 이 역시 법제적 환경과 내재적 속성에 기인하는 바가 크다 하겠다. 즉,「외국인투자기업 로동규정」제정 당시는 협상의 주체인 외국인투자기업이 부재했던 반면「개성공업지구 로동규정」은 남한기업과 협상이 마무리된 상태의 입법이었다. 때문에「개성공업지구 로동규정」이「외국인투자기업 로동규정」에 비해 상대적으로 보다 더 명확한 내용을 명시할 수 있는 법적 토대이자 환경을 갖추고 있었다.[31]

아울러 이는 사실상 최초로 북한이 경제특구에 최저임금을 적용·도입한 사례이고 이러한 점에서 개성공단은 매우 큰 의의를 갖는다. 그러나 무엇

---

30) 앞에서 재인용.
31) 이철수, 앞의 논문, 2017b, 43쪽.

보다 이러한 배경에는 개성공업지구의 외자 유치 상대가 남측기업이고 이로 인해 최저임금에 대한 합의를 남한 정부와 협의를 통해 사업사행 이전에 이룬 반면 「외국인투자기업 로동규정」의 경우 최저임금에 협상을 시도할 외국기업이 상당기간 부재했거나 미비했기 때문이다. 결국 이는 사업성과에 종속된 행태에 기인하거나 그 결과라 하겠다.

3) 퇴직보조금과 생활보조금

「외국인투자기업 로동규정」 퇴직보조금의 경우 동 규정 제17조 "외국인투자기업은 종업원을 본인의 잘못이 아닌 사유로 기업에서 내보내는 경우 그에게 일한 년한에 따라 보조금을 주여야 한다. 일한 년한이 1년이 못되는 경우에는 최근 1개월분의 로임에 해당한 보조금을 주며 1년이상인 경우에는 최근 3개월 평균월로임액에 일한 해수를 적용하여 계산한 보조금을 주어야 한다"라고 밝혔다.

동 조항을 근거로 하면 외국인투자기업은 비자발적 퇴직 시 근로연한이 1년 미만의 근로자에게는 1개월분의 임금, 근로연한이 1년 이상인 근로자는 3개월 평균임금을 각각 보조금 형태로 지급한다. 사실 이는 일종의 퇴직보조금의 성격을 갖는다.[32] 또한 법 제정 당시를 기준으로 하면 기존의 근로자에게 실제 적용하지 못한 부재한 존재라 판단된다. 때문에 동 규정에서 이를 언급한 것은 상당부문 의미하는 바가 크다.

또 생활보조금의 경우 동 규정 제28조 "외국인투자기업은 종업원의 잘못이 아닌 기업의 책임으로 일하지 못하였거나 양성기간에 일하지 못한 종업원에게 일하지 못한 날 또는 시간에 따라 일당 또는 시간당 로임액의

---

32) 위의 논문, 44쪽.

60%이상에 해당한 보조금을 주어야 한다"라고 하였다. 동 조항은 외국인 투자기업 근로자의 비자발적 무노동에 외국인투자기업이 생활상의 일정부문을 책임지는 행태로 지급되는 현금급여를 의미한다. 이 또한 상술한 퇴직보조금과 마찬가지로 기존의 북한 사업장에 부재한 제도라 판단된다.

반면 「개성공업지구 로동규정」에서 퇴직보조금의 경우 동 규정 제19조 "기업의 사정으로 1년이상 일한 종업원을 내보내는 경우에는 보조금을 준다. 보조금의 계산은 3개월평균월로임에 일한 해수를 적용하여 한다"라고 언급하였다. 이는 기업의 사정으로 인한 근로자의 비자발적 실업에 대한 현금보상을 언급한 것이다.[33]

그리고 이는 「외국인투자기업 로동규정」 제17조를 일부 계승한 것이다. 따라서 이러한 북한의 사실상의 퇴직보조금에 대한 인식은 이미 오래전부터 인식한 것이라 하겠다. 그리고 무엇보다 이러한 원인이 중요한데, 이는 퇴직보조금의 지급주체가 외국기업이기 때문이라 판단된다. 즉, 북한은 퇴직보조금 지급에 대한 부담을 갖지 않아도 되는 태생적 환경에 기인한다.[34] 그러나 다른 한편으로 「외국인투자기업 로동규정」의 경우 1년 미만 근무한 근로자의 경우 퇴직보조금이 지급되었지만 「개성공업지구 로동규정」에서는 삭제되어 부문적인 후퇴도 감지된다.

또 생활보조금의 경우 동 규정 제29조 "기업은 자기의 책임으로 또는 양성기간에 일하지 못한데 대하여 종업원에게 일당 또는 시간당 로임의 60% 이상에 해당한 생활보조금을 주어야 한다. 생활보조금을 주는 기간은 3개월을 넘을 수 없으며 생활보조금에는 사회보험료, 도시경영세를 부과하지 않는다"라고 명시하였다.[35] 이 또한 「외국인투자기업 로동규정」 제28조를

---

33) 이철수, 앞의 논문, 2017a, 194쪽.
34) 위의 논문, 195쪽.
35) 위의 논문, 195쪽.

계승함과 동시에 보다 더 발전된 형태이다. 즉, 「개성공업지구 로동규정」에서 북한은 생활보조금의 지급수준과 수급기간, 생활보조금에 대한 면세를 밝혔다. 다시 말해 이는 생활보조금의 지급수준만을 언급한 「외국인투자기업 로동규정」의 내용적인 한계를 극복한 것이다.

4) 사회보험료

「외국인투자기업 로동규정」에서 사회보험료의 경우 동 규정 제41조 "외국인투자기업은 사회보험료의 납부, 사회보험기금의 지출에 대하여 기업소재지 사회보험기관과 직업동맹조직의 감독을 받는다"라고 하였다. 이에 외국인투자기업이 부담해야하는 사회보험료율에 대한 구체적인 언급이 없다. 단지 납부와 지출 절차에 대해 외국인투자기업은 사회보험기관과 직업동맹의 감독 하에 있다. 따라서 동 조항은 사회보험과 관련한 기관들의 일정한 역할에 대해 제시되어 있을 뿐 사회보험 재정부담율에 대한 내용이 부재하다.[36)]

반면 「개성공업지구 로동규정」에서 기업의 사회보험료의 경우 동 규정 제42조 "기업은 공화국공민인 종업원에게 지불하는 월로임총액의 15%를 사회보험료로 달마다 계산하여 다음달 10일안으로 중앙공업지구지도기관이 지정하는 은행에 납부하여야 한다. 사회문화시책과 관련하여 기업은 사회보험료밖의 다른 의무를 지니지 않는다"라고 명시하였다. 이는 법 제정 당시인 2003년을 기준으로 하면 상당히 파격적이다. 왜냐하면 당시 북한의 근로자의 월 사회보험료 납부액은 월로임의 1%였기 때문이다. 따라서 이 시점을 기준으로 북한의 사회보험 재정은 이중적인 납부체제로 재편되

---

36) 이철수, 앞의 논문, 2017b, 47쪽.

었다 하겠다.

한편 이러한 사회보험료가 연체될 경우 동 규정 제47조 "사회보험료를 제때에 납부하지 않았을 경우에는 납부기일이 지난 날부터 매일 0.05%에 해당한 연체료를 물린다. 연체료는 미납액의 15%를 넘을수 없다"라고 하여 납부의무를 강조함과 동시에 연체료 상한선을 제시하였다. 따라서 이는 「외국인투자기업 로동규정」에서 제시되지 않았던 ① 월 사회보험료율, ② 미납시 연체비 부담을 명시하여 보다 더 구체화되었다.

결국 양 로동규정의 사회보장 관련 내용을 비교 분석하면, 이 또한 「개성공업지구 로동규정」이 「외국인투자기업 로동규정」에 비해 보다 더 발전된 형태라 판단된다. 지금까지 논증한 「외국인투자기업 로동규정」과 「개성공업지구 로동규정」의 사회보장 관련 주요 내용을 정리하고 「개성공업지구 로동규정」을 중심으로 주요특징을 요약하면 다음 〈표 5〉와 같다.

〈표 5〉 사회보장 관련 조항 비교

구분	외국인투자기업 로동규정 (1999)	개성공업지구 로동규정 (2003)	주요 특징
종류	사회보험·사회보장	무료교육·무상치료 사회보험·사회보장	제도 추가 언급
사회문화시책 기금(조성)	미 제시	① 기업의 사회보험료, ② 종업원은 월로임의 30%	–
문화후생기금	외국인투자기업 부담	기업부담	거의 동일
최저임금	미 제시	미화 50$ 상승 가능	구체적 제시
퇴직보조금	1년 미만 근무 1개월, 1년 이상 근무 3개월 평균임금	1년 이상 근무 3개월 평균임금	1년 미만 삭제
생활보조금	일당 또는 시간당 로임의 60%이상 지급	일당 또는 시간당 로임의 60%이상 3개월 지급	수급 기간, 면세 제시
사회보험료	미 제시	기업이 종업원 월로임총액의 15%납부	재정부담률 제시

· 주: 저자 작성.

Ⅳ. 결론

본 연구는 북한의 '외국인투자기업 로동규정'과 '개성공업지구 로동규정'을 비교, 2000년대 전후의 북한경제특구 노동복지 법제의 동학을 추적하였다. 특히 본 연구는 ① 근로소득, ② 근로복지, ③ 사회보장을 중심으로 양 노동규정을 비교 분석하였다. 이에 본 연구는 ① 관련 조항의 구체적 진술, ② 관련 조항의 공통점과 차이점, ③ 동일 조항의 내용(변화) 비교(추적), ④ 관련 조항의 내용을 추적하였다.

이를 통해 보면 북한은 1999년 '외국인투자기업', 2003년 '개성공업지구'에 이르기까지 경제특구의 로동규정 제정에 관한 행태가 발생한다. 그리고 이는 결과적으로 보면 대외경제적 측면에서 그동안 북한의 경험과 학습, 당면한 경제현실 등에 따른 총체적인 판단 결과라 판단된다. 다시 말해 이러한 법령들은 북한의 정책적 선택과 흐름에 조응한 법적인 태동과 그 궤적을 같이 한다.[37]

지금까지의 논증을 토대로 '외국인투자기업 로동규정'과 '개성공업지구 로동규정'의 비교분석을 시계열적으로 1999년 대비, 2003년을 기준으로

---

37) 이철수, 앞의 논문, 2017a, 175쪽.

북한 경제특구 노동복지 법제의 지속성은 첫째, 법령제정의 시간적 차이가 존재하지만 북한은 경제특구 노동복지의 기본적인 골격을 기존의 북한지역과 같은 제도를 중심으로 이를 그대로 유지하고자 하는 경향이 있다. 둘째, 경제특구의 다양한 복지급여의 경우 최저임금과 사회보험료를 제외하고 주목할 만한 새로운 현금급여나 현물급여 없이 기존의 복지급여 체계와 거의 동일한 형국이다. 셋째, 이의 연장선상에서 기존의 노동복지 체제를 벗어나 괄목할만한 새로운 제도나 프로그램을 제시하지는 않았다. 넷째, 사회문화시책기금과 문화후생기금과 같은 노동복지와 관련된 재정부담 주체는 기존과 동일하게 외부기업이 부담·적용된다.[38]

반면 변화는 첫째, 전반적으로 법령의 표현에 있어 나중에 제정한 「개성공업지구 로동규정」이 「외국인투자기업 로동규정」에 비해 상대적으로 현대화되어 있다. 즉, 북한의 입법행태가 발달내지는 진전된 징후가 포착된다. 둘째, 이의 연장선상에서 「개성공업지구 로동규정」이 「외국인투자기업 로동규정」에 비해 내용과 진술 면에서 상대적으로 구체적이다. 이에 양 로동규정 중 상대적으로 「외국인투자기업 로동규정」보다 후에 제정된 「개성공업지구 로동규정」이 질적으로 우수성이 나타난다. 셋째, 북한은 「개성공업지구 로동규정」에서 기존의 「외국인투자기업 로동규정」에서 제시하지 않았던 ① 사회보험료율, ② 사회문화시책기금의 조성, ③ 최저임금, ④ 무상치료, ⑤ 무상교육 등 새로운 조항을 구체적으로 제시하였다. 넷째, 이와 연장선상에서 북한은 개성공업지구에서 로동규정을 통한 제도적 성숙과 발전을 크게 유도하였다. 다섯째, 비록 수사학적 표현이나 기존의 「외국인투자기업 로동규정」에서 제시하지 않았던 무료교육·무상치료가 「개성공업지구 로동규정」에서 반영되었다.[39]

---

38) 위의 논문, 198-199쪽.
39) 미세하지만 임금제정 권한도 '중앙로동기관'에서 '기업'으로 변화하였다.

특히 다른 한편으로 간과할 수 없는 것은 「외국인투자기업 로동규정」의 경우 사실상 사문화된 규정이지만 「개성공업지구 로동규정」의 경우 장기간 유지 적용된 규정이라는 것이다. 결국 이러한 당시 북한의 경제특구 노동복지 법제의 지속성과 변화의 원인과 배경은 시간에 비례한 북한의 변화와 새로운 환경에 따른 북한의 대응을 의미한다. 지금까지 논증을 근거로 2003년 기준 북한 경제특구 노동복지 법제의 지속성과 변화를 요약하면 다음 〈표 6〉과 같다.

〈표 6〉 노동복지 법제의 지속성과 변화

구분	지속성	변화
1999년 대비 2003년 기준	·노동복지의 골격 유지 경향 ·기존의 복지급여 체계 유지 ·재정부담 주체는 기업	·법령의 현대화 ·진술의 구체화(근로복지 부문) ·사회보험료 15%부담 ·최저임금 명시 ·사회문화시책기금 조성 제시 ·제도적 성숙 유도 ·무료교육·무상치료 반영

·주: 저자 작성.

지금까지의 논증을 근거로 판단하면, 북한의 노동복지 법제에 있어 법률의 위계적·내용적·구성적 체계는 2000년대를 기점으로 구분된다 하겠다. 즉, 본 연구가 분석한 '개성공업지구 로동규정'을 시작으로, 다시 말해 남한과의 개성공업지구 공동사업을 기점으로 적어도 노동복지에 관한 북한의 법령이 다소 세련되고 현대화 되었다. 이러한 북한의 경향은 그 이후 제정한 북한의 입법 동향을 추적하면 더욱 더 분명하다. 이에 한마디로 북한의 법령은 2000년대 초반을 기점으로 각종 법조문의 체계와 서술, 구성에 있어 과거와 다른 수준의 발전된 행태를 나타내고 있다 하겠다.

물론 이에 대한 평가를 차치하더라도 이러한 변화가 북한의 입장에서 또는 내외부의 다양한 시각에서 접근하면 다소 늦은 감이 없지 않다. 또한 법령의 지속성과 변화 차원에서 접근해 보면 아직까지는 여전히 변화를 추구해야하는 북한의 법적·제도적 한계를 지적하지 않을 수 없다. 때문에 북한은 스스로 제정한 법령에 대한 거시적-매개적-미시적 수준에서의 지속성과 변화에 대한 끊임없는 자문과 자답이 요구된다. 그리고 이는 북한이 당면한 대내외의 현실, 국가 경제발전 전략과 전술 등과 맞물려 북한의 입법에 다양한 영향을 미치게 되어 종국에는 북한의 상황과 목적, 이상과 현실 사이의 합의에 의한 결과로 나타날 것이다.

따라서 향후 북한의 노동복지 법제의 지속성과 변화는 북한의 외자유치, 남북경협의 결과에 편승하여 나타날 것이다. 때문에 이러한 점에서 김정은 정권 출범 이후 북한이 취한 경제특구 개발전략의 귀추와 그 성과가 주목된다. 왜냐하면 만약 김정은정권이 추구하는 경제특구 전략을 실현하면, 법적으로 동일하거나 혹은 분화된 노동복지 체제를 현실적으로 판단할 수 있기 때문이다. 또한 이는 이중화된 북한경제특구 노동복지 적용대상의 규모를 가늠할 수 있다. 때문에 또한 이는 법적 적용과 더불어 실존적 차원에서 기존의 노동복지 체제와 구체적으로 비교 가능한 부문이 된다. 결국 북한 경제특구의 노동복지 체제의 법적 실체는 북한 경제특구 현실과의 끊임없는 작용과 반작용-제도와 현실-의 결과로 천착될 것이다.

개성공업지구와 금강산국제관광특구 노동복지 비교

노동규정을 중심으로

I. 서론

　북한은 2003년 10월 1일 「조선민주주의인민공화국 개성공업지구 로동
규정」(최고인민회의 상임위원회 결정 제2호로 채택, 이하 개성공업지구 로동규정으
로 약칭)을, 2012년 12월 3일 「조선민주주의인민공화국 금강산국제관광특
구 로동규정」(최고인민회의 상임위원회 결정 제110호로 채택, 이하 금강산국제관광
특구 로동규정으로 약칭)을 각각 공표하였다. 그리고 양 노동규정은 약 10여
년의 입법 차이가 발생한다. 따라서 양 법령을 추적하면, 북한이 인식하는
노동규정에 대한 10여 년 동안의 변화를 가늠할 수 있다.

　양 법령을 살펴보면 먼저 제정된 「개성공업지구 로동규정」은 총 7개 장,
전체 49개 조문으로 구성되어 있다. 여기에는 제1장 일반규정, 제2장 로
력의 채용과 해고, 제3장 로동시간과 휴식, 제4장 로동보수, 제5장 로동보
호, 제6장 사회문화시책, 제7장 제재 및 분쟁해결로 구분된다.

　반면 「금강산국제관광특구 로동규정」은 총 7개 장, 전체 47개 조문으로
구성되어 있다. 여기에는 제1장 일반규정, 제2장 로력의 채용과 해고, 제3장
로동시간과 휴식, 제4장 로동보수, 제5장 로동보호, 제6장 사회문화시책,
제7장 제재 및 분쟁해결로 구분된다. 이에 양 법령을 형식적 차원에서 비교
하면 2개 조문의 차이가 있는 반면 구조는 동일하다고 할 수 있다. 즉, 법

명이 나타내듯이, 표면적인 차이는 뚜렷하게 나타나지 않는다. 역설적으로 양 규정은 개성과 금강산이라는 특정 지역으로 대상으로 한다는 공통점이 있다.

그러나 이와 달리 양 법령의 차이점도 나타난다. 개성의 경우 남측기업을 대상으로 한 반면 금강산의 경우 남측기업을 포함한 외국기업을 포괄한다. 따라서 양 노동규정의 법 적용대상의 경우 각각 그 파트너를 달리한다. 그렇지만 이러한 차이는 법적인 차이라기보다는 실제 적용에 있어 나타나는 차별점이라 할 수 있다. 때문에 양 노동규정의 법적인 수준의 차이는 이를 재차 비교해야만 가능한 영역이다.

한편 지금까지 이와 관련한 북한 특구의 노동복지 비교연구는 매우 제한적이고, 국내 선행연구는 미비하다. 북한경제특구의 노동복지에 대한 연구는 일부 있기는 하나 본 연구처럼 개성공업지구와 금강산국제관광특구를 직접적으로 비교한 연구는 전무하다. 참고로 간접적으로 북한의 노동복지를 연구한 것으로는 이철수의 2020, 2019, 2017a, 2017b가 각각 있다. 하지만 이는 여타 법령과 규정, 그리고 지역을 비교한 것으로 본 연구와 동일한 연구가 아니다.

본 연구의 목적은 양 법령에서 노동복지와 관련된 조항을 비교하여 그 함의를 도출하는 것이다. 이를 위해 본 연구는 약 10년의 시차적 차이를 둔 양 법령 중 노동복지 관련 조항의 지속성과 변화, 공통점과 차이점 등을 추적하고자 한다. 본 연구의 주요 분석대상은 양 법령에 명시된 ① 근로소득, ② 근로복지, ③ 사회보장과 관련한 각 조항들이다. 이에 따라 본 연구는 다음과 같이 서술하고자 한다. 먼저 근로소득(임금)의 경우 ① 실질적인 임금 책정기준과 종류, ② 제정 권한과 임금결정 절차, 최저임금 존재 여부와 결정 기관과 절차, 년간 인상율, ③ 임금의 다양한 지불방식 등으로 구분하여 서술하고자 한다. 다음으로 근로복지의 경우 ① 법적 노동시간, ② 정기적인 휴식과 휴가, ③ 여성근로자를 위한 제도적 보호 등에 대해 서술하고자 한다. 마지막으로 사회보장의 경우 ① 사회문화시책과 문화후생기금, ② 퇴직보조금과 생활보조금, ③ 사회보험료 등을 중심으로 서술하고자 한다. 이러한 분석대상을 근거로 본 연구는 원 자료인 양 법령들의 주요 법적 조항과 해당 내용을 근거로 문헌분석을 하고자 한다.[1] 본 연구의 분석 틀을 도식화면 각각 다음 〈표 1〉과 같다.

〈표 1〉 분석 틀

구분	개성공업지구 로동규정(2003)	금강산국제관광지구 로동규정(2012)
① 근로소득 ② 근로복지 ③ 사회보장	① 관련 조항 진술의 구체성 ② 관련 조항의 공통점과 차이점 ③ 동일 조항의 내용(변화) 비교(추적)	

· 출처: 이철수, 『김정은시대 북한사회복지: 페이소스와 뫼비우스』, 선인, 2020, 671쪽에서 수정 인용.

---

1) 이철수, 「금강산국제관광특구와 라선경제무역지대 노동복지 비교: 노동규정을 중심으로」, 『법과 정책연구』 21(1), 한국법정책학회, 2021, 95쪽.

II. 근로소득

1. 개성공업지구

먼저 「개성공업지구 로동규정」에서 남측기업이 북측 개성공단 근로자에게 지급하는 임금의 종류는 동 규정 제24조 로동보수의 내용에 언급되어 있다. 동 조항에서 북한은 "로동보수에는 로임, 가급금, 장려금, 상금이 속한다"라고 명시하였다. 따라서 동 조항에 의거한 개성공단 근로자의 법적인 임금의 종류는 네 가지로 ① 통상적인 급여 성격인 임금, ② 초과근무 시 지급되는 수당 성격의 가급금, ③ 특정 사안의 독려에 대한 장려금, ④ 특정 사안에 대한 근무자의 포상을 위한 상금이 있다.[2] 그리고 이는 남측의 임금체계와 별다른 차이가 나타나지 않는다.

반면 상금의 지불방식의 경우 동 규정 제31조 "기업은 세금을 납부하기 전에 리윤의 일부로 상금기금을 조성하고 일을 잘한 종업원에게 상금 또는 상품을 줄수 있다"라고 명시하였다. 이에 개성공단 남측 기업은 상금기금을 조성하여 우수 근로자에게 포상할 수 있다. 또한 무엇보다 이를 상금기

---

2) 이철수, 『김정은시대 북한사회복지: 페이소스와 뫼비우스』, 선인, 2020, 672쪽.

금으로 보장하는 것은 다소 인상적이다. 그리고 이 경우 포상은 현금인 상금과 현물인 상품으로 지급이 가능하다.

한편 북한은 동 규정 제30조에서 추가 근무인 연장, 야간작업에 대한 가급금 지급기준을 밝혔는데, "기업은 로동시간밖의 연장작업 또는 야간작업을 한 종업원에게 일당 또는 시간당 로임액의 50%에 해당한 가급금을 주어야 한다. 명절일, 공휴일에 로동을 시키고 대휴를 주지 않았거나 로동시간밖에 야간작업을 시켰을 경우에는 로임액의 100%에 해당한 가급금을 주어야 한다"한다고 밝혔다. 동 조항을 근거로 하면 개성공단 근로자들은 평일 연장근무의 경우 시간당 임금의 50%를, 명절과 공휴일 근무의 경우 이의 두 배인 시간당 임금의 100%를 가급금으로 보장받는다. 이에 북한은 개성공업지구 북측 근로자의 초과근무에 대한 수당지급을 명문화하여 '초과 근로 수당=추가 임금소득'의 구도를 확립하였다.[3]

다음으로 이러한 임금의 제정 권한은 동 규정 제5조 로임의 제정에서 "종업원의 로임은 종업원월최저로임에 기초하여 기업이 정한다"라고 하여 임금제정 권한은 해당 기업이, 적정 임금 기본선은 최저임금에 기초함을 밝혔다. 이에 따라 북한은 후속적인 조항으로 동 규정 제25조에서 최저임금액을 밝히고 있는데, "기업의 종업원월최저로임은 50USD로 한다. 종업원월최저로임은 전년도 종업원월최저로임의 5%를 초과하여 높일수 없다"라고 명시하고 있다. 따라서 동 조항에서 북한은 ① 임금의 지정 주체, ② 최저임금액, ③ 최저임금에 대한 년간 임금인상 상한율을 각각 명시하고 있다.[4]

그러나 다른 한편으로 이는 사실상 개성공업지구 북측 근로자에 대한 임

---

3) 위의 글, 675쪽.
4) 위의 글, 672-673쪽.

금 수준을 사업개시 이전 남측과의 협의에 의해 결정된 것이다. 따라서 북한은 최저임금에 대한 구체적인 수준을 법령으로 밝혔다고 판단된다. 아울러 북한은 동 규정 제25조에서 "종업원월최저로임을 높이는 사업은 공업지구관리기관이 중앙공업지구지도기관과 합의하여 한다"라고 하여 최저임금의 상승 결정 주체에 대해 분명히 밝혔다. 동 조항을 근거로 하면 최저임금의 상승에 대해서는 중앙기구와 지역기구가 합의하여 결정하게 된다. 이에 조직의 위계적 차원에서 보면 중앙기구의 통제와 개입하에 있다고 판단된다.

또한 매월 지급하는 근로자의 급여에 대해 동 규정 제26조 종업원월로임의 제정에서 "종업원의 월로임은 종업원월최저로임보다 낮게 정할수 없다. 그러나 조업준비기간에 있는 기업의 종업원과 견습공, 무기능공의 로임은 종업원월최저로임의 70%범위에서 정할수 있다"라고 하였다. 이는 최저임금보장과 동시에 최초 채용 이후 수습기간 동안에 견습 근로자와 무기능 근로자의 최저임금 지급을 미준수 해도 가능함을 언급한 것이다. 또한 특정 근로자의 최저 임금격차를 명기하여 다소 유연한 임금보장선을 명시하였다. 그러나 동 조항에서 조업준비기간에 대한 '구체적이고 분명한 기간'이 명시되어 있지 않은 점은 다소 논란의 여지가 있다.[5]

마지막으로 임금 지불방식의 경우 동 규정 제32조 로동보수의 지불에서 "기업은 로동보수를 화폐로 종업원에게 직접 주어야 한다. 이 경우 상금은 상품으로 줄수도 있다. 로동보수를 주는 날이 되기전에 사직하였거나 기업에서 내보낸 자에게는 그 수속이 끝난 다음 로동보수를 주어야 한다"라고 명시하였다. 이에 동 조항을 근거로 할 때 임금(로임, 가급금, 장려금)은 화폐 즉, 미화로 지불되는 반면 상금은 경우에 따라 화폐와 상품으로 대체할 수

---

5) 위의 글, 673쪽.

있다.[6] 또한 급여 지급일 전에 사직한 근로자의 경우 사직에 대한 행정처리가 완료된 이후에 당월 급여를 지급받는다.

2. 금강산국제관광지구

먼저 임금책정 기준의 경우 「금강산국제관광지구 로동규정」 제25조 로임기준의 제고에서 "기업은 기업경영활동수준과 종업원의 기술기능수준, 로동생산능률이 높아지는데 맞게 로임기준을 점차 높여야 한다"라고 하였다. 동 조항을 근거로 하면 이는 임금책정 기준과 임금상승에 대한 통상적인 내용을 밝힌 것이다. 즉, 임금책정의 기준은 ① 기업의 경영 성과, ② 근로자의 근로능력인 기술수준, ③ 기업과 근로자의 노동생산성에 근거한다. 그러나 구체적인 임금지급 수준에 대한 내용이 사실상 부재하다. 따라서 동 특구의 임금지급 수준에 대한 뚜렷한 내용은 부재하고 단지 임금책정 기준만을 제시한 것이다. 또한 이와 마찬가지로 임금 상승은 일정부문 법적으로 보장하였지만 구체적인 상승률에 대한 언급은 부재하다. 즉, 이러한 경우에도 임금 기준 상승에 대한 구체적인 내용이 제시되어야 하는데, 동 조항에는 이러한 내용의 언급이 부재하다.[7]

북한의 입장에서 북한이 특구 내의 근로자를 사실상 직접 고용하는 형태임에 따라 불필요하기 때문이다. 또한 북한이 구체적인 임금지급 수준과 상승률을 제시할 경우 갖게 되는 부담도 작용한다. 즉, 북한의 입장에서 임금에 대한 언급은 하되 모호하게 표현하여 법적 구속력을 스스로 상쇄하는

---

6) 위의 글, 673-674쪽.
7) 이철수, 앞의 글, 96쪽.

것이 합리적이고 수월한 선택인 것이다. 이러한 배경을 통해 북한은 임금 적용에 있어 유연성을 확보할 필요가 있을 것으로 보인다. 다른 한편으로 북한은 경제특구의 진척상황에 따라 추후 하위규정인 시행세칙을 통해 이를 구체화할 수 있는 기회도 갖고 있다고 판단된다. 정리하면 북한은 이러한 복합적인 요인으로 인해 위와 같은 선택을 하였다고 볼 수 있다.[8] 한편 임금책정과 관련한 내용의 경우 이는 「개성공업지구 로동규정」에 부재한 내용이다. 때문에 비록 단편적인 수준에서 임금책정 기준을 언급했지만 다소 인상적인 변화이다.

또한 임금 종류의 경우 동 규정 제23조 로동보수의 내용에서 "기업은 종업원의 로동보수를 일한 실적에 따라 정확히 계산하여 지불하여야 한다. 로동보수에는 로임(가급금 포함), 장려금, 상금이 속한다"라고 명시되어 있다. 동 조항을 근거로 하면 동 특구 근로자의 임금은 ① 통상적인 근로보수인 임금, ② 각종 수당과 성과보수에 해당되는 가급금, ③ 특정사안을 독려하기 위한 장려금, ④ 포상에 의한 상금이 있다. 이에 동 특구 근로자의 임금종류는 총 네 가지이다.[9] 이는 큰 변화가 필요치 않은 영역인데, 임금의 종류는 제한적이고 북한이 이미 이에 대해 기존의 모든 임금종류를 밝혔기 때문이다. 그리고 이는 「개성공업지구 로동규정」과 동일한 내용이자 자연스러운 행태이다.

한편 가급금의 경우 동 규정 제29조 연장, 야간작업의 가급금에서 "기업은 로동시간외의 낮 연장작업 또는 로동시간안의 밤작업을 한 종업원에게 하루 또는 시간당 로임액의 50%에 해당한 가급금을 주어야 한다. 명절일, 휴식일에 로동을 시키고 대휴를 주지 못하였거나 로동시간외의 밤연장

---

8) 위의 글, 96쪽.
9) 위의 글, 96쪽.

작업을 시켰을 경우에는 하루 또는 시간당 로임액의 100%에 해당한 가급금을 주어야 한다"라고 명기되어 있다. 동 조항을 근거로 하면 북한은 근로자들에게 야간 연장근무 시 시간당 임금의 50%, 공휴일 근무 이후 대휴 미지급과 근로시간외 연장근무의 경우 시간당 임금의 100%를 별도로 지급해야 한다. 이에 가급금은 연장근무와 공휴일의 추가 근로에 대한 보상 성격의 임금이다.[10] 그리고 이 또한 「개성공업지구 로동규정」과 동일하다.

또한 상금의 경우 제30조에서 "기업은 결산리윤을 일부로 기금을 조성하고 일을 잘한 종업원에게 상금을 줄수 있다"라고 하였다. 동 조항을 근거로 하면 상금은 임금 이외의 별도 포상의 성격이지만 전체 근로자에게 지급되는 것은 아니다. 또한 기업이 반드시 이를 지급해야하는 의무사항도 아니다. 즉 상금은 우수 근로자에 대한 포상 성격의 추가적인 급여라고 할 수 있다. 특히 여기에서 주목할 점은 결산이윤의 일부를 기금으로 조성하고 여기에서 재원의 일부를 상금으로 지출한다는 것이다. 그러나 아이러니하게도 북한은 동 조항에서 정확한 기금의 명칭이 불분명한 가운데에 이를 언급하였다. 따라서 이러한 북한의 의도는 인지하겠으나 명확한 근거에 대한 논란은 일정부문 존재한다.[11] 한편 이는 「개성공업지구 로동규정」과 비교하면 기금의 명칭을 제외하고는 거의 동일하다.

다음으로 임금의 제정권한과 기준의 경우 동 규정 제4조 로동보수제정원칙에서 "국제관광특구에서 기업은 종업원의 로동보수액을 그의 로동직종과 기술기능수준, 로동생산성에 따라 정한다"라고 언급되어 있다. 동 조항을 근거로 하면 임금책정은 기업이 하고 임금기준은 ① 해당 근로자의 노동직종, ② 기술기능수준, ③ 노동생산성을 기준으로 개별적으로 해당

---

10) 위의 글, 97쪽.
11) 위의 글, 97쪽.

근로자에게 적용한다. 따라서 금강산국제관광특구의 기업은 위의 세 가지 기준에 의거하여 근로자의 임금을 책정한다. 또한 이는 내용적으로 보면 앞서 언급한 임금책정 기준 중 직접적인 임금인 근로보수에 해당되는 내용을 보다 더 구체화 시킨 것이다. 아울러 이는 각 개별 근로자가 갖고 있는 고유한 직종과 기술수준, 노동생산성에 따라 임금이 차별적으로 적용됨을 의미한다.[12] 특히 이는 「개성공업지구 로동규정」에 부재한 것으로, 기존과 달리 임금의 제정권한과 기준이 매우 구체화된 형태를 갖는다. 때문에 이를 근거로 할 때 북한의 법적인 내용이 상당한 수준으로 발전된 모습을 띄고 있다.

또한 최저임금의 경우 동 규정 제24조 월로임최저기준의 제정에서 "국제관광특구의 기업에서 일하는 종업원의 월로임최저기준은 국제관광특구관리위원회와 국제관광특구지도기관이 협의하여 정한다. 월로임최저기준은 종업원이 로동과정에 소모한 육체적 및 정신적 힘을 보상하고 생활을 원만히 보장할게 있게 정하여야 한다"라고 명기되어 있다. 동 조항에 따르면 최저임금은 ① 국제관광특구관리위원회와 ② 국제관광특구지도기관이 협의하여 결정하고 최저임금의 책정기준은 노동에 따른 생활보장을 중심으로 한다. 또한 최저임금의 책정기준은 근로자의 ① 육체적, ② 정신적, ③ 생활 보장을 기준으로 책정함을 밝혔다. 그러나 다른 한편으로 동 조항에서 최저임금 결정에 대한 구체적인 절차와 년간 임금 인상율에 대한 내용은 부재하다.[13]

한편으로 이러한 이유를 추측하면 북한의 입장에서 임금책정 기준과 마찬가지로 향후 사업의 진척 상황에 따라 하위법령인 시행세칙을 통해 명시

---

12) 위의 글, 97쪽.
13) 위의 글, 97-98쪽.

하는 편이 유리하기 때문이다. 더욱이 최저임금의 경우 북한과 외국 투자기업 간의 사전 협의를 통해 조율될 개연성이 있다. 다시 말해, 북한의 입장에서 동 규정에 굳이 이에 대해 구체적으로 언급할 필요성이 대두되지 않는다. 때문에 이러한 점에서 북한은 최저임금의 책정기준을 밝히지 않은 가운데 최저임금 협의와 책정 주체만을 언급한 것이라 판단된다.[14] 특히 이는 「개성공업지구 로동규정」에 전혀 언급되지 않은 부재한 내용으로 동 규정에서 신설된 것이다.

마지막으로 임금 지불방식의 경우 동 규정 제31조 로동보수지불방법에서 "기업은 로동보수를 화폐로 종업원에게 직접 주어야 한다"라고 하였다. 동 조항을 근거로 하면 임금의 지급장식은 기업이 근로자에게 반드시 현금으로 직접 지급해야 한다.[15] 그리고 이는 「개성공업지구 로동규정」과는 다른 방식으로 변화된 모습을 나타내고 있다. 결국 한마디로 동 규정에는 근로소득 부문에 있어 「개성공업지구 로동규정」에 부재한 내용 다수가 새롭게 신설되었다고 할 수 있다. 지금까지 논증한 「개성공업지구 로동규정」과 「금강산국제관광지구 로동규정」의 근로소득 관련 주요 내용을 비교·정리하면 다음 〈표 2〉와 같다.

---

14) 위의 글, 98쪽.
15) 위의 글, 98쪽.

<표 2> 근로소득 관련 조항 비교: 개성과 금강산

구분	개성공업지구 로동규정 (2003)	금강산국제관광지구 로동규정 (2012)	주요 변화
임금책정 기준	미언급	① 기업의 경영 성과 ② 근로자의 기술수준 ③ 노동생산성 －차등 임금 적용(신설)	임금책정 기준 언급과 미언급
임금 종류	①노임 ②가급금 ③장려금 ④상금	좌동	－
임금제정 권한과 기준	기업: 최저임금액에 기초 (남북간 합의전제)	기업: 노동직종과 기술기능수준, 노동생산성(신설)	임금 고려사항 부재
최저임금 결정 주체	기업: 미화 50$ 단, 최정임금 상승은 공업지구관리기관과 중앙공업지구관리기관이 합의	국제관광특구관리위원회, 국제관광특구지도기관 협의: 육체적, 정신적, 생활을 보장 (신설)	결정주체 언급 차이 지급수준 명시 유무
임금지불 방식	노임, 가급금, 장려금 화폐, 상금 화폐·상품 가능	화폐로 직접 지급	임금 직접 지급

· 비고: 주요 변화는 「개성공업지구 로동규정」 대비, 「금강산국제관광지구 로동규정」 기준임.
· 출처: 저자 작성.

III. 근로복지

1. 개성공업지구

먼저 「개성공업지구 로동규정」에서 로동시간의 경우 동 규정 제20조 "공업지구에서 기업의 종업원로동시간은 주 48시간으로 한다. 기업은 로동의 힘든 정도와 특수한 조건에 따라 종업원의 주로동시간을 48시간보다 짧게 할수 있다. 계절적제한을 받는 부문의 기업은 년간 로동시간범위에서 종업원의 주로동시간을 실정에 맞게 정할수 있다"라고 명시하였다. 이에 따라 개성공업지구 근로자들은 1일 8시간 기준, 주 6일 동안의 노동시간을 갖게 된다. 또한 중노동이나 노동제한이 있는 경우 신축적으로 근로시간을 다소 유연하게 조정할 수 있도록 하였다. 하지만 이러한 견해와 달리 1일 근로시간에 대한 분명한 명시가 없어 해석과 적용상의 문제를 동시에 내포하고 있다.[16] 때문에 이러한 경우 실제 적용에 있어 1일 노동시간을 탄력적으로 운영해도 무방하다. 또한 이로 인해 1일 노동시간에 대한 기준이 모호해질 수 있다.

---

16) 이철수, 앞의 글, 685-686쪽.

또한 이러한 노동시간에 대해 동 규정 제21조 "기업은 종업원에게 로력채용계약 또는 로동규칙에 정해진 로동시간안에서 로동을 시켜야 한다. 연장작업이 필요한 기업은 종업원대표 또는 해당 종업원과 합의하여야 한다"라고 명시하였다. 이는 노동시간의 준수와 더불어 연장작업이 필요할 경우 해당 종업원과의 합의가 전제되어야 함을 의미한다.[17] 다시 말해 이러한 경우 해당 근로자의 의사가 적극적으로 반영됨을 말한다.

다음으로 휴식과 휴가의 경우 동 규정 제22조 "기업은 종업원에게 공화국의 명절일과 공휴일의 휴식을 보장하여야 한다. 명절일과 공휴일에 로동을 시켰을 경우에는 15일안으로 대휴를 주거나 해당한 보수를 지불하여야 한다"라고 밝혔다. 동 조항은 명절과 공휴일의 휴식보장과 동시에 이 기간 동안 근무하였을 경우 이에 상응하는 휴가와 별도의 추가적인 보수 지급을 명문화한 것이다. 특히 명절과 공휴일 근무 이후 15일 내에 대휴와 해당 기간 동안의 추가보수 지급을 언급하고, 실제 적용의 마지노선을 제시한 것은 다소 인상적이다.[18]

반면 휴가의 경우 동 규정 제23조 "기업은 종업원에게 해마다 14일간의 정기휴가를 주며 중로동, 유해로동을 하는 종업원에게는 2~7일간의 보충휴가를 주어야 한다. 임신한 녀성종업원에게는 60일간의 산전, 90일간의 산후휴가를 주어야 한다"라고 밝혔다. 이에 동 조항에 따르면 개성공업지구 근로자들은 ① 1년 동안 14일의 정기휴가, ② 중노동과 유해 근로자의 경우 14일의 정기휴가에 추가적으로 2~7일 동안의 보충휴가를 받음에 따라 1년 동안 총 16~21일의 휴가, ③ 임신한 여성 근로자의 산전산후 150일간의 출산휴가[19]로 구분·보장된다.

---

17) 위의 글, 686쪽.
18) 위의 글, 686-687쪽.
19) 이는 2003년을 기준으로 기존의 북한 여성근로자의 산전산후 휴가기간과 동일하다.

또한 휴가기간의 로임지불에 대해 동 규정 제27조 "기업은 정기 및 보충 휴가를 받은 종업원에게 휴가일수에 따르는 휴가비를 지불하여야 한다. 산 전산후휴가를 받은 녀성종업원에게는 60일에 해당한 휴가비를 지불하여 야 한다"라고 하였다. 동 조항에 따르면 개성공업지구 근로자들은 매 휴가 기간 동안 근로자의 소속기업으로부터 휴가일수를 기준으로 별도의 휴가 비를 지급받는다. 또한 산전산후휴가 중인 여성근로자의 경우 60일 동안 의 휴가비 지급을 보장받는다. 그리고 이때 지급받는 휴가비의 경우 동 규 정 제28조 "휴가비의 계산은 휴가받기전 3개월간의 로임을 실가동일수에 따라 평균한 하루로임에 휴가일수를 적용하여 한다"라고 하였다. 동 조항 에 따르면 휴가기간 동안 휴가비의 계산방식은 최근 3개월 동안의 1일 임 금 기준에 휴가일 수를 계상하는 방식으로 결정한다.[20]

마지막으로 여성근로자의 보호는 동 규정 제34조 "임신 6개월이 지난 녀성종업원에게는 힘들고 건강에 해로운 일을 시킬수 없다. 기업은 녀성종 업원을 위한 로동위생보호시설을 충분히 갖추어야 한다"라고 명시하였다. 동 조항에 따르면 개성공업지구 기업은 임신한 여성근로자에 대한 보호와 더불어 여성근로자를 위한 별도의 시설보호를 보장해야 한다.[21]

또한 북한은 동 규정 제35조 "기업은 실정에 맞게 종업원의 자녀를 위한

그러나 북한은 2015년 6월 30일 최고인민회의 상임위원회 정령 제566호로 「조선민 주주의인민공화국 사회주의로동법」 제66조 "녀성근로자들은 정기 및 보충휴가외에 근속년한에 관계없이 산전 60일, 산후 180일간의 산전산후휴가를 받는다」라고 하여 기존 총 150일에서 총 240일로 상향조정되었다. 이에 따라 2015년 7월부터 동 규정 이 북한의 전 지역과 사업장에 적용되리라 판단된다. 그러나 본 연구는 이를 반영한 수정된 법 조항을 발견하지 못했기 때문에 기존의 내용을 중심으로 서술하였다. 위의 글, 688쪽.

20) 한편 이러한 경우 150일간의 산전산후휴가 기간 동안의 임금과 더불어 60일간의 휴 가비 지급 문제가 제기된다. 즉, 수급조건과 환경에 따라 임금과 휴가비의 이중지급 문제가 제기되는데, 이는 달리 보면 임신과 출산 휴가기간 동안의 휴가비를 보장하는 동 규정 자체에 이미 이 문제가 내포되어있다고 할 수 있다. 위의 글, 689쪽.
21) 위의 글, 690쪽.

탁아소, 유치원을 꾸리고 운영할수 있다"라고 하였다. 이에 따라 개성공업지구 남측기업은 탁아소와 유치원을 자율적으로 운영할 수 있다. 즉, 이는 강제조항이 아닌 일종의 권유 조항으로 기업의 의사와 판단에 전적으로 맡기는 모습이자 간접적인 권고의 성격을 갖는다.

2. 금강산국제관광지구

먼저 「금강산국제관광지구 로동규정」에서 노동시간의 경우 동 규정 제19조 "국제관광특구에서 종업원의 주로동시간은 48시간으로 한다. 기업은 로동의 힘든 정도와 특수한 조건에 따라 종업원의 주로동시간을 48시간보다 짧게 정할수 있다. 계절적제한을 받는 부문의 기업은 년간 로동시간범위에서 종업원의 주로동시간을 실정에 맞게 정할수 있다"라고 명시하였다. 동 조항을 근거로 하면 금강산국제관광지구 근로자들은 1일 8시간으로 기준으로 할 때 주 6일 근무를 하게 된다. 아울러 북한은 노동강도가 중노동인 경우와 노동환경에 따라 노동시간을 단축할 수 있도록 하였다. 또한 북한은 노동환경의 자연적 요소인 계절에 따라 노동시간을 조정할 수 있도록 하였다. 이는 동계와 하계 노동시간의 조정의 조정을 의미한다. 한편 이는 「개성공업지구 로동규정」처럼 1일 노동시간에 대한 분명한 언급이 부재한데, 이는 다소 아이러니한 부문이다.[22] 즉, 입법시기 차이에 대한 변화가 나타나지 않는 부문이다.

또한 이러한 노동시간에 대해 동 법령 제20조 "기업은 종업원에게 정해

---

22) 이철수, 앞의 글, 102쪽.

진 로동시간안에 로동을 시켜야 한다. 부득이한 사유로 로동시간을 연장하려 할 경우에는 종업원대표 또는 해당 종업원과 합의하여야 한다. 종업원은 로동시간을 정확히 지켜야 한다"라고 노동시간 준수에 대해 재차 언급하였다. 아울러 연장근무의 경우 종업원대표와 해당 종업원과의 협의에 의해 결정하도록 하였다. 그리고 이는 기업의 일방적인 연장근무에 대해 근로자 대표와 당사자의 동의를 구하도록 하는 것이다. 아울러 이와 동시에 근로자의 노동시간 준수를 강조하여 기업과 근로자 모두 쌍방간의 노동시간에 대한 법적 이행을 균형 있게 관리하고자 하였다.[23] 결국 노동시간에 대한 「금강산국제관광지구 로동규정」과 「개성공업지구 로동규정」은 거의 동일한 내용이다.

다음으로 「금강산국제관광지구 로동규정」에서 휴식과 휴가의 경우 이와 관련한 다양한 조항이 제시되어 있다. 첫째, 동 규정 제21조에는 명절과 공휴일의 휴식보장에 대해 "기업은 종업원에게 공화국의 명절일과 공휴일의 휴식을 보장하여야 한다. 명절일과 공휴일에 로동을 시켰을 경우에는 1주일안으로 대휴를 주어야 한다"라고 명기하였다. 이는 근로자의 공휴일 휴식을 보장함과 동시에 공휴일 근무의 경우 대휴를 보장하는 규정이다. 여기에서 인상적인 것은 명절과 공휴일 근무 이후 대휴를 일주일 안에 집행해야 한다는 것이다. 그리고 이는 일주일이라는 시기적 제한을 통해 이를 강력하게 보장하도록 유도하고 있다. 따라서 해당 기업의 경우 이러한 구체적인 규정으로 인해 이를 적용하고 준수할 수밖에 없다. 결국 「금강산국제관광지구 로동규정」은 휴식에 대한 철저한 법적 보장을 강조하고 있다.[24] 그리고 이는 「개성공업지구 로동규정」보다 대휴이행 기간을 짧게 제

---

23) 위의 글, 102쪽.
24) 위의 글, 103쪽.

한하여 법률적 보장을 강화한 형태이다.

둘째, 동 규정 제22조에는 휴가보장이 언급되어 있는데, "기업은 종업원에게 해마다 14일간의 정기휴가를 주며 중로동, 유해로동을 하는 종업원에게는 7~21일간의 보충휴가를 주어야 한다. 임신한 녀성종업원에게는 정기 및 보충휴가외에 60일간의 산전, 180일간의 산후휴가를 주어야 한다"라고 밝혔다. 동 조항을 근거로 하면 금강산국제관광지구 근로자들은 ① 14일의 정기휴가, ② 노동강도가 높고 유해노동 종사자의 경우 7~21일간의 보충휴가-이 경우 정기휴가를 포함, 최소 21일 최대 35일-, ③ 240일의 산전산후 휴가가 제공된다. 따라서 금강산국제관광지구 근로자들은 모두 세 종류의 휴가가 있다.[25] 한편 보충휴가의 경우 「개성공업지구 로동규정」보다 3배 이상 늘어났는데, 이는 그동안의 변화한 북한의 인식이 나타나는 부문이다.

셋째, 동 규정 제26조에는 휴가비 지불과 관련, "기업은 정기 및 보충휴가를 받은 종업원과 산전산후휴가를 받는 녀성종업원에게 휴가일수에 따르는 휴가비를 지불하여야 한다"라고 언급하였다. 그리고 이는 종업원의 휴가시 임금 이외에 별도의 휴가비가 지급됨을 의미한다. 또한 이러한 휴가비 지급기준은 정기휴가와 보충휴가를 포함한 전체 총 휴가일과 관련됨을 언급하였다.[26] 한편 이는 「개성공업지구 로동규정」에 명시된 여성근로자의 산전산후 휴가 60일 휴가비 지급이 누락되었다. 그러나 이 경우 실제 적용에 있어 전체 휴가기간에 대해 지급할 가능성이 있다. 휴가일수에 따라 지급함을 명시했기 때문이다. 그러나 이를 제외하고는 기존의 「개성공업지구 로동규정」과 거의 동일하다.

넷째, 동 규정 제27조에는 휴가비 계산방법에 대해, "휴가비는 휴가받

---

25) 위의 글, 103쪽.
26) 위의 글, 103쪽.

기 전 3개월간의 로임을 실가동일수에 따라 평균한 하루로임액에 휴가일수를 적용하여 계산한다"라고 명시하였다. 동 조항을 근거로 하면 각 개별 근로자의 휴가비는 3개월 전 임금을 기준으로 하고 여기에 1일 평균임금에 휴가일수를 계상하여 지급된다.[27] 그리고 이는 「개성공업지구 로동규정」과 거의 동일하다.

마지막으로 「금강산국제관광지구 로동규정」에서 여성근로자의 보호는 동 규정 제33조 녀성로력의 보호에서 "기업은 녀성종업원들을 위한 로동위생보호시설을 충분히 갖추어야 한다. 임신하였거나 젖먹이어린이를 키우는 녀성종업원에게는 연장작업, 밤작업, 건강에 해로운 작업을 시킬수 없다"라고 하였다. 동 조항을 근거로 하면 기업은 녀성 근로자들을 위한 노동보호위생시설을 갖추어야 한다. 또한 기업은 임신 중이거나 영아를 양육하는 여성근로자에 대해 연장, 야간 근무와 유해 노동을 금하였다. 그리고 이는 기업의 통상적인 여성근로자 보호 대책이라 할 수 있다.[28] 그렇지만 이는 「개성공업지구 로동규정」을 승계하였지만 부분적으로 확대된 형태이다. 가령, 「개성공업지구 로동규정」에서 명시한 6개월 이상 임신한 여성근로자의 유해노동 금지 조항이 확대된 모습이다.

또한 보육과 관련 제34조 탁아소, 유치원의 운영에서 "기업은 실정에 맞게 종업원의 자녀를 위한 탁아소, 유치원을 꾸리고 운영할수 있다"하고 밝혔다. 이는 기업이 미취학 아동을 양육하는 근로자 가정의 양육과 보육 지원책이다. 따라서 동 조항으로 인해 해당 기업은 가급적이면 탁아소와 유치원을 운영해야 한다. 다시 말해 이는 의무적인 이행 조항이 아니라 기업의 여건이 허락하는 범위 내에서 적용하도록 하는 일종의 권유 규정이다.

---

27) 위의 글, 103쪽.
28) 위의 글, 104쪽.

때문에 해당 기업의 경우 이를 반드시 이행해야만 하는 법적 의무가 아니라 단지 이를 중시하는 가운데에 이행 여부는 선택적 사안이다.[29] 그리고 이 또한 「개성공업지구 로동규정」과 거의 동일하다. 지금까지 논증한 「개성공업지구 로동규정」과 「금강산국제관광지구 로동규정」의 근로복지 관련 주요 내용을 비교·정리하면 다음 〈표 3〉과 같다.

〈표 3〉 근로복지 관련 조항 비교: 개성과 금강산

구분	개성공업지구 로동규정 (2003)	금강산국제관광지구 로동규정(2012)	주요 변화
노동시간	주 48시간	좌동	-
연장근무	종업원(대표)합의 시간언급 없음	좌동	-
명절, 공휴일 휴식	보장	좌동	-
명절, 공휴일 근무 대휴	15일 안에 결정 의무 추가보수 지급보장	일주일 안에 대휴보장	일주일 보장 제한
정기휴가	14일	좌동	-
보충휴가	2-7일	7-21일	휴가 기간 확대
산전산후휴가	산전 60일, 산후 90일	산전 60일, 산후 180일	60일 휴가비 삭제
휴가비 계산	최근 3개월 1일 임금 기준	좌동	-
여성노력보호	임신 6개월 이상 여성근로자 여성근로자 로동보호시설 탁아소와 유치원 기업운영	노동보호시설 임신출산 여성근로자 보호 탁아소와 유치원 기업운영	여성근로자 보호 대상 확대

· 비고: 주요 변화는 「개성공업지구 로동규정」 대비, 「금강산국제관광지구 로동규정」 기준임.
· 출처: 저자 작성.

29) 위의 글, 104쪽.

Ⅳ. 사회보장

1. 사회문화시책과 문화후생기금

「개성공업지구 로동규정」에서 사회문화시책의 경우 동 규정 제40조 "공업지구의 기업에서 일하는 공화국의 종업원과 그 가족은 국가가 실시하는 사회문화시책의 혜택을 받는다. 사회문화시책에는 무료교육, 무상치료, 사회보험, 사회보장 같은것이 속한다"라고 명시하였다. 이는 북한의 대표적인 사회보장제도들을 적용함을 의미한다. 따라서 개성공업지구 근로자들은 북한 주민에게 적용하는 기존의 사회보장제도들을 그대로 받는다. 그러나 다른 한편으로 무상보육을 언급하지 않은 것은 다소 아이러니 한 부분이다. 또 이러한 제도의 재원인 사회문화시책기금의 조성의 경우 동 규정 제41조 "사회문화시책비는 사회문화시책기금으로 보장한다. 사회문화시책기금은 기업으로부터 받는 사회보험료와 종업원으로부터 받는 사회문화시책금으로 조성한다"라고 하였다. 동 조항에 근거하면 사회문화시책기금은 기업과 종업원이 각각 부담하는 사회보험료와 사회문화시책금으로 각출한다.[30]

---

30) 이철수, 앞의 글, 698-699쪽.

아울러 이러한 사회문화시책금의 납부의 경우 동 규정 제43조 "공화국 공민인 종업원은 월로임액의 일정한 몫을 사회문화시책금으로 계산하여 다음달 10일안으로 중앙공업지구지도기관이 지정하는 은행에 납부하여야 한다"라고 하지만 여기에 소요되는 '일정한 몫'에 대한 분명한 제시가 나타나 있지 않다.[31] 그러나 북한은 근로자의 사회문화시책기금 납부기일을 분명히 하였는데, 이는 그만큼의 적극적인 북한의 의도를 반증한다.

또한 이러한 사회문화시책기금의 이용, 즉, 수입과 지출의 경우 동 규정 제44조 "사회문화시책기금의 리용질서는 중앙공업지구지도기관이 해당 기관과 협의하여 정한다"라고 하여 중앙기구가 담당함을 밝혔다.[32]

반면 문화후생기금의 경우 「개성공업지구 로동규정」 제45조 "기업은 세금을 납부하기전에 리윤의 일부로 종업원을 위한 문화후생기금을 조성하고 쓸수 있다. 문화후생기금은 종업원의 기술문화수준의 향상과 체육사업, 후생시설운영 같은데 쓴다"라고 언급하였다. 이에 근거하면 문화후생기금의 재원은 기업이 부담하고 지출은 근로자의 교육, 문화, 건강, 복리후생시설에 소요된다.[33]

반면 「금강산국제관광지구 로동규정」에서 사회문화시책의 경우 동 규정 제39조 "기업에서 일하는 공화국의 종업원과 그 가족은 국가가 실시하는 사회문화시책의 혜택을 받는다. 사회문화시책에는 무료교육, 무상치료, 사회보험, 사회보장 같은것이 속한다"라고 밝혔다. 이에 의거하면 금강산국제관광지구 근로자들은 ① 무상교육, ② 무상치료, ③ 사회보험, ④ 사회보장 혜택을 받는다. 하지만 아이러니하게도 무상보육에 대한 내용이 명시되

---

31) 위의 글, 699쪽.
32) 위의 글, 699쪽.
33) 위의 글, 702쪽.

어 있지 않다. 즉, 동 조항에서 북한은 종업원과 그 가족을 대상으로 사회 문화시책을 제공한다고 하였다. 이에 따라 미취학 아동에 대한 무상보육을 명시해야만 타당한데, 이 부분이 누락되어 있다.[34] 그러나 이는 「개성공업 지구 로동규정」과 거의 유사한 내용이다.

또 사회문화시책기금 조성의 경우 제40조 "사회문화시책비는 사회문화 시책기금으로 보장한다. 사회문화시책기금은 기업으로부터 받는 사회보험 료와 종업원으로부터 받는 사회문화시책금으로 조성한다"라고 하였다. 동 조항을 근거로 하면 사회문화시책비는 사회문화시책기금으로 보전된다. 또한 사회문화시책기금은 ① 기업의 사회보험료와 ② 종업원이 부담하는 사회문화시책금으로 구성된다. 따라서 이를 통해 볼 때, 금강산국제관광지 구 사회문화시책기금에 대한 국가차원의 재정 지원은 부재하다.[35] 그리고 이 또한 「개성공업지구 로동규정」과 거의 동일한 내용이다.

아울러 사회문화시책금납부의 경우 제42조 "공화국공민인 종업원은 월 로임액에서 일정한 몫을 사회문화시책금으로 월마다 국제관광특구관리위 원회가 지정하는 은행에 납부하여야 한다"라고 언급하였다. 그러나 이 경 우 매달 납부하는 '일정한 몫'에 대한 구체적인 내용이 명시되어 있지 않다. 예컨대 이는 향후 해당 기업과의 협상을 통해 임금 수준을 결정하고 그 수 준에 따라 결정하고자 의도적으로 명기하지 않은 것이라 판단된다.[36]

한편 이는 「개성공업지구 로동규정」에서 밝힌 납부기일에 대한 내용이 누락되었다. 이로 인해 다소 역진적인 모습이 나타나는데, 이러한 원인은 개성과 금강산 양 지역의 주요 기업의 차이에 기인한다고 판단된다. 즉, 개

---

34) 이철수, 앞의 글, 108쪽.
35) 위의 글, 108-109쪽.
36) 위의 글, 109쪽.

성은 일정부문 남측기업의 유치가 기정사실화된 가운데 동 규정이 생산되었고 이로 인해 납부기일을 분명히 명시할 수 있었다. 반면 금강산은 이러한 여건이 성숙되지 않은 관계로 다소 유연하게 표현할 수밖에 없었다고 판단된다.

다른 한편으로 동 규정 제40조에서 사회문화시책금은 전적으로 종업원이 부담한다고 하였다. 따라서 구체적으로 '일정한 몫'에 대해 명시해도 무방하다. 하지만 이를 대내외에 공개할 경우 이에 따른 외부의 시선과 의식도 일정부문 반영한 것이라 판단된다. 즉, 북한은 기존의 사회문화시책에 대한 국가부담이 근로자 부담으로 전이된 것에 대해 다소 부담스러울 것이다. 나아가 이러한 사회문화시책기금의 이용의 경우 제43조 "사회문화시책기금의 리용질서는 국제관광특구관리위원회, 국제관광특구지도기관이해당 기관과 협의하여 정한다"라고 명시하였다. 이는 사회문화시책기금의관리운영주체를 밝힌 것이다. 따라서 사회문화시책기금의 집행은 금강산관광특구의 대표적인 행정기구인 국제관광특구관리위원회와 국제관광특구지도기관이 중심이 되어 진행한다.[37]

그리고 이는 집행기관과 규모의 차이가 있을 뿐, 「개성공업지구 로동규정」과 거의 동일한 구조이다. 즉, 개성공업지구의 경우 중앙공업지구지도기관과 해당 기관과 협의하여 집행하여 중앙의 통제 하에 부문적인 독립성을 보장하였다. 그러나 금강산국제관광특구의 경우 중앙기구인 국제관광특구관리위원회와 국제관광특구지도기관이 해당 기관과 협의하여 외형적으로는 세 개의 기관이 상호 개입하는 구조이다.

또한 문화후생기금의 경우 동 규정 제44조 "기업은 결산리윤의 일부로종업원을 위한 문화후생기금을 조성하고 쓸수 있다. 문화후생기금은 종업

---

37) 위의 글, 109쪽.

원의 기술문화수준의 향상과 체육사업, 후생시설운영 같은데 쓴다"라고 하였다. 동 조항을 근거로 하면 기업은 기업이익의 일부를 문화후생기금으로 조성하고 이를 종업원을 위한 기술, 문화, 체육, 복지를 위해 집행한다. 그리고 이는 「개성공업지구 로동규정」과 거의 유사하다.[38]

2. 퇴직보조금과 생활보조금

「개성공업지구 로동규정」에서 퇴직보조금의 경우 동 규정 제19조 "기업의 사정으로 1년이상 일한 종업원을 내보내는 경우에는 보조금을 준다. 보조금의 계산은 3개월평균월로임에 일한 해수를 적용하여 한다"라고 언급하였다. 이는 기업의 사정으로 인한 근로자의 비자발적 실업에 대한 현금보상을 언급한 것이다.[39] 특히 북한이 동 조항의 항목 설명에서 '퇴직보조금의 지불'이라 명기하여 개성공단 근로자의 퇴직금 지불을 명문화하였다.

또 생활보조금의 경우 동 규정 제29조 "기업은 자기의 책임으로 또는 양성기간에 일하지 못한데 대하여 종업원에게 일당 또는 시간당 로임의 60%이상에 해당한 생활보조금을 주어야 한다. 생활보조금을 주는 기간은 3개월을 넘을수 없으며 생활보조금에는 사회보험료, 도시경영세를 부과하지 않는다"라고 명시하였다.[40]

동 조항을 근거로 하면 생활보조금의 지급기간은 최고 3개월이고 지급기준은 1일 또는 시간당 임금의 60% 수준이다. 또한 이는 기업의 책임으

---

38) 위의 글, 109쪽.
39) 이철수, 앞의 글, 705쪽.
40) 위의 글, 706-707쪽.

로 근로자의 미근로 기간에 대한 일종의 보상금 성격이다. 그리고 이 경우 남측 기업은 생활보조금 수급 근로자의 사회보험료를 별도로 납부하지 않는다. 또한 이 기간 동안 기업의 도시경영세 부담도 덜어주었는데, 이는 북한이 남측 기업에 대한 재정부담을 완화해 준 것이다.

「금강산국제관광지구 로동규정」에서 퇴직보조금의 경우 제18조 퇴직보조금 지불에서 "기업은 부득이한 사정으로 종업원을 내보내는 경우 일한 년한에 따라 보조금을 주어야 한다. 보조금은 3개월평균월로임에 일한 해수를 적용하여 계산한다. 그러나 일한 년한이 1년이 못되는 경우에는 1개월분의 로임을 적용하여 계산한다"라고 하였다. 동 조항을 근거로 하면 퇴직보조금은 첫째, 해당 근로자의 근로 연수에 비례하고, 둘째, 퇴직보조금의 지급수준은 3개월 평균임금을 기준으로 책정하고, 셋째, 1년 미만의 근로자가 퇴직할 경우에는 1개월 임금을 기준으로 한다.[41] 그리고 이는 「개성공업지구 로동규정」에 비해 매우 발전된 내용이다. 즉, 개성공업지구 근로자의 경우 노동기간이 1년 미만의 근로자의 경우 퇴직보조금이 미지급되지만 금강산국제관광지구 근로자의 경우 1년 미만 근로자는 1개월분의 임금을 지급받아 퇴직보조금의 사각지대를 최소화했다.

또한 생활보조금의 경우 동 규정 제28조 "기업은 종업원이 양성기간이나 기업의 책임으로 일하지 못하였을 경우에는 일하지 못한 날 또는 시간에 한하여 그 종업원에게 하루 또는 시간당 로임액의 60%이상에 해당한 생활보조금을 주어야 한다"라고 밝혔다. 동 조항을 근거로 하면 생활보조금의 경우 기업이 해당 종업원에게 미근로 일과 미근로 시간을 기준으로 시간당 임금의 60%를 지급한다. 그리고 이는 「개성공업지구 로동규정」과 거의 동일한 맥락이다. 그러나 생활보조금의 지급기간에 대한 명확한 내용

---

41) 이철수, 앞의 글, 111쪽.

이 없어 다소 논란이 있다.[42]

그리고 이는 「개성공업지구 로동규정」에서 밝힌 3개월 동안의 지급기간에 대한 내용이 부재한 행태이다. 따라서 「개성공업지구 로동규정」과 법 조문의 내용적 차원으로 단순 비교하면 다소 퇴행적인 모습이 나타난다. 또한 이는 북한이 「개성공업지구 로동규정」에서 밝힌 기업의 사회보험료와 도시경영세 부담에 대한 언급이 누락되어 있다. 따라서 금강산국제관광지구 기업은 이 기간 동안 사회보험료와 도시경영세를 납부해야 한다고 판단된다. 역설적으로 기존의 개성공단 남측 기업에게 제공되는 재정부담 상쇄조치가 사라진 것이다.

3. 사회보험료

「개성공업지구 로동규정」에서 기업의 사회보험료의 경우 동 규정 제42조 "기업은 공화국공민인 종업원에게 지불하는 월로임총액의 15%를 사회보험료로 달마다 계산하여 다음달 10일안으로 중앙공업지구지도기관이 지정하는 은행에 납부하여야 한다. 사회문화시책과 관련하여 기업은 사회보험료밖의 다른 의무를 지니지 않는다"라고 명시하였다. 이는 법 제정 당시인 2003년을 기준으로 하면 상당히 파격적이다. 왜냐하면 당시 북한의 근로자의 월 사회보험료 납부액은 월로임의 1%였고 기업의 부담이 부재했기 때문이다. 따라서 이 시점을 기준으로 북한의 사회보험 재정은 이중적인 납부체제로 재편되었다고 할 수 있다.[43] 또한 기업의 사회보험료의 납부기한을 분

---

42) 위의 글, 111쪽.
43) 이철수, 앞의 글, 710쪽.

명히 명시한 것은 북한의 인식이 고스란히 반영되어 있다고 볼 수 있다.

한편 이러한 사회보험료가 연체될 경우 동 규정 제47조 "사회보험료를 제때에 납부하지 않았을 경우에는 납부기일이 지난 날부터 매일 0.05%에 해당한 연체료를 물린다. 연체료는 미납액의 15%를 넘을수 없다"라고 하여 납부의무를 강조함과 동시에 연체료 상한선을 제시하였다.[44] 이는 사회보험료 징수에 대한 북한의 의지가 나타나는 부분이다.

「금강산국제관광지구 로동규정」에서 사회보험료의 경우 제41조 기업의 사회보험료납부에서 "기업은 공화국공민인 종업원에게 지불하는 월로임총액의 15%에 해당한 금액을 월마다 계산하여 기업의 부담으로 납부하여야 한다"라고 하였다. 이에 따라 금강산국제관광지구 기업은 근로자들의 월임금총액의 15%를 사회보험료로 납부해야 한다. 그리고 이는 개성공업지구와 동일한 납부비율이다.[45] 그러나 북한이 「개성공업지구 로동규정」에서 명기한 납부기일에 대한 내용이 누락되었다. 그리고 이는 상술한 사회문화시책기금과 동일한 행태이다. 또한 아이러니하게도 동 규정에는 「개성공업지구 로동규정」에서 밝힌 사회보험연체료에 대한 항목 자체가 부재한데, 이는 매우 이례적인 모습이다.

지금까지 논증한 「개성공업지구 로동규정」과 「금강산국제관광지구 로동규정」의 사회보장 관련 주요 내용을 비교·정리하면 다음 〈표 4〉와 같다.

---

44) 위의 글, 710쪽.
45) 이철수, 앞의 글, 111-112쪽.

<표 4> 사회보장 관련 조항 비교: 개성과 금강산

구분	개성공업지구 로동규정(2003)	금강산국제관광지구 로동규정(2012)	주요 변화
사회문화시책기금	① 기업의 사회보험료, ② 종업원의 납부	좌동 납부기일 누락 기금집행기관 차이	납부기일 누락 기금집행 주체 차이
문화후생기금	기업부담	좌동	-
퇴직보조금	1년 이상 일한 종업원 3개월 평균임금 기준	좌동 1년 미만 종업원 1개월 임금 적용	지급 대상 추가
생활보조금	일당 또는 시간당 로임의 60%이상 3개월 지급	좌동 지급 기간 명시 부재	지급기한 명시 차이 사회보험료, 도시경 영세납부 차이
사회보험료	기업이 종업원 월임금 총액의 15% 납부 납부기일과 연체료 명시	좌동 연체료 부재	납부기일 누락 연체료 부재

· 비고: 주요 변화는 「개성공업지구 로동규정」 대비, 「금강산국제관광지구 로동규정」 기준임.
· 출처: 저자 작성.

또한 「개성공업지구 로동규정」과 「금강산국제관광지구 로동규정」
의 지속성과 변화, 공통점과 차이점에 대한 주요 내용을 정리하면 다음
〈표 5〉와 같다.

⟨표 5⟩ 개성과 금강산 노동복지 법제의 지속성과 변화: 공통점과 차이점

공통점		차이점	
지 속 성	· 임금 종류 · 임금제정 권한 일부 · 노동시간과 연장근무 · 명절, 공휴일 휴식 · 정기휴가, 대휴 일부 · 산전산후휴가 · 휴가비 계산 · 여성근로자 보호 일부 · 사회문화시책기금 일부 · 문화후생기금 · 퇴직보조금 일부 · 생활보조금 일부 · 사회보험료 일부	변 화	· 임금책정 기준 언급 부재 · 임금제정 기준 고려사항 부재 · 최저임금 결정주체 언급 차이, 지급수준 명시 유무 · 임금 직접 지급 · 대휴 일주일 보장 제한 · 보충휴가 기간 확대 · 산전산후 휴가비 지급제한 삭제 · 여성근로자 보호대상 확대 · 사회문화시책기금 납부기일 누락, 기금집행 주체 · 퇴직보조금 1년 미만 종업원 추가 · 생활보조금 지급기간 명시 차이 · 사회보험료 납부기일과 연체료 부재

· 비고: 비교척도는 「개성공업지구 로동규정」 대비, 「금강산국제관광지구 로동규정」 기준임.
· 출처: 저자 작성.

V. 결론

지금까지 본 연구는 북한의 개성공업지구 노동규정과 금강산국제관광지구 노동규정의 ① 근로소득, ② 근로복지, ③ 사회보장 관련 조항을 각각 비교하였다. 이에 양 노동규정에 나타난 노동복지에 대한 북한의 지속성과 변화, 공통점과 차이점을 분석하면 다음과 같다.

비교 분석한 결과, 법적인 내용의 구체성 차원에서 접근하면 먼저 근로소득의 경우 ① 임금책정 기준, ③ 임금제정 권한과 기준, ④ 최저임금 결정 주체, ⑤ 임금지불 방식의 경우 후일 제정된「금강산국제관광지구 로동규정」이「개성공업지구 로동규정」에 비해 상대적으로 구체적이다. 그러나 ② 임금 종류의 경우 기존과 동일한 형태로 양 규정 간의 차이가 크게 나타나지 않는다. 한편 무엇보다 이러한 양 규정의 부분적인 차이는 첫째, 10년이라는 시간적 차이, 둘째, 그로 인한 북한의 법률적 성숙, 셋째, 기본적으로 양 지역의 내재적 차이—대상과 환경—에 기인한다고 판단된다.

다음으로 근로복지의 경우 ① 명절, 공휴일 근무 대휴, 보충휴가, 여성 노력보호의 경우 후일 제정한「금강산국제관광지구 로동규정」이 먼저 제정한「개성공업지구 로동규정」에 비해 상대적으로 우수하다. ② 노동시간과 연장근무, 명절, 공휴일 휴식, 정기휴가, 산전산후휴가의 경우 양 규정의 차이점이 크게 나타나지 않아 「금강산국제관광지구 로동규정」이 「개성공업지구 로동규정」을 계승한 형태를 나타낸다.

　마지막으로 사회보장의 경우 ① 사회문화시책기금, 생활보조금, 사회보험료의 경우 「개성공업지구 로동규정」이 「금강산국제관광지구 로동규정」보다 내용상 상대적으로 우수하다. 그러나 ② 퇴직보조금의 경우 이와 반대로 「개성공업지구 로동규정」에 비해 「금강산국제관광지구 로동규정」이 다소 발달된 모습이다. ③ 문화후생기금은 양 규정의 내용이 거의 동일하여 차이점이 부재하다.

　결국 양 규정의 경우 공통점이 다수인 반면 차이점은 소수이다. 그리고 이것이 다시 지속성과 변화로 재정립된다. 그러나 소수의 차이는 나름대로 큰 의미를 갖는다. 먼저 근로소득의 경우 후일 제정한 「금강산국제관광지구 로동규정」에서 큰 변화를 유도했다. 가령 북한은 동 규정에서 기업의 임금책정 기준과 임금제정 시 기준을 새롭게 신설하였다. 그리고 이러한 임금 관련 기준들은 그동안 북한의 변화를 반영한 결과이다. 또한 최저임금의 경우 양 규정의 환경과 그로 인한 내재적 속성으로 인해 차이점이 나타났다. 하지만 이러한 북한의 행태는 다소 유연하고 자연스러운 결과라 할 수 있다. 즉, 당사자간의 협의의 결과로 최저임금이 결정되면 북한은 이를 법령에 반영하는 태도를 보였다. 또한 최저임금의 기본적인 목적도 새롭게 제시하였다.

　다음으로 근로복지의 경우 다수의 공통점이 나타나는 가운데에 일부의 차이점도 나타난다. 일부 차이점의 경우 「금강산국제관광지구 로동규정」의 대휴에 대한 일주일 내의 보장 제한, 보충휴가 기간의 최고 3배 확대, 여성 근로자의 보호대상 확대는 10여 년 동안 북한의 변화된 인식을 갈음할 수 있는 부문이다. 때문에 이를 근거로 하면 북한도 시대적 변화에 조응하는 모습이 나타난다고 할 수 있다.

　마지막으로 사회보장의 경우 공통점과 차이점이 각각 일부 나타나는 부문이다. 즉, 사회보장은 기본적으로 기존의 사회보장제도를 유지하는 가운데에 일부가 진전되었고 일부가 정체된 양상이었다. 가령 「금강산국제관광지구 로동규정」의 퇴직보조금 1년 미만 종업원 추가는 기존보다 진전된 사항이다. 그러나 사회문화시책기금 납부기일 누락, 생활보조금 지급기간 명시 차이, 생활보조금 지급시 기업의 사회보험료와 도시경영세 면제, 사회보험료 납부기일과 연체료 부재의 경우들은 정체된 내용들이다. 한편 북한의 질서 있고 체계적인 변화와 이유 있는 정체는 일정부문 이해가 가는 부문이다. 결국 이러한 양 규정의 지속성과 변화, 공통점과 차이점의 경향과 대비는 양자 간의 승계와 마찰로 볼 수 있다.

　더욱 중요한 문제는 이러한 현상의 배경과 원인이다. 양 규정은 10여 년이라는 시간적인 격차가 있다. 그렇다면 북한이 이러한 시간적인 경과에 비례하여 후일 제정한 「금강산국제관광지구 로동규정」에서 괄목할 만한 양적·질적인 발전을 보였느냐 하는 것이다. 이에 대해 지금까지의 논거를 중심으로 하면, 발전은 보였으나 확고한 변화를 일으키지는 못했다고 할 수 있다. 그러나 작은 변화들이 갖는 의미는 과거와 비교해 볼 때 다소간의 진전을 이루었다고 판단된다. 따라서 이러한 의미에서 기본적으로 차지하는 법령의 구조와 레토릭, 내용의 구체성이 내포하는 상징과 의미는 「금강산국제관광지구 로동규정」이 「개성공업지구 로동규정」에 비해 상대적으로 앞선다고 볼 수 있다. 결국 이러한 이유로 북한의 관련 법령에 대한 지속적인 관찰이 북한의 변화를 가늠하는 잣대로 천착될 것이다.

제8장

금강산국제관광특구와 라선경제무역지대 노동복지 비교

노동규정을 중심으로

I. 서론

2010년 이후 북한의 경제특구 관련, 대표적인 노동법령으로는 2012년 12월 3일 「조선민주주의인민공화국 금강산국제관광특구 로동규정」(최고인민회의 상임위원회 결정 제110호로 채택, 이하 금강산국제관광특구 로동규정으로 약칭), 2013년 9월 12일 「조선민주주의인민공화국 라선경제무역지대 외국투자기업로동규정」(최고인민회의 상임위원회 결정 제139호로 채택, 이하 라선경제무역지대 외국투자기업로동규정으로 약칭)이 있다.[1)]

양 법령이 각각 적용되는 금강산과 라선의 경우 일부 운영하고 있음에 따라 괄목할만한 수준은 아니지만 초보적 수준의 성과를 이룬 특구라 하겠다. 따라서 이러한 점에서 향후 금강산국제관광특구와 라선경제특구의 변화에 주목할 필요가 있다. 역설적으로 이는 국제사회의 대북경제제재 속에서 양 특구의 성과에 따라 그 해석과 의미를 달리할 수도 있다는 것이다. 다시 말해 대북제재가 지속되는 가운데에 양 특구가 발달된 형태를 갖거나

---

1) 이후 동 법령들은 각각 최소 한 차례 수정된 것으로 추정된다. 이는 북한의 「사회주의 로동법」이 2015년 6월 30일 최고인민회의 상임위원회 정령 제566호로 수정되었는데, 당시 북한은 동 법령 제66조 "녀성근로자들은 정기 및 보충휴가외에 근속년한에 관계 없이 산전 60일, 산후 180일간의 산전산후휴가를 받는다"라고 하여 기존의 보다 60일 늘어난 240일로 수정했기 때문이다. 이에 따라 이와 관련된 모든 법령의 산전산후휴가 조항이 상위법령인 동 법령에 의거하여 수정되었다고 판단된다.

혹은 그 반대로 답보 상태로 유지된다면 이에 기인한 해석을 시도해야 한다. 그리고 이러한 경우 그 원인에 대한 접근에 근거하여 재차 해석해야 함을 의미한다.

한편 양 법령을 살펴보면 시기적으로 먼저 제정된「금강산국제관광특구 로동규정」의 경우 북한이 동 특구에 고용된 근로자들의 노동관련 법적 제문제를 나름대로 정리하였다. 이에 동 규정의 주요 내용으로는 ① 고용, ② 노동 시간과 휴식, ③ 임금, ④ 노동보호, ⑤ 사회문화시책 등과 같은 내용들이 명시되어 있다. 이와 마찬가지로 후일 제정한「라선경제무역지대 외국투자기업로동규정」의 경우에도 이와 매우 유사한 법적 내용과 구성을 하고 있다. 따라서 기본적으로 양 규정은 법명이 지칭하듯이 상당부문 공통된 부문이 존재한다고 하겠다.

그러나 다른 한편으로 양 규정을 놓고 비교하면 차이점도 나타난다. 현재까지「금강산국제관광특구 로동규정」의 하위법령인 노동규정 시행세칙은 부재하다. 반면「라선경제무역지대 외국투자기업로동규정」의 하위법령은 존재한다. 이에 북한은 2014년 11월 17일「조선민주주의인민공화국 라선경제무역지대 외국투자기업로동규정시행세칙」(라선시인민위원회 결정 제162호로 채택)을 제정하였다. 특히 동 시행세칙은「라선경제무역지대 외국투자기업로동규정」제정 1년 후에 입법 주체인 라선시인민위원회의 명의로 반포되었다. 따라서 적어도 라선경제특구의 노동 관련 법령의 경우 법률적 체계를 일정부문 갖추었다 하겠다.

그리고 이는 북한의 의지와 더불어 현실적으로 라선경제특구의 진전된 모습을 반증한다. 또한 이는 북한의 입장에서 금강산국제관광특구의 경우 외국자본 유치의 한계가 있음에 따라 별도의 시행세칙이 불필요하고 이에 따라 하위법령 제정의 필요성을 적극적으로 체감하지 못한 결과이기도 하다. 그렇지만 라선경제특구의 경우 이와 반대로 중국 자본이 일정부문 투자된 결과, 이에 대한 후속조치로 하위법령의 필요성이 대두되었다. 때문에 이러한 사업진척 결과로 라선경제특구에서는 하위법령인 시행세칙이 제정되었다고 판단된다.[2]

다른 한편으로 양 법령의 또 하나의 차이점은, 법명이 시사하는 바와 같이 금강산국제관광특구 로동규정은 금강산국제관광특구라는 '해당 지역'을 주요 법적 대상으로 한다. 즉, 금강산국제관광특구라는 공간적 범위가 그 중심이다. 반면 라선경제무역지대 외국투자기업로동규정은 라선이라는 '해당 지역'의 공간적 범위에 더해 외국투자기업이라는 '해당 기관'을 주요 대상으로 한다. 따라서 이러한 점에서 접근하면 양 법령은 동일한 노동규정으로 명명되었지만 미세한 차이점이 존재한다. 그리고 이는 양 특구의 구조적 차원인 내재적 속성 차이에 기인한다고 하겠다.

한편 지금까지 이와 관련한 북한 특구의 노동 관련 비교연구는 매우 제한적이다. 다시 말해 국내 기존연구의 경우 사실상 부재한 편이라 하겠다. 북한경제특구의 노동복지에 대한 연구는 일부 있지만 본 연구와 같은 관광특구인 금강산과 경제특구인 라선 양자를 직접적으로 비교한 연구는 전무하다. 그러나 이와 달리 간접적으로 북한의 노동복지를 연구한 것으로는 이철수의 2020, 2019, 2017a, 2017b가 각각 있다. 하지만 이는 여타 법령과 규정, 지역을 비교 연구한 것으로 본 연구와 동일한 연구가 아니다. 따라서 본 연구와 같이 금강산국제관광특구와 라선경제무역지대를 직접적으로 비교한 연구가 전무하다 하겠다.

다른 한편으로 약 1년이라는 양 규정의 법 제정적인 시간적 차이를 감안

---

2) 따라서 이러한 점에서 역설적으로 후일 북한이 만약 "금강산국제관광지구 로동규정시행세칙"을 제정한다면, 그 시점이 바로 가시적인 외자유치 사업의 본 궤도에 이른 것이라 하겠다.

하더라도 사실상의 경제특구인 금강산과 라선이 갖는 의미는 지대하다 하겠다. 왜냐하면 양 지역의 경우 북한이 오랫동안 공들인 북한의 대표적인 특구이기 때문이다. 따라서 이러한 점에서 양 지역에 대한 연구는 시도할 만한 충분한 가치가 있음은 물론이거니와 향후에도 이에 대한 지속적인 관찰이 필요하다.

이에 본 연구의 목적은 양 법령을 놓고, 노동복지와 관련된 조항을 비교하여 그 함의를 도출하고자 한다. 이를 위해 본 연구는 약 1년의 시차적 차이를 둔 양 법령의 노동복지 법제의 동학−지속성과 변화, 공통점과 차이점 등−을 추적하고자 한다. 본 연구의 주요 분석대상은 양 법령에서 명시된 ① 근로소득, ② 근로복지, ③ 사회보장과 관련한 해당 법령들의 각각의 조항들을 비교하고자 한다.

이를 위한 본 연구의 서술 순서는 다음과 같다. 먼저 근로소득인 임금의 경우 ① 실질적인 임금 책정기준과 종류, ② 제정 권한과 임금결정 절차, 최저임금 존재 여부와 결정 기관과 절차, 년간 인상율, ③ 임금의 다양한 지불방식 등으로 구분된다. 다음으로 근로복지의 경우 ① 법적 노동시간, ② 정기적인 휴식과 휴가, ③ 여성근로자를 위한 제도적 보호 등이 해당된다. 마지막으로 사회보장의 경우 ① 사회문화시책과 문화후생기금, ② 퇴직보조금과 생활보조금, ③ 사회보험료 등을 중심으로 접근한다. 이러한 분석대상을 근거로 본 연구의 연구방법은 원 자료인 양 법령들의 주요법적 조항과 해당 내용을 근거로 문헌분석을 시도하고자 한다. 참고로 본 연구의 분석 모형과 분석 틀을 도식화면 각각 다음 〈그림 1〉, 〈표 1〉과 같다.

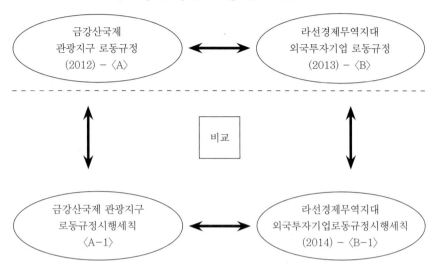

〈그림 1〉 분석 모형: 법적 체계

- ·주1: 금강산국제관광지구 로동규정세칙은 부재, 라선경제무역지대 외국투자기업로동규정시행 세칙은 공개.
- ·주2: 점선 위 두 법령 중심의 위계적 차원의 비교.
- ·출처: 이철수, 『김정은시대 북한사회복지: 페이소스와 뫼비우스』, 선인, 2020, 671쪽에서 수 정 인용.

〈표 1〉 분석 틀

구분	금강산국제관광지구 로동규정 (2012)	라선경제무역지대 외국투자기업로동규정 (2013)
① 근로소득 ② 근로복지 ③ 사회보장	① 관련 조항 진술의 구체성 ② 관련 조항의 공통점과 차이점 ③ 동일 조항의 내용(변화) 비교(추적)	

- ·출처: 이철수, 『김정은시대 북한사회복지: 페이소스와 뫼비우스』, 선인, 2020, 671쪽에서 수 정 인용.

Ⅱ. 근로소득

1. 금강산국제관광지구

먼저 임금책정 기준의 경우 「금강산국제관광지구 로동규정」 제25조 로임기준의 제고에서 "기업은 기업경영활동수준과 종업원의 기술기능수준, 로동생산능률이 높아지는데 맞게 로임기준을 점차 높여야 한다"라고 하였다. 동 조항을 근거로 하면 이는 임금책정 기준과 임금상승에 대한 통상적인 내용을 밝힌 것이다. 즉, 임금책정의 기준은 ① 기업의 경영 성과, ② 근로자의 근로능력인 기술수준, ③ 기업과 근로자의 노동생산성에 근거한다. 그러나 구체적인 임금지급 수준에 대한 내용이 사실상 부재하다. 따라서 동 특구의 임금지급 수준에 대한 뚜렷한 내용은 부재하고 단지 임금책정 기준만을 제시했다 하겠다. 또한 이와 마찬가지로 임금 상승은 일정부문 법적으로 보장하였지만 구체적인 상승률에 대한 언급은 부재하다. 즉, 이러한 경우에도 임금 기준 상승에 대한 구체적인 내용이 제시되어야 하는데, 동 조항에는 이러한 내용의 언급이 부재하다.

무엇보다 이러한 원인은 북한의 입장에서 보면, 북한이 특구 내의 근로자를 사실상 직접 고용하는 형태임에 따라 불필요하리라 보았다. 또한 북한이 구체적인 임금지급 수준과 상승률을 제시할 경우 갖게 되는 부담도 작용한다. 즉, 북한의 입장에서 합리적이고 수월한 선택은, 임금에 대한 언급은 하되 다소 두루뭉술하게 표현하여 법적 구속력을 스스로 상쇄하는 것이다. 결국 이를 통해 궁극적으로 북한은 임금적용에 있어 유연성을 확보할 필요가 있다. 다른 한편으로 북한은 경제특구의 진척상황에 따라 추후 하위규정인 시행세칙을 통해 이를 구체화할 수 있는 기회도 갖고 있다고 판단된다. 때문에 북한은 이러한 복합적인 요인으로 인해 위와 같은 선택을 하였다고 하겠다.

또한 임금 종류의 경우 동 규정 제23조 로동보수의 내용에서 "기업은 종업원의 로동보수를 일한 실적에 따라 정확히 계산하여 지불하여야 한다. 로동보수에는 로임(가급금 포함), 장려금, 상금이 속한다"라고 명시되어 있다. 동 조항을 근거로 하면 동 특구 근로자의 임금은 ① 통상적인 근로보수인 임금, ② 각종 수당과 성과보수에 해당되는 가급금, ③ 특정사안을 독려하기 위한 장려금, ④ 포상에 의한 상금이 있다. 이에 동 특구 근로자의 임금종류는 총 네 가지이다. 그리고 이는 자본주의 노동보수 체계와 다소 유사하다 하겠다.

한편 가급금의 경우 동 규정 제29조 연장, 야간작업의 가급금에서 "기업은 로동시간외의 낮 연장작업 또는 로동시간안의 밤작업을 한 종업원에게 하루 또는 시간당 로임액의 50%에 해당한 가급금을 주어야 한다. 명절일, 휴식일에 로동을 시키고 대휴를 주지 못하였거나 로동시간외의 밤연장작업을 시켰을 경우에는 하루 또는 시간당 로임액의 100%에 해당한 가급금을 주어야한다"라고 명기되어 있다. 동 조항을 근거로 하면 근로자들은 야간 연장근무 시 시간당 임금의 50%, 공휴일 근무 이후 대휴 미지급과 근로시간외 연장근무의 경우 시간당 임금의 100%를 별도로 지급해야 한다. 이에 가급금은 연장근무와 공휴일의 추가 근로에 대한 보상 성격의 임금이라 하겠다.

또한 상금의 경우 제30조에서 "기업은 결산리윤을 일부로 기금을 조성하고 일을 잘한 종업원에게 상금을 줄수 있다"라고 하였다. 동 조항을 근거로 하면 상금은 임금 이외의 별도 포상의 성격이지만 전체 근로자에게 지급되는 것은 아니다. 또한 기업이 반드시 이를 지급해야하는 의무사항도 아니다. 이에 상금은 우수 근로자에 대한 포상 성격의 추가적인 급여라 하겠다. 특히 여기에서 주목할 점은 결산이윤의 일부를 기금으로 조성하고 여기에서 재원의 일부를 상금으로 지출한다는 것이다. 그러나 아이러니하게도 북한은 동 조항에서 정확한 기금의 명칭이 불분명한 가운데에 이를 언급하였다. 따라서 이러한 북한의 의도는 인지하겠으나 명확한 근거에 대한 논란은 일정부문 존재한다고 하겠다.

다음으로 임금의 제정권한과 기준의 경우 동 규정 제4조 로동보수제정원칙에서 "국제관광특구에서 기업은 종업원의 로동보수액을 그의 로동직종과 기술기능수준, 로동생산성에 따라 정한다"라고 언급되어 있다. 동 조항을 근거로 하면 임금책정은 기업이 하고 임금기준은 ① 해당 근로자의 노동직종, ② 기술기능수준, ③ 노동생산성을 기준으로 개별적으로 해당 근로자에게 적용한다. 따라서 금강산국제관광특구의 기업은 위의 세 가지 기준에 의거하여 근로자의 임금을 책정한다. 또한 이는 내용적으로 보면 앞서 언급한 임금책정 기준 중 직접적인 임금인 근로보수에 해당되는 내용을 보다 더 구체화 시킨 것이다. 아울러 이는 각 개별 근로자가 갖고 있는 고유한 직종과 기술수준, 노동생산성에 따라 임금이 차별적으로 적용됨을 의미한다.

또한 최저임금의 경우 동 규정 제24조 월로임최저기준의 제정에서 "국제관광특구의 기업에서 일하는 종업원의 월로임최저기준은 국제관광특구 관리위원회와 국제관광특구지도기관이 협의하여 정한다. 월로임최저기준은 종업원이 로동과정에 소모한 육체적 및 정신적 힘을 보상하고 생활을 원만히 보장할게 있게 정하여야 한다"라고 명기되어 있다. 동 조항에 따르면 최저임금은 ① 국제관광특구관리위원회와 ② 국제관광특구지도기관이 협의하여 결정하고 최저임금의 책정기준은 노동에 따른 생활보장을 중심으로 한다. 또한 최저임금의 책정기준은 근로자의 ① 육체적, ② 정신적, ③ 생활 보장을 기준으로 책정함을 밝혔다. 그러나 다른 한편으로 동 조항에서 최저임금 결정에 대한 구체적인 절차와 년간 임금 인상율에 대한 내용은 부재하다.

한편으로 이러한 이유를 예측하면 북한의 입장에서 임금책정 기준과 마찬가지로 향후 사업의 진척 상황에 따라 하위법령인 시행세칙을 통해 명시하는 편이 유리하기 때문이다. 더욱이 최저임금의 경우 북한과 외국 투자기업 간의 사전 협의를 통해 조율될 개연성이 있다. 따라서 북한의 입장에서 접근하면 동 규정에서 굳이 이를 구체적으로 언급할 필요성이 대두되지 않는다고 하겠다. 때문에 이러한 점에서 북한은 최저임금의 책정기준을 밝히지 않은 가운데에 최저임금 협의와 책정 주체만을 언급한 것이라 판단된다.

마지막으로 임금 지불방식의 경우 동 규정 제31조 로동보수지불방법에서 "기업은 로동보수를 화폐로 종업원에게 직접 주어야 한다"라고 하였다. 동 조항을 근거로 하면 임금의 지급장식은 기업이 근로자에게 반드시 현금으로 직접 지급해야 한다. 그리고 이는 과거의 임금 지급방식으로 다소 평이하다 하겠다.

2. 라선경제무역지대[3]

먼저 「라선경제무역지대 외국투자기업로동규정」에서 외국기업이 라선경제특구 근로자에게 지급하는 임금의 책정기준과 권한은 동 규정 제29조 종업원월로임의 제정에서 "종업원의 월로임은 기업이 정한다. 이 경우 종업원월로임최저기준보다 낮게 정할수 없다. 조업준비기간에 있는 기업의 종업원 또는 견습공, 무기능공의 월로임은 종업원월로임최저기준의 70%이상의 범위에서 정할수 있다"라고 명시하였다. 동 조항을 근거로 하면 임금은 해당 기업이 책정하고 이 경우 최저임금보다 높다. 또한 일종의 인턴기간에 해당되는 근로자와 기술이 다소 부재한 근로자의 경우 최저임금의 70%이상 수준에서 책정된다. 한편 이 경우 기업이 근로자의 임금책정에 대한 구체적인 기준이 부재하여 일정한 한계가 노정된다.

또한 임금의 종류는 동 규정 제28조 로동보수의 내용에 나타나 있다. 동 조항에서 북한은 "종업원의 로동보수에는 로임, 장려금, 상금이 속한다. 기업은 로동의 질과 량에 따라 로동보수를 정확히 계산하며 같은 로동을 한 종업원들에 대해서는 성별, 년령에 관계없이 로동보수를 똑같이 지불하여야 한다"라고 명시하였다. 동 조항에 따르면 라선경제특구 근로자의 법적 임금의 종류는 세 가지로 여기에는 ① 노임, ② 장려금, ③ 상금이 있다. 또한 각 개별근로자의 임금은 노동의 질과 양에 따르되, 동일노동의 경우 동일임금을 지급해야 한다. 그리고 이는 각 개별근로자의 직종과 기술수준, 노동생산성에 따라 차등임금 적용을 언급한 「금강산국제관광지구 로동규정」과 전적으로 배치된다. 이는 매우 이례적인 것으로 북한의 의도에

---

3) 본 연구에서 라선경제무역지대의 분석내용은 이철수의 2020연구에서 일부 발췌, 수정 보완한 것임.

대한 정확한 접근과 해석이 다소 불가한 영역이다.

또한 동 조항을 근거로 하면 라선경제특구는 금강산국제관광특구 노동 규정에서 언급한 '가급금'이 부재하다. 이에 따라 라선경제특구 근로자들의 가급금 지급 조항이 부재함에 따라 다소간의 논란이 예상된다.[4] 그리고 이는 다소 역진적인 북한의 행태이다.

반면 라선경제무역지대 상금과 장려금의 지불방식은 동 규정 제36조 "기업은 결산리윤의 일부로 상금기금을 조성하고 일을 잘하는 종업원에게 상금 또는 장려금을 줄수 있다"라고 명시하였다. 이에 동 조항은 「금강산국 제관광특구 노동규정」과 조금 달리하여 상금과 장려금을 동일한 조항에서 언급하였고 상금은 '상금기금'으로 적립한다. 그리고 이러한 상금기금의 원 천은 해당 기업의 결산 이윤에 일부로 조성된다. 한편 역설적으로 이는 해 당 기업의 이윤에 따름에 따라 이윤이 부족하거나 부재할 경우 미지급되고 기업의 사정에 따라 편차가 존재함을 의미한다.

특히 북한은 「라선경제무역지대 외국투자기업로동규정」에서 '상금기금' 이라는 명확한 표현을 하였다. 이로 인해 기존의 「금강산국제관광지구 로 동규정」에서 모호했던 '기금'에 대한 논란을 불식시켰다. 그리고 이는 미세 하지만 북한의 인식이 시간의 경과에 비례하여 발전되고 있음을 의미한다. 또한 이는 북한 스스로 법리적 문제를 발견하고 이를 해결하고자 태도를

---

4) 그러나 특이하게도 동 규정의 경우 가급금에 대한 구체적인 내용은 부재하나 가급금이 적용될 수 있는 사안에 대한 내용은 명시되어 있다. 이를 정리하면 제32조 (휴가기간의 작업에 대한 로임) 기업은 휴가기간에 있는 종업원에게 작업을 시켰을 경우 휴가비와 함께 일당 또는 시간당 로임액의 100%에 해당한 로임을 주어야 한다. 제34조 (연장 작 업과 야간작업에 대한 로임) 기업은 종업원에게 야간작업을 시켰거나 정해진 로동시간 밖의 연장 작업을 시켰을 경우 일당 또는 시간당 로임액의 150%에 해당한 로임을 주어 야 한다. 제35조 (명절일, 공휴일의 로동에 대한 로임) 기업은 명절일, 공휴일에 종업 원에게 일을 시키고 대휴를 주지 않았을 경우 일당 또는 시간당 로임액의 200%에 해당 한 로임을 주어야 한다. 그리고 이는 '가급금'으로 항목명을 명명한 「금강산국제관광지 구 로동규정」과 달리 '로임'으로 표기하여 차이점이 나타난다.

방증한다고 하겠다. 즉, 일정한 북한의 자기관찰과 자가개선 기능이 작동되고 있음을 의미한다.

다음으로 최저임금에 대한 책정 권한은 '라선시인민위원회'에 있다. 북한은 동 규정 제6조 종업월로임최저기준의 제정에서 "지대에서 종업월로임최저기준은 라선시인민위원회가 관리위원회와 협의하여 정한다. 이 경우 최저생계비,[5] 로동생산능률, 로력채용상태 같은 것을 고려한다"라고 밝혔다. 동 조항에 따르면 라선경제무역지대의 최저 임금제정 권한은 경제무역지대 관리위원회와 라선시인민위원회 소관이다. 그리고 이는 행정구역을 기준으로 한 접근으로 라선이라는 경제특구의 기본적인 주무기관이 라선시에 있다. 이에 따라 라선시인민위원회가 경제특구의 관리위원회가 상호 협의하에 최저임금을 책정하는 형태를 취하였다. 또한 최저임금의 책정기준은 근로자의 ① 최저생계비, ② 로동생산능률, ③ 로력채용상태를 기준으로 책정한다고 하였는데, 이는 「금강산국제관광지구 로동규정」에서 밝힌 근로자의 육체적, 정신적, 생활 보장 기준과 대비되는 매우 진전된 행태이다.

그러나 다른 한편으로 이 경우 최저임금의 책정 기준, 년간 인상률 등에 대한 내용이 부재하고 단지, 양자 간의 합의에 의해 결정된다는 것만을 밝혔다. 그리고 이러한 행태는 「금강산국제관광지구 로동규정」과 거의 일맥상통하다. 즉, 「금강산국제관광지구 로동규정」에서도 최저임금은 국제관광특구관리위원회와 국제관광특구지도기관이 협의해서 결정된다. 한편 아이러니하게도 라선경제특구의 경우 임금의 제정은 기업이 갖지만 임금 책정기준에 대한 언급은 부재하다. 그리고 이는 앞서 밝힌 「금강산국제관광지

---

5) 특히 최저생계비의 경우 남한의 용어이고 기존에 북한 법령에서 등장하지 않았다. 이에 북한이 동 법령을 통해 이를 인용한 것을 감안하면 매우 주목할 만한 변화이다.

구 로동규정」과 다소 대비된다. 즉, 북한은 「금강산국제관광지구 로동규정」
에서 임금책정의 기준은 ① 기업의 경영 성과, ② 근로자의 근로능력인 기
술수준, ③ 기업과 근로자의 노동생산성에 근거한다고 분명히 밝혔다.

마지막으로 임금 지불방식의 경우 동 규정 제37조 로동보수의 지불에서
"기업은 종업원의 로동보수를 정해진 기간안에 전액 지불하여야한다. 로임
은 화폐로 지불하며 상금과 장려금은 화폐로 지불하거나 상품으로 줄수도
있다…"라고 명시하였다. 동 조항을 근거로 하면 근로자의 임금은 화폐로
지급하고 상금과 장려금은 화폐나 상품으로 지급할 수 있다. 그리고 이는
먼저 제정된 「금강산국제관광지구 로동규정」보다 다소 발전되고 유연한 내
용들이다. 즉, 화폐로만 지급하는 「금강산국제관광지구 로동규정」과 달리
상품으로 지급할 수 있도록 명시하였다.

결국 양 노동규정의 대표적인 근로소득인 임금 관련 주요 내용을 비교
분석하면 다음과 같이 정리된다. 법적인 내용의 구체성 차원에서 접근하면
① 임금책정 기준, ② 임금 종류, ③ 임금제정 권한과 기준은 「금강산국제
관광지구 로동규정」이 「라선경제무역지대 외국투자기업로동규정」에 비해
상대적으로 다소 우수하다. 반면 ④ 최저임금 결정 주체, ⑤ 임금지불 방식
의 경우 이와 정반대로 「라선경제무역지대 외국투자기업로동규정」이 「금강
산국제관광지구 로동규정」에 비해 상대적으로 우수하다 하겠다. 그리고 무
엇보다 이러한 양 규정의 부분적인 질적 차이-들쑥날쑥한 점-에 대한 원
인과 해석의 경우 뚜렷한 근거를 발견하지 못했다. 지금까지 논증한 「금강
산국제관광지구 로동규정」과 「라선경제무역지대 외국투자기업로동규정」의
근로소득 관련 주요 내용을 비교·정리하면 다음 〈표 2〉와 같다.

<표 2> 근로소득 관련 조항 비교: 금강산과 라선

구분	금강산국제관광지구 로동규정 (2012)	라선경제무역지대 외국투자기업로동규정 (2013)	주요 변화
임금책정 기준	① 기업의 경영 성과 ② 근로자의 기술수준 ③ 노동생산성 – 차등 임금 적용	미언급 – 동일직종 동일임금	임금책정 기준 언급과 미언급 동일직종 동일임금
임금 종류	① 노임, ② 가급금, ③ 장려금, ④ 상금	① 노임, ② 장려금, ③ 상금	가급금 부재
임금제정 권한과 기준	기업: 노동직종과 기술기능수준, 노동생산성	기업 – 기준제시 부재	고려사항 부재
최저임금 결정 주체	국제관광특구관리위원회, 국제관광특구지도기관 협의: 육체적, 정신적, 생활을 보장	라선시인민위원회, 관리위원회 협의: 최저생계비, 로동생산능률, 로력채용상태	최저생계비, 로동 생산능률, 로력채용상태 추가
임금지불 방식	화폐로 직접 지급	화폐, 장려금, 상금 화폐·상품 가능	장려금, 상금 상품도 가능

· 비고: 주요 변화는 「금강산국제관광지구 로동규정」 대비, 「라선경제무역지대 외국투자기업로동규정」 기준임.
· 출처: 저자 작성.

Ⅲ. 근로복지

1. 금강산국제관광지구

1) 노동시간

「금강산국제관광지구 로동규정」에서 노동시간의 경우 동 규정 제19조 "국제관광특구에서 종업원의 주로동시간은 48시간으로 한다. 기업은 로동의 힘든 정도와 특수한 조건에 따라 종업원의 주로동시간을 48시간보다 짧게 정할수 있다. 계절적제한을 받는 부문의 기업은 년간 로동시간범위에서 종업원의 주로동시간을 실정에 맞게 정할수 있다"라고 명시하였다.

동 조항을 근거로 하면 금강산국제관광지구 근로자들은 1일 8시간으로 기준으로 할 때 주 6일 근무를 하게 된다. 아울러 북한은 노동강도가 중노동인 경우와 노동환경에 따라 노동시간을 단축할 수 있도록 하였다. 또한 북한은 노동환경의 자연적 요소인 계절에 따라 노동시간을 조정할 수 있도록 하였다. 이는 동계와 하계 노동시간의 조정의 조정을 의미한다. 한편 1일 노동시간에 대한 분명한 언급이 부재한데, 이는 다소 아이러니한 부문이다.

다른 한편으로 이는 동 법령보다 상위법령인 북한의 「사회주의 노동법」 제16조 "근로자들의 하루로동시간은 8시간이다. 국가는 로동의 힘든 정도와 특수한 조건에 따라 하루로동시간을 7시간 또는 6시간으로 한다. 3명 이상의 어린이를 가진 녀성로동자들의 하루로동시간은 6시간으로 한다"를 기저로 파생한 것이라 판단된다.

또한 이러한 노동시간에 대해 동 법령 제20조 "기업은 종업원에게 정해진 로동시간안에 로동을 시켜야 한다. 부득이한 사유로 로동시간을 연장하려 할 경우에는 종업원대표 또는 해당 종업원과 합의하여야 한다. 종업원은 로동시간을 정확히 지켜야 한다"라고 노동시간 준수에 대해 재차 언급하였다. 아울러 연장근무의 경우 종업원대표와 해당 종업원과의 협의에 의해 결정하도록 하였다. 그리고 이는 기업의 일방적인 연장근무에 대해 근로자 대표와 당사자의 동의를 구하도록 하는 것이다. 아울러 이와 동시에 근로자의 노동시간 준수를 강조하여 기업과 근로자 모두 쌍방간의 노동시간에 대한 법적 이행을 균형 있게 관리하고자 하였다.

2) 휴식과 휴가

「금강산국제관광지구 로동규정」에서 휴식과 휴가의 경우 이와 관련한 다양한 조항이 제시되어 있다. 먼저 동 규정 제21조에는 명절과 공휴일의 휴식보장에 대해 "기업은 종업원에게 공화국의 명절일과 공휴일의 휴식을 보장하여야 한다. 명절일과 공휴일에 로동을 시켰을 경우에는 1주일안으로 대휴를 주어야 한다"라고 명기하였다. 이는 근로자의 공휴일 휴식을 보장함과 동시에 공휴일 근무의 경우 대휴를 보장하는 규정이다. 여기에서 다소 인상적인 것은 명절과 공휴일 근무 이후 대휴를 일주일 안에 집행해야 한다는 것이다. 그리고 이는 일주일이라는 시기적 제한을 통해 이를 강력하게 보장하도록 유도하고 있다. 따라서 해당 기업의 경우 이러한 구체적인 규정으로 인해 이를 적용하고 준수할 수밖에 없다. 결국 「금강산국제관광지구 로동규정」은 휴식에 대한 철저한 법적 보장을 강조하고 있다.

다음으로 동 규정 제22조에는 휴가보장이 언급되어 있는데, "기업은 종업원에게 해마다 14일간의 정기휴가를 주며 중로동, 유해로동을 하는 종업원에게는 7～21일간의 보충휴가를 주어야 한다. 임신한 녀성종업원에게는 정기 및 보충휴가외에 60일간의 산전, 180일간의 산후휴가를 주어야 한다"라고 밝혔다. 동 조항을 근거로 하면 금강산국제관광지구 근로자들은 ① 14일의 정기휴가, ② 노동강도가 높고 유해노동 종사자의 경우 7～21일간의 보충휴가-이 경우 정기휴가를 포함, 최소 21일 최대 35일-, ③ 240일의 산전산후 휴가가 제공된다. 따라서 금강산국제관광지구 근로자들은 모두 세 종류의 휴가가 있다.

그 다음으로 동 규정 제26조에는 휴가비 지불과 관련, "기업은 정기 및 보충휴가를 받은 종업원과 산전산후휴가를 받는 녀성종업원에게 휴가일수에 따르는 휴가비를 지불하여야 한다"라고 언급하였다. 그리고 이는 종업원의 휴가시 임금 이외에 별도의 휴가비가 지급됨을 의미한다. 또한 이러한 휴가비 지급기준은 정기휴가와 보충휴가를 포함한 전체 총 휴가일과 관련됨을 언급하였다.

마지막으로 동 규정 제27조에는 휴가비 계산방법에 대해, "휴가비는 휴가받기 전 3개월간의 로임을 실가동일수에 따라 평균한 하루로임액에 휴가일수를 적용하여 계산한다"라고 명시하였다. 동 조항을 근거로 하면 각 개별근로자의 휴가비는 3개월 전 임금을 기준으로 하고 여기에 1일 평균임금에 휴가일수를 계상하여 지급된다.

3) 여성근로자 보호

「금강산국제관광지구 로동규정」에서 여성근로자의 보호는 동 규정 제
33조 녀성로력의 보호에서 "기업은 녀성종업원들을 위한 로동위생보호시
설을 충분히 갖추어야 한다. 임신하였거나 젖먹이어린이를 키우는 녀성종
업원에게는 연장작업, 밤작업, 건강에 해로운 작업을 시킬수 없다"라고 하
였다. 동 조항을 근거로 하면 기업은 녀성 근로자들을 위한 노동보호위생
시설을 갖추어야 한다. 또한 기업은 임신중이거나 영아를 양육하는 여성근
로자에 대해 연장, 야간 근무와 유해 노동을 금하였다. 그리고 이는 기업의
통상적인 여성근로자 보호 대책이라 하겠다.

또한 보육과 관련 제34조 탁아소, 유치원의 운영에서 "기업은 실정에 맞
게 종업원의 자녀를 위한 탁아소, 유치원을 꾸리고 운영할수 있다"하고 밝
혔다. 이는 기업이 미취학 아동을 양육하는 근로자 가정의 양육과 보육 지
원책이다. 따라서 동 조항으로 인해 해당 기업은 가급적이면 탁아소와 유
치원을 운영해야 한다. 다시 말해 이는 의무적인 이행 조항이 아니라 기업
의 여건이 허락하는 범위 내에서 적용하도록 하는 일종의 권유 규정이다.
때문에 해당 기업의 경우 이를 반드시 이행해야만 하는 법적 의무가 아니
라 단지 이를 중시하는 가운데에 이행 여부는 선택적 사안이라 하겠다.

2. 라선경제무역지대

1) 노동시간

「라선경제무역지대 외국투자기업로동규정」에서 로동시간의 경우 동 규

정 제24조 "지대에서 종업원의 로동시간은 하루 8시간, 주 평균 48시간을 초과할수 없다. 기업은 생산, 경영상특성에 따라 필요한 경우 종업원의 건강을 보장하는 조건에서 하루에 3시간정도 로동시간을 연장할수 있다"라고 명시하였다. 이에 라선경제특구 로동시간의 경우 앞서 제정된 금강산국제관광지구 보다 다소 구체적이고 발전된 모습이라 하겠다.

예컨대 북한은 동 조항에서 ① 1일 8시간의 노동시간, ② 1주일 평균 48시간 노동초과 시간 제한, ③ 1일 최장 연장 근무 3시간 제한에 대해 분명히 언급하였다. 이를 근거로 하면, 북한의 법령에 대한 표현과 진술이 구체적으로 진화하는 양상을 나타내고 있다. 그리고 이는 북한의 입장에서 다소 고무적인 현상이다. 왜냐하면 역설적으로 이는 동일한 사안에 대해 북한이 지속적으로 고민하고 관찰하고 있음을 반증하기 때문이다. 결국 그러한 결과로 인해 동 조항과 같이 해석상의 명확한 의미와 내용을 담은 규정이 생산된다고 판단된다.

또 이러한 노동시간에 대해 동 규정 제25조 "기업은 종업원에게 정해진 로동시간안에서 로동을 시켜야 한다. 연장작업을 시키거나 명절일, 공휴일, 휴가기간에 로동을 시키려 할 경우에는 직업동맹조직 또는 종업원대표와 합의하여야 한다. 종업원은 정해진 로동시간을 지키며 로동을 성실히 하여야 한다"라고 밝혔다. 이 또한 다소 진전된 형태로 ① 기업의 노동시간 준수, ② 연장 근무, 명절, 공휴일, 휴가기간 근무 시 협의 주체, 종업원의 노동시간 준수와 성실에 대해 언급한 것이다.

이에 앞서 제정된 「금강산국제관광지구 로동규정」와 비교하면 첫째, 연장근무 자체와 더불어 명절, 공휴일, 휴가기간 근무에 대한 내용을 언급하였고, 둘째, 이 경우 협의주체를 언급하였지만 기존의 해당 종업원은 협의주체에서 누락되었고, 셋째, 새롭게 근로자의 성실의무가 추가되었다. 이러한 차이에 대한 그 원인을 예측하면, 금강산국제관광지구의 경우 대다수가 서비스업종 종사자인 반면 라선경제무역지대의 경우 제조업 종사자가 주류를 이루기 때문이라 판단된다. 즉, 금강산국제관광지구와 라선경제무역지대 각각의 주력 사업이 관광사업과 제조업－물론 서비스업도 존재－임에 따라 여기에 종사하는 근로자들은 업무 속성에 기인한 것이라 판단된다. 따라서 이로 인한 자연적으로 법적 내용의 차이가 발생하였다라고 할 수도 있다. 다시 말해 북한의 법적 대응이 적용대상의 기본적인 환경에 따르는 경향이 있다고 해석된다.

2) 휴식과 휴가

「라선경제무역지대 외국투자기업로동규정」에서 먼저 휴식의 경우 제26조 명절일과 공휴일의 휴식보장에서 "기업은 종업원에게 우리 나라 명절일과 공휴일의 휴식을 보장하여야 한다. 명절일과 공휴일에 로동을 시켰을 경우에는 7일안으로 대휴를 주어야 한다"라고 하였다. 그리고 이는 기존의 「금강산국제관광지구 로동규정」 휴식 보장과 문장의 주어만 다르고 주요 내용은 완전히 동일하다. 따라서 북한은 휴식과 관련 기존의 내용을 그대로 승계한 것이다.

다음으로 휴가의 경우 동 규정 제23조 "기업은 종업원에게 해마다 14일간의 정기휴가를 주며 중로동, 유해로동을 하는 종업원에게는 7~21일간의 보충휴가를 주어야 한다. 녀성종업원에게는 산전 60일, 산후 180일간의 휴가를 준다"라고 언급하였다. 이 또한 기존의 「금강산국제관광지구 로동규정」과 완전히 동일하고 일치하는 내용이자 문장이다. 즉, 북한은 기존의 내용을 온전히 계승하였다. 그리고 이러한 원인은 북한의 입장에서 이에 대해 동일한 내용으로 언급해도 큰 문제가 없기 때문이라 판단된다.

그 다음으로 휴가비 지불에 대해 동 규정 제30조 "기업은 정기 및 보충 휴가를 받은 종업원에게 휴가일수에 따르는 휴가비를 지불하여야 한다. 산전산후휴가를 받은 녀성종업원에게는 90일에 해당한 휴가비를 지불하여야 한다. 휴가비는 로임을 지불하는 때에 함께 지불한다"라고 하였다.

동 조항에 따르면 라선경제무역지대 근로자들은 매 휴가기간 동안 기업으로부터 별도의 휴가비를 휴가일수에 비례하여 지급받는다. 또한 산전산후휴가 중인 여성근로자의 경우 석달 정도인 90일 치의 휴가비를 지급받는다. 이는 기존의 「금강산국제관광지구 로동규정」과 비교해서 다소 진전된 형태이다. 이에 기존에 부재했던 산전산후휴가중인 여성근로자의 휴가비 지급기준 90일이 분명히 명시되어 있다.

마지막으로 휴가비의 경우 동 규정 제28조 "휴가비의 계산은 휴가받기 전 3개월간의 로임을 실가동일수에 따라 평균한 하루로임에 휴가일수를 적용하여 계산한다"라고 하였다. 이는 기존의 「금강산국제관광지구 로동규정」과 거의 대동소이한 내용이다. 따라서 라선경제무역지대 근로자들과 금강산국제관광지구 근로자들은 동일한 계상으로 휴가비를 지급받는다.

3) 여성근로자 보호

「라선경제무역지대 외국투자기업로동규정」에서 여성근로자의 보호는 동 규정 제40조 녀성로력의 보호에서 "기업은 녀성종업원을 위한 로동위생보호시설을 특별히 갖추어야 한다. 임신하였거나 젖먹이는 기간에 있는 녀성종업원에게는 연장작업, 야간작업, 힘들고 건강에 해로운 작업을 시킬 수 없다"라고 명기하였다. 또한 동 규정 제41조 탁아소, 유치원의 운영에서

"기업은 실정에 맞게 종업원의 자녀를 위한 탁아소, 유치원을 꾸리고 운영할수 있다"[6]라고 밝혔다. 이에 양 조항 모두 기존의 「금강산국제관광지구 로동규정」과 거의 동일한 내용을 담고 있다. 그리고 이러한 원인은 사안 자체의 변화를 야기할 만한 내용이 아니기 때문이라 판단된다.

결국 양 로동규정의 근로복지와 관련한 내용을 비교 분석하면 다음과 같이 정리된다. 법적인 내용의 구체성 차원에서 접근하면 ① 노동시간과 연장근무의 경우 후일 제정한 「라선경제무역지대 외국투자기업로동규정」이 먼저 제정한 「금강산국제관광지구 로동규정」에 비해 상대적으로 우수하다. ② 명절, 공휴일 휴식, 명절, 공휴일 근무 대휴, 정기휴가, 보충휴가, 산전산후휴가, 여성노력보호의 경우 「라선경제무역지대 외국투자기업로동규정」이 「금강산국제관광지구 로동규정」을 계승하고 승계하여 내용상 뚜렷한 차이점이 부재하다. 한편 휴가비 계산의 경우 양 규정에서 일부 동일한 부분이 있지만 「라선경제무역지대 외국투자기업로동규정」이 「금강산국제관광지구 로동규정」에 비해 산전산후 여성 근로자 90일 휴가비 지급기준 만큼은 구체적이다. 지금까지 논증한 「금강산국제관광지구 로동규정」과 「라선경제무역지대 외국투자기업로동규정」의 근로복지 관련 주요 내용을 비교·정리하면 다음 〈표 3〉과 같다.

---

6) 이는 북한의 「사회주의 로동법」 제71조 "국가는 근로자들의 어린이들을 현대적인 설비를 갖춘 탁아소, 유치원에서 국가와 사회의 부담으로 키운다"라는 조항과 일맥상통하다. 즉, 책임주체가 국가와 사회에서 기업으로 바뀐 것 외에는 거의 대동소이하다.

<표 3> 근로복지 관련 조항 비교: 금강산과 라선

구분	금강산국제관광지구 로동규정(2012)	라선경제무역지대 외국투자기업로동규정 (2013)	주요 변화
노동시간	주 48시간	1일 8시간, 주 48시간	1일 근로시간 제시
연장근무	종업원(대표)합의 시간언급 부재	1일 3시간제한, 직맹, 종업원대표합의	연장근무 시간제한 당사자 누락
명절, 공휴일 휴식	보장	좌동	–
명절, 공휴일 근무 대휴	일주일 안에 대휴보장	좌동	–
정기휴가	14일	좌동	–
보충휴가	7–21일	좌동	–
산전산후휴가	산전 60일, 산후 180일	좌동	–
휴가비 계산	최근 3개월 1일 임금 기준	좌동, 산전산후 여성 근로자 휴가비 지급기준	산전산후 여성 근로자 90일 기준
여성노력보호	노동보호시설 임신출산 여성근로자 보호 탁아소와 유치원 운영	좌동	–

· 비고: 주요 변화는 「금강산국제관광지구 로동규정」 대비, 「라선경제무역지대 외국투자기업로동규정」 기준임.
· 출처: 저자 작성.

Ⅳ. 사회보장

1. 사회문화시책과 문화후생기금

1) 금강산국제관광지구

「금강산국제관광지구 로동규정」에서 사회문화시책의 경우 동 규정 제 39조 "기업에서 일하는 공화국의 종업원과 그 가족은 국가가 실시하는 사회문화시책의 혜택을 받는다. 사회문화시책에는 무료교육, 무상치료, 사회보험, 사회보장 같은것이 속한다"라고 밝혔다. 동 조항을 근거로 하면 금강산국제관광지구 근로자들은 ① 무상교육, ② 무상치료, ③ 사회보험, ④ 사회보장 혜택을 받는다. 하지만 아이러니하게도 무상보육에 대한 내용이 명시되어 있지 않다. 즉, 동 조항에서 북한은 종업원과 그 가족을 대상으로 사회문화시책을 제공한다고 하였다. 이에 따라 미취학 아동에 대한 무상보육을 명시해야만 타당한데, 이 부분이 누락되어 있다.

또 사회문화시책기금 조성의 경우 제40조 "사회문화시책비는 사회문화시책기금으로 보장한다. 사회문화시책기금은 기업으로부터 받는 사회보험료와 종업원으로부터 받는 사회문화시책금으로 조성한다"라고 하였다. 동 조항을 근거로 하면 사회문화시책비는 사회문화시책기금으로 보전된다. 또한 사회문화시책기금은 ① 기업의 사회보험료와 ② 종업원이 부담하는 사회문화시책금으로 구성된다. 따라서 이를 통해 볼 때, 금강산국제관광지구 사회문화시책기금에 대한 국가차원의 재정 지원은 부재하다.

그리고 이는 북한의 「지방예산법」 제34조 인민적시책과 사회문화사업에 대한 자금보장에서 밝힌 "지방인민위원회는 인민적시책비와 사회문화사업비를 원만히 보장하여야 한다. 이 경우 인민적시책비를 우선적으로 보장하여야 한다"와는 대비된다. 그리고 이러한 차이는 금강산국제관광지구와 일반 지역의 기본적인 태생적 차이에 기인한다. 때문에 이러한 행태는 한편으로는 지극히 자연스러운 현상이기도 하다. 그러나 다른 한편으로 이는 사회주의 국가사회복지체제와 다소 동떨어진 행태이기도 하다. 결국 이러한 원인은 판단기준의 축(근거)의 중심에 따라 다소 달리하기 때문이다.

아울러 사회문화시책금납부의 경우 제42조 "공화국공민인 종업원은 월로임액에서 일정한 몫을 사회문화시책금으로 월마다 국제관광특구관리위원회가 지정하는 은행에 납부하여야 한다"라고 언급하였다. 그러나 이 경우 매달 납부하는 '일정한 몫'에 대한 구체적인 내용이 명시되어 있지 않다. 예컨대 이는 향후 해당 기업과의 협상을 통해 임금 수준을 결정하고 그 수준에 따라 결정하고자 의도적으로 명기하지 않은 것이라 판단된다.

다른 한편으로 동 규정 제40조에서 사회문화시책금은 전적으로 종업원이 부담한다고 하였다. 따라서 구체적으로 '일정한 몫'에 대해 명시해도 무방하다. 하지만 이를 대내외에 공개할 경우 이에 따른 외부의 시선과 의식도 일정부문 반영한 것이라 판단된다. 즉, 북한은 기존의 사회문화시책에 대한 국가부담이 근로자 부담으로 전이된 것에 대해 다소 부담스러울 것이다.

나아가 이러한 사회문화시책기금의 이용의 경우 제43조 "사회문화시책기금의 리용질서는 국제관광특구관리위원회, 국제관광특구지도기관이 해당 기관과 협의하여 정한다"라고 명시하였다. 이는 사회문화시책기금의 관리운영주체를 밝힌 것이다. 따라서 사회문화시책기금의 집행은 금강산관광특구의 대표적인 행정기구인 국제관광특구관리위원회와 국제관광특구지도기관이 중심이 되어 진행한다.

또한 문화후생기금의 경우 동 규정 제44조 "기업은 결산리윤의 일부로 종업원을 위한 문화후생기금을 조성하고 쓸수 있다. 문화후생기금은 종업원의 기술문화수준의 향상과 체육사업, 후생시설운영 같은데 쓴다"라고 하였다. 동 조항을 근거로 하면 기업은 기업이익의 일부를 문화후생기금으로 조성하고 이를 종업원을 위한 기술, 문화, 체육, 복지를 위해 집행한다. 그리고 이는 기존의 행태와 다소 유사하다.

2) 라선경제무역지대

「라선경제무역지대 외국투자기업로동규정」에서 사회문화시책의 경우 동 규정 제47조 "기업에서 일하는 우리 나라 공민과 그 가족은 국가가 실시하는 사회문화시책의 혜택을 받는다. 사회문화시책에는 무료교육, 무상치료, 사회보험, 사회보장 같은것이 속한다. 지대에서 사회문화시책과 관련한 사업은 라선시인민위원회가 맡아한다"라고 명시하였다. 동 조항의 경우 라선시인민위원회라는 사업주체를 밝힌 것을 제외하고는 「금강산국제관광지구 로동규정」과 내용이 거의 동일하다.

그러나 동 조항이 의미하는 내용상의 차이점과 특성도 있다. 동 조항에서 북한은 라선경제무역지대의 사회문화시책의 운영주체가 라선시인민위원회임을 분명히 하였다. 때문에 동 규정에는 「금강산국제관광지구 로동규정」에서 별도의 독립조항으로 명시되어 있던 "사회문화시책기금의 리용" 항목이 부재하다. 즉, 북한의 입장에서 라선시인민위원회를 통해 사회문화시책에 관한 운영 주체를 이미 언급했다. 따라서 사회문화시책기금 이용에 대한 별도의 내용을 증언할 필요성이 성립되지 않는다. 결국 이러한 이유로 누락이 아닌 '미표기'되었다고 판단된다.

또 사회문화시책기금의 조성의 경우 동 규정 제48조 "지대에서 사회문화시책비는 사회문화시책기금으로 보장한다. 사회문화시책기금은 기업으로부터 받는 사회보험료와 종업원으로부터 받는 사회문화시책금으로 조성한다"라고 하였다. 또한 사회문화시책기금의 납부의 경우 동 규정 제50조 "우리 나라 공민인 종업원은 로임의 일정한 몫을 사회문화시책금으로 계산하여 다음달 10일안으로 라선시인민위원회가 정한 은행에 납부하여야 한다"라고 명시하였다. 아울러 문화후생기금의 경우 동 규정 제51조 "기업은 결산리윤의 일부로 종업원을 위한 문화후생기금을 조성하고 쓸수 있다. 문화후생기금은 종업원의 문화기술수준향상, 체육사업, 후생시설의 운영 같은데 쓴다"라고 하였다.

상술한 세 조항 중 제50조의 사회문화시책금의 납부기한을 명시한 내용을 제외하고는 「금강산국제관광지구 로동규정」과 거의 대동소이하다. 그러나 다른 한편으로 납부기한을 법적으로 명기한 것은 북한의 적극성을 나타낸다 하겠다. 따라서 동 조항으로 인해 라선경제무역지대 외국기업은 사회문화시책금을 매월 10일이 초과하기 전에 지정은행에 납부해야 한다. 결국 북한은 이러한 사회문화시책금의 납부기일을 법적으로 분명히 함으로써, 기금징수에 대한 제도적 장치를 보다 더 강화하였다 하겠다.

2. 퇴직보조금과 생활보조금

「금강산국제관광지구 로동규정」에서 퇴직보조금의 경우 제18조 퇴직보조금 지불에서 "기업은 부득이한 사정으로 종업원을 내보내는 경우 일한 년한에 따라 보조금을 주어야 한다. 보조금은 3개월평균월로임에 일한 해수를 적용하여 계산한다. 그러나 일한 년한이 1년이 못되는 경우에는 1개월분의 로임을 적용하여 계산한다"라고 하였다. 동 조항을 근거로 하면 퇴직보조금은 첫째, 해당 근로자의 근로 연수에 비례하고, 둘째, 퇴직보조금의 지급수준은 3개월 평균임금을 기준으로 책정하고, 셋째, 1년 미만의 근로자가 퇴직할 경우에는 1개월 임금을 기준으로 한다.

또한 생활보조금의 경우 동 규정 제28조 "기업은 종업원이 양성기간이나 기업의 책임으로 일하지 못하였을 경우에는 일하지 못한 날 또는 시간에 한하여 그 종업원에게 하루 또는 시간당 로임액의 60%이상에 해당한 생활보조금을 주어야 한다"라고 밝혔다. 동 조항을 근거로 하면 생활보조금의 경우 기업이 해당 종업원에게 미근로 일과 미근로 시간을 기준으로 시간당 임금의 60%를 지급한다. 그러나 지급기간에 대한 명확한 내용이 없어 다소 논란이 있다.

반면 「라선경제무역지대 외국투자기업로동규정」에서 퇴직보조금의 경우 동 규정 제38조 "기업은 자체의 사정으로 종업원을 내보내는 경우 보조금을 주어야 한다. 보조금은 종업원을 기업에서 내보내기전 마지막 3개월간의 로임을 평균한 월로임에 일한 해수를 적용하여 계산한다. 그러나 로동년한이 1년이 못되는 경우에는 1개월분의 로임을 적용하여 계산한다"라고 언급하였다. 또 생활보조금의 경우 동 규정 제23조 "기업은 양성기간에 있거나 기업의 책임으로 일하지 못하는 종업원에게 일당 또는 시간당 로임의 60%이상에 해당한 생활보조금을 주어야 한다"라고 밝혔다. 위의 두 조항 모두 「금강산국제관광지구 로동규정」에서 밝힌 내용과 동일하다. 따라서 이 부분은 양 노동규정상의 공통점이 다수 발생한다.

3. 사회보험료

「금강산국제관광지구 로동규정」에서 사회보험료의 경우 제41조 기업의 사회보험료납부에서 "기업은 공화국공민인 종업원에게 지불하는 월로임총액의 15%에 해당한 금액을 월마다 계산하여 기업의 부담으로 납부하여야 한다"라고 하였다. 이에 따라 금강산국제관광지구 기업은 근로자들의 월 임금총액의 15%를 사회보험료로 납부해야 한다. 그리고 이는 기존의 개성 공업지구와 동일한 납부 비율이다.

「라선경제무역지대 외국투자기업로동규정」에서 기업의 사회보험료의 경우 동 규정 제49조 "기업은 우리 나라 공민인 종업원에게 지불하는 로임총액의 15%를 사회보험료로 달마다 계산하여 다음달 10일안으로 라선시인민위원회가 정한 은행에 납부하여야 한다"라고 명시하였다. 이에 동 조항은 「금강산국제관광지구 로동규정」과 동일한 가운데에 납부기한이 추가된 형태이다. 그리고 이는 법적 내용상 다소 진전된 모습인데, 왜냐하면 납부기한과 징수방법을 제시했기 때문이다. 그리고 이는 앞서 언급한 사회문화시책금과 맥락을 같이 한다.

또한 이러한 사회보험료 연체될 경우 동 규정 제53조 "사회보험료를 제때에 납부하지 않았을 경우에는 납부기일이 지난 날부터 매일 0.05%에 해당한 연체료를 물린다"라고 명시하였다. 그리고 이는 「금강산국제관광지구 로동규정」에는 부재한 내용으로 새롭게 명기된 조항이다.

결국 양 로동규정의 사회보장과 관련한 내용을 비교 분석하면 다음과 같이 정리된다. 법적인 내용의 구체성 차원에서 접근하면 ① 사회문화시책기금과 사회보험료의 경우 「라선경제무역지대 외국투자기업로동규정」이 「금강산국제관광지구 로동규정」을 계승하였지만 일부 내용이 추가되어 「라선경제무역지대 외국투자기업로동규정」이 상대적으로 다소 우수하다. ② 문화후생기금, 퇴직보조금, 생활보조금의 경우 기존 「금강산국제관광지구 로동규정」을 「라선경제무역지대 외국투자기업로동규정」이 동일한 내용으로 승계한 형태이다. 이에 따라 양 규정에서는 공통점만 있고 차이점은 부재하다. 지금까지 논증한 「금강산국제관광지구 로동규정」과 「라선경제무역지대 외국투자기업로동규정」의 사회보장 관련 주요 내용을 비교·정리하면 다음 〈표 4〉와 같다.

〈표 4〉 사회보장 관련 조항 비교: 금강산과 라선

구분	금강산국제관광지구 로동규정 (2012)	라선경제무역지대 외국투자기업로동규정 (2013)	주요 변화
사회문화시책기금	① 기업의 사회보험료 ② 종업원의 납부	좌동, 10일안으로 납부	기금 운영 주체 납부 기한 명시
문화후생기금	기업부담	좌동	-
퇴직보조금	- 1년 이상 일한 종업원 3개월 평균임금 기준 - 1년 미만 종업원 1개월 임금 적용	좌동	-
생활보조금	시간당 임금 60%이상 지급	좌동	-
사회보험료	기업이 종업원 월임금 총액의 15%납부	좌동, 연체료 언급	납부 기일 명시 연체료율 명시

· 비고: 주요 변화는 「금강산국제관광지구 로동규정」 대비, 「라선경제무역지대 외국투자기업로동규정」 기준임.
· 출처: 저자 작성.

또한 지금까지 논증한 「금강산국제관광지구 로동규정」과 「라선경제무역지대 외국투자기업로동규정」의 지속성과 변화, 공통점과 차이점에 대한 주요 내용을 정리하면 다음 〈표 5〉와 같다.

〈표 5〉 금강산과 라선 노동복지 법제의 지속성과 변화: 공통점과 차이점

공통점		차이점	
지속성	· 노동시간과 연장근무 일부 · 명절, 공휴일 휴식과 근무 · 대휴, 정기휴가, 보충휴가 · 산전산후휴가 · 휴가비 계산 일부 · 여성근로자 보호 · 사회문화시책기금 일부 · 문화후생기금 · 퇴직보조금 · 생활보조금 · 사회보험료	변화	· 임금책정 기준 언급 유무 · 차등임금 대, 동일직종 동일임금, ·가급금 누락 · 임금제정 권한과 기준에서 고려사항 부재 · 최저임금에 최저생계비, 로동생산능률, 로력채용 상태 고려 · 임금지불방식의 장려금, 상금, 상품도 가능 · 1일 근로시간 제시, 연장근무 시간제한 · 연장근무 시 당사자 협의 누락 · 휴가비계산 산전산후 여성 근로자 90일 기준 · 기금 운영 주체와 납부기한 명기 · 사회보험료 납부기한과 연체료율 제시

· 출처: 저자 작성.

V. 결론

지금까지 본 연구는 북한의 금강산국제관광지구와 라선경제무역지대의 노동복지 체제를 양 로동규정을 중심으로 먼저 근로소득, 근로복지, 사회보장으로 크게 구분하여 접근하였다. 다음으로 이러한 가운데에 이를 다시 재범주화하여 접근하였는데, 첫째, 근로소득의 경우 ① 임금 책정기준과 종류, ② 임금제정 권한과 기준, ③ 최저임금, ④ 임금의 지불방식 등을 중심으로 분석하였다. 둘째, 근로복지의 경우 ① 근로자의 노동시간, ② 휴식과 휴가, ③ 여성근로자의 법적 보호 등을 중심으로 접근하였다. 셋째, 사회보장의 경우 ① 사회문화시책과 문화후생기금, ② 퇴직보조금과 생활보조금, ③ 사회보험료를 중심으로 비교하였다. 마지막으로 이러한 접근을 통해 양 법령의 관련 조항을 지속성과 변화, 공통점과 차이점을 중심으로 비교 분석하였다.

이에 비교 분석한 결과, 먼저 근로소득의 경우 ① 임금책정 기준, ② 임금 종류, ③ 임금제정 권한과 기준은 「금강산국제관광지구 로동규정」이, ④ 최저임금 결정 주체, ⑤ 임금지불 방식은 「라선경제무역지대 외국투자기업로동규정」이 각각 상대적으로 우수하다. 이에 따라 근로소득의 지속성과 공통점, 변화와 차이점은 양자 모두가 다소 대등하다 하겠다. 즉, 임금

책정 기준은 「금강산국제관광지구 로동규정」이 매우 구체적이었다. 그러나 동일한 내용을 언급한 조항에서 「라선경제무역지대 외국투자기업로동규정」은 기존에 부재한 동일노동 동일임금 규정이 있다. 또한 임금 종류의 경우 「라선경제무역지대 외국투자기업로동규정」에서는 기존의 가급금이 누락되어 있다. 또한 임금제정 권한과 기준의 경우에도 기준이 부재하여 다소 역진적인 모습을 보였다. 그러나 이러한 경향과 달리 최저임금 책정 기준과 임금지불방식은 「라선경제무역지대 외국투자기업로동규정」의 구체성과 유연성이 나타났다.

다음으로 근로복지의 경우 ① 노동시간과 연장근무는 「라선경제무역지대 외국투자기업로동규정」이 우수한 반면 ② 명절, 공휴일 휴식, 명절, 공휴일 근무 대휴, 정기휴가, 보충휴가, 산전산후휴가, 여성근로자 노력보호의 경우 양 규정상 차이점이 없었다. 가령 휴가비 계산의 경우 양 규정에서 일부 내용이 동일했다. 하지만 「라선경제무역지대 외국투자기업로동규정」에서는 산전산후 여성 근로자에 대한 90일 휴가비 지급기준이 별도로 있었다. 이에 따라 근로복지의 경우 지속성과 공통점이 다수인 반면 변화와 차이점은 소수이다. 그러나 이러한 변화와 차이점은 한마디로 구체성으로 집약되는데, 노동시간에서 1일 근로시간 명시, 연장근무 시 근무 시간제한, 여성근로자의 산전산휴 휴가비 계산은 다소 진전된 모습이다.

마지막으로 사회보장의 경우 ① 사회문화시책기금과 사회보험료는 「라선경제무역지대 외국투자기업로동규정」이 기존의 내용을 계승한 형태였지만 일부 내용이 추가되어 양 노동규정 중 「라선경제무역지대 외국투자기업로동규정」이 상대적으로 다소 우수했다. ② 그러나 이를 제외한 문화후생기금, 퇴직보조금, 생활보조금의 경우 모두 동일한 내용이었다. 이에 따라 사회보장의 경우 다수의 지속성과 공통점이 존재한 반면 변화와 차이점은 소수 일부만 있다. 그러나 이러한 변화와 차이점을 조금 더 관찰하면 다소 인상적인 부문이 있다. 즉, 내용적으로 접근하면 사회문화시책기금의 기금 운영주체와 납부기한 제시, 사회보험료의 납부기한과 연체료 명시는 짧은 시간 동안의 작은 변화지만 의미 있는 변화이다.

결국 양 규정의 경우 공통점은 기존 지속성의 유지로, 차이점은 기존 지속성의 변화로 요약된다. 이러한 지속성과 변화의 양상, 공통점과 차이점의 대비는 양자 간의 계승과 충돌로 재차 정의된다. 그러나 더욱 중요한 문제는 이러한 현상의 원인에 대한 접근과 진단, 이를 통한 북한의 동학에 대한 해석이다. 하지만 본 연구는 이러한 논증에 있어 일정한 한계가 분명히 나타있다. 그리고 이는 특정 사안에 따라 획일적인 정리가 불가한 영역이 존재했기 때문이다. 따라서 양자만을 놓고 보면, 결국 북한은 ① 기존을 그대로 계승·유지하는 내용, ② 기존을 유지하되 발전하는 내용, ③ 기존과 다른 역진적 내용, ④ 일부 정체된 내용으로 정리·구분된다.

또한 다른 한편으로 양 법령의 수사학적 레토릭의 구체성, 즉 질적인 차원의 접근을 하면 다소 다른 경향이 나타난다. 이에 비록 1년이라는 비교적 짧은 입법 차이가 존재하지만 후일 제정한「라선경제무역지대 외국투자기업로동규정」이 앞서 제정된「금강산국제관광지구 로동규정」에 비해 다소 세련된 경향이 나타난다. 또한 이로 인해 해석상의 논란이 다소 상쇄되었다. 따라서 이러한 북한의 행태는 시간의 경과에 비례하여 조금씩 변화하는 양상을 나타내고 있다. 그리고 이는 북한의 자정기능이 일정부문 작동하고 있음을 의미한다.

부록 Ⅰ

남북한 사회복지 용어 비교

○ 가급금【01】

(북한) 생활비표에 규정된 로동 부류와 기능등급, 직제에 의한 생활비. 기준액만으로써는
　　　 일률적으로 해결할 수 없는 특수한 조건을 고려하여 해당한 로동자, 사무원들에게
　　　 기본생활비밖에 보충적으로 더 주는 추가적 생활비.(『조선말대사전 1』, 평양: 사
　　　 회과학출판사, 1992, 4쪽)
(남한) 남한에서 존재하는 용어이나 자주 사용되는 용어가 아니며 통상 월 급여에 포함된
　　　 각종 보너스, 수당과 유사한 개념.

○ 고려의학【02】→ 주체의학

(북한) 북한은 한방치료를 동의학(東醫學)이라 하여 1953년 휴전 이후부터 정책적으로
　　　 장려하고 있는데, 이 고려의학은 1993년 '민족 주체성을 살린다'는 취지 아래 기
　　　 존의 동의학의 명칭을 새롭게 명명한 용어.
(남한) 남한에서 존재하지 않는 보건의료 용어이나 한의학으로 이해.

○ 공공부조【03】→ 사회부조, 공적부조

(북한) 북한에서는 존재하지 않는 용어.
(남한) 사적부조에 대응하는 용어로 개인이 아닌 국가나 지방자체단체의 이전지출금에
　　　 의해서 운용되는 것으로 사회보험과 더불어 사회보장의 중심. 그러나 공공부조에
　　　 대한 용어는 사회보장의 의미가 내용 및 범위에 있어서 통일된 용어를 갖지 못한
　　　 것과 마찬가지로 미국은 공공부조(public assistance), 영국은 국민부조 혹은 무
　　　 갹출급여(non contributory benefits) 독일과 프랑스는 사회부조로 사용하고 있
　　　 어 국제적으로 통일된 용어가 없음.(이철수, 『사회복지학사전』, 서울: 블루피쉬,
　　　 2009, 137쪽)

○ 국가보험【04】

(북한) 자연재해 또는 불의의 재난이나 사고로 말미암아 개별적인 기관, 기업소 및 개인
　　　 에게 생긴 피해를 국가가 보상하는 보험. 우리나라 근로자들에 대한 사회보험제도
　　　 를 광범히 실시하였을 뿐만 아니라 국가보험사업도 사회경제발전의 현실적 요구
　　　 에 맞게 부단히 개선하고 있다.(『조선말대사전 1』, 평양: 사회과학출판사, 1992,
　　　 325쪽)
(남한) 남한에서 존재하지 않는 용어.

○ 국가사회보장【05】

(북한01) 국가기관, 기업소, 사회협동단체들에서 일하다가 로동능력을 완전히 또는 오래
동안 잃거나 사망한 경우에 그와 그 유가족들의 생활을 보장하기 위하여 국가적으
로 보장해주는 혜택.(『조선말대사전 1』, 평양: 사회과학출판사, 1992, 325쪽) ◇
대상: 국가사업을 하다가 로동능력을 완전히 또는 오랫동안(6개월 이상) 잃은 근
로자들과 혁명과업을 수행하던 도중 사망한 근로자들의 유가족들에게 돌려지는
국가적 혜택/급여 ◇내용: 국가사회보장은 보조금과 연금의 형태로 6개월 이상의
장기 생활보조금 지급.(『경제사전 Ⅰ』, 평양: 사회과학출판사, 1985, 185쪽)

(북한02) 국가사업을 하다가 로동능력을 완전히 또는 오랫동안(6개월 이상) 잃은 근로자
들과 혁명과업을 수행하던 도중 사망한 근로자들의 유가족들에게 돌려지는 국가
적 혜택이다. 국가사회보장은 보조금과 연금의 형태로 6개월 이상의 장기 생활보
조금을 지급한다. 로동능력을 완전히 또는 오랫동안(6개월 이상) 잃은 근로자들과
혁명과업을 수행하던 도중 사망한 근로자들의 유가족들에게 제공된다.(『경제사전
Ⅰ』, 평양: 사회과학출판사, 1985, 185쪽)

(남한) 남한에서 존재하지 않는 제도이자 용어.

○ 국가사회보험【06】

(북한01) 국가가 근로자들의 건강을 보호 증진시키며 질병, 부상, 임신, 해산 등으로 로
동능력을 일시적으로 잃었을 때 그들의 생활을 보장하여주는 제도 (『조선말대사전
1』, (평양: 사회과학출판사, 1992, 325-326쪽) ◇대상: 생활비를 받는 현직 일꾼
들 중에서 일시적으로 로동 능력을 잃은 사람들에게 적용 ◇내용: 국가사회보험에
의한 급여는 크게 일시적 보조금, 산전산후보조금, 장례보조금, 의료상 방조, 정
휴양, 료양 등. (『경제 사전 Ⅰ』, 평양: 사회과학출판사, 1985, 205-206쪽)

(북한02) 생활비를 받는 현직 일꾼들 중에서 일시적으로 로동능력을 잃은 사람들에게 적
용되는 것으로서 로동 능력을 완전히 또는 장기적으로 잃은 근로자들에게 적용하는
사회보장과 구별된다.(『경제사전Ⅰ』, 평양: 사회과학출판사, 1985, 205-206쪽)

(남한) 남한에서 존재하지 않는 제도이자 용어.

○ 국가적·사회적 혜택【07】 → 사회적 혜택

(북한) 사회주의제도 하에서 근로자들이 노동에 의한 분배 이외에 당과 정부의 인민적 시
책에 의하여 국가와 사회로부터 추가적으로 받는 혜택.(『경제사전Ⅰ』, 평양: 사회
과학출판사, 1986, 208쪽)

(남한) 남한에서 존재하지 않는 용어.

○ 국민기초생활보장제도 【08】 → 기초생활보장제도, 국민기초생활보장법

(북한) 북한에서 존재하지 않는 용어.

(남한) 빈곤선 이하의 저소득층에게 국가가 무상으로 생계·교육·의료·주거·자활 등에 필요한 경비를 주어 최소한의 기초생활을 제도적으로 보장해 줄 목적으로 제정된 제도.(이철수, 『사회복지학사전』, 서울: 블루피쉬, 2009, 180쪽)

○ 근로소득 【09】 → 1차적 분배, 임금

(북한01) 노동의 보상에 따른 직접적인 수입인 1차적 분배. 기본적 재화구입을 위한 소득보장의 형태-근로소득: 근로자들이 자기 로동의 대가로 얻은 개인소득-. 근로자들의 로동에 의하여 창조된 사회의 총소득가운데서 근로자들에게 로동의 대가로 차려지는 몫이다.(『조선말대사전 1』, 평양: 사회과학출판사, 1992, 379쪽)

(북한02) 근로자들이 자기 로동의 대가로 얻은 개인소득. 근로자들의 로동에 의하여 창조된 사회의 총소득가운데서 근로자들에게 로동의 대가로 차려지는 몫이다.(『조선말대사전 1』, 평양: 사회과학출판사, 1992, 379쪽)

(남한) 용역의 제공에 대한 보상으로 개인에게 지급되는 개인소득 이는 용역의 제공에 의한 것만을 말하며 배당소득이나 자본이득 등의 비근로소득과 구분.(이철수, 『사회복지학사전』, 서울: 블루피쉬, 2009, 206쪽)

○ 로동법 【10】 → 조선민주주의인민공화국 사회주의로동법

(북한) 북한이 혁명발전의 변화된 조건에 맞추어 노동자들의 사회적 역할을 재인식시키고 노동참여의식을 앙양하기 위해 1978년 4월 18일 최고인민회의 제6기 2차 회의에서 새로 채택한 법령. 동 법은 1946년 제정된 노동법령과 달리 자본주의적 요소를 완전히 배제하는 한편, △집단주의원칙에 입각한 집단적 노동(제3조) △국가계획에 의한 사회적 노동의 조직화(제10조) △노동의 양과 질에 의한 사회주의 분배원칙(제11조) 등 생산과 노동에서의 사회주의 이념을 전면적으로 구현했다는 점 △주체사상에 입각한 노동(제6조) △사상·기술·문화의 3대혁명 촉진과 천리마 운동의 심화발전을 통한 노동생산능률 제고 및 생산의 급속한 발전(제9조) 등 농민을 포함한 전체근로자의 노동력 동원적 성격을 한층 강화하고 있다는 데 그 특징.

(남한) 남한에서 존재하지 않는 법령이나 노동 3법과 유사한 기능을 하는 법령.

○ 로동법령 【11】 → 로동자, 사무원에 대한 로동법령에 대한 결정서.

(북한) 로동자, 사무원의 로동에 대한 관계를 규제한 국가법령. 1946년 6월 로동법령이

발포.. 로동법령을 통하여 우리나라 력사에서 처음으로 8시간 로동제와 사회보험제가 실시.(『조선말대사전 1』, 평양: 사회과학출판사, 1992, 965쪽)

(남한) 남한에서 존재하지 않는 법령.

○ 로동보험【12】

(북한) 로동자, 사무원들에게 뜻하지 않은 사고가 생겼을 때 그로 말미암아 입은 부담을 덜어주기 위하여 실시하는 보험.(『조선말대사전 1』, 평양: 사회과학출판사, 1992, 965쪽)

(남한) 남한에서는 존재하지 않는 제도이나, 산업재해보상과 유사한 제도.

○ 로동보호【13】

(북한) 로동 과정에서 사고가 나지 않도록 미리 막으며 해로운 로동 조건을 없애고 근로자들에게 자유롭고 안전하며 보다 문화 위생적인 로동 조건을 지어주고 그들의 생명과 건강을 보호증진시키는 것. 사람을 가장 귀중히 여기는 우리나라에서의 로동보호는 사회주의 로동법에 의하여 철저히 보장되고 있다.(『조선말대사전 1』, 평양: 사회과학출판사, 1992, 965쪽)

(남한) 남한에서는 노동보호로 쓰이며 그 의미는 북한과 거의 유사.

○ 무상치료제【14】

(북한) 인민들에게 나라에서 무료로 병의 예방과 치료를 해주는 선진적인 보건제도.(『조선말대사전 1』, 평양: 사회과학출판사, 1992, 1159쪽)

(남한) 남한에서 자주 사용되는 용어가 아니며 전 국민이 해당되는 제도도 아니지만 의료급여대상자, 군복무자, 교도소 시설 수용자의 경우 무상으로 일부 제공.

○ 배급제【15】

(북한) 국가가 공급량이 제한되어 있는 소비품을 일정한 기준에 따라 판매 공급하는 제도.(『조선말대사전 1』, 평양: 사회과학출판사, 1992, 1579쪽)

(남한) 공적인 부문에서 남한에서 존재하는 제도는 아니지만 광의의 개념으로 보면 특정 사안과 대상(군 복무자, 교정시설 수용자)에 따라 일부 유사한 사례는 있음.

○ 사회급양【16】

(북한) 여러 가지 음식물을 생산하여 인민들에게 공급하는 사회주의 상업의 한 부분. 사

회급양은 상업적 봉사의 한 형태로 급양제품에 대한 근로자들의 수요를 충족시키는데 복무한다.(『조선말대사전 1』, 평양: 사회과학출판사, 1992, 1646쪽)

(남한) 남한에서는 존재하나 자주 사용되지 않는 용어로 여러 가지 음식물을 생산하여 공급하는 사회주의 상업의 한 부분으로 해석.

○ 사회문화기금【17】

(북한) 농장원들에 대한 사회문화사업을 위하여 세워지는 협동농장기금의 한 형태.(『조선말대사전 1』, 평양: 사회과학출판사, 1992, 1646쪽)

(남한) 남한의 공공기금에서 사회문화 분야에 소요되는 기금을 지칭.

○ 사회문화시책【18】

(북한01) 사람들의 건강과 문화수준을 높이기 위한 사회적 수요를 공동으로 충족시키는 국가적 대책의 총체. 사회문화시책의 본질과 내용은 그것을 실시하는 국가의 성격에 의하여 규정된다. 사회주의 사회에서의 사회문화시책은 전체 사회성원들의 육체적 및 정신적 능력을 전면적으로 발전시키며 그들의 물질 문화적 수요를 보다 원만히 충족시킬 것을 목적으로 한다. 사회주의 사회에서의 사회문화시책은 전 사회적 범위에서 전면적으로 그리고 주로 국가 부담에 의하여 실시된다. 사회주의 국가는 사회문화시설들을 자기 손에 틀어쥐고 자기가 직접 운영한다. …근로자들의 복리 증진에 대한 배려를 자기 활동의 최고원칙으로 삼고 있는 조선로동당과 공화국정부는 사회문화시책에 늘 깊은 관심을 돌리고 학교, 병원, 정휴양소, 극장, 영화관, 도서관과 같은 것들을 국가투자에 의하여 대대적으로 건설하였으며 이미 건설된 방대한 사회문화시설들의 운영을 위해서도 막대한 국가자금을 지출하고 있다.(『정치사전』, 평양: 사회과학출판사, 1973, 529-530쪽)

(북한02) 사람들의 건강과 문화수준을 높이기 위한 사회적 수요를 공동으로 충족시키는 국가적 대책의 총체이며 사회주의사회에서의 사회문화시책은 전사회적 범위에서 전면적으로 그리고 주로 국가 부담에 의하여 실시한다. 사회문화시책에는 무료교육, 무상치료, 사회보험, 사회보장 등이 속하고 사회문화시책비는 사회문화시책기금으로 보장한다. 사회문화시책기금은 기업으로부터 받는 사회보험료와 종업원으로부터 받는 사회문화시책금으로 조성한다.(『정치사전』, 평양: 사회과학출판사, 1973, 529-530쪽)

(남한) 남한에서는 자주 사용되지 않는 용어이나 공익을 위한 사회문화, 공공정책과 유사한 개념.

○ 사회문화시책비【19】

(북한) 국가예산에서 교육, 문화, 보건 등 사회문화시책에 돌려지는 비용.(『조선말대사전 1』, 평양: 사회과학출판사, 1992, 1646쪽)

(남한) 국가예산부문에서 남한에서는 존재하지 않는 비목이나, 그 기능상 교육, 문화, 보건에 투입되는 예산과 유사.

○ 사회보장【20】

(북한) 사회주의 사회에서 늙거나 병에 걸리거나 부상당하여 일할 수 없게 된 사람들 그리고 무의무탁한 사람들에게 국가부담으로 생활을 보장하여 주는 인민적 시책.(『조선말대사전 1』, 평양: 사회과학출판사, 1992, 1646쪽)

(남한) 빈곤상태에 빠지거나 생활수준이 대폭적으로 저하될 위험에 처했을 경우에 국가나 공공단체가 현금 또는 대인서비스를 급여, 최저한도의 생활수준을 보장하는 공적제도. 빈곤이나 생활수준을 저하시키는 원인은 실업 또는 상병에 의한 수입의 상실, 출산, 사망 등에 의한 특별지출 등이다.…제도적으로 공공부조, 사회보험, 사회복지, 공중위생의 4개 부문을 포함하고 있지만, 급여내용은 소득보장, 의료보장, 사회서비스보장의 세 가지로 구성되어 있다. 그 급여수준은 내셔널 미니멈을 원칙으로 하고 있는데, 국제적으로는 ILO의 사회보장최저기준조약(1952)과 장애·노령·유족 급여에 관한 조약(1967)이 기준이다.(이철수, 『사회복지학사전』, 서울: 블루피쉬, 2009, 410쪽)

○ 사회보장제도【21】 → 사회보장제

(북한01) 공민들이 로동능력을 잃었거나 사망하였을 때 본인 또는 그의 가족의 생활을 국가적 부담으로 보장하는 제도.(『조선말대사전 1』, 평양: 사회과학출판사, 1992, 1646쪽)

(북한02) 일군들이 로동능력을 잃었거나 사망하였을 경우에 본인 또는 그 가족의 생활을 국가적 부담으로 보장하는 제도. 진정한 사회보장제도는 근로자들의 생활에 대하여 국가가 책임지는 사회주의제도 하에서만 실시된다. 사회주의 국가는 국민소득의 분배에서 사회보장 폰드를 계획적으로 형성하며 사회보장대상자들의 건강과 생활을 보장해준다. 우리나라에서 사회보장제도는 당, 국가 경제기관, 기업소 및 근로단체 일군들이 로동 능력을 상실하였거나 사망된 경우에 본인 또는 그 가족에 대하여 국가 부담으로 실시된다.…우리나라에서의 사회보장제도는 현금 및 현물에 의한 방조, 의료상 방조, 사회적 보호시설을 통한 방조, 알맞은 일자리의 보장, 사회적 원호 등의 형태로 실시되고 있다. 현금 및 현물지불에 의한 방조에는 각종 년금 및 보조금 지불, 불구자에 대한 교정기구 공급 등이 속한다. 의료상 방조

에 의하여 사회보장대상자들은 건강회복에 필요한 온갖 혜택을 받는다. 건강이 회복된 사회보장대상자들은 건강회복에 필요한 온갖 혜택을 받는다. 건강이 회복된 사회보장대상자들은 그들의 체질과 능력에 알맞은 일자리에 배치된다. 영예군인, 무의무탁한 불구자, 년로자, 고아들은 영예 군인 보양소, 양로원, 애육원 등 사회적 보호시설에서 생활하며 그들은 필요한 교양을 받는다. 로동 능력을 상실한 애국렬사 유가족, 영예 군인, 후방가족 등 사회보장대상자들에 대한 사회적 원호사업은 우리나라 사회보장사업에서 중요한 자리를 차지한다.(『정치사전』, 평양: 사회과학출판사, 1973, 532–533쪽)

(남한) 사회구성원인 개인의 부상, 질병, 출산, 실업, 노쇠 등의 원인에 의해 생활이 곤궁에 처하게 될 경우에 공공의 재원으로 그 최저생활을 보장하여 주는 제도. 여기에는 사회부조와 사회보험의 두 가지가 있다. 사회부조는 국가 또는 공공단체가 생활비의 일부 또는 전부를 부조하는 제도이며, 생활곤궁자에 대해서만 부여된다. 사회보험은 본인 또는 이를 대신하는 자가 보험료를 적립하고 여기에 국가가 보조를 해주어 상기한 바와 같은 사유가 발생한 경우에는 연금 또는 일시금을 지급하는 제도이다.(이철수, 『사회복지학사전』, 서울: 블루피쉬, 2009, 413쪽)

○ 사회보험【22】

(북한01) 사회주의 사회에서 로동자, 사무원들을 비롯한 근로자들의 건강을 증진시키고 문화적인 휴식조건을 보장하며 그들이 병, 부상, 임신, 해산 등으로 로동 능력을 일시적으로 잃었을 때에 생활안정과 치료를 위하여 돌려주는 국가적인 혜택.(『조선말대사전 1』, 평양: 사회과학출판사, 1992, 1646쪽)

(북한02) 일시적인 로동 능력 상실자들의 생활보장, 건강회복과 근로자들의 건강 증진을 위하여 실시되는 물질적 보장제도. 사회보험은 보험가입자가 정한 보험금이 아니라 사회적으로 규정된 기준에 따라 보조금이 지불되며 보험가입자의 보험료와 함께 기관, 기업소에서 납부하는 보험료를 원천으로 한다는 점에서 일반보험과 구별된다. 또한 그것은 보험형식을 취하여 현직일군들은 대상으로 한다는 점에서 사회보장과도 구별된다. 사회보험은 주권이 인민의 손에 쥐여지고 생산수단이 사회주의적 소유로 되어 있는 사회에서 전면적으로 실시하게 된다. 사회주의 하에서 사회보험의 실시는 인민들의 물질 문화적 복리를 증진시킬 데 대한 당과 정부의 커다란 배려로 된다.…현재 우리나라의 사회보험은 국가기관, 기업소, 사회단체와 생산, 건설, 수산 및 편의 협동조합들에서 일하는 모든 로동자, 기술자, 사무원들을 대상으로 하여 일시적 보조금, 산전산후 보조금, 장례 보조금, 의료상 방조, 휴양, 야영, 관광, 탑승료 등 여러 가지 형태로 실시되고 있으며 그 지출은 기관, 기업소들의 부담을 원천으로 계속 늘어나고 있다. 우리나라에서 사회보험이 로동자, 사무원, 생산협동조합원 등 많은 근로자들에게 널리 실시되며 그 방조 형태가

다양하고 물질적 보장수준이 높으며 보험기금의 압도적 부분이 국가기관, 기업소에 의하여 보장되는 것 등은 그 인민적 성격의 표현이다.(『정치사전』, 평양: 사회과학출판사, 1973, 533쪽)

(남한) 질병, 부상, 분만, 노령, 장애, 사망, 실업 등 생활 곤란을 초래하는 여러 가지 사고에 대해 일정한 급여를 행함으로써 피보험자의 생활안정을 도모하는 강제성 보험제도로 독일의 비스마르크에 의한 질병보험에서 비롯, 그 후 각국에 보급되었다. 산업재해보상보험, 건강보험, 실업보험, 연금보험 등 네 정류로 대별된다. 급여는 획일적으로 일정한 기준에 따라 정해져 있고, 비용은 피보험자의 보험료를 중심으로 하되 사업주와 국가의 재정부담 등에 의한다.(이철수, 『사회복지학사전』, 서울: 블루피쉬, 2009, 413~414쪽)

○ 사회보훈【23】

(북한) 북한에서는 존재하지 않는 용어이나 국가, 사회적 공훈에 대한 국가차원의 물질적 보상을 의미하며 통상 국가, 사회적 공훈과 유사한 의미.

(남한) 국가유공자의 생활이 보장되도록 실질적인 보상을 행함으로써 생활안정과 복지향상을 도모하고 그들이 국민으로부터 예우를 받을 수 있도록 하는 제도. 국가의 존립과 유지를 위해 공헌하거나 희생한 국가유공자의 생활이 보장되도록 실질적인 보상을 행함으로써 생활안정과 복지향상을 도모하고 그들이 국민으로부터 예우를 받을 수 있도록 하며 국민의 애국정신 함양에 이바지하는 제도이다.(이철수, 『사회복지학사전』, 서울: 블루피쉬, 2009, 414쪽)

○ 사회복지【24】

(북한) 북한에서는 존재하지 않는 용어이나 아이러니하게도 사회복지법인에 대한 언급은 있다. 사회복지사업의 진행을 목적으로 하여 설립되는 법인. 부르죠아 민법에서 쓰이는 용어이다. 이 법인은 사회복지사업을 진행하는 외에 그 사업의 경영에 충당하기 위하여 리득을 얻기 위한 사업도 진행할 수 있다.(사회과학원 법학연구소, 『민사법사전』, 평양: 사회안전부출판사, 1997, 339쪽)

(남한) 우리나라 헌법 제34조에서는 사회복지를 사회보장과 구별하여 사용하고 있으나, 그 의미나 내용에 대한 언급은 없다. 따라서 사회복지의 의미는 사회복지를 사회보장의 일부로 보는 견해, 사회보장, 보건위생, 노동, 교육, 주택 등 생활과 관계되는 공공시책을 총괄한 개념으로 보는 견해, 생활에 관계되는 공공시책 그 자체가 아니라 이와 같은 시책을 국민 개인이 이용하고 개선하여 자신의 생활문제를 자주적으로 해결하게끔 원조함을 의미한다는 견해 등 여러 가지로 풀이되고 있다.…사회복지는 UN의 정의, 즉, 사회복지란 개인, 집단 지역사회 및 여러 제도

와 전체사회 수준에서 사회인으로서의 기능이나 사회관계의 개선을 목적으로 한 개인의 복지(personal welfare)증진을 위한 갖가지 사회적 서비스와 측면적 원조(enabling process)라는 것과 내용을 같이 한다. 그러나 사회복지가 사회보장이나 보건의료 등의 생활관련 시책과 다른 고유성으로 사회복지는 인간의 행동과 해결, 생활욕구의 충족 그리고 개인과 제도관계의 문제처리에 채용하는 전체적 종합적 접근법에 있다.(이철수, 『사회복지학사전』, 서울: 블루피쉬, 2009, 415쪽)

○ **사회서비스【25】**

(북한) 북한에서는 존재하지 않는 용어.

(남한) 국가, 지방자치단체 및 민간부문의 도움이 필요한 모든 국민에게 복지, 보건의료, 교육, 고용, 주거, 문화, 환경 등의 분야에서 인간다운 생활을 보장하고 상담, 재활, 돌봄, 정보의 제공, 관련 시설의 이용, 역량 개발, 사회참여 지원 등을 통하여 국민들의 삶의 질이 향상되도록 지원하는 제도.(『사회보장기본법』(2012. 1월 개정))

○ **사회안전망【26】 → 사회적 안전망**

(북한) 북한에서는 존재하지 않는 용어.

(남한) 정부의 근로자에 대한 고용과 실업에 대한 각종 대책. 개인이 직장을 잃고 실업자가 된 뒤 다시 직장을 얻으려고 노력하는 대신 노숙자 같은 사회적 무기력층이 되는 것을 막기 위해 정부가 최소한의 생계를 유지할 수 있도록 해주는 제도. 또 경제구조조정으로 불가피하게 발생한 실업자들에게 공공사업을 통해 일자리를 제공하거나 생계비를 보조해 주는 것을 말한다. 그러나 보다 넓은 의미로는 사회보장과 같은 뜻으로 노령·질병·실업·산업재해 등 사회적 위험으로부터 모든 국민을 보호하기 위한 제도적 장치를 의미한다.(이철수, 『사회복지학사전』, 서울: 블루피쉬, 2009, 433-434쪽)

○ **사회적 혜택【27】 → 국가적·사회적 혜택**

(북한) 사회주의 근로자들이 로동에 따르는 보수밖에 추가적으로 받는 물질적 혜택. 우리나라 근로자들은 무상치료제와 무료교육제를 비롯한 여러 가지 인민적 시책에 의하여 해마다 많은 사회적 혜택을 추가적으로 받고 있으며 그것은 더욱더 늘어나고 있다.(『조선말대사전 1』, 평양: 사회과학출판사, 1992, 1647쪽)

(남한) 남한에서 존재하나 자주 사용되지 않는 용어

○ 의사담당구역제【28】 → 호담당제

(북한) 의사들이 일정한 주민구역이나 기관을 맡아 근로자들의 건강을 일상적으로 책임적으로 돌보면서 예방치료사업을 하는 선진적인 의료봉사제도.(『조선말대사전 2』, 평양: 사회과학출판사, 1992, 1788쪽)

(남한) 남한에서는 존재하지 않는 보건의료 제도이자 용어.

○ 인민적 시책【29】

(북한) 광범한 근로인민대중의 리익과 행복을 위하여 실시하는 정책.(『조선말대사전 1』, 평양: 사회과학출판사, 1992, 1700쪽)

(남한) 남한에서는 존재하지 않는 용어이나 시책이라는 표현은 사용.

○ 임금【30】 → 생활비, 로임

(북한) 생활비는 로동자, 사무원들의 생활을 보장하기 위하여 사회주의 국가가 로동의 량과 질에 따라 분배하는 몫의 화폐적 표현이며 생활비 기준액은 산업부문별 로동자들의 직종과 로동 부류, 기능등급 그리고 기술자, 사무원들의 직제와 자격 및 그 급수에 따라 단위시간에 지출한 로동에 대하여 지불하는 생활비 수준이다. 이와 관련하여 생활비등급제는 지출된 로동에 따르는 정확한 분배를 실시하기 위하여 근로자들의 직종과 직제, 기술기능자격과 급수, 로동 조건 등에 따라 생활비수준에서 차이를 두는 제도.(『조선말대사전 1』, 평양: 사회과학출판사, 1992, 1969쪽)

(남한) 사용자가 근로대가로 근로자에게 지급하는 일체의 현금 급여. 따라서 급료·봉급·상여·수당·보수 등 명칭여하를 불문하며 실물임금도 포함된다.

○ 호담당제【31】 → 의사담당구역제

○ 1차적 사회안전망【32】

(북한) 북한에서는 존재하지 않는 용어.

(남한) 1차적 사회안전망인 4대 사회보험은 일반국민을 대상으로 노령·질병·산재·실업 등의 사회적 위험을 보험을 통해 분산 보호.(출처: 『시사경제용어사전』, 2010.11, 기획재정부)

○ 2차적 사회안전망【33】

(북한) 북한에서는 존재하지 않는 용어.

(남한) 2차 사회안전망은 공공부조를 통해 1차 사회안전망에서 보호받지 못한 저소득 빈
곤계층의 기초생활을 보장(출처: 『시사경제용어사전』, 2010.11, 기획재정부)과
의료급여 등 각종 보완적 장치를 운용.

○ 3차적 사회안전망【34】

(북한) 북한에서는 존재하지 않는 용어.
(남한) 3차 사회안전망은 재난을 당한 사람에게 최소한 생계와 건강을 지원해주는 각종
긴급구호 제도.

부록 II

라선경제무역지대 외국투자기업로동규정

2013년 9월 12일 최고인민회의 상임위원회 결정 제139호로 채택

제1장 일반규정

제1조(규정의 사명)

이 규정은 라선경제무역지대에서 로력의 채용, 로동과 휴식, 로동보수와 로동보호, 사회보험 및 사회보장과 관련한 질서를 바로세워 외국투자기업의 경영활동과 종업원의 로동생활조건을 원만히 보장하는데 이바지한다.

제2조(로력관리기관)

라선경제무역지대(이 아래부터 지대라고 한다.)에서 로력관리사업은 라선시인민위원회와 관리위원회가 한다.

관리위원회는 산업구와 정해진 지역의 로력관리사업을 한다.

지대의 로력관리사업에 대한 통일적인 장악과 통제는 라선시인민위원회가 한다.

제3조(로력채용원칙)

지대에서 외국투자기업(이 아래부터 기업이라고 한다.)은 우리 나라 로력을 기본으로 채용한다.

관리성원이나 특수한 직종의 기술자, 기능공은 다른 나라 로력으로 채용할 수 있다.

로동할 나이에 이르지 못한 미성인의 채용은 금지한다.

제4조(로동생활분야에서의 남녀평등, 녀성종업원의 건강보호)

지대의 로동생활분야에서 녀성은 남성과 동등한 권리를 가진다.

라선시인민위원회와 관리위원회, 기업은 녀성종업원의 로동조건보장과 건강보호에 특별한 관심을 돌린다.

제5조(로동조건의 보장)

지대에서는 종업원에게 안전하고 문화위생적인 로동조건을 보장하도록 한다.

제6조(종업원월로임최저기준의 제정)

지대에서 종업원월로임최저기준은 라선시인민위원회가 관리위원회와 협의하여 정한

다. 이 경우, 최저생계비, 로동생산능률, 로력채용상태 같은 것을 고려한다.

제7조(직업동맹조직과 종업원대표)
지대에서는 기업의 실정에 맞게 직업동맹조직을 내오고 운영한다.
규모가 작은 기업에는 종업원대표를 둔다.
직업동맹조직과 종업원대표는 종업원들의 권리와 리익을 대표하며 기업의 경영활동에
협력한다.

제8조(로동분야에서 기업의 독자성)
지대에서 기업은 법규에 정한 범위에서 로력채용, 로임기준과 지불형식, 로동조건보장
과 같은 사업을 독자적으로 결정할 권리를 가진다.

제2장 로력의 채용과 해고

제9조(로력보장기관)
지대에서 우리 나라 로력을 보장하는 사업은 라선시인민위원회가 한다.
기업은 라선시인민위원회가 보장한 로력이 자기의 실정에 맞지 않을 경우에는 채용하
지 않을 수 있다.

제10조(우리 나라 로력의 신청)
기업은 우리 나라 로력을 채용하려는 경우 로력신청문건을 직접 또는 관리위원회를 통
하여 라선시인민위원회에 내야 한다. 이 경우 로력신청문건에는 채용할 로력자수, 성
별, 년령, 업종, 기술기능수준, 채용기간, 로임수준, 로동조건 같은 것을 밝힌다.

제11조(우리 나라 로력의 보장)
라선시인민위원회는 로력신청문건을 접수한 때부터 30일안으로 기업이 요구하는 우리
나라 로력을 보장하여야 한다. 그러나 지대 밖의 우리 나라 다른 지역에 있는 로력을
보장하는 경우에는 그 기간을 초과할 수 있다.
우리 나라 로력을 보장받는 기업은 라선시인민위원회에 해당한 료금을 지불하여야
한다.

제12조(다른 나라 로력의 채용통지)

다른 나라 로력을 채용하려는 기업은 라선시인민위원회 또는 관리위원회에 서면으로 통지하여야 한다. 이 경우 통지서에 채용할 외국인의 이름, 성별, 생년월일, 국적, 거주지, 지식정도, 기술자격, 간단한 경력, 직종 같은 것을 밝힌다.

제13조(로력채용계약의 채결)

로력을 채용하는 기업은 로력자와 채용기간, 로동시간, 초기월로임액 같은 것을 밝힌 로력채용계약을 맺어야 한다.

제14조(로동계약의 체결)

기업은 직업동맹조직 또는 종업원대표와 로동계약을 맺어야 한다.

로동계약게서는 로동시간과 휴식시간, 로동보수, 로동보호기준, 로동생활질서, 문화후생조건, 상벌기준 같은 것을 정한다.

제15조(로동계약서의 제출)

기업은 로동계약을 체결하였을 경우 계약서를 7일안으로 라선시인민위원회 또는 관리위원회에 내고 승인을 받아야 한다.

제16조(로력채용계약, 로동계약의 효력)

로력채용계약은 맺은 날부터, 로동계약은 라선시인민위원회 또는 관리위원회의 승인을 받은 날부터 효력을 가진다.

제17조(로력채용계약, 로동계약의 변경, 취소)

로력채용계약, 로동계약은 당사자들이 합의하여 변경하거나 취소할 수 있다.

로동계약을 변경, 취소하였을 경우에는 라선시인민위원회 또는 관리위원회의 승인을 받는다.

제18조(종업원의 해고사유)

기업이 로력채용기간이 끝나기 전에 종업원을 내보낼수 있는 경우는 다음과 같다.

1. 종업원이 질병 또는 부상(직업병, 작업중 입은 부상 제외)으로 치료를 받았으나 자기 직종 또는 기업안의 다른 직종에서 일할 수 없는 경우
2. 기업의 경영조건 또는 기술조건의 변동으로 종업원이 남을 경우
3. 종업원이 기술기능의 부족으로 자기 직종에서 일할 수 없을 경우
4. 종업원이 기업의 재산에 막대한 손실을 주었거나 로동생활질서를 어겨 엄중한 결과

를 일으켰을 경우

제19조(종업원의 해고와 관련한 통지)

종업원을 내보내려는 기업은 직업동맹조직 또는 종업원대표와 토의하며 30일 전에 해당 사유를 당사자에게 알려주어야 한다.

종업원을 내보냈을 경우에는 그 정형을 라선시인민위원회 또는 관리위원회에 통지하여야 한다.

제20조 (종업원을 해고할 수 없는 사유)

종업원을 해고할 수 없는 경우는 다음과 같다.

1. 종업원이 직업병을 앓거나 작업과정에 부상당하여 치료받고 있는 경우

2. 병치료를 받는 기간이 6개월을 초과하지 않았을 경우

3. 임신, 산전산후휴가, 어린이에게 젖먹이는 기간에 있을 경우

제21조 (종업원의 사직사유)

종업원이 사직할 수 있는 경우는 다음과 같다.

1. 개인적으로 일을 그만두거나 다른 일을 해야할 사정이 생겼을 경우

2. 직종이 맞지 않아 기술기능을 충분히 발휘할수 없을 경우

3. 학교에 입학하였을 경우

제22조 (종업원의 사직절차)

사직하려는 종업원은 기업에 사직서를 내야한다.

기업은 사직서를 접수한 날부터 30일안에서 사직을 연기할데 대하여 요구할 수 있다.

이 경우 종업원은 특별한 사정이 없는 한 기업의 요구에 응하여야 한다.

제23조 (양성, 기술견습)

기업은 기능공양성, 기술견습을 위하여 종업원을 다른 나라에 보낼 수 있다. 이 경우 라선시인민위원회의 승인을 받아야한다.

제3장 로동시간과 휴식

제24조 (로동시간)

지대에서 종업원의 로동시간은 하루 8시간, 주 평균 48시간을 초과할 수 없다.

기업은 생산, 경영상특성에 따라 필요한 경우 종업원의 건강을 보장하는 조건에서 하루에 3시간 정도 로동시간을 연장할 수 있다.

제25조 (로동시간의 준수)

기업은 종업원에게 정해진 로동시간안에서 로동을 시켜야한다.

연장작업을 시키거나 명절일, 공휴일, 휴가기간에 로동을 시키려 할 경우에는 직업동맹조직 또는 종업원대표와 합의하여야 한다.

종업원은 정해진 로동시간을 지키며 로동을 성실히 하여야 한다.

제26조 (명절일과 공휴일의 휴식보장)

기업은 종업원에게 우리 나라 명절일과 공휴일의 휴식을 보장하여야 한다.

명절일과 공휴일에 로동을 시켰을 경우에는 7일안으로 대휴를 주어야 한다.

제27조 (휴가보장)

기업은 종업원에게 해마다 14일간의 정기휴가를 주며 중로동, 유해로동을 하는 종업원에게는 7~21인간의 보충휴가를 주어야 한다.

제4장 기업창설 및 경제무역활동

제28조 (로동보수의 내용)

종업원의 로동보수에는 로임, 장려금, 상금 같은 것이 속한다.

기업은 로동의 질과 량에 따라 로동보수를 정확히 계산하며 같은 로동을 한 종업원들에 대해서는 성별, 년령에 관계없이 로동보수를 꼭같이 지불하여야 한다.

제29조 (종업원월로임의 제정)

종업원의 월로임은 기업이 정한다. 이 경우 종업원월로임최저기준보다 낮게 정할 수 없다.

조업준비기간에 있는 기업의 종업원 또는 견습공, 무기능공의 월로임은 종업원월로임 최저기준의 70%이상의 범위에서 정할 수 있다.

제30조 (휴가비의 지불)

기업은 정기 및 보충휴가를 받은 종업원에게 휴가일수에 따르는 휴가비를 지불하여야 한다.

산전산후휴가를 받은 녀성종업원에게는 기업이 90일에 해당한 휴가비를 지불하여야 한다.

휴가비는 로임을 지불하는 때에 함께 지불한다.

제31조 (휴가비의 계산방법)

휴가비는 휴가받기 전 마지막 3개월간의 로임을 실가동일수에 따라 평균한 하루로임에 휴가일수를 적용하여 계산한다.

제32조 (휴가기간의 작업에 대한 로임)

기업은 휴가기간에 있는 종업원에게 작업을 시켰을 경우 휴가비와 함께 일당 또는 시간당 로임액의 100%에 해당한 로임을 주어야 한다.

제33조 (생활보조금)

기업은 양성기간에 있거나 기업의 책임으로 일하지 못하는 종업원에게 일당 또는 시간당 로임의 60%이상에 해당한 생활보조금을 주어야 한다.

제34조 (연장작업과 야간작업에 대한 로임)

기업은 종업원에게 야간작업을 시켰거나 정해진 로동시간 밖의 연장작업을 시켰을 경우 일당 또는 시간당 로임액의 150%에 해당한 로임을 주어야 한다.

제35조 (명절일, 공휴일의 로동에 대한 로임)

기업은 명절일, 공휴일에 종업원에게 일을 시키고 대휴를 주지 않았을 경우 일당 또는 시간당 로임액의 200%에 해당한 로임을 주어야 한다.

제36조 (상금, 장려금의 지불)

기업은 결산리윤의 일부로 상금기금을 조성하고 일을 잘하는 종업원에게 상금 또는 장려금을 줄 수 있다.

제37조 (로동보수의 지불)

기업은 종업원의 로동보수를 정해진 기간안에 전액 지불하여야 한다.

로임은 화폐로 지불하며 상금과 장려금은 화폐로 지불하거나 상품으로 줄 수도 있다.

로동보수를 주는 날이 되기 전에 사직하였거나 기업에서 내보낸 종업원에게는 수속이 끝난 날부터 7일안으로 로동보수를 지불하여야 한다.

제38조 (퇴직보조금의 지불)

기업은 자체의 사정으로 종업원을 내보내는 경우 보조금을 주어야 한다.

보조금은 종업원을 기업에서 내보내기전 마지막 3개월간의 로임을 평균한 월로임에 일한 해수를 적용하여 계산한다. 그러나 로동년한이 1년이 못되는 경우에는 1개월분의 로임을 적용하여 계산한다.

제5장 로동보호

제39조 (로동안전 및 산업위생조건의 보장)

로동안전시설을 갖추어 종업원이 안전하게 일할 수 있는 조건을 보장하는 것은 기업의 의무이다.

기업은 고열, 가스, 먼지, 소음을 막고 채광, 조명, 통풍 같은 산업위생조건을 보장하여야 한다.

제40조 (녀성로력의 보호)

기업은 녀성종업원을 위한 로동위생보호시설을 특별히 갖추어야 한다.

임신하였거나 젖먹이는 기간에 있는 녀성종업원에게는 연장작업, 야간작업, 힘들고 건강에 해로운 작업을 시킬 수 없다.

제41조 (탁아소, 유치원의 운영)

기업은 실정에 맞게 종업원의 자녀를 위한 탁아소, 유치원을 꾸리고 운영할 수 있다.

제42조 (로동안전기술교육)

기업은 종업원에게 로동재해를 방지하기 위한 로동안전기술교육을 준 다음 일을 시켜야 한다.

로동안전기술교육의 기간과 내용은 업종과 직종에 따라 기업이 정한다.

제43조 (로동보호물자의 공급)

기업은 종업원에게 로동보호용구, 작업필수품, 영양제, 세척제, 약제 같은 로동보호물자를 정해진 기준대로 제때에 공급하여야 한다.

제44조 (로동재해위험의 제거)

기업은 교대별, 주별 설비점검체계를 세우고 설비점검을 정상적으로 하여야 한다.

로동재해위험이 생겼을 경우에는 즉시 영업을 중지하고 그것을 재개하여야 한다.

제45조 (로동보호질서의 준수)

종업원은 작업설비를 규정대로 관리, 운영하며 로동안전시설과 로동보호물자의 리용질서를 철저히 지켜 로동재해와 사고를 미리 막아야 한다.

제46조 (사고발생시의 조치)

기업은 작업과정에 종업원이 사망하였거나 심한 부상, 중독 같은 사고를 일으켰을 경우 즉시 대책을 세우고 라선시인민위원회 또는 관리위원회에 통지하여야 한다.

통지를 받은 기관은 제때에 사고정형을 료해하고 해당한 대책을 세워야 한다.

제6장 사회문화시책비

제47조 (사회문화시책의 실시)

기업에서 일하는 우리 나라 공민과 그 가족은 국가가 실시하는 사회문화시책의 혜택을 받는다.

사회문화시책에는 무류교육, 무상치료, 사회보험, 사회보장 같은 것이 속한다.

제48조 (사회문화시책비의 조성)

지대에서 사회문화시책비는 사회문화시책기금으로 보장한다.

사회문화시책기금은 기업으로부터 받는 사회보험료와 종업원으로부터 받는 사회문화시책금으로 조성한다.

제49조 (사회보험료의 납부)

기업은 우리 나라 공민인 종업원에게 지불하는 로임총액의 15%를 사회보험료로 달마다 계산하여 다음달 10일안으로 라선시인민위원회가 정한 은행에 납부하여야 한다.

제50조 (사회문화시책금의 납부)

우리 나라 공민인 종업원은 로임의 일정한 몫을 사회문화시책금으로 계산하여 다음달 10일안으로 라선시인민위원회가 정한 은행에 납부하여야 한다.

제51조 (문화후생기금의 조성과 리용)

기업은 결산리윤의 일부로 종업원을 위한 문화후생기금을 조성하고 쓸 수 있다.

문화후생기금은 종업원의 문화기술수준향상, 체육사업, 후생시설의 운영 같은데 쓴다.

제7장 제재 및 분쟁해결

제52조 (손해보상, 원상복구)

이 규정을 어겨 기업 또는 종업원의 생명과 건강, 재산에 피해를 준 경우에는 원상복구 시키거나 해당한 손해를 보상시킨다.

제53조 (연체료의 부과)

사회보험료를 제때에 납부하지 않았을 경우에는 납부기일이 지난 날부터 매일 0.05% 에 해당한 연체료를 물린다.

제54조 (벌금)

기업에게 물리는 경우와 벌금액의 한도는 다음과 같다.

1. 비법적으로 연장작업을 시켰거나 휴식을 제대로 시키지 않았을 경우 한사람당 30~200€ 까지
2. 비법적으로 로력을 채용하였을 경우 한사람당 100~500€ 까지
3. 종업원을 비법적으로 해고시켰을 경우 한사람당 200~1,000€ 까지
4. 로동보수를 정해진대로 지불하지 않았을 경우 200~10,000€ 까지
5. 로동보호안전 및 산업위생조건을 제대로 보장하지 않았을 경우 300~20,000€ 까지
6. 로력관리기관의 정상적인 사업을 방해하였을 경우 100~300€ 까지

이밖에 법규를 어겼을 경우 50~10,000€ 까지

제55조 (중지)

다음의 행위의 정상이 무거울 경우에는 기업의 영업을 중지시킨다.

1. 종업원들에게 로동안전시설 및 로동보호조건을 규정대로 갖추어주지 않았을 경우
2. 직업동맹조직의 적법적인 활동에 지장을 주었을 경우
3. 정해진 비용을 제대로 납부하지 않았을 경우

제56조 (몰수)

기업이 이 규정을 어기고 비법적으로 소득을 얻었을 경우에는 정해진 절차에 따라 해당 소득을 몰수 한다.

제57조 (분쟁해결)

로동과 관련하여 생긴 의견상이는 당사자들사이에 협의의 방법으로 해결한다.

협의의 방법으로 해결할 수 없는 분쟁은 조정이나 중재, 재판의 방법으로 해결할 수 있다.

제58조 (신소와 그 처리)

이 규정의 집행과 관련하여 의견이 있는 기업이나 종업원은 라선시인민위원회와 관리위원회, 해당 기관에 신소할 수 있다.

신소를 받은 기관은 30일안으로 료해처리하고 그 결과를 신소자에게 알려주어야 한다.

라선경제무역지대 외국투자기업 로동규정시행세칙

2014년 11월 17일 라선시인민위원회 결정 제162호로 채택

제1장 일반세칙

제1조 이 세칙은 라선경제무역지대에서 외국투자기업에 필요한 로력의 채용, 로동과 휴식, 로동보수와 로동보호, 사회보험 및 사회보장, 종업원의 로동조건 및 로동생활상 권리와 리익을 보장하기 위하여 제정한다.

제2조 라선경제무역지대(이 아래부터는 지대라 한다)에 창설되는 외국투자기업(합영, 합작, 외국인기업)에 필요한 로력자의 알선, 채용, 해고, 기능공양성, 로동보수, 사회보험, 사회보장과 같은 것은 이 세칙에 따른다.

제3조 외국투자기업(이 아래부터는 기업이라 한다.)에 대한 로력관리사업은 라선시인민위원회(이 아래부터는 로력관리기관이라 한다.)가 하며 관리위원회는 관할지역의 로력관리사업을 로력관리기관을 통하여 한다.

제4조 로력관리기관은 지애안의 로력원천을 늘 장악하고 있어야 하며 지대밖의 로력을 보장할수 있는 실무적대책을 철저히 세우고 기업이 요구하는 로력을 제떼에 보장하여야 한다.

제5조 기업은 지대에서 우리 나라 로력을 기본으로 채용한다. 관리성원이나 특수한 직종의 기술자, 기능공은 다른 나라 로력으로 채용할 수 있다. 16살에 이르지 못한 미성인의 채용은 금지한다.

제6조 기업이 받아들인 노력은 자연재해 같은 불가항력적인 경우를 제외하고 다른 일에 동원하지 않는다.

제7조 기업은 종업원들이 안전하고 문화위생적인 환경에서 일할수 있도록 로동조건을 개선하고 그들의 생명과 건강을 보호증진시키는데 선차적인 관심을 돌려야 한다.

제8조 녀성은 로동생활분야에서 남성과 동등한 권리를 가진다. 로력관리기관과 관리위원회, 기업은 녀성종업원의 로동조건 보장과 건강보호에 특별한 관심을 돌린다.

제9조 지대에서 기업의 종어원월로임최저기준은 최저생계비, 로동생산능률, 로력채용상태 같은 것을 고려하여 75.2€ 이상으로 한다. 종업원월로임최저기준은 라선시인민위원회가(관리위원회 관할지역안의 종업원월로임최저기준은 관리위원회와 협의하여)정한다.

제10조 이세칙 집행에 대한 감독통제는 로력관리기관이 한다.

제2장 기업의 로력채용과 해고

제11조 기업의 로력보장은 라선시인민위원회(이 아래부터는 로력보장기관이라 한다)가 하며 외국인기업에 대한 로력보장은 외국투자기업복무소에 위임하여 할수 있다.

제12조 기업은 우리 나라 로력을 채용하려 할 경우 로력자수, 성별, 년령, 업종, 기술기증수준, 채용기간, 로임수준, 로동조건 같은 것을 밝힌 로력신청문건을 직접 또는 관리위원회를 통하여, 외국인기업은 외국투자기업복문소를 통하여 로력보장기관에 내야 한다.

제13조 외국투자기업복무소는 로력보장기관의 위임에 따라 기업에서 요구하는 로력보장을 위해 필요한 경우 해당한 장소들에 로력모집과 관련한 광고를 낼수 있으며 모집된 로력들에 대한 명단을 기업별로 작성하여 제때에 로력보장기관에 보고하여야 한다. 로력보장기관은 모집된 로력명단을 보고받은 다음 기업별 로력신청문건에 기초하여 승인 또는 부결결과를 관리위원회와 외국투자기업복문소에 제때에 통지해주어야 한다.

제14조 외국투자기업복무소는 로력보장기관으로부터 승인 받은 로력자에 대하여 8일안으로 필요한 수속과 로동교양을 진행하고 로력보장기관의 파견장과 함께 기업에 보내주어야 한다. 지대밖의 우리 나라 다른 지역에 있는 로력을 보장하는 경우에는 그 기간을 초과할수 있다.

제15조 기업은 로력보장기관과 외국투자기업복무소가 보내준 로력자와 채용기간, 로동시간, 초기월로임액, 로동보호조건보장 같은 것을 밝힌 로력채용계약을 맺어야 한다. 로력채용계약을 맺은 로력자는 기업의 종업원으로 된다. 로력채용계약을 맺은 기업은 2일간으로 계약서사본에 기업의 공인을 찍어 관리위원회와 외국투자기업복무소에 보내야 한다. 로력보장기관의 파견장이 있는 로력자만이 기업과 로력채용계약을 맺을수 있다.

제16조 외국투자기업복무소는 외국인기업의 실정에 맞게 직업동맹조직을 내오고 책임자를 임명해주어야 한다. 종업원이 10명이상인 기업에는 직업동맹위원회를 조직하며 그 이하인 기업에는 종업원대표를 둔다. 직업동맹조직과 종업원대표는 종업원들의 권리와 리익을 대표하며 기업의 경영활동에 협력한다.

제17조 기업은 직업동맹조직 또는 종업원대표와 로동계약을 맺고 경영활동을 하여야 한다. 로동계약에서는 로동시간과 휴식시간, 로동보수, 로동보호기준, 로동생활질서, 문화후생조건, 상벌기준 같은 것을 밝힌다. 기업은 로동계약을 체결하였을 경우 계약서를 7일안으로 관리위원회와 외국투자기업복무소의 합의를 받아 로력보장기관에 내고 승인을 받아야 한다. 로력보장기관 또는 외국투자기업복무소는 로동계약서에 결함이 있을 경우 계약을 다시 맺을 것을 요구할수 있다. 기업은 직업동맹조직 또는 종업원대표와 로동계약을 맺은 조건에서만 종업원들에게 일을 시킬수 있다. 이 세칙에 어긋나거나 사기, 강요로 맺은 계약은 효력을 가지지 못한다.

제18조 기업은 매월 직업동맹조직에 아래와 같은 활동자금을 보장해주어야 한다.
   1. 종업원 500명까지는 전체 종업원 월로임의 2%에 해당한 자금
   2. 종업원 501명부터 1000명까지는 전체 종업원 월로임의 1.5%에 해당한 자금
   3. 종업원 1001명이상은 전체 종업원 월로임의 1%에 해당한 자금

제19조 기업은 기술자, 기능공을 비롯하여 절박하게 요구되는 로력자를 외국투자기업복무소에 의뢰하여 로력보장기관의 승인에 다라 림시로력채용계약을 맺고 수속전 15~30일동안 채용할 수 있다.

제20조 기업은 다른 나라 로력을 채용하려는 경우 로력보장기관 또는 관리위원회에 채용할 외국인의 이름, 성별, 생년월일, 국적, 거주지, 지식정도, 기술자격, 간단한 경력, 직종 같은 것을 서면으로 통지하여야 한다.

제21조 우리 나라 로력을 보장받은 기업은 로력알선 료금을 지대중앙은행에 납부하고 확인서를 로력보장기관에 로력채용계약을 맺은 다음날(법정로동일)까지 보내야 한다. 로력자당 알선료금의 가격은 시인민위원회가격기관에서 정한다.

제22조 로력자의 수속과 관련한 질서는 다음과 같다.

기업은 로력보장기관과 외국투자기업복무소가 보내준 로력자에 대하여 료해하고 로력채용조건에 맞는 로력자의 《종업원입직신청서》와 《로력조절배치의뢰서》에 기업의 공인을 찍은 다음 로력보장기관과 외국투자기업복무소에 보낸다. 로력보장기관과 외국투자기업복무소는 《종업원입직신청서》에 합의경유를 받게 된 기관(일군)의 경유확인을 받은 다음 《종업원입직신청서》는 해당기업에 보내고 《로력조절배치의뢰서》는 로력을 내보내는 기관, 기업소에 보내주어야 한다. 로력자를 내보내는 기관, 기업소는 로력보장기관과 외국투자기업복무소에서 보내온 《로력조절배치의뢰서》를 확인하고 2일안으로 《종업원퇴직신청서》에 합의경유를 받게 된 기관(일군)의 경유확인을 받은 다음 《종업원퇴직신청서》는 해당 기관, 기업소에 보관하고 《로력조절배치의뢰서》에 기관, 기업소 공인을 찍은 다음 로력보장기관과 외국투자기업복무소에 보내주어야 한다. 외국투자기업복무소는 《로력조절배치의뢰서》를 확인하고 로력보장기관에 제기하여 로력파견장 또는 로력소환장을 발급받아 로력을 받거나 내보내는 기관, 기업소에 보내주어야 한다. 로력파견장 또는 로력소환장을 받은 기관, 기업소는 8일안으로 모든 수속을 끝내고 해당한 문건을 로력자와 함께 기업에 넘겨주며 기업은 로력접수회보서를 제때에 로력보장기관에 내보내주어야 한다.

제23조 로력채용계약은 맺은 날부터, 로동계약은 로력보장 기관 또는 관리위원회의 승인을 받은 날부터 효력을 가진다.

제24조 로력채용계약, 로동계약은 당사자들이 합의하여 변경하거나 취소할수 있다. 로동계약을 변경, 최소하려 할 경우에는 관리위원회와 외국투자기업복무소의 합의를 받아 로력보장기관의 승인을 받는다.

제25조 기업은 아래와 같은 경우 로력채용기간이 끝나기 전에 종업원을 내보낼수 있다.

1. 종업원이 질병 또는 부상(직업병, 작업중에 입은 부상제외)으로 치료를 받았으나 자기 직종 또는 기업안의 다른 직종에서 일할수 없을 경우
2. 기업의 경영조건 또는 기술조건의 변동으로 종업원이 남을 경우
3. 종업원이 기술기능의 부족으로 자기 직종에서 일할수없을 경우
4. 종업원이 기업의 재산에 막대한 손실을 주었거나 로동생활질서를 어겨 엄중한 결과를 일으켰을 경우

제26조 기업은 종업원을 내보내려는 경우 직업동맹조직 또는 종업원대표와 토의하며 30 일전에 해당 당사자에게 알려주어야 한다. 기업은 내보내는 종업원에 대하여 최직리 유를 외국투자기업복무소를 통하여 로력보장기관과 관리위원회에 통지하고 승인을 받은 종업원은 외국투자기업복무소에 넘겨준다. 외국투자기업복무소는 기업이 내보낸 로력자를 로력보장기관의 로력파견장이 발급될때까지 다른 기관, 기업소에 들어가일할수 있도록 알선해 주어야 한다.

제27조 기업은 아래의 경우 보건기관의 의학적확인이 있는 조건에서 종업원을 해고 할수 없다.
  1. 직업병을 앓거나 작업과정에 부상당하여 치료받고있을 경우
  2. 병치료를 받는 기간이 6개월을 초과하지 않았을 경우
  3. 임신, 산전산후휴가, 어린이에게 젖먹이는 기간에 있을 경우

제28조 종업원은 아래의 경우 직업동맹조직 또는 종업원 대표와 합의하고 사직할 수 있다.
  1. 개인적으로 일을 그만두거나 다른 일을 해야 할 사정이 생겼을 경우
  2. 직종이 맞이 않아 기술기능을 충분히 발휘할수 없을 경우
  3. 학교에 입학하였을 경우
사직하려는 종업원은 기업에 사직서를 내야 한다. 기업은 사직서를 접수한 날부터 30 일안으로 직업동맹조직 또는 종업원대표와 합의하고 사직을 연기할데 대하여 요구할 수 있다. 이 경우 종업원은 특별한 사정이 없는 한 기업의 요구에 응하여야 한다. 사직하는 종업원은 외국투자기업복무소의 승인과 로력보장기관의 파견장에 의해서만 이동할수 있다.

제3장 기능공양성

제29조 기업은 기능공양성, 기술견습을 위하여 종업원을 다른 나라에 보낼수 있다. 이 경우 로력관리기관의 승인을 받아야 한다.

제30조 기능공양성은 직업기술교육을 통하여 한다. 로력관리기관은 지대의 특성에 맞게 직업기술교육체계를 정연하게 세우고 기능로력후비를 체계적으로 양성하여야 한다. 직업기술교육은 일정한 직종의 기술기능작업을 원만히 수행할수 있도록 필요한 지식과 기술기능을 배워주는 교육이다.

제31조 직업기술교육은 부분별 또는 해당 기업에 조직된 직업기술교육단위에서 한다. 직업기술교육단위에는 기능공학교, 기능공양성소, 기능공양성반(이 아래부터는 직업기술학교라 한다)같은 것이 속한다.

제32조 직업기술학교의 양성직종과 규모는 지대의 경제부문별기능공수요에 따라 로력관리기관이 정한다. 직업기술학교를 내오거나 없애려고 하는 경우에는 로력보장기관의 승인을 받아야 한다. 직업기술학교를 내오거나 없애는 절차는 다음과 같다. 직업기술학교를 내오려는 기업은 기능공수요에 따르는 양성지표, 규모, 양성목표급수를 정확히 타산한데 따라 직업기술학교의 교사, 기숙사 실습장을 비롯한 교육시설들과 실습설비, 교구비품 등 물질기술적조건을 구비하기 위한 대책을 세운다음《직업기술학교 조직신청서》를 로력관리관에 내야한다. 직업기술학교조직을 승인받은 기업은 5개월 내에 교원대렬과 교육조건을 원만히 갖추어야 하며 해당 양성지표에 대한 교육강렬을 작성하여 로력관리기관의 승인을 받아야 한다. 교원대렬과 교육조건을 갖추지 않고 교육강령을 작성승인받지 않는 직업기술학교는 운영할 수 없다. 직업기술학교는 다음과 같은 원칙에서 조직하여야 한다. 양성생규모가 50명 이상인 기업에는 학교를, 양성생규모가 50명 이하인 기업에는 양성반을 조직하여야 한다. 부문 또는 지역단위로 조직한 직업기술학교는 로력관리기관이 직접 운영하는 직업기술학교에 소속시킬수도 있다. 기업에 조직한 직업기술학교 교장은 기업책임자가 겸임하며 부문 또는 지역단위로 조직한 직업기술학교는 공인과 돈자리를 둔다.

제33조 직업기술학교의 양성기간은 해당 직종의 양성급수에 따라 3개월~2년으로 한다. 양성직종은 해당기업의 기본직종으로 정하는 것을 원칙으로 한다. 양성직종과 그에 따르는 양성기간은 로력관리기관이 정한다.

제34조 직업기술학교의 교육강령은 자체로 작성한 다음 로력관리기관의 심의를 거쳐 집행하여야 한다. 직업기술학교는 로력관리기관의 승인없이 교육강령을 고칠수 없으며 승인되지 않은 교육강렬은 집행할수 없다.

제35조 직업기술학교는 기술기능교육을 통하여 고급중학교 졸업생을 비롯한 기술기능이 없는 대상은 3~4급공으로, 현직 해당직종에서 일하던 대상은 4~5급공으로 양성하여야 한다. 특수한 경우에는 로력보장기관의 승인을 받아 그 이상 급수의 기능공으로 양성하여야 한다. 기업은 일정한 기술기능을 요구하는 직종에 배치할 대상이 기술기능이 없거나 낮은 경우에는 직업기술학교에 보내어 양성한 다음 로동에 참가시켜야 한다.

제36조 직업기술학교는 해마다 필요한 성원들로 졸업시험위원회를 조직하고 시험에서
합격된 학생들에게 해당 직종의 기술기능급수를 밝힌 졸업증을 내주어야 한다.

제37조 기업은 기술기능급수사정사업을 엄격히 하여야 하며 기술일군, 고급기능공을 비
롯한 우수한 일군들을 기술기능급수시험위원으로 선발하고 시험을 엄격하게 쳐야 한
다. 시험위원을 선발할수 없는 경우에는 로력보장기관에 의뢰하여 시험을 쳐야 한다.

제38조 기술기능급수시험은 년간 기술기능학습과정을 마친 대상에 대하여 실지 일하고
있는 직종으로 1급~4급까니는 년에 한번, 5급~6급은 2년에 한번, 7급~8급은 3년
에 한번씩 조직하여야 한다. 다음과 같은 대상은 년한에 관계없이 응시한다.
국가적으로 평가를 받은 대상.
기술기능적문제들을 해결하여 제품의 질을 높이고 수입을 늘이는데 기여한 대상.
기술기능강습과 전습을 끝낸 대상.
기능공학교 과정안을 마치고 졸업하는 대상.
새로 들어왔거나 직종을 바꾼 대상.
이밖에 제기되는 대상.

제39조 기업은 기술기능급수시험에 응시대상을 의무적으로 참가시켜야하며 정당한 리유
없이 참가하지 않는 경우에는 기술기능급수를 한급 낮추어야 한다. 자기직종의 최고
기능급수를 가진 기능공은 제자리 급수시험에 참가하여야 한다.

제4장 로동시간과 휴식

제40조 기업은 종업원의 로동시간을 하루 8시간, 주 평균 48시간이상 초과할수 없으며
필요한 경우 연장작업을 시키거나 명절일, 공휴일, 휴가기간에 로동을 시키려 할 경
우 직업동맹조직 또는 종업원대표와 합의하여야 한다.

제41조 기업은 종업원의 건강을 보장하는 조건에서 하구 3시간 정도 로동시간을 연장할
수 있다. 종업원은 정해진 로동시간을 지키며 로동을 성실히 하여야 한다.

제42조 기업은 종업원에게 우리 나라 명절일과 공휴일의 휴식을 보장하여야 하며 로동을

시켰을 경우에는 7일안으로 대휴를 주어야 한다.

제43조 기업은 해마다 14일간의 정기휴가를 종업원에게 주어야 하며, 중로동, 유해로동을 하는 종업원에게는 7~21일간의 보충휴가를 주어야 한다. 녀성종업원에게는 의료기관의 확인서가 있는 조건에서 산전 60일, 산후 90일간의 휴가를 준다.

제5장 로동보수

제44조 종업원의 로동보수에는 로임, 장려금, 상금 같은 것이 속한다. 기업은 로동의 지로가 량에 따라 로동보수를 정확히 계산하며 같은 로동을 한 종업원들에 대해서는 성별, 년령에 관계없이 로동보수를 꼭같이 지불하여야 한다.

제45조 종업원의 월로임은 기업이 정한다. 이 경우 월로임을 종업원월로임최저기준보다 낮게 정할수 없다. 조업준비기간에 있는 종업원 또는 견습공, 무기기능공의 월로임은 종업원월로임최저기준의 70%이상의 범위에서 정할수 있다. 조업준비기간은 3개월을 넘을수 없다.

제46조 기업은 정기 및 보충휴가를 받은 종업원에게 휴가일수에 따르는 휴가비를 지불하여야 한다. 산전산후휴가를 받은 녀성종업원에게는 기업이 90일에 해당한 휴가비를 지불하여야 한다. 휴가비는 로임을 지불하는 때에 함께 지불한다.

제47조 휴가비는 휴가받기 전 마지막 3개월간의 로임을 실가동일수에 따라 평균한 하루로임에 휴가일수를 적용하여 계산한다.

제48조 기업은 휴가기간에 있는 종업원에게 작업을 시켰을 경우 휴가비와 함께 일단 또는 시간당 로임액의 100%에 해당함 로임을 주어야 한다.

제49조 기업은 양성기간에 있거나 기업의 책임으로 일하지 못하는 종업원에게 일단 또는 시간당 로임의 60%이상에 해당한 생활보조금을 주어야 한다. 생활보조금을 주는 기간은 3개원을 넘을수 없다.

제50조 기업은 종업원에게 야간작업을 시켰거나 정해진 로동시간밖의 연장작업을 시켰을 경우 일당 또는 시간당 로임액의 150%에 해당한 로임을 주어야 한다. 로동시간밖의 야간작업을 시켰을 경우에는 일당 또는 시간당 로임액의 200%에 해당한 로임을 주어야 한다. 야간작업이란 22시부터 다음날 6시사이의 로동을 말한다.

제51조 기업은 명절일, 공휴일에 종업원에게 일을 시키고 대휴를 주지 않았을 경우 일당 또는 시간당 로임액의 200%에 해당한 로임을 주어야 한다.

제52조 기업은 결산리윤의 일부로 상금기금을 조성하고 일을 잘하는 종업원에게 상금 또는 장려금을 줄수 있다.

제53조 기업은 종업원의 로동보수를 정해진 기간안에 전액 지불하여야 한다. 로임은 화폐로 지불하며 상금과 장려금은 화폐로 지불하거나 상품으로 줄수도 있다. 로동보수를 주는 날이 되기전에 사직하였거나 기업에서 내보낸 종업원에게는 수속이 끝난 날부터 7일안으로 로동보수를 지불하여야 한다.

제54조 기업은 자체의 사정으로 종업원을 내보내는 경우 보조금을 주어야 한다. 보조금은 종업원을 기업에서 내보내기 전 마지막 3개월간의 로임을 평균한 월로임에 일한 해수를 적용하여 계산한다. 그러나 로동년한이 1년이 못되는 경우에는 1개월분의 로임을 적용하여 계산한다.

제6장 로동보호

제55조 기업은 로동안전시설을 갖추어 종업원이 안전하게 일할수 있는 조건을 보장하여야 한다. 기업은 고열, 가스, 먼지, 소음을 막고 채광, 조면, 통풍같은 산업위생조건을 보장하여야 한다.

제56조 기업은 로동보호사업을 생산에 확고히 앞세울데 대한 국가의 정책과 법규범의 요구를 엄격히 지켜야 한다. 로동보호사업에 대한 통일적인 장악고 지도는 시인민위원회(이 아래부터는 로동보호감독기관이라 한다)와 따로 정한 로동보호감독일군이 한다. 로동보호감독기관은 로동보호사업과 관련하여 다른나라 국제기구와의 협력과 교

류를 발전시켜야 한다. 기업은 로동보호사업정형을 월, 분기, 년마다 정기적으로 총화하여야 한다. 년간 로동보호사업총화는 다음해 1월안으로 하여야 한다. 기업의 로동보호사업은 기업의 책임자가 직업동맹조직 또는 종업원대표와 협의하여 직접 조직하고 집행하며 총화하야 한다.

제57조 기업은 로동안전교양체계를 바로 세우고 종업원들에게 정기적으로 로동안정교양을 주어야 한다. 새로 들어온 종업원에게는 5~20일간, 직종을 바꾸는 종업원에게는 2~5일간, 규정위반자에게는 10~30일간, 리론교양과 현장에서 로동안전규정의 요구에 맞게 일하는 방법을 배워주는 형식으로 로동안정교양을 주어야 한다.

제58조 지대안의 산업부문별 로동안전과 관련된 교양자료는 로동보호기관이 작성하거나 해당 기업에서 작성한 다음 로동보호기관의 심의를 받아 리용한다.

제59조 기업은 로동안전시설 및 로동위생조건을 개선완비하고 현대화하기 위한 사업을 계획적으로 진행하여 종업원들이 보다 안정하고 문화위생적인 조건에서 일하도록 하여야 한다.

제60조 기계설비와 같이 회전하는 물체에는 안정장치를, 높은 열과 압력, 화염과 폭발, 전기감전, 유독성물질과 같은 인명피해 위험성이 있는 장소에는 보호장치를 하여야 하며 사고의 위험성이 있는 장소에는 보호장치를 하여야 하며 사고의 위험성을 미리 알리는 소리, 표식과 같은 신호장치를 하여야 한다.

제61조 기업은 불비한 로동안전시설과 위험한곳을 찾아내여 제때에 안전대책을 세워야 하며 사람의 건강에 해롭거나 위험한 곳에서는 로동안전대책없이 종업원들에게 일을 시키지 말아야 한다.

제62조 기업은 로동보호조건에 맞게 건물 또는 구축물을 건설하려나 기계설비 및 공구, 지구를 만들어야 한다.

제63조 기업은 예방의학 및 로동위생의 요구에 맞게 생산 조건을 갖추어 주어야 하며 종업원들의 로동과정과 생산환경에 미치는 유해인자를 정상적으로 측정하고 철저히 막아야 한다.

제64조 기업은 종업원들에게 생리적허용한계를 초과하는 로동을 시키지 말아야 하며 건강에 해로운 고열, 가스, 먼지, 소음, 진동, 습기 같은 것을 막고 위생학적요구에 맞게 채광, 조명, 난방, 통풍, 보호장치 같은 것을 충분히 보장하여 종업원들이 안전하고 문화위생적인 환경에서 일하게 하여야 한다.

제65조 기업은 종업원들에 대한 건강검진을 정상적으로하며 합숙, 식당, 수리소, 목욕탕과 같은 후방생활조건과 보조위생시설을 원만히 보장해주어야 한다.

제66조 작업대상과 성격에 따라 작업필수품, 로동보호용구, 영양제, 세척제, 기타 약제(보호약제, 해독제, 피부보호제)의 공급대상 기준은 로동보호기관이 정한다.

제67조 기업은 종업원들에게 작업필수품, 로동보호용구를 정확히 착용하게 하여야 하며 착용하지 않았을 경우에는 일을 시키지 말아야 한다.

제68조 기업은 종업원들에게 휴식, 휴가, 휴양, 정양의 권리를 충분히 보장하며 건강보호사업을 책임적으로 하여야 한다.

제69조 기업은 하루 로동시간을 마친 종업원들에게 충분한 휴식을 보장하여야 한다. 특수한 경우를 제외하고는 정해진 시간밖의 로동을 시킬 수 없다.

제70조 기업은 로동안전규률과 질서를 엄격히 세워 로동재해사고를 미리 막고 안전한 로동조건을 마련해주어야 한다.

제71조 기업은 생산조직에 앞서 로동안전지령을 주며 그것을 정확히 총화하여야 한다.

제72조 전기작업, 불다루기작업, 유해작업과 같은 위험한 작업을 할 경우에는 기업책임자가 작업장에 나가 안전대책을 세운 다음 작업하도록 하여야 한다.

제73조 생산과정에 로동재해사고의 위험이 생겼을 경우에는 즉시 생산을 중지하고 위험개소를 퇴치한 다음 생산을 계속하여야 한다.

제74조 기업은 작업교대질서를 철저히 세워 기계설비와 작업장의 인원상태를 확인한 다음 작업교대를 하도록 하여야 한다.

제75조 설비를 점검할 경우에는 로동안전시설에 대한 점검을 포함시켜야 한다.

제76조 로동보호감독기관과 기업은 로동안전규률와 질서를 세우기 위한 사업을 군중적 운동으로 벌려야 한다.

제77조 로동재해사고는 로동과정에 종업원들의 생명과 건강에 피해를 준 사고이다. 로동 보호재해사고에는 경상, 중상, 사망이 포함된다.
1. 경상로동재해사고는 로동재해사고를 당한 때로부터 10일안으로 치료받아 볼래대로 회복되였을 경우
2. 중상로동재해사고는 로동재해사를 당한 때로부터 10일이상 치료받았을 경우
   불구중상은 로동재해사고를 당하여 10일이상 치료를 받았으나 불구(신체의 어느 한 부분이 온전하지 못하거나 그 기능이 상실되었을 때)가 되었을 경우
3. 사망로동재해사고는 로동재해사고로 즉시 사망하였거나 로동재해사고로 하여 중상 되였다가 10일안에 사망(로동재해사고로 즉시 병원에 입원하여 계속 치료를 받던줄 사망되였을 경우 포함)되였을 경우
4. 집단로동재해사고는 한 작업장소에서 로동재해사고로 한번에 20명부터 그 이상의 (경상자만 3명이상일 때, 경상, 중상, 사망자를 모두 합쳐 3명 이상일 때) 피해자를 내였을 경우

제78조 기업은 로동재해사고가 발생하였을 경우 즉시 로동봇호감독기관에 통보하여야 하며 로동보호감독기관은 로동재해사고의 원인을 해명하고 해당한 대책을 세운 다음 사고방지대책위원회심의에 제기하여야 한다.
1. 기업은 로동재해사고가 발생하면 사고현장에 대한 확인과 피해인원들에 대한 치료 처리대책을 즉시 세우는것과 함께 전화 또는 전보문건으로 로동재해사고내용(사고 날짜, 시간, 장소, 사고형태와 원인, 경상, 중상, 사망 등 피해정도, 처리 대책 등)을 보고하여야 한다.
2. 로동보호감독기관은 로동재해사고발생정형을 검열하고 그 정형을 사고방지대책위 원회에 보고하는것과 함께 사고 심의에 제기하여야 한다.

제79조 사고방지대책위원회는 로동재해사고심의를 과학적이며 객관적인 자료에 기초하 여 제때에 하여야 하며 로동재해와 관련한 사고방지대책을 철저히 세워야 한다.
1. 사고방지대책위원회는 로동재해사고심의에서 다음과 같은 문제를 확증하여야 한다.
   ① 로동재해사고가 난 날자, 시간, 장소, 사고형태
   ② 로동재해사고가 나게 된 동기와 원인
   ③ 로동재해사고를 낸 단위의 로동보호사업정형

④ 로동재해사고와 관련한 책임한계

⑤ 로동재해사고로 인한 로력, 재산의 손실

⑥ 로동재해사고에 의한 피해자와 그 가족의 생활보장대책

⑦ 로동재해를 미리 막기 위한 대책

⑧ 로동재해사고처리와 관련한 대책

⑨ 이밖의 로동재해사고와 관련하여 제기되는 문제

2. 로동재해사고가 발생되면 로동보호감독기관(로동보호감독일군)과 인민보안기관은 사고조사를 함께 하거나 따로 할수 있으며 과학적이며 객관적인 원칙에서 사고의 원인을 정확히 찾은데 따라 조사자료를 로동재해사고심의에 5일안으로 제기하여야 한다.

제80조 사고방지대책위원회는 로동재해사고를 내었거나 로동보호와 관련한 법규범을 어 긴 기업책임자에게 벌금을 적용하며 형사적제재를 주어야 할 경우에는 해당 기관에 제기할수 있다.

제81조 기업은 녀성종업원을 위한 로동위생보호시설을 특별히 갖추어야한다. 임신하였 거나 젖먹이는 기간에 있는 녀성종업원에게는 연장작언, 야간작업, 힘들고 건강에 해 로운 작업을 시킬수 없다.

제82조 기업은 실정에 맞게 종업원의 자녀를 위한 탁아소, 유치원을 꾸리고 운영할수 있다.

제7장 사회문화시책

제83조 기업에서 일하는 우리나라 공민과 그 가족은 국가가 실시하는 사회문화시책의 혜 택을 받는다. 사회문화시책에는 무료교육, 무상치료, 사회보험, 사회보장 같은 것이 속한다.

제84조 지대에서 사회문화시책비는 사회문화시책기금으로 보장한다. 사회문화시책기금 은 기업으로부터 받은 사회보험료와 종업원으로부터 받는 사회문화시책음으로 조성 한다.

제85조 기업은 우리 나라 공민인 종업원월로임총액의 15%를 사회보험료로 달마다 계산하여 다음달 10일안으로 라선시 인민위원회가 정한 은행에 납부하여야 한다.

제86조 우리 나라 공민인 종업원은 로임의 40%를 사회문화시책금으로 달마다 계산하여 다음달 10일안으로 라선시인민위원회가 정한 은행으로 납부하여야 한다.

제87조 기업은 결산리윤의 일부를 종업원을 위한 문화후생기금을 조성하고 쓸수 있다. 문화후생기금은 종업원의 문화기술수준향상, 체육사업, 후생시설의 운영 같은데 쓴다.

제8장 제재 및 분쟁해결

제88조 이 세직 집행에 대한 감독통제는 라선시인민위원회가 한다.
라선시인민위원회와 관리위원회는 세칙집행정형을 정상적으로 엄격히 감독통제하여야 한다.

제89조 기업이 사회보험료와 직업동맹활동자금을 제때에 납부하지 않았을 경우에는 납부기일이 지난날부터 바친날까지 기간의 쉬는날, 명절일을 포함하여 매일 0.05%에 해당한 연체료를 물린다.

제90조 기업이 아래와 같은 해우이를 하였을 경우 정도에 따라 벌금을 적용하며 벌금액의 한도는 다음과 같다.
1. 비법적으로 연장작업을 시켰거나 휴식을 제대로 시키지 않았을 경우 한사람당 30-200€까지
    - 비법적으로 연장작업을 2시간 시킨 경우 30-150€까지
    - 비법적으로 연장작업을 2시간이상 시킨 경우 200€까지
    - 정당한 리유없이 휴식을 시키지 않았을 경우 30-100€까지
    - 부득이한 사정으로 야간작업을 시키고 주간에 대휴를 주지 않은 경우 200€까지
    - 우리 나라 명절일과 공휴일에 휴식을 보장하지 않은 경우 200€까지
2. 비법적으로 로력을 채용하였을 경우 한사람당 100-500€까지
    - 비법적으로 로력을 1일간 채용한 경우 한사람당 100-150€까지
    - 비법적으로 로력을 2일간 채용한 경우 한사람당 160-300€까지
    - 비법적으로 로력을 3일간 채용한 경우 한사람당 310-500€까지

3. 종업원을 비법적으로 해고시켰을 경우 한사람당 200-1000- 비법적으로 로력을 1
일간 채용한 경우 한사람당 100-150€까지까지
   - 로력보장기관의 승인이 없이 로력을 비법적으로 해고시켰을 경우 500-1000€
   - 휴직기간 또는 산전산후휴가기간 로력을 해고시켰을 경우 700-1000€
4. 로동보수를 정해진대로 지불하지 않았을 경우 200-1만€까지
   - 로동보수를 정확히 계산지불하지 않았을 경우 1만€
   - 같은 로동을 한 종업원에게 성별, 년령에 관계없이 로동보수를 꼭같이 지불하지
     않은 겨우 한사람당 200-1000€
   - 종업원 월로임최저기눈보다 낮게 로동보수를 지불한 경우 한사람당 300-2000€
   - 조업준비기간이 지난 후에도 로동보수를 종업원월로임최저기준보다 적게 지불한
     경우 한사람당 500-4000€
   - 정기 및 보충휴가, 산전산후 휴가비를 지불하지 않았을 경우 휴가비를 지불하고
     한사람당 100-7000€
   - 휴가기간에 있는 종업원에게 작업을 시키고 로동보수를 규정대로 지불하지 않았
     을 경우 1000€
   - 양성기간, 기업의 책임으로 일을 하지 못하여 지불하는 생활보조금을 주지 않았
     을 경우 3000€
   - 야간작업 또는 연장작업을 시키고 그에 해당한 로동보수를 지불하지 않은 경우
     3000€
   - 기업이 자체의 사정으로 종업원을 내보내면서 보조금을 지불하지 않았을 경우 보
     조금을 지불하고 4000€
5. 로동보호안전 및 산업위생조건을 제대로 보장하지 않았을 경우 300-2만€까지
   - 로동보호조건을 제대로 갖추어 주지 않았을 경우 1만5천-2만€
   - 로동안전조건을 보장하지 않았을 겨우 1만-2만€
   - 로동보호물자와 작업필수품들을 제대로 공급하지 않았을 경우 300-1000€
6. 정상적인 로력관리사업을 방해하였을 겨웅 100-3000€까지
7. 이밖에 법규를 어겼을 경우 50-1만€까지

제91조 다음의 경우에는 기업의 영업을 중지시킨다.
1. 종업원에게 로동안정시설 및 로동보호조건을 규정대로 갖추어주지 않았을 경우
2. 직업동맹조직의 적벚적인 활동에 지장을 주었을 경우
3. 정해진 비용을 제대로 납부하지 않았을 경우

제92조 로력보장기관의 승인없이 로력자를 채용 및 해고시키거나 로동조건과 생활조건
을 충분히 보장해주지 않았을 때에는 해당한 법적 제재를 준다.

제93조 이 세칙의 집행과 관련한 의견상이는 당사자들사이에 협의의 방법으로 해결한다. 협의의 방법으로 해결할수 없는 분쟁은 조정이나 중재, 재판의 방법으로 해결할수 있다.

제94조 이 세칙의 집행과 관련하여 의견이 있는 기업이나 종업원은 라선시인민위원회와 관리위원회, 해당 기관에 신소할수 있다. 신소를 받은 기관은 30일안으로 표해처리하고 그 결과를 신소자에게 알려주어야 한다.

사회보험 및 사회보장법

2021년 3월 3일 최고인민회의 상임위원회 제14기 제13차 전원회의 정령
제544호 채택

제1장 사회보험 및 사회보장법의 기본

제1조 (사회보험 및 사회보장법의 사명)

조선민주주의인민공화국 사회보험 및 사회보장법은 사회보험, 사회보장사업에서 제도
와 질서를 엄격히 세워 인민들의 건강을 보호하고 그들에게 안정되고 행복한 생활환경
과 조건을 보장해주어 우리나라 사회주의제도의 우월성을 더욱 높이 발양시키는데 이
바지한다.

제2조 (용어의 정의)

이 법에서 용어의 정의는 다음과 같다.

1. 사회보험이란 근로자들의 건강을 보호증진시키며 질병, 부상, 임신, 해산 등으로 로
   동 능력을 일시적으로 잃은 근로자들의 생활과 건강을 국가와 사회의 부담으로 보
   장하여 주는 인민적시책이다.
2. 사회보험료란 사회보험을 위하여 국가예산에 바치거나 농장기금에 적립하는 자금
   이다.
3. 사회보험금이란 사회보험에 의한 국가 및 사회적시책에 돌려지는 자금이다.
4. 사회보장이란 나이가 많거나 병 또는 부상으로 로동능력을 잃은 사람, 돌볼 사람이
   없는 늙은이와 어린이, 장애자의 생활과 건강을 국가와 사회의 부담으로 보장하여
   주는 인민적시책이다.
5. 사회보장금이란 사회보장에 의한 국가 및 사회적시책에 돌려지는 자금이다.

제3조 (사회보험 및 사회보장제의 실시)

사회보험 및 사회보장제를 정확히 실시하는것은 사회주의국가의 혁명적이며 인민적인
성격을 더욱 공고발전시키는 중요한 사업이다.

국가는 인민들의 건강을 보호증진시키며 로동능력을 잃은 사람들과 돌볼 사람이 없는
늙은이, 어린이, 장애자들에게 안정된 생활을 보장해주는 사업을 책임지고 진행하도록
한다.

제4조 (사회보험 및 사회보장사업에 필요한 자금부담원칙)

국가는 사회보험 및 사회보장사업에 필요한 자금을 국가예산을 위주로 하면서 거기에 기관, 기업소, 단체의 자금과 근로자들이 받는 로동보수의 일부를 옳게 결합시키는 원칙에서 보장하도록 한다.

제5조 (사회보험 및 사회보장사업에 대한 투자원칙)

사회보험 및 사회보장제를 끊임없이 개선하고 확대발전시키는것은 조선민주주의인민공화국의 일관한 정책이다.

국가는 사회보험 및 사회보장사업에 대한 투자를 계통적으로 늘여 그 물질기술적토대를 끊임 없이 강화하도록 한다.

제6조 (사회보험 및 사회보장사업분야의 교류와 협조)

국가는 사회보험 및 사회보장사업분야에서 다른나라, 국제기구 및 해외동포단체들과의 교류와 협조를 발전시키도록 한다.

제7조 (적용대상)

이 법은 기관, 기업소, 단체와 공민에게 적용한다.

육아원, 애육원, 초등 및 중등학원에는 이 법을 적용하지 않는다.

제2장 사회보험에 의한 국가적혜택
제1절 사회보험금의 보장

제8조 (사회보험금의 원천)

사회보험금은 사회보험료를 포함한 국가예산과 기관, 기업소, 단체의 자금을 원천으로 한다.

제9조 (사회보험료의 납부, 적립)

기관, 기업소, 단체의 로동자, 사무원은 국가예산에 정해진 사회보험료를 납부하며 농장과 농장원은 농장기금에 정해진 사회보험료를 적립하여야 한다.

제10조 (사회보험료의 납부, 적립기준)

사회보험료의 납부, 적립기준은 다음과 같다.

1. 로동자, 사무원은 월마다 받는 로동보수의 1%
2. 농장원은 결산분배의 1%
3. 농장은 자체로 정한 기준

제11조 (사회보험료를 적용하지 않는 경우)

사회보험료를 적용하지 않는 경우는 다음과 같다.

1. 근로자에게 사회보험금의 형태로 주는 보조금
2. 영웅, 영예군인, 영예전상자, 영예근로자, 사회보장자에게 주는 우대금(보약값 포함), 년금, 보조금
3. 혁명렬사가족, 애국렬사가족, 사회주의애국희생자가족에게 주는 보조금
4. 장학금과 년봉금
5. 학위학직배려금
6. 그밖에 사회보험료를 적용하지 않게 된 자금

제12조 (사회보험료의 납부, 적립방법)

로동자, 사무원이 바치는 사회보험료는 해당 기관, 기업소, 단체가 종업원에게 지불하는 로동보수몫에서 기준에 따르는 사회보험료몫을 떼내여 달마다 재정기관에 바치는 방법으로 납부한다.

농장에서는 결산분배를 하는 달에 농장이 정한 몫과 농장원이 바칠 몫을 농장기금에 사회보험료로 적립한다.

제13조 (사회보험료의 연체료납부)

사회보험료를 정해진 기간까지 납부하지 않았을 경우 해당 기관, 기업소, 단체는 미납한 사회보험료의 1%에 해당한 연체료를 매일 계산하여 납부하여야 한다.

제14조 (과납액의 반환)

사회보험료와 연체료를 잘못 계산하여 초과납부한 기관, 기업소, 단체는 더 바친 금액만큼 반환받을수 있다.

제2절 사회보험금의 지출

제15조 (사회보험금의 지출대상)

　사회보험금은 일시적보조금, 산전산후보조금, 장의보조금 등의 지불과 정양소, 휴양소, 견학 소의 운영 등에 지출한다.

　일시적보조금은 일하는 과정에 일시적으로 로동능력을 잃은 근로자와 환자의 병간호, 위생방역조치에 따르는 격리 등을 리유로 일하지 못하는 근로자에게, 산전산후보조금은 산전산후휴 가기간에 있는 녀성근로자에게, 장의보조금은 사망한 근로자의 가족성원에게 지불한다.

제16조 (일시적보조금의 지불사유)

　일시적보조금을 지불하는 경우는 다음과 같다.

　1. 로동재해, 병 또는 부상으로 진단서를 발급받았을 경우

　2. 동거가족성원의 병간호로 간호진단서를 발급받았을 경우

　3. 국가적인 위생방역조치에 의하여 치료예방기관 또는 위생방역기관의 격리확인서를 발급받았을 경우

　4. 정양권(일을 하면서 정양하는 대상 제외)을 발급받고 정양하였을 경우

　5. 료양권을 발급받고 료양하였을 경우

　6. 교정기구착용을 위하여 교정기구생산기업소에서 숙식확인서를 발급받았을 경우

　7. 그밖에 따로 정한 경우

제17조 (일시적보조금의 지불기준) 일시적보조금의 지불기준은 다음과 같다.

　1. 근로자의 근속로동년한에 따라 생활비의 30%~50%

　2. 일하는 과정에 병 또는 부상당한 근로자는 근속로동년한에 관계없이 생활비의 50%

　3. 3류이상의 영예군인, 영예전상자, 영예근로자가 부상으로 일하지 못하는 경우 생활비의 100%

제18조 (일시적보조금의 적용기간)

　일시적보조금은 첫 진단서를 발급받은 날부터 12개월의 범위에서 6개월 이상 줄수 없다. 그러나 해당 보건기관이 일정한 기간 치료를 받으면 회복될수 있다고 인정하는 경우 중앙로동 행정지도기관의 승인을 받아 6개월까지의 범위에서 더 연장하여 지불할수 있다.

　병간호로 일하지 못한 근로자에 대한 일시적보조금은 간호진단서에 따라 6개월까지 지불하여야 한다.

제19조 (산전산후보조금)

산전산후휴가를 받은 녀성근로자의 휴가기간에는 생활비의 100%에 해당한 산전산후 보조금을 지불하여야 한다.

제20조 (장의보조금)

기관, 기업소, 단체는 사망한 근로자의 가족성원에게 장의보조금을 지불하여야 한다. 장의를 국장, 사회장, 기관장으로 하는 경우에는 정해진데 따라 국가예산으로 장의보 조금을 추가지불한다.

제21조 (근거물건의 제출)

사회보험금을 받으려는 근로자는 필요한 진단서, 료양권, 정양권, 확인서 등 근거문건을 내야 한다.

근거문건을 내지 않을 경우에는 해당 보조금을 지불하지 않는다.

제3절 사회보험에 의한 건강보장

제22조 (사회보험에 의한 건강보장의 기본요구)

근로자들에게 충분한 휴식조건과 치료조건을 보장하여주는것은 그들의 건강을 증진시키기 위한 중요요구이다.

기관, 기업소, 단체는 정양소, 휴양소, 견학소 등 근로자들의 휴식과 치료에 필요한 사회보험 기관을 잘 꾸리고 정양, 휴양, 견학을 널리 조직하도록 한다.

제23조 (사회보험기관의 조직)

기관, 기업소, 단체는 중앙로동행정기관의 승인을 받아 정양소와 휴양소, 견학소 등 사회보험기관을 새로 내오거나 없앨수 있다.

사회보험기관은 조용하면서도 경치가 좋고 교통이 유리한 곳에 내오는것을 기본으로 한다.

제24조 (사회보험기관의 관리운영)

국가휴양소, 국가견학소의 관리운영은 중앙로동행정지도기관이, 그밖의 사회보험기관의 관리운영은 해당 기관, 기업소, 단체가 맡아한다.

제25조 (정양, 휴양, 견학기간)

정양, 휴양, 견학기간은 다음과 같다.

1. 일을 하면서 정양을 하는 근로자의 정양기간은 15일간
2. 건강회복을 위하여 일을 하지 않으면서 정양을 하는 근로자의 정양기간은 20일간
3. 휴양기간은 15일간
4. 견학기간은 7일간

제26조 (정양, 휴양기간의 조절)

기관, 기업소, 단체는 중앙로동행정지도기관의 승인을 받아 정양, 휴양기간을 줄이거나 늘일 수 있다.

제27조 (정양, 휴양, 견학의 기본대상)

중앙로동행정지도기관과 해당 기관, 기업소, 단체는 영웅, 영예군인, 영예전상자, 영예근로자, 제대군관, 과학자, 기술자, 교원, 로력혁신자를 기본으로 하여 정양, 휴양, 견학을 조직하여야 한다.

제28조 (농장원의 휴양, 견학조직)

농장원의 휴양과 견학은 겨울에 조직하는것을 기본으로 하면서 필요한 경우 모내기기간과 가을걷이기간을 제외한 기간에도 조직할수 있다.

제29조 (가족휴양조직)

가족휴양은 탄광, 광산, 림산, 탐사, 수산부문 등 가족과 떨어져 일하는 근로자와 그 가족을 기본으로 하여 조직하여야 한다.

제30조 (휴양, 견학기간의 처리)

휴양, 견학한 기간은 근로자의 휴가기간으로 처리하여야 한다. 그러나 국가적조치에 따라 휴양, 견학을 하는 근로자와 기관, 기업소, 단체에서 로력혁신자로 등록된 근로자의 휴양, 견학 기간은 휴가기간으로 처리하지 않을수 있다.

제31조 (정양, 휴양, 견학금지대상)

전염성질병이 있는 대상은 정양소, 휴양소, 견학소에 보낼수 없다.

제32조 (정양권, 휴양권, 견학권의 발급)

정양권, 휴양권, 견학권은 중앙로동행정지도기관과 해당 기관, 기업소, 단체가 발급한다.

제33조 (정양, 휴양, 견학의 보장)

기관, 기업소, 단체는 정양권과 휴양권, 견학권을 발급받은 근로자를 정해진 기간까지 해당 사회보험기관에 보내주어야 한다. 이 경우 교통운수기관과 기관, 기업소, 단체는 해당 근로자에 대한 수송 및 생활조건을 책임적으로 보장하여야 한다.

제34조 (사회보험기관의 임무)

사회보험기관의 임무는 다음과 같다.

1. 문화생활 및 휴식조건, 치료조건을 원만히 보장하여야 한다.
2. 참관대상을 정확히 맞물리고 참관을 책임적으로 조직하여야 한다.
3. 정해진 기준대로 식사를 보장하여야 한다.
4. 여러가지 형태의 봉사망을 잘 꾸리고 봉사의 질을 높여야 한다.
5. 건물과 시설물, 설비들을 정상관리, 정상보수하며 재산보관관리를 책임적으로 하여야 한다.
6. 주변환경을 깨끗하게 꾸리고 잘 관리하여야 한다.
7. 온실, 버섯재배장, 수산기지, 축산기지 등 물질적토대를 튼튼히 갖추기 위한 사업을 잘 하여야 한다.

제35조 (사회보험기관운영에 필요한 자금보장)

사회보험기관운영에 필요한 자금은 국가예산과 해당 기관, 기업소, 단체의 자금으로 보장하는것을 기본으로 하면서 정해진데 따라 사회보험기관이 기타 봉사활동으로 얻은 수입으로도 보장할수 있다.

제36조 (법규범의 준수)

정양, 휴양, 견학을 하는 근로자는 국가의 법, 규정과 내부생활질서를 엄격히 지켜야 한다. 법규범을 지키지 않아 엄중한 후과를 발생시킨대상은 강제퇴소시킬수 있다.

제3장 사회보장에 의한 국가적혜택
제1절 사회보장수속

제37조 (사회보장대상)

사회보장대상에는 나이가 많거나 병 또는 신체장애로 로동능력을 잃은 사람, 돌볼 사람이 없는 늙은이와 어린이, 장애자, 국가가 특별히 돌봐주어야할 대상 등이 속한다.

제38조 (로동능력의학감정)

일하던 근로자가 병 또는 부상으로 보건기관에서 정해진 기간 치료를 받고도 회복되지 못한 경우에는 로동능력의학감정을 받아야 한다. 이 경우 감정결과에 따라 해당 근로자를 경로동 또는 사회보장대상으로 넘긴다.

기관, 기업소, 단체는 로동능력의학감정결과에 따라 해당 수속을 하는 근로자의 생활을 책임 적으로 보장하여야 한다.

제39조 (영예군인, 영예전상자, 영예근로자의 부류사정 및 해당 증서의 발급)

영예군인, 영예전상자, 영예근로자의 부류사정을 위한 의학감정은 해당 보건기관이 하며 부류사정은 대상에 따라 중앙로동행정지도기관 또는 도(직할시)인민위원회가 한다.

영예군인증, 영예전상자증, 영예근로자증은 정해진데 따라 내각 또는 해당 기관이 발급한다.

제40조 (사회보장의 신청)

사회보장신청은 사회보장을 받으려는 공민이 속한 기관, 기업소, 단체가 한다.

기관, 기업소, 단체는 사회보장을 받으려는 대상이 제기되였을 경우 사회보장신청문건을 작성하여 대상에 따라 중앙로동행정지도기관, 해당 인민위원회 또는 농업지도기관에 내야 한다.

제41조 (사회보장신청문건의 기재사항과 첨부문건)

사회보장신청문건에는 사회보장을 받으려는 공민의 이름과 나이, 직장직위, 신청리유와 경력, 수훈관계 같은것을 정확히 밝히고 기관, 기업소, 단체의 공인을 찍으며 로동수첩과 그밖의 필요한 문건을 첨부한다.

병 또는 부상을 리유로 사회보장신청을 제기하는 경우에는 해당 보건기관에서 발급한 의학감정문건을 첨부한다.

제42조 (사회보장신청문건의 심의)

중앙로동행정지도기관, 해당 인민위원회와 농업지도기관은 사회보장신청문건을 접수한 때로 부터 7일안으로 심의하고 승인 또는 부결하는 결정을 하여야 한다. 이 경우 정해진데 따라 로동년한을 정확히 계산하여야 한다.

제43조 (사회보장자의 등록과 증서발급)

중앙로동행정지도기관, 해당 인민위원회와 농업지도기관은 사회보장신청문건심의에서 승인된 공민을 사회보장자로 등록하여야 한다.

사회보장자로 등록된 공민에게는 사회보장금증서를 발급한다.

제44조 (사회보장자등록정형 통보)
해당 인민위원회와 농업지도기관은 사회보장자등록정형을 그가 거주하고있는 지역의
리(읍, 로동자구, 동)사무소와 농장에 알려주어야 한다.
사회보장자가 거주지를 옮겼을 경우에는 그의 사회보장등록자료를 해당 거주지역 인
민위원회 또는 농업지도기관에 보내주어야 한다.

제45조 (건강이 회복된 사회보장자의 직업보장)
해당 인민위원회와 농업지도기관은 병 또는 부상으로 사회보장을 받던 공민이 건강을
회복한 경우 1개월안으로 알맞는 직업을 보장하여주어야 한다.

제46조 (사회보장자의 의무)
사회보장자는 다음과 같은 의무를 지닌다.
1. 영예군인, 영예전상자, 영예근로자는 정해진 기간을 주기로 하여 부류사정을 위한
   의학 감정을 받아야 한다.
2. 로동능력상실에 의한 사회보장자는 특별한 경우를 제외하고 대상에 따라 3~6개월
   을 주기로 하여 로동능력의학감정을 받아야 한다.
3. 거주지, 가족수 그밖의 생활상변동이 생긴 경우에는 5일안으로 해당 리(읍, 로동자
   구, 동)사무소와 농장에 알려야 한다.
4. 사회보장년금과 보조금지불을 위하여 해당 기관에서 요구하는 자료를 제때에 내야
   한다.
5. 사회보장금증서를 다른 사람에게 빌려줄수 없으며 분실, 오손된 경우에는 제때에
   재발급받아야 한다.
6. 국가의 법규범과 사회질서를 자각적으로 지켜야 한다.

제2절 사회보장금의 지출

제47조 (사회보장금의 지출대상)
사회보장금은 사회보장년금, 보조금 등의 지불과 보양소, 양로원, 양생원의 운영, 보조
기구의 생산, 공급 같은 목적에 지출한다.
필요에 따라 중앙로동행정지도기관이 정한 대상에도 사회보장금을 지출할수 있다.
재정, 은행기관, 해당 인민위원회와 농장은 사회보장금지출계획을 바로 세우고 정확히

집행 하여야 한다.

제48조 (사회보장년금, 보조금의 지불)

사회보장자는 사회보장금증서에 따라 사회보장년금과 보조금을 받는다. 이 경우 사회
보장년금과 보조금은 사회보장자로 등록한 달부터 계산하여 지불된다.

사회보장년금과 보조금의 지불을 중지, 변동시켜야 할 사유가 생겼을 경우에는 그 다
음달부터 지불을 중지 또는 변동시킨다.

제49조 (사회보장년금과 보조금의 회수 또는 추가지불)

사회보장년금, 보조금을 더 지불하였거나 적게 지불하였을 경우에는 그해에 한하여 더
지불된 몫을 회수하거나 적게 지불된 몫을 추가로 지불한다.

제50조 (사회보장년금과 보조금의 지불금지사유)

다음의 경우에는 사회보장년금과 보조금을 지불하지 않는다.

1. 법질서를 어기는 행위를 하다가 사망하였거나 로동능력을 상실하였을 경우
2. 위법행위를 하여 법적제재를 받고있는 경우
3. 사회보장신청을 허위로 하였을 경우
4. 국가로부터 생활상방조를 따로 받고있는 경우
5. 이밖에 해당 법규에 따라 사회보장년금, 보조금을 지불하지 않도록 된 경우

제51조 (한가지 사회보장년금 또는 보조금의 지불)

사회보장자에게는 본인에게 유리한 한가지 사회보장년금 또는 보조금을 지불한다. 그
러나 중 앙로동행정지도기관이 정한데 따라 사회보장금을 추가로 지불할수 있다.

제3절 사회보장기관의 조직운영

제52조 (사회보장기관조직운영의 기본요구)

사회보장기관을 잘 조직하고 운영하는것은 사회보장자와 장애자의 생활조건을 원만히
보장 해주어 그들이 아무런 불편없이 생활하도록 하기 위한 중요조건이다.

중앙로동행정지도기관과 도(직할시)인민위원회, 해당 기관은 사회보장기관을 바로 조
직하고 그 운영을 끊임없이 개선하여야 한다.

제53조 (사회보장기관의 조직)

사회보장기관은 중앙로동행정지도기관이 직접 조직하거나 중앙로동행정지도기관의 승인을 받아 도(직할시)인민위원회 또는 해당 기관이 조직한다.

사회보장기관에는 보양소, 양로원, 양생원, 사회보장초대소, 경로동직장, 영예군인공장 등이 속한다.

제54조 (보양소, 양로원, 양생원에서 생활할수 있는 대상)

돌볼 사람이 없는 사회보장자는 보양소, 양로원, 양생원에서 생활할수 있다. 그러나 돌볼 사람이 있음에도 불구하고 그의 부양을 받기 어렵다고 인정되는 경우 매달 정해진 부양료를 지불한데 따라 보양소, 양로원, 양생원에서 생활할수 있다.

전쟁로병, 영예군인 등 따로 정한 대상에 대하여서는 해당 규정에 따라 보양소에서 단기보양 을 시킬수 있다.

제55조 (사회보장자파송신청문건의 제출)

보양소, 양로원, 양생원에서 생활하려는 대상이 제기되였을 경우 그가 속한 기관, 기업소, 단체와 리(읍, 로동자구, 동)사무소는 사회보장자파송신청문건을 만들어 해당 인민위원회에 내야 한다.

사회보장자파송신청문건에는 해당 공민의 이름과 나이, 신청리유, 부양관계 같은것을 밝힌다.

제56조 (사회보장자파송신청문건의 심의)

해당 인민위원회는 사회보장자파송신청문건을 접수하였을 경우 10일안으로 심의, 결정하여야 한다.

보양소와 다른 도에 있는 양로원, 양생원에 보낼 대상에 대하여서는 상급인민위원회를 거쳐 중앙로동행정지도기관의 승인을 받는다.

제57조 (사회보장자파송증의 발급)

중앙로동행정지도기관과 해당 인민위원회는 보양소, 양로원, 양생원에서 생활하게 된 사회보장자에게 사회보장자파송증을 발급하여야 한다.

사회보장자파송증은 해당 인민위원회를 통하여 사회보장자가 속한 기관, 기업소, 단체와 리 (읍, 로동자구, 동)사무소에 보낸다.

제58조 (사회보장자의 파송)

사회보장자를 보양소, 양로원, 양생원에 보내는 사업은 그가 속한 기관, 기업소, 단체와 리 (읍, 로동자구, 동)사무소가 맡아한다.

사회보장자파송증을 받은 기관, 기업소, 단체와 리(읍, 로동자구, 동)사무소는 사회보장자를 안전하게 데려다주어야 한다. 이 경우 사회보장자에게 필요한 생활용품과 보양소, 양로원, 양생원까지 가는데 드는 려비를 보장하여야 한다.

제59조 (사회보장자의 생활보장)

보양소, 양로원, 양생원에서는 사회보장자가 아무런 불편없이 생활할수 있도록 침실, 식당, 치료실, 오락실, 리발실, 세목장 같은 후생시설을 현대적으로 갖추고 생활조건을 잘 보장해 주어야 한다.

보양소, 양로원, 양생원에서는 정해진 부업경리와 봉사활동을 진행할수 있으며, 거기서 얻은 수입을 사회보장자의 생활보장에 리용할수 있다.

제60조 (사회보장자를 내보내는 경우)

다음의 경우에는 보양소, 양로원, 양생원에서 사회보장자를 내보낼수 있다.

1. 보호자, 부양자가 나타났을 경우
2. 로동행정기관의 로력파견장을 받았을 경우
3. 부양의무자가 3개월이상 정해진 부양료를 바치지 않았을 경우
4. 부양을 받지 않고도 자체로 생활할수 있다고 인정될 경우
5. 이밖에 법규범을 어겨 보양소, 양로원, 양생원의 관리운영사업에 지장을 주었을 경우

제61조 (퇴소자의 생활보장)

중앙로동행정지도기관과 해당 인민위원회는 보양소, 양로원, 양생원에서 나오는 대상에게 퇴소증을 발급한다.

해당 인민위원회와 기관, 기업소, 단체는 보양소, 양로원, 양생원에서 나온 대상에게 살림집과 직업같은것을 책임지고 보장하여주어야 한다.

제62조 (경로동대상)

일하는 과정에 로동능력을 상실한 공민가운데서 로동능력의학감정결과에 따라 정상로동시간 보다 짧게 일하면서 치료를 받도록 되여있는 공민은 경로동직장 또는 해당 기관, 기업소, 단체에서 일할수 있다.

로동능력의학감정을 받지 않은 공민은 경로동대상으로 될수 없다.

제63조 (경로동직장의 조직, 운영)

도(직할시)인민위원회와 해당 기관, 기업소, 단체는 지역 또는 기관, 기업소, 단체별로

경로동직장을 조직하고 운영할수 있다.

경로동직장은 자체로 생산 및 봉사계획을 세워 집행하는 방법으로 운영하며 국가납부금을 바치지 않는다.

제64조 (경로동대상의 처리)

경로동직장에서 일하는 공민은 특별한 경우를 제외하고 대상에 따라 3~6개월을 주기로 하여 로동능력의학감정을 받아야 한다.

로동능력의학감정결과에 따라 로동을 계속할수 없는 공민은 사회보장수속을 하여주며 정상 로동을 할수 있을 정도로 건강이 회복된 공민은 군(시, 구역)인민위원회 또는 해당 기관, 기 업소, 단체가 책임지고 적합한 직종에 배치하여야 한다.

제65조 (사회보장초대소의 운영)

도(직할시)인민위원회는 사회보장초대소를 통하여 자기 지역의 경로동직장들을 통일적으로 장악, 지도한다.

사회보장초대소는 경로동직장의 경영활동을 장악, 총화하고 제기되는 문제들을 제때에 풀어 주며 약초 및 보약생산기지, 축산 및 수산기지 등을 잘 꾸리고 운영하여 생산물을 경로동직 장에 정상적으로 공급하여야 한다.

제66조 (사회보장자 및 장애자의 건강보장)

사회보장기관은 사회보장자와 장애자의 건강에 늘 관심을 돌리며 치료와 간호조직을 잘 짜고 들어야 한다.

사회보장기관은 해당 운수수단을 갖추고 전문치료를 받아야 할 대상이 생기면 제때에 전문병원에 후송하여 치료받도록 하여야 한다.

제4절 보조기구의 생산, 공급

제67조 (보조기구의 생산, 공급에서 나서는 기본 요구)

보조기구는 장애자의 필수적인 생활보조수단이다.

해당 기관, 기업소는 장애자에게 필요한 보조기구를 제때에 생산, 공급하여야 한다.

제68조 (보조기구의 생산)

중앙보건지도기관과 해당 기관, 기업소는 교정기구, 삼륜차, 안경, 보청기 같은 보조기구를 계획적으로 생산보장하여야 한다.

보조기구생산기업소는 장애자의 성별, 나이, 장애정도와 기호에 맞는 여러가지 보조기구를 질적으로 만들어야 한다.

제69조 (보조기구의 공급승인신청)

보조기구를 공급받으려는 장애자는 신청서를 만들어 해당 인민위원회에 내야 한다.

신청서를 접수한 인민위원회는 그것을 정확히 검토하고 보조기구공급통지서를 발급하여야 한다.

제70조 (보조기구의 공급 및 비용부담)

보조기구를 공급받으려는 장애자는 해당 인민위원회에서 발급한 보조기구공급통지서를 중앙 로동행정지도기관과 해당 기관, 기업소에 내야 한다.

중앙로동행정지도기관과 해당 기관, 기업소는 보조기구공급통지서에 따라 보조기구를 제때에 공급하여야 한다.

보조기구의 값과 장애자가 보조기구를 공급받기위하여 오가는데 든 려비부담관계는 따로 정한데 따른다.

제71조 (보조기구의 수리)

보조기구를 공급한 기관, 기업소는 사용과정에 보조기구가 못쓰게 되였을 경우 그것을 제때에 수리하여주거나 다시 만들어주어야 한다.

제72조 (교정기구초대소의 조직운영)

교정기구생산기업소는 장애자를 위한 교정기구초대소를 꾸리고 그들이 교정기구를 공급받기 위하여 머무르는 기간에 생활상불편이 없도록 편의를 보장하여주어야 한다.

제4장 공로자에 대한 특별우대

제73조 (공로자에 대한 특별우대원칙)

혁명투쟁공로자, 영웅, 전쟁로병, 전시공로자, 영예군인, 영예전상자, 영예 근로자와 혁명렬사가족, 애국렬사가족, 사회주의애국희생자가족 등 조국과 인민을 위하여 공훈을 세운 공로자와 공로자유가족을 사회적으로 특별히 우대하는것은 사회보험 및 사회보장제실시에서 국가가 일관하게 견지하고있는 기본원칙이다.

국가는 사회정치활동과 혁명과업수행에서 공훈을 세운 공로자와 공로자유가족에게 특별한 관심을 돌리고 적극 우대하도록 한다.

제74조 (정양, 휴양, 견학, 보양의 우선적보장)
중앙로동행정지도기관과 해당 인민위원회와 기관, 기업소, 단체는 공로자에 대한 정양, 휴양, 견학, 보양조직을 우선적으로 하여야 한다.

제75조 (보조기구의 우선적공급)
보조기구를 생산, 공급하는 기관, 기업소는 공로자에게 필요한 보조기구를 우선적으로 공급하여야 한다. 이 경우 공로자에게 공급하는 보조기구의 값은 정해진데 따라 국가부담으로 보장한다.

제76조 (사회보험금 및 사회보장금지불우대)
공로자와 공로자유가족에 대하여서는 각종 보조금, 우대금을 추가적으로 지불하여야 한다. 추가적인 사회보험금 및 사회보장금의 지불과 관련한 질서는 따로 정한데 따른다.

제77조 (공로자의 건강 및 생활조건보장)
해당 인민위원회와 기관, 기업소, 단체는 공로자의 건강검진을 정기적으로 진행하고 필요한 의약품과 보약을 우선 공급하며 살림집, 식량, 식료품의 보장, 운수수단리용에서의 특혜제공 등 공로자의 건강 및 생활에 필요한 물질적조건과 환경을 우선적으로 보장해주어야 한다.

제78조 (영예군인공장의 운영)
해당 인민위원회와 기관, 기업소, 단체는 로동능력을 일정하게 가지고있는 영예군인, 영예전상자를 위하여 영예군인공장을 운영할수 있다. 이 경우 로동시간, 생산지표와 계획, 로동정량 등을 영예군인, 영예전상자의 건강과 생활보장에 지장이 없도록 합리적으로 정해주어야 한다.
영예군인공장은 정해진데 따라 영예군인, 영예전상자의 생활보장을 위한 특전자금을 조성, 리용할수 있으며 국가납부금을 바치지 않는다.

제5장 사회보험 및 사회보장사업에 대한 지도통제

제79조 (사회보험 및 사회보장사업에 대한 지도통제의 기본요구)

사회보험 및 사회보장사업에 대한 지도통제를 강화하는것은 국가의 사회보험, 사회보장정책을 철저히 집행하기 위한 근본담보이다.

국가는 사회보험 및 사회보장사업에 대한 지도와 통제를 강화하여 사회주의국가의 인민적시책이 정확히 돌려지도록 한다.

제80조 (사회보험 및 사회보장사업에 대한 지도)

사회보험 및 사회보장사업에 대한 지도는 내각의 통일적인 지도밑에 중앙로동행정지도기관과 해당 기관이 한다.

중앙로동행정지도기관과 해당 기관은 사회보험 및 사회보장사업을 정상적으로 장악하고 지도하여야 한다.

제81조 (사회보험금, 사회보장금의 적용기준, 지불대상, 지불방법의 규정)

사회보험금, 사회보장금의 구체적인 적용기준과 지불대상, 지불방법을 정하는 사업은 내각과 중앙로동행정지도기관이 한다.

제82조 (사회보험 및 사회보장사업조건보장)

국가계획기관과 로동행정기관, 보건기관, 재정기관, 은행기관, 해당 인민위원회와 기관, 기업소, 단체는 사회보험 및 사회보장사업에 필요한 로력과 자재, 설비, 물자, 자금 등을 책임적으로 보장하여 주어야 한다.

사회보험기관, 사회보장기관에 사회적과제를 주거나 기본사업과 관련이 없는 일에 망탕 동원 시키는 행위, 해당 건물을 다른 용도에 리용하는 행위는 할수 없다.

제83조 (로동능력의학감정의 정확성보장)

로동행정지도기관과 해당 보건기관은 로동능력상실정도에 대한 의학감정을 정기적으로 조직 진행하여야 한다.

해당 보건기관은 로동능력의학감정을 바로 하고 감정결과를 정확히 평가하여야 한다. 이 경우 돈 또는 물건을 받거나 안면관계에 따라 감정결과를 사실과 맞지 않게 평가하는 행위는 할 수 없다.

제84조 (감독통제)

사회보험 및 사회보장사업에 대한 감독통제는 로동행정지도기관과 해당 감독통제기관

이 한다. 로동행정지도기관과 감독통제기관은 국가의 사회보험 및 사회보장정책집행
정형을 엄격히 감독통제하여야 한다.

제85조 (원상복구 및 손해보상)

사회보험 및 사회보장시설을 파손시켰거나 사회보험금, 사회보장금을 제대로 지불하
지 않아 손해를 주었을 경우 책임있는 당사자에게 원상복구, 손해보상책임을 지운다.

제86조 (변상)

사회보험금, 사회보장금을 비법적으로 지출하였거나 사회보험 및 사회보장시설을 제
대로 관리하지 않아 파손, 분실하였을 경우에는 해당한 손해를 변상시킨다.

제87조 (벌금)

다음의 경우에는 해당한 벌금을 물린다.
1. 사회보험료를 정해진대로 납부하지 않은 기관, 기업소, 단체에는 50만원~150만원
2. 로동능력의학감정을 정해진 기간안에 받지 않은 공민에게는 1,000원~5,000원
3. 사회보장금증서를 위조하였거나 다른 사람에게 빌려준 공민에게는 2만원~10만원

제88조 (몰수)

사회보험금, 사회보장금을 횡령하였거나 각종 사업을 해준 대가로 돈 또는 물건을 받
았을 경우에는 그것을 몰수한다.

제89조 (행정적책임)

다음의 경우에는 책임있는자에게 정상에 따라 경고, 엄중경고 또는 3개월이하의 무보
수로동, 로동교양처벌을 준다.
1. 사회보험료를 납부하지 않았거나 사회보험금, 사회보장금을 지출하지 않았을 경우
2. 보조금, 년금, 우대금을 정해진대로 지불하지 않았을 경우
3. 정양소, 휴양소, 견학소의 꾸리기, 관리, 운영사업을 바로 하지 않았거나 정양, 휴양,
   견학조건을 제대로 보장해주지 않아 정양생, 휴양생, 견학생에게 불편을 주었을 경우
4. 정양, 휴양, 견학조직과 대상선발을 바로 하지않았거나 정양, 휴양, 견학기일을 어
   겼거나 전염성질병대상을 정양소, 휴양소, 견학소에 보냈을 경우
5. 비법적으로 정양권, 휴양권, 견학권을 발급하였을 경우
6. 정해진 기간 치료를 받고도 회복되지 못한 공민을 제때에 경로동 또는 사회보장대
   상으로 넘기지 않았을 경우
7. 로동능력의학감정, 영예군인, 영예전상자, 영예근로자의 부류사정과 증서발급, 사

회 보장신청문건심의, 사회보장자의 등록과 증서발급을 바로하지 않았을 경우

8. 비법적으로 로동능력의학감정을 받지 않은 공민을 경로동대상으로 지정하였거나 로동 능력의학감정결과를 사실과 맞지 않게 평가하였을 경우

9. 경로동직장, 영예군인공장 같은 사회보장기관을 바로 조직, 운영하지 않아 사회보장 자와 장애자에게 불편을 주었을 경우

10. 사회보장기관에 파송하는 사회보장자에게 필요한 생활용품과 려비를 보장하지 않았거나 사회보장기관에서 퇴소한 공민에게 살림집과 직업 등을 보장해주지 않았을 경우

11. 보조기구를 계획대로 생산보장하지 않았거나 정해진대로 공급하지 않아 장애자에게 불편을 주었을 경우

12. 건강이 회복된 공민에게 알맞는 직업을 제때에 보장해주지 않았을 경우

13. 공로자에 대한 정양, 휴양, 견학, 보양조직과 보조기구의 공급조직을 우선적으로 하지 않았거나 공로자의 건강 및 생활조건보장을 바로 하지 않아 불편을 주었을 경우

14. 영예군인공장의 로동시간, 생산지표, 계획, 로동정량 같은것을 합리적으로 정해주지 않아 영예군인, 영예전상자의 건강과 생활에 지장을 주었을 경우

15. 사회보험 및 사회보장과 관련한 문건을 허위로 작성, 제출하였을 경우

16. 사회보험금, 사회보장금을 류용, 횡령하였거나 사회보험 및 사회보장시설을 파손, 분실하였을 경우

17. 사회보험 및 사회보장사업에 필요한 로력과 자재, 설비, 물자, 자금 같은것을 책임적으로 보장해주지 않아 지장을 주었을 경우

18. 사회보험기관, 사회보장기관에 사회적과제를 주었거나 사회보험기관, 사회보장기관의 근로자들을 타사업에 망탕 동원시켰거나 해당 건물을 다른 용도에 리용하게 하였을 경우

19. 사회보험 및 사회보장사업정형에 대한 감독사업을 무책임하게 하였을 경우

앞항 1~19호의 행위가 정상이 무거운 경우에는 책임있는자에게 3개월이상의 무보수로동, 로동교양처벌 또는 강직, 해임, 철직처벌을 준다.

제90조 (형사적 책임)

이 법을 어긴 행위가 범죄에 이를 경우에는 책임있는자에게 형법의 해당 조항에 따라 형사적 책임을 지운다.

참고문헌

1) 북한 법령

개성공업지구 로동규정
개성공업지구 로동보수세칙
개성공업지구 로동시간 및 휴식세칙
개성공업지구 로력채용 및 해고세칙
개성공업지구 세금규정
경제개발구 로동규정
국가예산수입법
금강산국제관광지구 로동규정
라선경제무역지대 벌금규정
라선경제무역지대 세금규정
라선경제무역지대 외국투자기업 로동규정
라선경제무역지대 외국투자기업 로동규정 시행세칙
라선경제무역지대 외국투자기업 재정관리규정
라선경제무역지대 외국투자기업 회계규정
라선경제무역지대 외국투자기업로동규정
라선경제무역지대 외국투자기업로동규정 시행세칙
라선경제무역지대법
사회주의로동법
외국인기업법
외국인기업법 시행규정
외국인투자기업 로동규정
외국인투자기업 로동법
자유경제무역지대법
지방예산법
합영법
합영법 시행규정(1995·2000)

합영법 시행세칙(1985·1992)
합작법
합작법 시행규정
황금평, 위화도 경제지대법

2) 논문 및 단행본

김미숙·최대식·김두환,「중국과 베트남 초기 경제특구와 비교를 통한 북한 경제특
　　구 평가」,『LHI Journal』7(4), 2016.

김현일,「김정은 체제 5년, 북한경제의 주요 변화와 시사점」,『Weekly KDB Report
　　북한포커스』, 2016.

문무기,「개성공업지구 노동규정의 운영상황 분석과 향후 제도 개선방향」,『수은 북
　　한경제』, 2009년 봄호, 한국수출입은행, 2009.

박용석,「북한 경제·관광특구 개발현황 및 정책과제」,『한국건설관리학회지』,
　　17(2), 한국건설학회, 2016.

박은정,「북한의 노동법: 노동보호법과 노동정량법」,『법학논집』16(3), 2012.

박천조,「개성공단 노동제도의 변화와 영향 연구」,『산업노동연구』21(2), 한국산업
　　노동학회, 2015.

박형중,「김정은 시대 북한 경제 변화에 대한 평가: 1980년대 후반 중국과의 비교」,
　　통일연구원, 2015.

배국열,「김정은 시대 경제개방 정책 평가: 경제개발구를 중심으로」, 2014년 경제학
　　공동학술회의 발표문, 2014.

배종렬,「김정은 시대의 경제특구와 대외개방: 평가와 전망」,『북한연구학회보』
　　18(2), 북한연구학회, 2014.

산업연구원,『2016년도 북한경제 종합평가 및 2017년 전망』, 산업연구원, 2017.

송강직,「북한사회주의로동법의 특징」,『강원 법학』44, 2015.

양문수 외, 『2000년대 북한경제 종합평가』, 산업연구원, 2012.

유현정, 「북한의 『경제개발구법』에 대한 평가와 함의」, 『북한연구학회 동계학술발표
　　　논문집』, 2013(4).

＿＿＿, 「북한의 경제개발구법에 대한 평가와 전망」, 2014.

유현정·정일영, 「북한 경제특구 개발전략의 한계와 대안」, 『월간 북한』 540, 북한
　　　연구소, 2016.

이규창, 『남북 법제통합 기본원칙 및 가이드라인』, 통일연구원, 2010.

이승열, 「개성공단 재개를 위한 조건과 대응전략」, 『이슈와 논점』, 국회입법조사처,
　　　2017.

이승욱, 「김정은 시대 북한의 경제특구전략: 영역화, 분권화, 그리고 중국식 개혁개
　　　방?」, 『한국경제지리학회지』 19(1), 2016.

이영훈, 「나선 경제특구 개발의 결정요인 및 전망」, 『JPI 정책포럼』 15, 2015.

이종규, 「북한의 경제특구·개발구 추진과 정책적 시사점」, 『KDI Policy Study』, 한
　　　국개발연구원, 2015.

이종석, 「국경에서 본 북-중 경제교류와 북한 경제 실상」, 『세종정책브리핑』 21,
　　　2016.

이철수, 「북한경제특구의 노동복지법제 비교분석: 개성공업지구와 라선경제무역지
　　　대를 중심으로」, 『법학연구』 28(1), 충북대학교 법학연구소, 2017.

＿＿＿, 「북한경제특구의 노동복지법제 비교분석: 외국인투자기업 로동규정과 개성
　　　공업지구 로동규정을 중심으로」, 미발표논문, 2017.

＿＿＿, 「북한의 경제개발구 노동복지 법제분석: 경제개발구 로동규정을 중심으로」,
　　　『동서연구』 29(3), 연세대학교 동서문제연구원, 2017.

＿＿＿, 「북한의 경제특구 복지법제 비교분석: 라선경제무역지대 외국투자기업로동
　　　규정과 경제개발구 로동규정을 중심으로」, 『법학논총』 34(2), 2017.

＿＿＿, 「북한의 경제특구 복지법제 비교분석: 라선경제무역지대 외국투자기업로동
　　　규정과 경제개발구 로동규정을 중심으로」, 『법학논총』 34(3), 한양대학교
　　　법학연구소, 2017.

_____, 「북한경제특구의 노동복지법제 비교분석: 외국인투자기업 로동규정과 개성 공업지구 로동규정을 중심으로」, 『부동산법학』 22(2), 한국부동산법학회, 2018.

_____, 「금강산국제관광특구와 라선경제무역지대 노동복지 비교: 노동규정을 중심 으로」, 『법과 정책연구』, 21(1), 한국법정책학회, 2020.

_____, 『김정은시대 북한사회복지: 페이소스와 뫼비우스』, 선인, 2020.

이해정·이용화, 「개성공단 가동 중단 1년, 남북관계 현주소와 과제」, 『이슈리포트』 17(3), 2017.

이효원, 「라선경제무역지대법의 특징과 개선 과제: 경제개발구법과 비교를 중심으 로」, 『서울대학교 법학』 56(4), 서울대학교, 2015.

_____, 「라선경제무역지대법의 특징과 개선 과제-경제개발구법과 비교를 중심으 로」, 『서울대학교 法學』 56(4), 서울대학교, 2015.

임을출, 「김정은식 경제정책 전망: 남북경협 추진과 개선 가능성」, 『월간 북한』 506, 북한연구소, 2014.

_____, 「김정은 시대의 경제특구 정책: 실태, 평가 및 전망」, 『동북아 경제연구』 27(3), 한국동북아경제학회, 2015.

조봉현, 「북한의 경제특구 개발과 연계한 남북경협 방안」, 『글로벌경영학회지』 12(1), 2015.

_____, 「라선경제특구 발전 가능성과 우리의 전략」, 『월간 북한』 529, 북한연구소, 2016.

조영기, 「북한경제특구(개발구) 진출기업에 대한 지원수요 정책」, 『국회 입법조사처』, 대한민국 국회, 2014.

최우진, 「북한 라선경제무역지대법의 최근 동향-조중협정 이후 개정내용을 중심으 로」, 『법조』, 63(12), 2014.

_____, 「라선경제무역지대의 법제도 정비 현황」, 『통일과 법률』 8월호, 법무부, 2015.

_____, 「북한 라선경제무역지대법의 최근 동향-조중협정 이후 개정내용을 중심으

로」, 『법조』 63(12), 2014.

통일부, 『2017 북한이해』, 통일부, 2017.

_____, 『2018 북한이해』, 통일부, 2018.

_____, 『2019 북한이해』, 통일부, 2019.

한국경영자총협회, 『통일이후 노동시장 변화와 정책과제』, 한국경영자총협회, 2012.

현대경제연구원, 「북한 외자유치 정책의 성과와 한계」, 『이슈리포트』 37, 2016.

홍양호, 「개성공단 사업의 현황, 정책적 함의와 개선과제」, 『통일문제연구』 27(1), 평화문제연구소, 2015.

3) 보도자료

「70%가 북 노동자 몫인데…개성공단 돈으로 핵개발은 억측」, 『한겨레신문』, 2016. 2. 11.

『연합뉴스』, 2014. 12. 8.

『연합뉴스』, 2015. 3. 13.

『연합뉴스』, 2015. 8. 18.

『한겨레신문』, 2016. 11. 7.

『한겨레신문』, 2016. 2. 11.

| 저자 약력 |

이철수 22

▶ 한국외국어대학교 박사

▶ 고려대학교 북한학연구소 연구교수 역임

▶ 연세대학교 사회복지대학원 박사후 연수과정(Post-Doctor) 이수

▶ 한국보건사회연구원 통일사회보장연구단 단장(연구위원) 역임

▶ 사회복지공동모금회 중앙배분위원 역임

▶ 현재 통일사회복지학회 회장

▶ 현재 통일사회복지포럼 대표

▶ 현재 민주평통 상임위원

▶ 현재 대진대학교 교수

· E-mail: cslee1028@hanmail.net

⟨대표 저서⟩

『북한사회복지: 반복지의 북한』(*2004년 대한민국학술원 우수도서)

『북한사회복지의 변화와 전망: 탈사회주의의 전주곡』

『7.1조치와 북한』(공저)

『북한보건의료법제: 원문과 해설』(공저)

『긴급구호, 북한의 사회복지: 풍요와 빈곤의 이중성』

『김정은시대의 경제와 사회』(공저)

『통일한국 사회보장체계 구축을 위한 기초연구』(공저)

『통일과 사회복지』(공저)

『통일복지 디자인: 엑스(X)자 시소』

『김정은시대 북한사회복지: 페이소스와 뫼비우스』(*2020년 세종우수도서)